A autobiografia de Martin Luther King

A autobiografia de Martin Luther King

Organização:
Clayborne Carson

Tradução:
Carlos Alberto Medeiros

15ª reimpressão

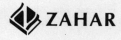

Copyright © 1998 by The Heirs to the Estate of Martin Luther King, Jr.

Tradução autorizada da primeira edição americana publicada em 1998 por Grand Central Publishing, de Nova York, Estados Unidos

Grafia atualizada segundo o Acordo Ortográfico da Língua Portuguesa de 1990, que entrou em vigor no Brasil em 2009.

Título original
The Autobiography of Martin Luther King, Jr.

Preparação
Diogo Henriques

Capa
Estúdio Insólito

Foto da capa
© Bob Aldeman/Corbis

Revisão
Eduardo Monteiro
Eduardo Farias

Indexação
Nelly Praça

CIP-Brasil. Catalogação na publicação
Sindicato Nacional dos Editores de Livros, RJ

K64a   King, Martin Luther, 1929-1968
        A autobiografia de Martin Luther King / Martin Luther King; organização Clayborne Carson; tradução Carlos Alberto Medeiros. – 1ª ed. – Rio de Janeiro: Zahar, 2014.

                                             il.

        Tradução de: The autobiography of Martin Luther King, Jr.
        Inclui bibliografia e índice
        ISBN 978-85-378-1307-2

        1. King, Martin Luther, 1929-1968. 2. Movimento pelos direitos humanos – Estados Unidos – História – Século XX. 3. Estados Unidos – Relações raciais. I. Carson, Clayborne. II. Título.

14-13851   CDD: 920.9323
                                                               CDU: 929:342.7

Todos os direitos desta edição reservados à
EDITORA SCHWARCZ S.A.
Praça Floriano, 19, sala 3001 – Cinelândia
20031-050 – Rio de Janeiro – RJ
Telefone: (21) 3993-7510
www.companhiadasletras.com.br
www.blogdacompanhia.com.br
facebook.com/editorazahar
instagram.com/editorazahar
twitter.com/editorazahar

Sumário

Prefácio do organizador 7

1. Primeiros anos 13

2. Morehouse College 26

3. O seminário Crozer 31

4. Universidade de Boston 46

5. Coretta 51

6. Igreja Batista da Avenida Dexter 58

7. Começa o movimento em Montgomery 69

8. A violência de homens desesperados 84

9. Enfim a dessegregação 107

10. A luta se expande 127

11. O nascimento de uma nova nação 139

12. Encontro com a morte 145

13. Peregrinação pela não violência 149

14. O movimento dos sit-ins 165

15. Prisão em Atlanta e política presidencial 174

16. O Movimento de Albany 185

17. A campanha de Birmingham 207

18. Carta da cadeia de Birmingham   226

19. Liberdade agora!   247

20. A marcha sobre Washington   262

21. A morte das ilusões   274

22. St. Augustine   285

23. O desafio do Mississippi   293

24. O Prêmio Nobel da Paz   303

25. Malcolm X   315

26. Selma   320

27. Watts   343

28. A campanha de Chicago   351

29. Poder Negro   370

30. Além do Vietnã   392

31. A Campanha pelos Pobres   408

32. Sonhos irrealizados   419

Sobre o organizador   431

Agradecimentos de Coretta Scott King   432

Agradecimentos do organizador   433

Notas sobre as fontes   436

Índice remisivo   454

Prefácio do organizador

Foi à distância que vi Martin Luther King pela primeira vez. Ele estava na plataforma em frente ao Memorial Lincoln, último orador da Marcha sobre Washington por Trabalho e Liberdade, em 1963. Eu estava em meio à grande multidão de ouvintes em torno do lago espelhado, um estudante universitário de dezenove anos participando pela primeira vez de uma manifestação por direitos civis. Ele se tornaria Homem do Ano, ganhador do Prêmio Nobel e ícone nacional. Eu me tornaria um soldado raso no movimento que ele simbolizava e atravessaria as portas da oportunidade que esse movimento tornou possível.

Mais de duas décadas depois, após me tornar historiador na Universidade Stanford, a sra. Coretta Scott King inesperadamente me chamou para oferecer a oportunidade de organizar os documentos de seu falecido marido. Desde que aceitei a oferta e assumi a função de diretor do King Papers Project, mergulhei nos documentos que registram a vida de Martin Luther King e pouco a pouco vim a conhecer um homem com quem jamais havia me encontrado. O estudo da vida e obra de King tornou-se o foco central de minha trajetória acadêmica, e esse projeto é a culminância de minha carreira como organizador de acervo. A Marcha sobre Washington colocou-me no caminho que levaria à *Autobiografia de Martin Luther King*. Este livro é um produto do legado intelectual de King, tal como sou beneficiário de seu legado em termos de justiça social.

A narrativa da vida de King que se segue é baseada inteiramente em suas próprias palavras. São pensamentos dele sobre os eventos de sua vida como ele mesmo os expressou, de várias maneiras, em momentos distintos. Embora nunca tenha escrito uma autobiografia abrangente, King publicou três livros importantes, bem como numerosos artigos e ensaios focalizando períodos específicos de sua vida. Além disso, muitos de seus discursos, sermões, cartas e manuscritos inéditos fornecem informações reveladoras. Em conjunto, todo esse material proporciona a base para esta abordagem da autobiografia que King poderia ter escrito caso sua vida não tivesse sido subitamente interrompida.

No geral, este livro consiste em textos autobiográficos publicados em vida por King e pessoalmente organizados por ele. Em muitos casos, ele teve ajuda de outras pessoas, já que fazia uso considerável de colaboradores. Não obstante, seus documentos fornecem amplas evidências de seu envolvimento ativo nos processos editoriais que resultaram em suas publicações mais importantes. Com efeito, a preparação desta autobiografia envolveu o exame de rascunhos preliminares (vários deles escritos à mão) de textos por ele publicados, a fim de determinar suas intenções. Incluí trechos desses rascunhos quando continham informações reveladoras ou esclarecedoras que não aparecem nas versões publicadas.

Embora os textos autobiográficos de King que chegaram a ser publicados forneçam a estrutura básica deste livro, eles constituem uma narrativa incompleta. Para completar a narrativa e incluir relatos feitos por ele de eventos que não são discutidos em seus textos publicados, incorporei trechos de centenas de documentos e gravações, incluindo muitas afirmações que não se destinavam a ser divulgadas nem pretendiam ter um caráter autobiográfico. Esses trechos reforçam os relatos publicados e servem de transição entre narrativas mais extensas. Em alguns casos, fiz alterações editoriais, explicadas a seguir, a fim de construir uma narrativa legível e compreensível. Esse exercício da arte editorial destina-se a fornecer aos leitores um conjunto prontamente acessível dos textos e declarações gravadas de King que de outra forma só estaria disponível a um punhado de intelectuais devotados a sua vida e obra.

Acredito que os leitores vão reconhecer e compreender o fato de que uma narrativa como esta jamais poderia atingir a coerência e a amplitude que teriam sido possíveis se King tivesse conseguido escrever um relato completo de sua existência. Assim, o livro minimiza a importância da família em sua vida. Embora ele sempre reconhecesse o papel central desempenhado pela esposa, Coretta Scott King, em sua vida pública e privada, os documentos subsistentes raramente registram o grau em que ela participou das manifestações de protesto e de outros eventos públicos. Da mesma forma, os íntimos laços de King com os pais, os filhos, sua irmã, Christine King Farris, e seu irmão, A.D. King, não estão de todo refletidos nesses documentos, embora eles tenham tido um papel fundamental em sua vida.

A autobiografia de Martin Luther King é, portanto, muito mais uma obra religiosa e política do que o estudo de uma vida privada. Limita-se necessariamente aos aspectos que ele escolheu revelar em seus documentos, mas King nunca foi muito comunicativo em relação a sua vida privada e dificilmente teria usado sua autobiografia como oportunidade para revelar detalhes íntimos da própria vida. Em seus documentos pessoais, contudo, ele por vezes superava sua reticência em expor ao público seus sentimentos. Deixou documentos que oferecem informações nunca publicadas e que, no conjunto, definem seu caráter. Embora King pudesse selecioná-los ou utilizá-los de forma distinta da minha, ele (ou os pesquisadores e coautores que trabalhassem com ele) decerto os teria reconhecido como pontos de partida essenciais para a compreensão de sua vida.

Este livro é uma extensão de minhas tarefas, no espólio de King, de reunir e organizar seus documentos. Beneficiei-me do longo esforço coletivo de dezenas de colegas de equipe e pesquisadores que ajudaram na busca de trechos autobiográficos em meio a centenas de milhares de documentos a ele relacionados e identificados pelo King Papers Project (ver Agradecimentos). *A autobiografia de Martin Luther King* é um subproduto do esforço contínuo desse projeto de publicar uma edição definitiva e comentada da obra em quatorze volumes intitulada *The Papers of Martin Luther King, Jr.*

O fato de *A autobiografia de Martin Luther King* ter sido compilada e organizada após sua morte justifica uma explicação sobre a forma como foi construída. Embora muitas autobiografias sejam escritas com alguma ajuda editorial – de pequenas alterações ortográficas, gramaticais ou de estilo à ampla reelaboração das informações cruas (com frequência gravadas em fita) fornecidas pelo autor –, os leitores raramente têm consciência da importância desse tipo de apoio. O papel de Alex Haley na produção da *Autobiografia de Malcolm X* é uma demonstração bem conhecida do valor da assistência editorial feita nos bastidores para alguém que careça de tempo ou habilidade para escrever uma narrativa autobiográfica convincente e com valor literário. O trabalho de organização de textos autobiográficos é bem-sucedido quando a narrativa que dele resulta convence os leitores de que representa com exatidão os pensamentos do autor.

A autenticidade desta autobiografia de Martin Luther King advém do fato de que segui uma metodologia consistente a fim de preservar a integridade das declarações e textos de King, ao mesmo tempo que os fundia numa única narrativa. Embora tenha havido muito cuidado para garantir que este relato da vida de King se baseasse em suas próprias palavras, ele também é resultado de muitas avaliações editoriais desafiadoras. Entre elas a decisão de construir uma narrativa que mostrasse a vida de King do começo ao fim combinando fontes textuais de muitos períodos distintos. A abrangência do livro dá a entender que King o escreveu, com considerável ajuda editorial e de pesquisa, bem no final de sua vida. Embora muitas das fontes textuais apresentem suas atitudes e perspectivas em momentos anteriores de sua vida, os pontos de vista de King sobre temas importantes permaneceram bastante estáveis durante sua fase adulta; creio ser justificado acreditar que o relato final de King sobre suas crenças não seria significativamente diferente de suas recordações de períodos anteriores.

O material utilizado para construir esta narrativa consiste nos tipos de elementos documentais que King (ou seus assistentes) teria sem dúvida consultado ao preparar uma autobiografia. Essas fontes textuais, que são a matéria-prima deste trabalho, incluem seções e trechos extraídos dos seguintes tipos de material:

- livros (e rascunhos manuscritos) autobiográficos importantes: *Stride Toward Freedom: The Montgomery Story* (1958), *Why We Can't Wait* (1964) e *Where Do We Go from Here: Chaos or Community?* (1967);

- artigos e ensaios (publicados e inéditos) que descrevem períodos e eventos específicos;
- discursos, sermões e outras declarações públicas contendo passagens autobiográficas;
- declarações autobiográficas contidas em entrevistas publicadas ou gravadas;
- cartas de King;
- comentários de King em documentos oficiais, transcrições de encontros e variado material audiovisual.

Sempre que possível, tentei localizar os responsáveis originais pela publicação desse material, mas em alguns casos isso foi praticamente inviável.

Para garantir que o texto reflita de maneira precisa os pensamentos autobiográficos de King, as intervenções editoriais limitaram-se ao necessário para produzir um texto legível, lúcido e com coerência interna. Preservei a integridade e a contiguidade de certos textos inserindo na narrativa adaptada, em itálicos, passagens reproduzidas literalmente. Outras citações extraídas de documentos da autoria de King foram colocadas em boxes apropriadamente posicionados dentro da narrativa autobiográfica.

As recordações de episódios da vida de King, como todos os textos autobiográficos, foram distorcidas pela passagem do tempo e pelos caprichos da memória. Assim, não tentei corrigir imprecisões históricas em seus relatos. Em vez disso, quando havia múltiplas fontes textuais para determinado evento, procurei determinar qual delas representava a lembrança mais nítida e confiável de King. A narrativa resultante harmoniza diversas considerações na seleção das fontes textuais, incluindo a preferência por relatos feitos perto da época do fato em relação a lembranças posteriores e por descrições mais precisas em relação a outras mais genéricas e abstratas.

Depois de as fontes textuais terem sido selecionadas e dispostas, aproximadamente, em ordem cronológica, escrevi relatos, do tamanho de capítulos, que cobrem períodos da vida de King. Nesse processo, condensei algumas de suas fontes textuais retirando palavras e detalhes considerados redundantes ou supérfluos no contexto de uma narrativa ampla. Outras intervenções editoriais incluem o seguinte: tempos verbais foram alterados (geralmente do presente para o pretérito perfeito ou mais-que-perfeito); palavras ou pequenas expressões foram acrescentadas para indicar ou precisar tempo, lugar ou nome (como "Em junho"); conjunções e outros conectivos foram incluídos quando necessário; pronomes foram substituídos por nomes próprios, e vice-versa, quando as referências não estavam claras ("Ralph Abernathy" em vez de "ele") ou quando o contexto o exigia; a ortografia foi corrigida; a pontuação e a construção de sentenças foram alteradas para esclarecer o significado e aumentar a legibilidade.

CLAYBORNE CARSON
Stanford, Califórnia
1º de agosto de 1998

1. Primeiros anos

Claro que eu era religioso. Cresci na igreja. Meu pai era pastor, meu avô era pastor, meu bisavô era pastor, meu único irmão é pastor, o irmão de papai é pastor. De modo que não tive muita escolha.

---

25 de novembro de 1926
Michael (depois Martin) Luther King, pai, casa-se com Alberta Williams, filha de A.D. Williams, pastor da Igreja Batista Ebenezer

15 de janeiro de 1929
Nasce Michael (depois Martin) Luther King na casa da família Williams/King, na avenida Auburn, 501, em Atlanta

21 de março de 1931
A.D. Williams morre e é sucedido como pastor por King, pai.

18 de maio de 1941
Morre Jennie Celeste Williams, avó de King, e a família se muda para a Boulevard, 193, em Atlanta

17 de abril de 1944
King viaja para Dublin, Geórgia, a fim de participar de concurso de oratória sobre o tema "O negro e a Constituição"

Nasci no final da década de 1920, no auge da Grande Depressão, que iria espalhar seus braços destrutivos por todos os cantos desta nação por mais de uma década. Eu era muito jovem para que possa recordar o início dessa depressão, mas me lembro, quando tinha uns cinco anos, de ter interrogado meus pais sobre aquele monte de gente que vivia na pobreza. Posso perceber os efeitos dessa experiência de minha tenra infância em meus sentimentos anticapitalistas.

Minha cidade natal é Atlanta, na Geórgia, capital do estado e conhecida como "portal de entrada para o Sul". Atlanta é o meu lar. Nasci na avenida Auburn. Nossa igreja, a Ebenezer, fica na avenida Auburn. Sou agora um dos pastores dessa igreja e meu escritório na Conferência da Liderança Cristã do Sul fica na avenida Auburn.

Por algum tempo frequentei escolas públicas de Atlanta, depois fui para o que então se conhecia como Laboratório de Ensino Secundário da Universidade de Atlanta, onde permaneci por dois anos. Depois que esse educandário fechou, fui para a escola secundária Booker T. Washington.

A comunidade em que nasci era muito padronizada em termos de status social. Nela não havia ninguém que tivesse conseguido ficar muito rico. A maioria dos negros que tinham conseguido esse feito em minha cidade natal morava numa área conhecida como "Hunter Hills". A comunidade caracterizava-se por uma genuína simplicidade. Ninguém era pobre ao extremo. Provavelmente é justo classificar as pessoas dessa comunidade como de renda média. Era uma comunidade exemplar, embora nenhum de nós jamais tenha sido considerado membro da "classe AA". A criminalidade era mínima e a maioria de nossos vizinhos era profundamente religiosa.

Sempre fui uma criança de saúde extraordinária. Dizem que quando nasci os médicos me declararam 100% perfeito, do ponto de vista físico. Praticamente não sei o que é ficar doente. Creio que o mesmo se aplica à minha vida mental. Sempre fui um tanto precoce, física e mentalmente. Parece, assim, que, do ponto de vista hereditário, a natureza foi muito generosa comigo.

Minha situação familiar era muito harmoniosa. Tenho uma mãe e um pai maravilhosos. Praticamente não me lembro de eles terem alguma vez discutido (meu pai é o tipo de pessoa que simplesmente não discute) ou tido uma grande desavença. Esses fatores foram muito importantes para determinar minhas atitudes religiosas. É muito fácil para mim imaginar um Deus de amor sobretudo porque cresci numa família em que o amor predominava e as relações amorosas estavam sempre presentes. É muito fácil para mim imaginar um universo em essência amistoso sobretudo devido a minhas condições hereditárias e ambientais inspiradoras. É muito fácil para mim tender mais ao otimismo que ao pessimismo sobre a natureza humana sobretudo em função de minhas experiências da infância.

Em minha própria vida e na de uma pessoa que esteja buscando ser forte, combinam-se antíteses de caráter muito pronunciadas. Somos tanto militantes quanto moderados, tanto idealistas quanto realistas. Acho que minha profunda obstinação por justiça vem da personalidade dinâmica, muito enérgica, de meu pai, e imagino que os traços gentis venham de uma mãe muito doce e gentil.

"Mãe Querida"

Minha mãe, Alberta Williams King, ficava nos bastidores, exercendo os cuidados maternos que, se ausentes, deixam um elo perdido na vida. É uma pessoa muito devota com um profundo compromisso com a fé cristã. Ao contrário de meu pai, é uma pessoa de fala mansa e fácil de lidar. Embora tenha uma personalidade muito introvertida, é calorosa e facilmente acessível.

Filha de A.D. Williams, um pastor de sucesso, Alberta Williams foi criada em relativo conforto. Frequentou as melhores escolas e a melhor faculdade que havia e foi, em geral, protegida dos piores ultrajes da discriminação. Filha única, teve todas as facilidades que um aluno de ensino médio ou de faculdade poderia esperar. A despeito de suas condições relativamente confortáveis, nunca se ajustou docilmente ao sistema de segregação. Desde o início, instilou em todos os seus filhos um senso de autorrespeito.

Minha mãe defrontou-se com o velho problema que aflige pais e mães negros nos Estados Unidos: como explicar a discriminação e a segregação a uma criança pequena. Ela me ensinou que eu devia ter a consciência de "ser alguém", mas ao mesmo tempo tinha de sair e enfrentar um sistema que me encarava diariamente dizendo "você é menos", você "não é igual".

Ela me contou sobre a escravidão e como ela terminou com a Guerra Civil. Tentou explicar o sistema de divisão racial no Sul – a segregação em escolas, restaurantes, teatros, moradias; os cartazes em bebedouros, salas de espera e lavatórios reservando-os para brancos ou pessoas de cor – como uma condição social e não como resultado de uma ordem natural. Deixou claro que se opunha a esse sistema e que eu nunca deveria permitir que ele me fizesse sentir inferior. E então pronunciou as palavras que quase todo negro tem de ouvir para poder entender a injustiça que as torna necessárias: "Você é tão bom quanto qualquer um." Nessa época mamãe não fazia ideia de que, muitos anos depois, o garotinho em seus braços se envolveria numa luta contra o sistema do qual ela estava falando.

"Papai"

Martin Luther King, pai, é tão forte em sua determinação quanto do ponto de vista corporal. Tem uma personalidade dinâmica e sua própria presença física (pesa cerca de cem quilos) atrai a atenção. Sempre foi uma pessoa muito forte e autoconfiante. Raramente encontrei alguém tão destemido e corajoso quanto meu pai, apesar do fato de ele se preocupar com minha segurança. Ele nunca teve medo de brancos autocráticos e cruéis. Se lhe dissessem alguma coisa que considerasse insultuosa, ele deixaria claro, em termos inequívocos, que não tinha gostado.

Filho de um meeiro, ele conheceu a brutalidade em primeira mão, e desde cedo foi obrigado a revidar. Sua família morava numa cidadezinha chamada Stockbridge, na Geórgia, a cerca de trinta quilômetros de Atlanta. Um dia, trabalhando na plantação, ele percebeu que o proprietário estava enganando seu pai, roubando-lhe o dinheiro ganho com tanta dificuldade. Contou isso ao pai na presença do dono da fazenda. Então este gritou, cheio de raiva e fúria: "Jim, se você não colocar esse crioulinho* no lugar dele,

---

* Em inglês, *"little nigger"*. A palavra *nigger*, essencialmente pejorativa, não tem tradução exata em português. A opção por "crioulo" é um recurso comum. (N.T.)

vou lhe dar uma bofetada." Vovô, totalmente dependente do fazendeiro em termos de segurança econômica, ordenou a meu pai que se calasse.

Papai, recordando essa experiência, diz que naquele momento tomou a decisão de deixar a fazenda. Muitas vezes afirma, com bom humor: "Nunca mais vou tocar uma mula." Depois de alguns meses ele deixou Stockbridge e foi para Atlanta determinado a obter uma boa educação. Embora tivesse então dezoito anos – um ano a mais que as pessoas que estavam terminando o ensino médio –, começou a frequentar uma escola secundária e não parou até concluir o terceiro grau no Morehouse College, em Atlanta.

O que mais admiro em meu pai é seu caráter genuinamente cristão. Ele é um homem verdadeiramente íntegro, comprometido com princípios éticos e morais. É consciencioso em todos os seus empreendimentos. Até quem discorda de sua franqueza tem de reconhecer a sinceridade de seus motivos e ações. Ele nunca hesita em falar a verdade e dizer o que pensa, ainda que isso seja desconfortável. Essa qualidade da franqueza com frequência faz com que as pessoas tenham medo dele. Jovens e velhos já vieram a mim e disseram: "Tenho um medo mortal do seu pai." Realmente, ele é severo em muitos aspectos.

Meu pai sempre teve grande interesse por direitos civis. Foi presidente da Associação Nacional para o Progresso das Pessoas de Cor (NAACP, na sigla em inglês) em Atlanta e sempre defendeu a reforma social. Desde antes de eu nascer, ele se recusava a andar de ônibus na cidade após testemunhar um ataque brutal a um grupo de passageiros negros. Ele liderou em Atlanta a luta pela equiparação dos salários dos professores e foi parcialmente responsável pelo fim da segregação nos elevadores do fórum.

Como pastor da Igreja Batista Ebenezer, meu pai obteve grande influência na comunidade negra e talvez tenha conquistado um respeito relutante dos brancos. De qualquer forma, eles nunca o atacaram fisicamente, fato que espantava a mim e a meus irmãos, já que crescemos nessa atmosfera tensa. Com essa herança paterna, não surpreende que eu também tenha aprendido a abominar a segregação, considerando-a ao mesmo tempo racionalmente inexplicável e moralmente injustificável.

Nunca tive a experiência da carência no que se refere às necessidades básicas da vida. Essas coisas eram sempre providas por um pai que invariavelmente colocava a família em primeiro lugar. Meu pai nunca ganhou mais que um salário modesto, mas o segredo é que ele dominava a arte de poupar e gerir. Sempre foi sensato o bastante para não viver acima de seus recursos. Por esse motivo, foi capaz de nos prover, sem muito esforço, com as necessidades básicas da vida. Fiz meus estudos direto, do início ao fim, sem precisar interrompê-los para trabalhar ou coisa semelhante.

Meus primeiros 25 anos de vida foram muito agradáveis. Se tivesse um problema, sempre podia apelar a papai. As coisas se resolviam. A vida fora embrulhada para mim num pacote de Natal. Isso não quer dizer que eu tenha nascido com uma colher de prata na boca – longe disso. Sempre quis trabalhar, e era assim que passava os verões.

"As dúvidas brotam incessantemente"

Entrei para a igreja aos cinco anos de idade. Lembro-me bem de como esse evento ocorreu. Nossa igreja estava em meio à campanha de primavera, e um pregador convidado havia chegado da Virgínia. Na manhã de domingo ele veio à nossa escola dominical para nos falar sobre a salvação, e depois de discorrer brevemente sobre o tema fez um convite àqueles de nós que quisessem entrar para a igreja. Minha irmã foi a primeira a aceitá-lo naquela manhã, e então eu decidi que não ia deixá-la ficar à minha frente, de modo que fui o próximo. Eu nunca tinha pensado sobre o assunto, e mesmo no momento do meu batismo não tinha consciência do que estava acontecendo. Isso deixa bem claro que entrei para a igreja não como resultado de alguma convicção intensa, mas pelo desejo infantil de me manter equiparado a minha irmã.

A igreja sempre foi para mim um segundo lar. Tanto quanto consigo recordar, eu ia à igreja todo domingo. Meus melhores amigos frequentavam a escola dominical, e foi ela que me ajudou a desenvolver a capacidade de me relacionar com as pessoas. Creio que isso era inevitável, uma vez que meu pai era o pastor, mas nunca lamentei frequentar a igreja até atravessar uma fase de ceticismo em meu segundo ano de faculdade.

As lições que aprendi na escola dominical eram de uma linha bem fundamentalista. Nenhum de meus professores jamais duvidou da infalibilidade das Escrituras. A maioria deles era iletrada e nunca tinha ouvido falar de criticismo bíblico. Naturalmente, eu aceitava os ensinamentos como me eram transmitidos. Nunca senti necessidade de duvidar deles – pelo menos naquela época. Creio que aceitei acriticamente os estudos bíblicos até mais ou menos uns doze anos de idade. Mas essa atitude acrítica não duraria muito, pois era contrária à própria natureza do meu ser. Eu sempre fora do tipo questionador e precoce. Aos treze anos, deixei minha turma da escola dominical chocada ao negar a ressurreição corporal de Jesus. As dúvidas começaram a brotar incessantemente.

"Como eu podia amar uma raça de pessoas que me odiavam?"

Ocorreram dois incidentes no final de minha infância e início da adolescência que tiveram um efeito enorme em meu desenvolvimento. O primeiro foi a morte de minha avó. Ela era muito querida por todos nós, mas sobretudo por mim. Às vezes penso que eu era seu neto favorito. Fiquei especialmente pesaroso com sua morte acima de tudo em razão do imenso amor que sentia por ela. Ela ajudou muito a criar todos nós. Foi depois desse incidente que debati com alguma profundidade a doutrina da imortalidade. Meus pais tentaram explicá-la e me garantiram que, de alguma forma, minha avó ainda vivia. Acho que é por isso que hoje em dia tenho tanta fé na imortalidade pessoal.

O segundo incidente aconteceu quando eu tinha uns seis anos de idade. Desde os três eu costumava brincar com um coleguinha branco mais ou menos da mesma idade. Sempre nos sentimos livres para fazermos juntos nossas brincadeiras infantis. Ele não vivia em nossa comunidade, mas costumava estar ali todos os dias; seu pai era proprietário de uma loja que ficava em frente à nossa casa. Aos seis anos entramos na escola – escolas separadas, é claro. Lembro-me de que nossa amizade começou a se romper nesse momento – por desejo não meu, mas dele. O clímax aconteceu quando um dia ele me disse que seu pai tinha exigido que ele não brincasse mais comigo. Nunca vou me esquecer do choque que isso representou para mim. Imediatamente perguntei a meus pais sobre os motivos por trás de uma afirmação como essa.

Estávamos à mesa de jantar quando essa situação foi discutida, e então pela primeira vez ganhei consciência da existência de um problema racial. Nunca tinha me dado conta disso antes. Quando meus pais expuseram algumas das tragédias resultantes desse problema e alguns dos insultos que eles próprios haviam confrontado, meu choque foi grande, e a partir desse momento decidi odiar qualquer pessoa branca. Enquanto eu ia ficando mais velho, esse sentimento continuava a crescer.

Meus pais sempre me disseram que eu não devia odiar os brancos, ao contrário, que era meu dever, como cristão, amá-los. Uma pergunta surgiu em minha mente: como eu podia amar uma raça de pessoas que me odiavam e que tinham sido responsáveis pelo rompimento de minha amizade com um de meus melhores amigos de infância? Essa continuou sendo por alguns anos uma grande pergunta em minha mente.

SEMPRE TIVE UMA ANIMOSIDADE pelo sistema de segregação, percebendo-o como uma grave injustiça. Lembro-me, certa ocasião, de ir com meu pai a uma sapataria do centro da cidade quando ainda era pequeno. Tínhamos nos sentado nas primeiras cadeiras vazias que havia na loja. Um jovem vendedor aproximou-se e murmurou, educadamente:

– Terei prazer em atendê-los se passarem para aquelas cadeiras lá no fundo.

Papai imediatamente retrucou:

– Não há nada de errado com estas cadeiras. Estamos confortáveis aqui.

– Desculpe – disse o vendedor –, mas terão de se sentar lá no fundo.

– Ou nós compramos os sapatos sentados aqui – reagiu meu pai – ou não vamos comprar sapato nenhum.

Dito isso, ele pegou minha mão e saímos da loja. Foi a primeira vez que vi papai tão furioso. Essa experiência me revelou muito cedo que meu pai não se ajustava ao sistema, e teve um grande papel na formação da minha consciência. Ainda me lembro de andar pela rua ao lado dele, que resmungava:

– Não importa por quanto tempo eu tenha de viver com esse sistema, nunca vou aceitá-lo.

E nunca aceitou. Lembro-me de estar com ele no carro, em outra ocasião, quando ele acidentalmente ultrapassou um sinal vermelho. Um policial parou o carro e disse:

– Muito bem, moleque,* encoste aí e me mostre sua licença.

Meu pai respondeu na mesma hora:

– Que fique bem claro que você não está falando com um moleque. Se continuar me tratando por moleque, serei forçado a agir como se não escutasse uma só palavra do que está dizendo.

O policial ficou tão chocado ao ouvir um negro falando de forma tão categórica que não sabia bem o que responder. Nervoso, anotou a multa e saiu de cena o mais rapidamente possível.

"Meu momento de maior raiva"

Havia um sistema de segregação bastante severo em Atlanta. Por muito tempo eu não pude nadar, até que se inaugurou uma ACM negra. Crianças negras não podiam ir a nenhum parque público em Atlanta. Eu não podia frequentar as chamadas escolas para brancos. Em muitas lojas da cidade, eu não podia ir à lanchonete para pedir um hambúrguer ou uma xícara de café. Não podia frequentar nenhum teatro ou cinema. Havia um ou dois cinemas para negros, mas os principais filmes nunca chegavam lá. Quando chegavam, era dois ou três anos depois.

---

* Em inglês, *boy*, termo utilizado pelos brancos no Sul para fazer referência aos homens negros, independentemente da idade. (N.T.)

Quando eu tinha uns oito anos de idade, estava numa das lojas do centro de Atlanta e de repente levei um tapa, e a única coisa que ouvi foi alguém dizendo:

– Você é aquele crioulo que pisou no meu pé.

Era uma mulher branca. É claro que não reagi de forma alguma; eu não ousaria reagir quando uma pessoa branca estivesse envolvida. Acho que parte disso tinha a ver com minha estrutura congênita – ou seja, nunca fui de devolver uma agressão. Finalmente contei a minha mãe o que tinha ocorrido, e ela ficou muito aborrecida. Mas a mulher já tinha ido embora, e minha mãe e eu saímos da loja quase que imediatamente.

Recordo-me de outra experiência que costumava ter em Atlanta. Eu frequentava um colégio do outro lado da cidade – a escola secundária Booker T. Washington. Precisava pegar um ônibus num lugar que era conhecido como Quarto Distrito e ir para a Zona Oeste. Naqueles dias, havia rígidos padrões de segregação nos ônibus, de modo que os negros tinham de se sentar atrás. Os brancos sentavam-se na parte da frente, e muitas vezes, ainda que não houvesse brancos no ônibus, esses lugares continuavam reservados, de modo que negros tinham de ficar em pé mesmo havendo lugares vazios. Eu acabava sendo obrigado a ir para a parte traseira com o meu corpo, mas sempre que pegava o ônibus deixava minha alma na parte da frente. E dizia a mim mesmo: "Um dia desses, vou colocar meu corpo onde está minha alma."

Quando tinha quatorze anos, viajei de Atlanta para Dublin, Geórgia, com uma querida professora, a sra. Bradley. Lá, participei de um concurso de oratória e consegui vencer. Meu tema, ironicamente, foi "O negro e a Constituição".

Não podemos ter uma democracia refinada com um grande grupo vivendo na ignorância. Não podemos ter uma nação saudável com um décimo da população desnutrido, enfermo, abrigando os germes da doença, que não reconhecem a linha da cor – que não obedecem ao sistema do Jim Crow.* Não podemos ter uma nação ordeira e sólida com um grupo tão

---

* Nome frequente entre negros americanos que passou a denominar o sistema aparteísta instaurado no Sul dos Estados Unidos após a Guerra Civil. (N.T.)

rebaixado e desiludido que se vê quase forçado a atitudes antissociais e ao crime. Não podemos ser um povo verdadeiramente cristão se afrontarmos os ensinamentos fundamentais de Jesus: o amor fraterno e a Regra de Ouro ["Não faça aos outros o que não gostaria que fizessem a você"]. Não podemos atingir a prosperidade plena com um grande grupo tão desprovido que não pode adquirir bens. Assim, ao nos prepararmos para defender a democracia de um ataque externo, devemos trabalhar para, em nossa própria casa, oferecer justiça e oportunidades a todas as pessoas.

Hoje em dia, 13 milhões de filhos e filhas negros de nossos antepassados continuam a lutar pela tradução da 13ª, da 14ª e da 15ª Emendas das páginas impressas para a realidade. Como elas, acreditamos que "se a liberdade é boa para alguns deve ser boa para todos", que podemos vencer os exércitos do Sul pela espada, mas vencer o ódio do Sul é outra coisa, que se os negros ganharem as franquias democráticas serão vigilantes e defenderão, com seus próprios braços, a arca da liberdade federal da traição e da destruição por seus inimigos.

Naquela noite, a sra. Bradley e eu estávamos no ônibus voltando para Atlanta. No caminho, alguns passageiros brancos entraram no ônibus e o motorista branco ordenou que nos levantássemos para lhes dar o lugar. Não o fizemos com suficiente rapidez, na visão dele, de modo que ele começou a nos xingar. Eu pretendia permanecer sentado, no mesmo lugar, mas a sra. Bradley recomendou que me levantasse, dizendo que precisávamos obedecer à lei. Aquela noite nunca vai sair da minha memória. Foi a que me deixou com mais raiva em toda a minha vida.

Eu tinha crescido detestando não apenas a segregação, mas também os atos de opressão e barbárie que nela se originavam. Tinha visto a brutalidade policial com meus próprios olhos, e negros sendo alvo da mais trágica injustiça nos tribunais. Posso me lembrar da organização conhecida como Ku Klux Klan. Ela defende a supremacia branca, e naquele tempo chegava a usar métodos violentos para preservar a segregação e manter o negro, por assim dizer, no seu lugar. Lembro-me de ver a Klan realmente espancando um negro. Passei por lugares em que negros tinham sido bar-

baramente linchados. Tudo isso teve um efeito sobre minha personalidade em formação.

Também tinha aprendido que a irmã gêmea inseparável da injustiça social era a injustiça econômica. Embora eu viesse de um lar com segurança econômica e relativo conforto, a insegurança econômica de muitos de meus camaradas e a trágica pobreza ao meu redor nunca saíram da minha mente. No final da adolescência, trabalhei dois verões (contra a vontade de meu pai – ele nunca quis que meu irmão e eu trabalhássemos junto com brancos por causa das condições opressivas) numa fábrica que contratava tanto negros quanto brancos. Ali vi a injustiça em primeira mão, e percebi que os pobres brancos eram tão explorados quanto os negros. Por meio dessas experiências iniciais, cresci profundamente consciente das variedades de injustiça em nossa sociedade.

"Como se uma cortina tivesse baixado sobre minha individualidade"

Pouco antes de entrar na faculdade fui para Simsbury, Connecticut, e trabalhei todo um verão numa fazenda de tabaco a fim de ganhar algum dinheiro para complementar os esforços que meus pais estavam fazendo em relação aos meus estudos. Num domingo, fomos à igreja local, e éramos os únicos negros no recinto. Nas manhãs de domingo, eu era o líder religioso e falava sobre o texto que quisesse para 107 rapazes. Nunca pensei que uma pessoa de minha raça pudesse comer em qualquer lugar, mas nós comíamos nos melhores restaurantes de Hartford.

Depois desse verão em Connecticut, foi com um sentimento amargo que voltei à segregação. Era difícil compreender por que eu podia viajar onde quisesse no trem de Nova York a Washington e então fosse obrigado a passar para um vagão segregado na capital do país a fim de continuar a viagem até Atlanta. Na primeira vez que sentei atrás de uma cortina num vagão-restaurante, foi como se uma cortina tivesse baixado sobre minha individualidade. Nunca consegui me adaptar a salas de espera separadas, restaurantes e lanchonetes separados, sanitários separados, em parte porque separado sempre significava desigual, e em parte porque a própria ideia de separação mexia de alguma forma com meu senso de dignidade e respeito próprio.

> CARTA A MARTIN LUTHER KING, PAI
>
> 15 de junho de 1944
> Simsbury, Conn.
>
> Prezado Pai:
> Sinto muito ter demorado tanto a escrever, mas tenho trabalhado a maior parte do tempo. Temos realmente passado bons momentos aqui e o trabalho é muito fácil. Temos de levantar às seis da manhã. A comida é muito boa. E estou trabalhando na cozinha, de modo que minha comida é melhor.
>
> Todo domingo temos um serviço religioso por volta das oito horas e eu sou o líder. Temos um coro de meninos e vamos fazer uma apresentação em breve. Domingo fui à igreja em Simsbury, era uma igreja de brancos. Não consegui ir à igreja em Hartford, mas vou fazer isso na semana que vem. No caminho para cá vi algumas coisas que nunca tinha imaginado ver. Depois que passamos Washington não houve mais discriminação alguma e os brancos aqui são muito gentis. Vamos aonde queremos e nos sentamos onde queremos.
>
> Dê um alô a todos e diga que ainda penso na igreja e leio minha Bíblia. E não faço nada que não faria na sua frente.
>
> Seu Filho

2. Morehouse College

Minha vocação para o sacerdócio não foi algo milagroso nem sobrenatural. Pelo contrário, foi um chamado interior para servir à humanidade.

---

20 de setembro de 1944
King ingressa no Morehouse College

25 de fevereiro de 1948
É ordenado na Ebenezer

8 de junho
Recebe o grau de bacharel em sociologia pelo Morehouse College

---

AOS QUINZE ANOS de idade, entrei para o Morehouse College. Meu pai e meu avô materno haviam frequentado a mesma instituição, de modo que Morehouse teve três gerações da família King.

Nunca esquecerei as dificuldades que tive para entrar na faculdade, pois, embora fosse um dos melhores alunos no ensino secundário, meu nível de leitura ainda era do nível da oitava série. Entrei na faculdade tendo cursado apenas até a 11ª série. Nunca fiz a 12ª, e tinha pulado outra série antes, de modo que era considerado um cara muito novo em Morehouse.

Meus tempos de faculdade foram empolgantes. Havia uma atmosfera de liberdade em Morehouse, e foi lá que tive minha primeira discussão franca sobre raça. Os professores não estavam tolhidos pelas garras do financiamento público e podiam ensinar o que quisessem com liberdade acadêmica. Eles nos encorajavam a empreender a busca positiva de uma solução para as adversidades raciais. Percebi que ninguém tinha medo. Pessoas importantes vinham discutir racionalmente o problema conosco.

Quando eu era calouro de Morehouse, em 1944, meu interesse pela justiça racial e econômica já era considerável. Durante meu tempo de estudante li pela primeira vez o ensaio "A desobediência civil", de Henry David Thoreau. Ali, na corajosa recusa de um homem da Nova Inglaterra a pagar seus impostos e em sua opção de ir para a cadeia em vez de apoiar uma guerra que poderia ampliar o território escravista até o México, tive meu primeiro contato com a teoria da resistência não violenta. Fascinado pela ideia de recusar cooperar com um sistema maligno, fiquei tão profundamente sensibilizado que reli esse texto diversas vezes.

Fiquei convencido de que, tal como a cooperação com o bem, a não cooperação com o mal é uma obrigação moral. Ninguém foi mais eloquente e apaixonado em expressar essa ideia do que Henry David Thoreau. Em resultado de seus textos e de seu testemunho pessoal, somos herdeiros de um legado de protesto criativo. Os ensinamentos de Thoreau ganharam vida em nosso movimento de direitos civis; com efeito, estão mais vivos do que nunca. Quer se expressem num sit-in* numa lanchonete, numa marcha pela liberdade no Mississippi, num protesto pacífico em Albany, Geórgia, ou num boicote aos ônibus em Montgomery, Alabama, são consequências da insistência de Thoreau de que o mal deve ser enfrentado e nenhum homem honrado pode se ajustar pacientemente à injustiça.

Assim que entrei na faculdade, comecei a trabalhar em organizações que tentavam fazer da justiça racial uma realidade. As relações saudáveis que tínhamos no Conselho Interuniversitário convenceram-me de que contávamos com muitos aliados brancos, sobretudo na geração mais jovem. Eu havia desenvolvido um ressentimento em relação a toda a raça branca, mas, à medida que fui conhecendo mais brancos, esse ressentimento abrandou e o espírito de cooperação foi ocupando seu lugar. Foi um momento em que eu estava profundamente interessado em questões políticas e problemas sociais. Eu podia me ver desempenhando um papel na quebra das barreiras jurídicas aos direitos dos negros.

---

* Ocupação pacífica de espaços não permitidos pelas leis e práticas segregacionistas. (N.T.)

"Um anseio interior me convoca a servir à sociedade"

Devido à influência dos meus pais, acho que sempre tive um profundo anseio de servir à humanidade, mas ele não se traduziu inicialmente num interesse pelo ingresso no sacerdócio. Eu pensava que poderia fazer isso melhor como médico ou advogado. Um de meus amigos mais próximos em Morehouse, Walter McCall, tinha clareza sobre sua intenção de abraçar o sacerdócio, mas eu demorei para me decidir. Exerci por seis meses a função de assistente de meu pai.

"LEVANTAR POEIRA"

Com frequência, quando se enfatiza a necessidade de um tratamento decente para os negros, certa classe de pessoas recorrem ao espantalho da mistura social e do casamento misto. São questões que nada têm a ver com o caso. E a maioria das pessoas que levantam esse tipo de poeira sabe que é somente isso, uma poeira que obscurece a questão real dos direitos e oportunidades. É justo lembrar que quase toda a mistura racial nos Estados Unidos resultou não da iniciativa dos negros, mas das ações dos próprios homens brancos que falam mais alto sobre pureza racial. Não estamos ávidos por nos casarmos com moças brancas, e preferiríamos que os brancos, desordeiros ou aristocratas, deixassem as nossas moças em paz.

Queremos e estamos qualificados para usufruir dos direitos e oportunidades básicos dos cidadãos americanos: o direito de ganhar a vida num trabalho adequado ao nosso treinamento e capacidade; oportunidades iguais em educação, saúde, recreação e serviços públicos similares; o direito de voto; a igualdade diante da lei; um pouco da mesma cortesia e boas maneiras que nós próprios trazemos a todas as relações humanas.

Carta ao Editor, *Atlanta Constitution*, 6 de agosto de 1946

Como foi dito antes, minha preparação acadêmica, especialmente nos dois primeiros anos, trouxe à minha mente dúvidas profundas. Foi quando os grilhões do fundamentalismo foram arrancados de meu corpo. Cada vez mais eu via um fosso entre o que tinha aprendido na escola dominical e o que estava aprendendo na faculdade. Meus estudos me tornaram cético, e eu não conseguia ver fatos científicos que pudessem encontrar correspondência na religião.

Revoltado, também, com o emocionalismo de grande parte da religião negra, com os gritos e sapateados, eu não a compreendia, e isso me deixava embaraçado. Costumo dizer que se nós, como um povo, tivéssemos tanta religião em nossos corações e almas como temos em nossas pernas e pés, poderíamos mudar o mundo.

Eu tinha visto que a maioria dos pastores negros era iletrada, não fora educada em seminários, e isso me fez pensar. Eu tinha sido criado na igreja e conhecia religião, mas imaginava se ela podia servir como veículo para o pensamento moderno, se a religião podia ser intelectualmente respeitável, assim como emocionalmente gratificante.

Esse conflito prosseguiu até eu participar de um curso sobre a Bíblia em que vim a perceber que por trás das lendas e mitos do Livro Sagrado havia muitas verdades profundas e inescapáveis. Dois homens – o dr. Mays, reitor do Morehouse College, e o dr. George Kelsey, professor de filosofia e religião – fizeram-me parar para pensar. Ambos eram pastores, ambos profundamente religiosos, mas também homens altamente instruídos, conhecedores das tendências do pensamento moderno. Eu podia ver na vida deles o ideal do que eu desejava que fosse um pastor.

Estava no último ano da faculdade quando ingressei no sacerdócio. Eu tinha sentido o impulso nessa direção desde os tempos de ensino secundário, mas dúvidas acumuladas haviam, de certa forma, bloqueado esse impulso. Agora ele reaparecia com uma força inescapável. Havia um senso de responsabilidade do qual eu não podia fugir.

Creio que a influência de meu pai teve muito a ver com minha opção pelo sacerdócio. Não que ele algum dia tenha falado comigo em termos de eu vir a me tornar um sacerdote, mas minha admiração por ele foi o grande fator motivador. Ele deu um nobre exemplo que não me incomodava seguir. Ainda sinto os efeitos dos nobres ideais morais e éticos sob os quais fui criado. Eles têm sido verdadeiros e preciosos para mim, e mesmo nos momentos de dúvida teológica nunca me afastei deles.

Aos dezenove anos concluí a faculdade e estava pronto para entrar no seminário.

3. O seminário Crozer

Eu conhecia bem o estereótipo do negro tipicamente cultivado pelos brancos – que ele está sempre atrasado, fala alto e está sempre rindo, que é sujo e desordenado – e por algum tempo fiquei terrivelmente preocupado em evitar que me identificassem com isso. Se chegasse à aula com um minuto de atraso, ficava morbidamente envergonhado e certo de que todos os outros haviam percebido. Em vez de ser visto como alguém que estava sempre rindo, receio ter sido terrivelmente sério por uns tempos. Tinha uma tendência a me vestir de modo exageradamente formal, os sapatos perfeitamente engraxados e as roupas imaculadamente passadas.

---

14 de setembro de 1948
King ingressa no Seminário Teológico Crozer

Primavera de 1950
Assiste à palestra do reitor da Universidade Howard, Mordecai Johnson, sobre Gandhi

8 de maio de 1951
Recebe o grau de bacharel em teologia pelo seminário Crozer

SÓ EM 1948, quando entrei para o Seminário Teológico Crozer, em Chester, Pensilvânia, é que comecei a empreender seriamente uma busca intelectual por um método para eliminar os infortúnios sociais. Passei a realizar um estudo sério das teorias éticas e sociais dos grandes filósofos, de Platão e Aristóteles a Rousseau, Hobbes, Bentham, Mill e Locke. Todos esses mestres estimularam meu pensamento – tal como ele era – e, embora encontrando aspectos passíveis de questionamento em cada um deles, aprendi muito ao estudá-los.

Passei muito tempo lendo as obras dos grandes filósofos sociais. Cedo tive contato com *Christianity and the Social Crisis*, de Walter Rauschenbusch, que deixou uma marca indelével em meu pensamento ao me fornecer uma base teológica para as preocupações sociais que já se haviam desenvolvido em mim como resultado de minhas primeiras experiências. Evidentemente, havia aspectos em que eu divergia de Rauschenbusch. Eu achava que ele tinha sido vítima do "culto do progresso inevitável" do século XIX, que o levou a um otimismo superficial com respeito à natureza humana. Além disso, ele se aproximou perigosamente da identificação do Reino de Deus com um sistema social e econômico específico – tendência que não deveria ter lugar na Igreja. Mas, apesar dessas deficiências, Rauschenbusch tinha prestado um grande serviço à Igreja cristã ao insistir em que o evangelho trata do homem como um todo – não somente de sua alma, mas de seu corpo; não apenas de seu bem-estar espiritual, mas também de seu bem-estar material.

"O sacerdócio do pregador"

Desde que li Rauschenbusch tenho a convicção de que qualquer religião que professe uma preocupação com as almas dos homens, mas não esteja igualmente preocupada com as favelas a que eles estão condenados, com as condições econômicas que os estrangulam e com as condições sociais que os debilitam, é uma religião espiritualmente moribunda, que só falta ser enterrada. Já se disse muito bem: "Uma religião que termina no indivíduo é uma religião que termina."

> Sinto que a pregação, se usada corretamente, é uma das necessidades mais vitais de nossa sociedade. Há um grande paradoxo na pregação: de um lado, pode ser de grande ajuda e, de outro, pode ser muito perniciosa. É

minha opinião que a sinceridade não é suficiente para o sacerdócio do pregador. O sacerdote deve ser ao mesmo tempo sincero e inteligente... Também penso que o pastor deve ter profundidade em suas convicções. Temos no púlpito muitos pastores que são grandes oradores, mas pouco dotados de força espiritual. É minha convicção profunda que, como aspirantes a pastores, devemos deter esses poderes.

Penso que a pregação deve nascer das experiências das pessoas. Portanto, eu, como pastor, devo conhecer os problemas das pessoas que constituem meu rebanho. Com muita frequência, pastores instruídos deixam as pessoas perdidas na neblina da abstração teológica em vez de lhes apresentarem a teologia à luz das experiências delas mesmas. É minha convicção que o pastor deve assumir, de alguma forma, visões teológicas e filosóficas profundas e colocá-las num arcabouço concreto. Devo sempre tornar simples o complexo.

Acima de tudo, vejo o sacerdócio do pregador como um processo dual. De um lado, devo tentar transformar a alma dos indivíduos para que suas sociedades possam ser transformadas. De outro, devo tentar transformar as sociedades para que a alma do indivíduo sofra uma mudança. Assim, devo preocupar-me com desemprego, favelas e insegurança econômica. Sou um defensor convicto do evangelho social.

CARTA A ALBERTA WILLIAMS KING

Querida mãe,
Sua carta foi recebida esta manhã. Sempre digo aos rapazes do campus que tenho a melhor mãe do mundo. A senhora nunca saberá o quanto gosto das muitas coisas bondosas que a senhora e papai estão fazendo por mim. Até agora tenho recebido o dinheiro (cinco dólares) toda semana.

Quanto a se quero alguns recortes de jornais, minha resposta é sim. Fiquei imaginando por que a senhora não me mandava muitos deles, especialmente do *Atlanta World*.

A senhora disse que minhas cartas não têm muitas novidades. Bem, eu não tenho muitas novidades. Raramente vou a lugar algum, a não ser nesses livros. Às vezes o professor entra em sala e nos diz para ler nossas tarefas em hebraico, e isso é realmente muito difícil.

Sabe a garota do Spelman [College] que eu namorava (Gloria Royster)? Ela está frequentando a Temple e fui visitá-la duas vezes. Também conheci uma garota legal em Filadélfia que ficou maluca com este garotão. Desde que Barbor disse aos membros de sua igreja que minha família era rica, as garotas têm me perseguido. Evidentemente, eu nem penso nelas. Fico muito ocupado estudando.

Tenho notícias de Christine toda semana. Tento responder a ela tão regularmente quanto possível.

Bem, acho que preciso voltar a estudar. Dê minhas lembranças a todos.

Seu filho,

M.L.
Outubro de 1948

"A verdade não está nem no marxismo nem no capitalismo tradicional"

Durante os feriados de Natal de 1949, decidi passar meu tempo de folga lendo Karl Marx para tentar entender a atração que o comunismo exerce sobre muitas pessoas. Pela primeira vez examinei cuidadosamente *O capital* e o *Manifesto comunista*. Também li alguns trabalhos interpretativos sobre o pensamento de Marx e Lênin. Ao ler esses textos comunistas, extraí certas conclusões que até hoje têm me acompanhado como convicções.

Em primeiro lugar, rejeitei sua interpretação materialista da história. No comunismo, declaradamente secularista e materialista, não há lugar para Deus. Isso eu nunca poderia aceitar, pois, como cristão, acredito na existência de um poder criativo pessoal neste universo que é a base e a essência de toda realidade – um poder que não pode ser explicado em termos materialistas. A história é guiada, em última instância, pelo espírito, não pela matéria.

Em segundo lugar, discordei enfaticamente do relativismo ético do comunismo. Já que para a comunidade não existe um governo divino, uma ordem moral absoluta, não existem princípios fixos e imutáveis; logo, quase tudo – força, violência, assassinato, mentira – é um meio justificável para se atingir um fim "milenarista". Esse tipo de relativismo me incomodou. Fins construtivos não podem jamais oferecer uma justificativa moral absoluta para o emprego de meios destrutivos, pois, em última análise, o fim preexiste aos meios.

Em terceiro lugar, eu me opus ao totalitarismo político do comunismo. No comunismo o indivíduo acaba submetido ao Estado. Evidentemente, o marxista argumentaria que o Estado é uma realidade "transitória" a ser eliminada com a emergência de uma sociedade sem classes; mas o Estado é o fim, ao menos enquanto permanecer, e o homem é apenas um meio para se atingir esse fim. E se qualquer dos chamados direitos ou liberdades do homem se colocar no caminho que leva a esse fim, será simplesmente ignorado. Sua liberdade de expressão, sua liberdade de votar, sua liberdade de ouvir a notícia que quiser ou de escolher seus livros, tudo isso é restringido. No comunismo, o homem torna-se pouco mais do que um dente despersonalizado na roda giratória do Estado.

Essa restrição à liberdade do indivíduo era para mim algo deplorável. Estou convencido agora, tal como estava naquela época, de que o homem é um fim por ser um filho de Deus. O homem não é feito para o Estado, o Estado é feito para o homem. Privar o homem de sua liberdade é relegá-lo à condição de coisa em lugar de elevá-lo à condição de pessoa. O homem nunca deve ser tratado como um meio para o Estado, mas sempre como um fim em si mesmo.

No entanto, apesar do fato de que minha reação ao comunismo foi e é negativa, e de eu o considerar basicamente maligno, há aspectos em que o considero desafiador. Com todos os seus falsos pressupostos e métodos perversos, o comunismo surge como um protesto contra as agruras dos desprivilegiados. O comunismo, em teoria, enfatizava uma sociedade sem classes e uma preocupação com a justiça social, embora o mundo saiba, graças a uma triste experiência, que na prática ele criou novas classes e um novo léxico de injustiças. O cristão deveria sentir-se sempre instigado por qualquer protesto contra o tratamento injusto em relação aos pobres.

Também busquei respostas sistemáticas à crítica de Marx da cultura burguesa moderna. Ele apresentava o capitalismo como sendo essencialmente uma luta entre os proprietários dos meios de produção e os trabalhadores, que enxergava como os verdadeiros produtores. Marx interpretava as forças econômicas como o processo dialético pelo qual a sociedade caminhava do feudalismo para o socialismo, passando pelo capitalismo, sendo o mecanismo básico desse movimento histórico a luta entre classes econômicas cujos interesses seriam inconciliáveis. Obviamente, essa teoria deixava de lado as numerosas e importantes complexidades – políticas, econômicas, morais, religiosas e psicológicas – que desempenharam um papel vital na moldagem da constelação de instituições e ideias hoje conhecida como civilização ocidental. Além disso, ela estava defasada no sentido de que o capitalismo sobre o qual Marx havia escrito tinha apenas uma pequena semelhança com aquele que conhecemos neste país.

A despeito, porém, das deficiências dessa análise, Marx levantou algumas questões fundamentais. Desde minha adolescência, eu tinha uma preocupação profunda com o abismo entre a riqueza supérflua e a pobreza abjeta, e minha leitura de Marx me tornou mais consciente desse abismo. Embora o moderno capitalismo americano tenha reduzido essa distância por meio de reformas sociais, ainda havia a necessidade de uma melhor distribuição da riqueza. Além disso, Marx tinha revelado o perigo do motivo lucro como base única de um sistema econômico: o capitalismo corre sempre o perigo de inspirar os homens a se preocuparem mais em ganhar a vida do que em construir uma vida. Tendemos a avaliar o sucesso de acordo com nossos salários ou com o tamanho de nossos carros, e não pela qualidade de nosso serviço à humanidade e de nossa relação com ela. Assim, o capitalismo pode conduzir a um materialismo prático tão pernicioso quanto aquele ensinado pelo comunismo.

Em suma, li Marx como li todos os pensadores históricos influentes – de um ponto de vista dialético, combinando um sim parcial com um não parcial. Quando Marx defendia um materialismo metafísico, um relativismo ético e um totalitarismo asfixiante, minha resposta era um inequívoco não; mas quando ele apontava as debilidades do capitalismo tradicional, contribuía para o desenvolvimento de uma consciência das massas e desafiava a consciência social das igrejas cristãs, eu respondia com um nítido sim.

Minha leitura de Marx também me convenceu de que a verdade não está nem no marxismo nem no capitalismo tradicional. Historicamente, o capitalismo não conseguiu ver a verdade no empreendimento coletivo e o marxismo não conseguiu ver a verdade no empreendimento individual. O capitalismo do século XIX não conseguiu ver que a vida é social e o marxismo não conseguiu, nem consegue ver, que a vida é individual e pessoal. O Reino de Deus não é nem a tese do empreendimento individual nem a antítese do empreendimento coletivo, mas uma síntese que concilia as verdades em ambos contidas.

"O único método moral e praticamente sólido ao alcance das pessoas oprimidas"

Durante minha estada em Crozer, também fui exposto pela primeira vez à posição pacifista numa palestra do dr. A.J. Muste. Fiquei profundamente sensibilizado com a fala do dr. Muste, mas longe de estar convencido da viabilidade de sua posição. Como a maioria dos alunos de Crozer, sentia que, embora a guerra nunca fosse um bem positivo ou absoluto, podia servir como um bem negativo no sentido de evitar a difusão e o crescimento de uma força maligna. A guerra, terrível como era, podia ser preferível à rendição a um sistema totalitário – nazista, fascista ou comunista.

A IMPORTANTE CONTRIBUIÇÃO DE JEREMIAS AO PENSAMENTO RELIGIOSO

Mais uma vez Jeremias é um exemplo brilhante da verdade de que a religião nunca deve sancionar o status quo. Isso, mais que qualquer outra coisa, deveria ser inculcado nas mentes dos modernos devotos, pois o pior desserviço que nós como indivíduos ou igrejas podemos cometer ao cristianismo é nos tornarmos patrocinadores e sustentadores do status quo. Quantas vezes a igreja afundou, acorrentada a um status quo ao qual se aliara. Portanto, devemos admitir que homens como Jeremias estão disponíveis a qualquer religião. A religião, em certo sentido, por meio de homens como Jeremias, proporciona o seu próprio avanço e carrega consigo a promessa de progresso e de poder renovado. Mas qual é a reação da sociedade a homens desse tipo? Ela tem reagido, e sempre vai reagir, da única maneira que lhe é possível. Ela os destrói. Jeremias morreu como mártir.

Trabalho de curso apresentado no seminário Crozer, outono de 1948

Nesse período, eu tinha quase que perdido a esperança no poder do amor na solução de problemas sociais. Acreditava que a única forma de resolver o problema da segregação era através da revolta armada. Achava que a ética cristã do amor se restringia às relações entre indivíduos. Não podia imaginar como ela funcionaria num conflito social.

Talvez minha fé no amor tenha sido temporariamente abalada pela filosofia de Nietzsche. Eu tinha lido partes da *Genealogia da moral* e todo o *Vontade de potência*. Sua glorificação do poder – em sua teoria, toda vida expressava uma vontade de potência – era consequência de seu desprezo pelos mortais comuns. Ele atacava toda a moral hebraico-cristã – com suas virtudes da piedade e da humildade, sua sobrenaturalidade e sua atitude em relação ao sofrimento – como a glorificação da fraqueza, a construção de virtudes a partir da necessidade e da impotência. Antecipava o desenvolvimento de um super-homem que ultrapassaria o homem da mesma forma como este havia ultrapassado o macaco.

Então, numa tarde de domingo, viajei para Filadélfia a fim de ouvir um sermão do dr. Mordecai Johnson, reitor da Universidade Howard. Ele tinha ido lá para fazer uma pregação diante da Fellowship House* de Filadélfia. O dr. Johnson tinha acabado de voltar de uma viagem à Índia e, para meu grande interesse, falou sobre a vida e os ensinamentos de Mahatma Gandhi. Sua mensagem foi tão profunda e eletrizante que saí da reunião e comprei meia dúzia de livros sobre a vida e a obra de Gandhi.

Como a maioria das pessoas, eu tinha ouvido falar de Gandhi, mas nunca o havia estudado com seriedade. Enquanto lia fui ficando profundamente fascinado por suas campanhas de resistência não violenta. Fiquei sensibilizado em particular por sua Marcha do Sal até o mar e seus vários jejuns. Todo o conceito de *Satyagraha* (*satya* é verdade, o que equivale a amor, e *agraha* é força; *Satyagraha*, portanto, significa a força da verdade ou a força do amor) me pareceu profundamente significativo. Ao mergulhar mais a fundo na filosofia de Gandhi, meu ceticismo com respeito ao poder do amor foi aos poucos diminuindo, e consegui ver pela primeira vez sua potência na área da reforma social. Antes da leitura de Gandhi, eu tinha praticamente concluído que a ética de Jesus só era eficaz nas relações entre indivíduos. A filosofia de "oferecer a outra face" e a do "amai vossos inimigos" só eram válidas, achava eu, quando indivíduos estavam em conflito com outros indivíduos; quando eram nações e grupos raciais que estavam envolvidos, uma abordagem realista parecia necessária. Mas depois de ler Gandhi percebi que estava totalmente errado.

Gandhi foi provavelmente a primeira pessoa na história a elevar a ética do amor de Jesus acima da mera interação entre indivíduos como uma força social amplamente poderosa e eficaz. Para Gandhi, o amor era um forte instrumento de transformação social e coletiva. Foi nessa ênfase de Gandhi no amor e na não violência que descobri o método de reforma

---

* Organização inter-racial sem fins lucrativos voltada à solução de problemas sociais. (N.T.)

social que estava procurando. A satisfação intelectual e moral que não conseguira obter do utilitarismo de Bentham e Mill, dos métodos revolucionários de Marx e Lênin, da teoria do contrato social de Hobbes, do otimismo da "volta à natureza" de Rousseau, da filosofia do super-homem de Nietzsche, encontrei na filosofia da resistência não violenta de Gandhi.

"A doutrina liberal do homem"

Mas minha odisseia intelectual rumo à não violência não terminou aí. Durante meu último ano no seminário, me envolvi na empolgante leitura de várias teorias teológicas. Tendo sido criado numa tradição fundamentalista bastante estrita, eu às vezes ficava espantado quando minha jornada intelectual me levava a novas e por vezes complexas terras doutrinárias, mas a peregrinação era sempre estimulante; ela me propiciou uma nova apreciação da avaliação objetiva e da análise crítica e me tirou de meu cochilo dogmático.

Quando entrei para o seminário Crozer, pude aceitar a interpretação liberal do cristianismo com relativa facilidade. O liberalismo me proporcionou uma satisfação intelectual que eu nunca tinha encontrado no fundamentalismo. Fiquei tão encantado com os insights do liberalismo que quase caí na armadilha de aceitar acriticamente tudo que tinha esse rótulo. Estava convencido por completo da bondade humana e do poder natural da razão.

A mudança básica em meu pensamento veio quando comecei a questionar a doutrina liberal do homem. Meu pensamento passou por um estado de transição. Por vezes eu me via tendendo a uma visão neo-ortodoxa moderada, outras no sentido de uma visão liberal do homem. A primeira tendência pode ter tido origem em certas experiências que tive no Sul, com seu problema racial perverso, que tornaram muito difícil para mim acreditar na bondade essencial do ser humano. Quanto mais observava as tragédias da história e a vergonhosa inclinação do homem a escolher o pior caminho, mais eu percebia a profundidade e a força do pecado. O otimismo superficial do liberalismo com respeito à natureza humana fazia-o ignorar o fato de que a razão é obscurecida pelo pecado. Quanto mais eu pensava sobre a natureza humana, mais percebia o modo como nossa trágica inclinação para o pecado nos faz usar nossas mentes para racionalizar nossas ações. O liberalismo não conseguiu ver que a razão por si mesma é pouco mais que um instrumento para justificar as formas de pensamento defensivas dos seres humanos. Além disso, pude reconhecer a complexidade do envolvimento social do homem e a flagrante realidade do mal coletivo. Pude perceber que o liberalismo também tinha sido muito sentimental em relação à natureza humana e que tendia para um falso idealismo. A razão, desprovida do poder purificador da fé, não pode jamais libertar-se de distorções e racionalizações.

Por outro lado, parte de minha inclinação liberal tinha origem em outro ramo do mesmo tronco. Ao notar os avanços graduais desse mesmo problema racial, vim a perceber algumas possibilidades de nobreza na natureza humana. Minha tendência liberal também pode ter origem na forte influência que muitos teólogos liberais tiveram sobre mim e em meu desejo sempre presente de ser otimista em relação à natureza humana. Evidentemente, há uma fase do liberalismo que eu espero sempre abraçar: sua devoção à busca da verdade, sua insistência em uma mente aberta e analítica, sua recusa a abandonar as melhores luzes da razão. Sua contribuição à crítica histórico-filológica da literatura bíblica tem sido de um valor imensurável.

"Um enfrentamento corajoso do mal pelo poder do amor"

Durante meu último ano na faculdade de teologia, comecei a ler as obras de Reinhold Niebuhr. Os elementos proféticos e realistas presentes no estilo apaixonado e no pensamento profundo de Niebuhr me atraíram e me conscientizaram da complexidade dos motivos humanos e da realidade do pecado em todos os níveis da existência do homem. Fiquei tão encantado com sua ética social que quase caí na armadilha de aceitar acriticamente tudo que ele escreveu.

Li a crítica de Niebuhr à posição pacifista. Ele próprio já tinha sido membro de grupos pacifistas. Por vários anos fora o presidente da Fellowship of

Reconciliation. Sua ruptura com o pacifismo ocorreu no início da década de 1930, e a primeira expressão de sua crítica a esse movimento aparece em *Moral Man and Immoral Society*, onde ele argumenta que não havia uma diferença moral intrínseca entre resistência violenta e não violenta. As consequências sociais dos dois métodos eram diferentes, afirmou ele, mas as diferenças eram de grau, não de essência. Mais tarde Niebuhr começou a enfatizar a irresponsabilidade de se confiar na resistência não violenta quando não havia base para se acreditar que ela teria sucesso em evitar a difusão da tirania totalitária. Ela só poderia ter êxito, defendia ele, se os grupos contra os quais se dirigisse tivessem algum nível de consciência moral, como no caso da luta de Gandhi contra os britânicos. A rejeição absoluta do pacifismo por Niebuhr baseava-se fundamentalmente na doutrina do homem. Ele afirmava que o pacifismo não conseguia fazer justiça à doutrina da reforma de justificação pela fé, substituindo-a por um perfeccionismo sectário que acredita "que a graça divina realmente coloca o homem além das contradições pecaminosas da história e o estabelece acima dos pecados do mundo".

De início, a crítica de Niebuhr ao pacifismo me deixou em estado de confusão. Ao prosseguir na leitura de sua obra, contudo, vim a perceber cada vez mais as deficiências de sua posição. Por exemplo, muitas de suas afirmações revelavam que ele interpretava o pacifismo como uma espécie de resistência passiva ao mal que expressava uma confiança ingênua no poder do amor. Mas essa era uma distorção grave. Meu estudo de Gandhi convenceu-me de que o verdadeiro pacifismo não é uma não resistência ao mal, mas uma resistência não violenta ao mal. Entre as duas posições há um mundo de diferenças. Gandhi resistiu ao mal com tanta força e vigor quanto os que resistiam com violência, mas foi com amor em vez de ódio. O pacifismo não é a submissão irrealista ao poder malévolo, como sustenta Niebuhr. É, em vez disso, o enfrentamento corajoso do mal pelo poder do amor, na crença de que é melhor ser objeto do que sujeito da violência, já que este só multiplica a existência da violência e do amargor, enquanto aquele pode desenvolver no oponente um sentimento de vergonha, e assim produzir uma transformação e uma mudança de disposição.

Embora eu tenha encontrado muitas coisas indesejáveis na filosofia de Niebuhr, em vários aspectos ele influenciou construtivamente o meu pensamento. A grande contribuição de Niebuhr à teologia é que ele rejeitou o falso otimismo característico de um amplo segmento do liberalismo protestante. Além disso, Niebuhr tem uma extraordinária compreensão da natureza humana, sobretudo no que se refere ao comportamento de nações e grupos sociais. Ele tem uma consciência profunda da complexidade dos motivos humanos e da relação entre moral e poder. Sua teologia é um lembrete constante da realidade do pecado em todos os níveis da existência humana. Esses elementos de seu pensamento me ajudaram a reconhecer as ilusões de um otimismo superficial a respeito da natureza humana e os perigos de um falso idealismo. Embora eu ainda acreditasse no potencial do homem para o bem, Niebuhr me fez perceber também o seu potencial para o mal. Mais que isso, ele me ajudou a compreender a complexidade do envolvimento social do homem e a realidade patente do mal coletivo.

Muitos pacifistas, penso eu, não conseguiram ver isso. Muitos deles tinham em relação ao homem um otimismo injustificável e tendiam inconscientemente para o farisaísmo. Depois de ler Niebuhr, vim a perceber a posição pacifista não como isenta de pecado, mas como um mal menor, dadas as circunstâncias. Não afirmo estar livre dos dilemas morais que confrontam o cristão não pacifista, mas estou convencido de que a igreja não pode silenciar quando a humanidade enfrenta a ameaça de extermínio nuclear. Percebi que o pacifista teria mais poder de atração se não declarasse estar livre dos dilemas morais que afligem o cristão não pacifista.

EU ESPERAVA COM ALEGRIA minha formatura no seminário Crozer, marcada para maio de 1951. Por muitos anos cultivara o desejo de lecionar numa escola ou faculdade de religião. Percebendo a necessidade de conhecimento acadêmico para a profissão do ensino, senti que a pós-graduação me daria uma perspectiva melhor do meu campo. Eu tinha um conhecimento geral dele, mas não tinha feito uma pesquisa adequada para dar conta das questões acadêmicas com as quais seria confrontado nessa área. Achava que alguns anos de estudo intensivo num curso de pós-graduação me dariam um conhecimento melhor do meu campo.

> UMA CONCEPÇÃO E UMA IMPRESSÃO DA RELIGIÃO
> EXTRAÍDAS DO LIVRO DO DR. EDGAR S. BRIGHTMAN
> INTITULADO *A PHILOSOPHY OF RELIGION*
>
> É a religião que dá significado à vida. É a religião que dá significado ao universo. A religião é o maior incentivo à vida saudável. É a religião que nos dá a garantia de que tudo que é elevado, nobre e valioso será preservado. Creio que esses frutos da religião são suas maiores virtudes, e decerto não podem ser ignorados por nenhum homem mentalmente são. Devo concluir que qualquer visão ateísta é ao mesmo tempo infundada do ponto de vista filosófico e desvantajosa do ponto de vista prático. Como anseio agora pela experiência religiosa de que o dr. Brightman fala de modo tão convincente em todo o seu livro. Parece ser uma experiência em cuja ausência a vida se torna monótona e sem sentido. Quando reflito sobre o assunto, porém, recordo momentos em que acordei estupefato; momentos em que fui levado para fora de mim mesmo por uma coisa maior do que eu e a essa coisa me entreguei. Será que essa coisa grandiosa era Deus? Talvez, no final das contas, eu já tenha sido um religioso por muitos anos e agora esteja apenas me dando conta disso.
>
> De um trabalho de curso apresentado
no seminário Crozer, 28 de março de 1951

Meu particular interesse pela Universidade de Boston pode ser resumido em duas afirmações. Em primeiro lugar, meu pensamento na área filosófica tinha sido altamente influenciado por alguns membros de seu corpo docente, sobretudo o dr. Edgar S. Brightman. Por essa razão, eu sonhava com a possibilidade de estudar com ele. Em segundo lugar, um de meus professores no Crozer tinha se formado na Universidade de Boston, e sua grande influência sobre mim fez com que eu voltasse o olhar para sua antiga escola. Ele me deu informações valiosas sobre essa universidade e eu estava convencido de que lá havia vantagens palpáveis para mim.

"AH, SE EU SOUBESSE ONDE PODERIA ENCONTRÁ-LO"

Lembro-me nitidamente de como, em meus tempos recentes de seminário, pude reforçar minha vida espiritual pela comunhão com a natureza. O campus do seminário tem uma paisagem linda, sobretudo na primavera. E foi nessa época do ano que criei o hábito de ir até a fronteira do campus, toda tarde, por pelo menos uma hora, para comungar com a natureza. Ao lado do campus corria um pequeno afluente do rio Delaware. Todo dia eu me sentava à margem do rio, do lado do campus, e contemplava as belezas da natureza. Nessa experiência, meu amigo, eu vi Deus. Eu o vi nos pássaros voando, nas folhas das árvores, no movimento pulsante das ondas... Por vezes saio à noite para ver as estrelas adornando os céus como brilhantes alfinetes de prata presos a uma magnífica almofada azul. Deus existe. Às vezes olho para o sol quando ele se ergue de manhã e pinta o horizonte do leste em tecnicolor. Deus existe. Às vezes vejo a lua atravessando o céu como uma rainha em sua mansão magistral. Deus existe. Henry Ward Beecher estava certo: "A natureza é a língua de Deus."

Reminiscência dos anos no seminário Crozer, c.1953

4. Universidade de Boston

Como um jovem que tinha quase toda a vida pela frente, cedo decidi dedicá-la a algo eterno e absoluto. Não a esses pequenos deuses que hoje estão aqui e amanhã se foram. Mas ao Deus que é o mesmo ontem, hoje e sempre.

---

13 de setembro de 1951
King entra na Escola de Teologia da Universidade de Boston

25 de fevereiro de 1953
Morre Edgar S. Brightman, seu orientador acadêmico

5 de junho de 1955
Recebe o doutorado em teologia sistemática pela Universidade de Boston

---

O ESTÁGIO SEGUINTE de minha peregrinação intelectual rumo à não violência veio durante meus estudos de doutorado na Universidade de Boston. Ali tive a oportunidade de conversar com muitos expoentes da não violência, tanto estudantes quanto pessoas em visita ao campus.

A Escola de Teologia da Universidade de Boston, sob a influência do decano Walter Muelder e do professor Allan Knight Chalmers, tinha profunda simpatia pela posição pacifista. Tanto Muelder quanto Chalmers nutriam uma paixão pela justiça social. Nunca se tinha a impressão de que essa paixão se baseasse num otimismo superficial com respeito à natureza humana, mas numa fé profunda nas possibilidades dos seres humanos quando se permitiam tornar-se colaboradores de Deus. Minha associação com homens como esses também me fez aprofundar meu interesse, e é claro que muitos dos estudos que continuei fazendo a respeito da filosofia e da teoria da não violência foram naturalmente influenciados por meu pensamento.

Teologicamente, eu ainda me via sustentando a posição liberal. Eu tinha vindo a perceber mais do que antes que havia certas qualidades persistentes no liberalismo que toda a cacofonia vociferante do fundamentalismo e da neo-ortodoxia jamais poderiam destruir. Entretanto, enquanto estava em Boston, me tornei muito mais simpático à posição neo-ortodoxa do que havia sido nos anos anteriores. Isso não significa que eu aceitasse a neo-ortodoxia como um corpo doutrinário, mas eu a considerava uma correção necessária a um liberalismo que tinha ficado muito raso e se rendera com muita facilidade à cultura moderna. A neo-ortodoxia certamente tinha o mérito de nos chamar de volta às profundezas da fé cristã.

Também cheguei à conclusão de que Reinhold Niebuhr havia enfatizado exageradamente a corrupção da natureza humana. Seu pessimismo em relação à natureza humana não era contrabalançado por um otimismo com respeito à natureza divina. Ele estava tão envolvido em diagnosticar a doença do pecado humano que negligenciava a cura pela graça.

Estudei filosofia e teologia na Universidade de Boston com Edgar S. Brightman e L. Harold DeWolf. Fiz a maior parte de meus trabalhos com o dr. DeWolf, que é um querido amigo meu, e evidentemente fui muito influenciado por ele e pelo dr. Brightman, com quem tive a oportunidade de estudar antes de ele falecer. Foi sobretudo com esses professores que estudei a filosofia personalista – a teoria de que a chave para o significado da realidade final é encontrada na personalidade. Esse idealismo pessoal continua sendo até hoje a minha posição filosófica básica. A insistência do personalismo de que só a personalidade – finita e infinita – é, em última instância, real fortaleceu-me em duas convicções: me deu o fundamento metafísico e psicológico para a ideia de um Deus pessoal, assim como a base metafísica para a dignidade e o valor de toda personalidade humana.

> MEMÓRIAS DA DISCRIMINAÇÃO NOS ALOJAMENTOS
> DURANTE A PÓS-GRADUAÇÃO
>
> Lembro-me muito bem de tentar encontrar um lugar para morar. Eu ia de lugar em lugar onde quer que houvesse anúncios de quartos para alugar. Eles estavam para alugar até que descobriam que eu era negro, aí, subitamente, tinham acabado de ser alugados.
>
> Citado no *Boston Globe*, 23 de abril de 1965

Pouco antes da morte do dr. Brightman, comecei a estudar com ele a filosofia de Hegel. O curso mostrou-se ao mesmo tempo compensador e estimulante. Embora ele se concentrasse principalmente no estudo de uma obra monumental de Hegel, *A fenomenologia do espírito*, eu passava minhas horas livres lendo dois outros livros dele, *A filosofia da história* e *A filosofia do direito*. Havia aspectos na filosofia de Hegel dos quais eu discordava fortemente. Por exemplo, seu idealismo absoluto era para mim racionalmente infundado, pois tendia a encerrar a totalidade na unidade. Mas havia outros aspectos de seu pensamento que eu achava estimulantes. Sua afirmação de que "a verdade é o todo" levou-me a um método filosófico de coerência racional. Sua análise do processo dialético, a despeito de suas deficiências, me ajudou a perceber que o progresso vem com o esforço.

Meu trabalho na Universidade de Boston progredia muito bem. Tanto o dr. DeWolf quanto o dr. Brightman ficaram impressionados. Completei meu trabalho de residência e iniciei o processo de escrever minha dissertação. Seu título era "Uma comparação da concepção de Deus no pensamento de Paul Tillich e Henry Nelson Wieman". O conceito de Deus foi escolhido em função do papel central que ocupa na religião e da necessidade sempre presente de interpretá-lo e esclarecê-lo. Tillich e Wieman foram escolhidos porque representavam tipos diferentes de teologia e porque ambos tiveram uma influência crescente no pensamento teológico e filosófico.

Em 1954 terminei minha preparação formal, com forças intelectuais divergentes convergindo numa filosofia social positiva. Um dos princípios dessa filosofia era a convicção de que a resistência não violenta era uma das armas mais potentes disponíveis aos povos oprimidos em sua busca por justiça social. Curiosamente, nessa época eu tinha apenas uma compreensão e uma apreciação intelectuais dessa posição, sem a firme determinação de organizá-las numa situação socialmente efetiva.

"Redescobrindo valores perdidos"

O que precisamos hoje em dia no mundo é de um grupo de homens e mulheres que defendam o que é certo e se oponham ao que é errado, onde quer que seja. Um grupo de pessoas que tenham percebido que algumas coisas são erradas, ainda que jamais tenham acontecido com elas. Algumas coisas são certas, quer alguém veja você fazendo-as ou não.

Tudo que quero dizer é que nosso mundo foi construído sobre alicerces morais. Deus o fez assim! Deus fez o universo baseado numa lei moral...

O universo foi construído sobre alicerces morais. Existe algo neste universo que confirma Carlyle quando diz:

"Nenhuma mentira pode durar para sempre."

Existe algo neste universo que confirma William Cullen Bryant quando diz:

"A verdade, espremida à terra, voltará a se erguer."

Existe algo neste universo que confirma James Russell Lowell quando diz:

"A verdade para sempre no andaime
O erro para sempre sobre o trono.
Naquele andaime oscila o futuro.
Por trás da escuridão, despercebido, se encontra Deus,
Dentro das sombras mantendo o olhar por sobre si mesmo."

Existe algo neste universo que confirma o autor bíblico quando diz:

"Colherás o que plantaste."

Como um jovem que tinha quase toda a vida pela frente, cedo decidi dedicá-la a algo eterno e absoluto. Não a esses pequenos deuses que hoje estão aqui e amanhã se foram. Mas ao Deus que é o mesmo ontem, hoje e sempre.

Não vou depositar minha fé absoluta em pequenos deuses que podem ser destruídos numa era atômica, mas no Deus que foi nosso auxílio em eras passadas e é nossa esperança nos anos vindouros, nosso abrigo em tempos de tormenta e nosso eterno lar. Esse é o Deus no qual deposito minha fé absoluta... O Deus de que falo nesta manhã é o Deus do universo e o que permanecerá através das eras. Se é para irmos em frente esta manhã, devemos retroceder e encontrar esse Deus. Esse é o Deus que nos exige e ordena a devoção total.

Se é para irmos em frente, devemos olhar para trás e redescobrir esses preciosos valores – que toda realidade se assenta em alicerces morais e tem o controle espiritual.

5. Coretta

Estou em débito com minha esposa, Coretta, pois sem seu amor, seus sacrifícios e sua lealdade nem a vida nem o trabalho trariam satisfação. Ela me oferece palavras de consolo quando delas necessito e um lar bem-organizado em que o amor cristão é uma realidade.

---

27 de abril de 1927
Coretta Scott nasce em Heiberger, Alabama

Janeiro de 1952
Coretta e Martin são apresentados em Boston

18 de junho de 1953
Martin Luther King, pai, realiza o casamento em Marion, Alabama

---

FOI EM BOSTON que conheci a atraente cantora Coretta Scott, por quem me apaixonei, cujos modos gentis e aparência tranquila não ocultavam seu espírito enérgico. Eu tinha conhecido muitas moças em Boston, mas nenhuma que particularmente me atraísse.

Eu estava ficando cínico. Então perguntei a Mary Powell, uma amiga de Atlanta que também era aluna do Conservatório de Música da Nova Inglaterra: "Você conhece moças gentis e atraentes?"

Mary Powell nos apresentou e eu tive a sorte de conseguir o telefone de Coretta. Nós nos conhecemos por telefone:

– Aqui é M.L. King. Uma amiga comum me falou de você e me deu seu telefone. Disse coisas maravilhosas a seu respeito, e eu gostaria muito de encontrá-la e conversar com você.

Conversamos por algum tempo.

– Você sabe que todo Napoleão tem seu Waterloo. Sou como Napoleão. Estou no meu Waterloo, e estou de joelhos. Gostaria de me encontrar com você e conversar um pouco mais. Talvez pudéssemos almoçar amanhã, ou qualquer coisa assim.

Ela concordou com o encontro.

– Eu passo e pego você. Tenho um Chevrolet verde que geralmente leva dez minutos para ir da universidade até aí, mas amanhã eu vou fazer em sete.

Ela falou de várias coisas, não apenas de música. Nunca vou esquecer que a primeira discussão que tivemos foi sobre a questão da injustiça racial e econômica e a questão da paz. Ela estava ativamente envolvida em movimentos que tratavam desses problemas.

Depois de uma hora, tomei a decisão e disse:

– Então você sabe fazer outras coisas além de cantar? Sua cabeça também é boa. Você tem tudo que eu sempre desejei numa mulher. Um dia deveríamos nos casar.

Eu não queria uma mulher com a qual não pudesse me comunicar. Precisava de uma mulher que fosse tão dedicada quanto eu. Gostaria de dizer que a conduzi por esse caminho, mas devo admitir que nós o percorremos juntos porque ela era tão ativamente engajada e interessada quando nos conhecemos como é agora.

Eu disse a minha mãe:

– Coretta vai ser minha esposa.

Em 18 de junho de 1953, nós nos casamos. Embora tenhamos voltado a Marion para o casamento religioso celebrado por meu pai no amplo jardim dos Scott, foi em Boston que começamos nossa vida de casados.

"Corrie"

Coretta Scott nasceu no Sul. É de Marion, Alabama, e frequentou a faculdade, o Antioch College, em Ohio. Tendo herdado de sua mãe, Bernice Scott, o talento musical, assim como a força de uma determinação serena, ela prosseguiu, com a ajuda de uma bolsa de estudos, para chegar ao Conservatório da Nova Inglaterra, em Boston. Queria ser cantora clássica. Era meio-soprano e tenho certeza de que teria prosseguido nessa área se um pastor batista não tivesse interrompido sua carreira.

O pai de Coretta, Obie Scott, um homem baixo e atarracado, de pele escura, era forte e corajoso. As pessoas sentem uma forte atração por ele em função de sua personalidade calorosa. Ele gosta das pessoas e está sempre pronto a ajudá-las em caso de necessidade. Embora criado numa fazenda, Obie Scott sempre se preocupou em montar um negócio próprio. Finalmente conseguiu, e administrava uma firma de caminhões, uma combinação de posto de gasolina e armazém e uma granja de galinhas. A despeito das represálias e ameaças de seus concorrentes brancos, ele tentou ir em frente nesses vários negócios e prover uma vida decente a sua família. Nunca foi um Pai Tomás, mas teve de aguentar certos insultos e até humilhações para sobreviver em sua comunidade. O que é surpreendente é que ele passou por tudo isso com uma coragem inquebrantável, sem se tornar amargo. Coretta frequentemente fazia comparações entre mim e seu pai. Mesmo no início de nosso namoro, ela costumava dizer:

– Você me lembra tanto o meu pai.

Não creio que nenhum outro cumprimento fosse capaz de inflar tanto o ego de um homem.

CARTA A CORETTA

Querida, sinto muita falta de você. Na verdade, sinto falta demais. Nunca tinha percebido que você era uma parte tão íntima da minha vida. Minha vida sem você é como um ano sem a primavera que vem para iluminar e aquecer uma atmosfera saturada pela brisa gelada e sombria do inverno... Ah, me desculpe, querida. Eu não queria entrar num voo poético e romântico como esse. Mas de que outra forma poderia expressar as profundas emoções da vida a não ser pela poesia? O amor não é inefável demais para ser capturado pelas mãos frias e calculistas do intelecto?

A propósito (voltando a uma coisa mais intelectual), acabei de ler *Looking Backward*, de Bellamy. Foi ao mesmo tempo estimulante e fascinante. Não há dúvida disso. Bellamy tinha a perspicácia de um profeta social, além da mente inquisidora de um cientista social. Gostei desse livro porque grande parte de seu conteúdo está de acordo com minhas ideias. Imagino que você saiba que sou mais socialista do que capitalista em matéria de teoria econômica. Mas não me oponho tanto ao capitalismo a ponto de deixar de perceber seus relativos méritos. Ele começou com um motivo nobre e elevado, ou seja, acabar com o monopólio comercial da nobreza, mas, como a maioria dos sistemas humanos, caiu vítima da própria coisa contra a qual se revoltava. Assim, hoje em dia o capitalismo ultrapassou seu prazo de validade. Ele trouxe consigo um sistema que tira das massas aquilo de que elas necessitam para dar coisas luxuosas às classes abastadas. De modo que penso que Bellamy está certo quando vê um declínio gradual no capitalismo.

Acho que você percebeu que Bellamy enfatizou que a mudança seria evolutiva e não revolucionária. Essa, ao que me parece, é a maneira mais ética e sadia de a mudança social acontecer.

Eternamente seu,

Martin

Atlanta, 18 de julho de 1952

A mãe de Coretta, Bernice Scott, é bem diferente do pai em muitos aspectos. Em contraste com a personalidade transbordante dele, ela é muito tímida. É uma mulher atraente, de pele clara, baixa e magra, com longos cabelos lisos. Ao conhecê-la, logo se percebe que é uma mulher corajosa, determinada e com uma incrível força interior. É profundamente devotada à família, sempre disposta a sacrificar suas necessidades para atender às dos filhos. Mais que qualquer outra pessoa, ela transmitiu a Coretta seus valores éticos e morais, não apenas por suas palavras, mas também por seu exemplo.

"Permanecendo na luta até o fim"

Minha dedicada esposa tem sido para mim uma fonte constante de consolo em todas as dificuldades. Em meio às experiências mais trágicas, nunca entrou em pânico nem se mostrou demasiadamente emotiva. Percebi o verdadeiro significado de uma afirmação bastante trivial: uma mulher pode sustentar ou derrubar um marido. Através da luta, minha mulher tem sido sempre mais forte do que eu. Embora tivesse certos medos e ansiedades naturais em relação ao meu bem-estar, nunca deixou que dificultassem minha participação ativa no movimento. Corrie provou ser o tipo de mulher com qualidades para sustentar o marido quando ele podia ser facilmente derrubado. Nos momentos mais sombrios, sempre trouxe a luz da esperança. Estou convencido de que, se não tivesse uma esposa com a coragem, a força e a calma de Corrie, não teria suportado as tensões e provações que cercam o movimento.

Ela percebeu a grandeza do movimento e teve uma disposição singular para se sacrificar a fim de que ele fosse em frente. Se eu já fiz alguma coisa nesta luta, é porque tenho por trás de mim e a meu lado uma companheira dedicada, compreensiva, devotada e paciente na pessoa de minha esposa. Posso me lembrar de momentos em que tive de afastá-la para sua segurança. Passavam-se alguns dias e ela estava de volta ao lar, porque ali queria estar.

CARTA A CORETTA

23 de julho de 1954
Boston

Querida,
Como vão as coisas? Recebi sua carta expressa e naturalmente fiquei mais que satisfeito por ter notícias suas. Fiquei feliz em saber que você teve um grande Dia da Mulher. Sua análise do sermão de Gardner foi muito boa. Vejo que você é uma observadora arguta.

> Estou indo muito bem e dando duro nos estudos, como de hábito. Tenho muita privacidade aqui e ninguém para me incomodar.
>
> Todos os seus amigos que tenho encontrado vão bem. Todos perguntam por você.
>
> Segunda-feira à noite tivemos uma reunião do nosso Clube de Filosofia e a frequência foi muito boa. O irmão Satterwhite escreveu o ensaio.
>
> Como está o pessoal?
>
> Vou chegar a Atlanta de avião à 1h25 da manhã de sexta ou então no sábado de manhã. Não deixe de me encontrar no aeroporto. Vamos viajar para Montgomery em algum momento da manhã de sábado, quer dizer, se você puder ir.
>
> Dê minhas lembranças a todos e me dê notícias em breve. Diga-me o que está fazendo.
>
> Continue doce. Vejo você em breve.
>
> Seu Querido,
>
> Martin

CORETTA NUNCA se satisfez em ficar longe de mim, mas nem sempre podia estar comigo porque precisava ficar em casa com nossos quatro filhos muito novos. Ela me acompanhava em algumas ocasiões, e sempre foi um grande consolo para mim, apoiando cada movimento meu. Eu não tinha o problema que seria uma mulher amedrontada e tentando fugir da situação. E essa foi uma grande ajuda em todas as dificuldades que enfrentei.

Coretta teve de se contentar com uns poucos concertos aqui e ali. Basicamente, ela tem sido mulher de pastor e mãe de nossos quatro filhos, Martin Luther III, Dexter Scott, Yolanda Denise e Bernice Albertine.

Quando eu pensava em meu futuro, também pensava em minha família. Tinha de pensar também no que é melhor para eles. Um dos aspectos frustrantes de minha vida têm sido as grandes demandas que surgem em resultado de meu envolvimento no movimento dos direitos civis e na luta por justiça e paz. Tenho de ficar muito tempo afastado de casa e isso me deixa longe da família. É impossível arcar com as responsabilidades de pai e marido quando se tem esse tipo de demandas. Mas felizmente tenho uma mulher muito compreensiva que tenta explicar às crianças por que sou obrigado a me ausentar tanto. Penso que de alguma forma elas entendem, embora lhes seja tão difícil.

6. Igreja Batista da Avenida Dexter

Vocês frequentadores da Igreja Batista da Avenida Dexter me convocaram a servir como pastor deste histórico templo; e eu aceitei o chamado com prazer. É com uma gratidão mais que desinteressada que lhes ofereço meu agradecimento por me proporcionarem essa grande honra. Aceito o pastorado tremendamente cônscio das enormes responsabilidades que o acompanham. Ao contrário de um pensamento superficial, as responsabilidades do pastorado são desconcertantes e surpreendentes. Elas pesam sobre o homem como um todo.

---

24 de janeiro de 1954
King faz o sermão experimental na Igreja Batista da Avenida Dexter, em Montgomery, Alabama.

28 de fevereiro
Faz, como convidado, o sermão na Segunda Igreja Batista de Detroit, Michigan

14 de abril
Aceita a convocação para o pastorado na Dexter

2 de maio
Faz seu primeiro sermão como pastor da Dexter

31 de outubro
Torna-se oficialmente o pastor da Dexter; King, pai, faz o sermão de posse

26 de agosto de 1955
Rosa Parks, secretária da sede da Associação Nacional para o Progresso das Pessoas de Cor (NAACP) em Montgomery, informa a King de sua eleição para o comitê executivo

17 de novembro
Nasce a primeira filha, Yolanda Denise

Depois de frequentar a escola durante 21 anos ininterruptos, cheguei ao momento gratificante de cumprir os requisitos de residência para o doutorado. A principal tarefa remanescente era escrever minha tese. Nesse meio-tempo percebi que seria prudente começar a procurar um emprego. Eu não tinha certeza quanto à área do sacerdócio em que desejava me estabelecer. Tinha tido grande satisfação com o pastorado, quase chegando a ponto de sentir que meu serviço poderia render melhor nessa área. Nunca consegui tirar da cabeça a ideia de que deveria dedicar-me um pouco ao ensino, mas sentia grande satisfação com o pastorado.

Duas igrejas do Leste – uma em Massachusetts e outra em Nova York – haviam demonstrado interesse em me chamar. Três faculdades tinham me oferecido posições atrativas e desafiadoras – uma de professor, outra de supervisor e a terceira de administrador. Enquanto pensava sobre essas ofertas, recebi uma carta dos administradores da Igreja Batista da Avenida Dexter, em Montgomery, dizendo que estavam sem pastor e ficariam satisfeitos em me ter como pregador quando eu voltasse àquela região do país. Tinham ouvido falar de mim através de meu pai, em Atlanta. Escrevi imediatamente dizendo que voltaria para casa para os feriados de Natal e ficaria feliz em ir a Montgomery para uma pregação num domingo de janeiro.

A Igreja Batista da Avenida Dexter tinha uma história rica. Muitos pastores destacados haviam servido lá, inclusive o dr. Vernon Johns. Era uma igreja bonita com possibilidades ainda maiores.

"Pedindo a orientação de Deus"

Numa tarde fria de sábado, em janeiro de 1954, peguei o carro e fui de Atlanta, Geórgia, a Montgomery, Alabama. Foi um desses dias claros de inverno em que o sol enfeitava os céus com toda a sua beleza radiante. Depois de entrar na autoestrada, resolvi ligar o rádio. Felizmente, a Metropolitan Opera estava no ar com a apresentação de uma de minhas óperas favoritas – *Lucia di Lammermoor*, de Donizetti. Assim, com a cativante beleza do interior, a inspiração da música inimitável de Donizetti e o esplendor inigualável dos céus, a monotonia que costuma acompanhar uma viagem de carro relativamente longa – sobretudo quando se está só – foi absorvida em diversões expressivas.

Após cerca de quatro horas de viagem, cheguei a Montgomery. Embora já tivesse passado pela cidade antes, nunca tinha estado lá para uma verdadeira visita. Agora teria a oportunidade de passar alguns dias nessa linda cidadezinha que tem a honra de ser uma das cidades mais antigas dos Estados Unidos. Ela ocupa uma área montanhosa em torno de uma curva acentuada do rio Alabama no meio de uma terra de lavoura rica e fértil.

Assim que cheguei um amigo fez a gentileza de me levar à Igreja Batista da Avenida Dexter, onde eu deveria pregar na manhã seguinte. Uma sólida estrutura de tijolos erguida na época da Reconstrução, ela ficava na esquina de um simpático quarteirão, não longe do centro da cidade. Ao nos dirigirmos para lá, notei, cruzando diagonalmente a praça, um prédio majestosamente branco de proporções impressionantes e uma beleza arrebatadora, o Capitólio Estadual – um dos mais belos exemplos de arquitetura clássica georgiana nos Estados Unidos. Ali, em 7 de janeiro de 1861, o Alabama decidiu separar-se da União, e, em 18 de fevereiro, na escadaria do pórtico, Jefferson Davis fez seu juramento como presidente dos Estados Confederados. Por esse motivo, Montgomery tem sido conhecida através dos anos como o Berço da Confederação. Ali foi confeccionada e desfraldada a primeira bandeira da Confederação. Muitas vezes nos anos seguintes, da escadaria da Igreja Batista da Avenida Dexter, eu iria ver essa imponente lembrança da Confederação.

Sábado à noite, quando comecei a examinar meu sermão, tomei consciência de uma certa ansiedade. Embora já tivesse pregado muitas vezes – tendo sido pastor auxiliar na igreja de meu pai, em Atlanta, durante quatro anos, e responsável pelas pregações por três verões inteiros –, eu nunca tinha feito isso numa situação em que fosse um candidato ao pastorado. Numa situação dessas, não se pode deixar de ter consciência do fato de se estar sendo julgado. Muitas perguntas me vieram à mente. Qual seria a melhor forma de impressionar a congregação? Deveria tentar interessá-la demonstrando erudição? Ou deveria pregar exatamente como sempre havia feito, dependendo, em última instância, da inspiração do espírito divino? Resolvi tomar esse último curso. Fiquei repetindo para mim mesmo: "Mantenha Martin Luther King no pano de fundo e Deus na frente do palco e tudo vai dar certo. Lembre-se de que você é um canal do evangelho e não a fonte." Com essas palavras em meus lábios, me ajoelhei e fiz minha oração regular noturna. Encerrei-a pedindo a orientação de Deus e Sua presença constante quando me defrontasse com a congregação de Seu povo na manhã seguinte. Com a segurança que sempre se apossa de mim depois de uma oração sincera, levantei-me e fui me deitar em minha confortável cama, e caí no sono quase na mesma hora.

Na manhã de domingo, eu me levantei cedo – costume que sigo todo domingo a fim de ter uma hora de meditação tranquila. Era uma bela manhã. De minha janela vi o sol nascer a leste no horizonte e se mover como que conduzindo suas múltiplas cores através de um azul sublime. Voltei mais uma vez ao meu sermão.

Logo já eram onze horas e me vi no púlpito da Igreja Batista da Avenida Dexter. A congregação comparecera em grande número naquela manhã. O tema de meu sermão era "As três dimensões de uma vida completa". A congregação mostrou-se receptiva e eu saí com o sentimento de que Deus me havia usado bem. Também fiquei muito impressionado com a igreja e suas amplas possibilidades. Mais tarde naquele dia, a comissão do púlpito me indagou se eu aceitaria o pastorado caso seus membros considerassem adequado me convidar. Respondi que dedicaria a esse convite minha mais séria e devota consideração. Depois desse encontro, voltei de Montgomery para Atlanta e de lá peguei um voo para Boston.

"AS TRÊS DIMENSÕES DE UMA VIDA PLENA"

A Dimensão da Vida, como devemos usá-la, não está em sua duração, em sua longevidade. Está, isto sim, no impulso de uma vida em direção a seus objetivos e ambições pessoais. Está na preocupação

> interna com o próprio bem-estar pessoal. A Amplitude da Vida é a preocupação externa com o bem-estar dos outros. O Peso da Vida é a expansão para cima em direção a Deus. Essas são as três dimensões da vida e, sem o desenvolvimento de todas elas, nenhuma vida atinge a completude. A vida é, na melhor das hipóteses, um grande triângulo. Num dos ângulos está o indivíduo, no outro, as outras pessoas e lá no alto se encontra Deus. A menos que as três estejam concatenadas, funcionando em conjunto, harmoniosamente, numa única vida, essa vida estará incompleta.
>
> De um sermão em Dexter, 24 de janeiro de 1954

Cerca de um mês depois recebi uma carta aérea, por entrega especial, de Montgomery dizendo que eu fora unanimemente convidado para o pastorado da Igreja Batista da Avenida Dexter. Fiquei muito feliz com a oferta, mas não respondi de imediato. Agora precisava enfrentar o problema de o que fazer com as diversas ofertas que me tinham sido feitas. Aconteceu de no dia seguinte eu ter de pegar um voo para Detroit, Michigan, onde iria pregar no domingo. Durante todo o percurso fiquei pensando nesse assunto importante. Era um daqueles dias turbulentos em que as nuvens pairavam muito baixo, mas, quando o avião ultrapassou a camada de nuvens, a agitação do voo logo passou. Enquanto eu voava observando os lençóis de nuvens prateadas e brilhantes abaixo de mim e a sombra do azul profundo acima, várias coisas me vieram à mente.

Nessa época, eu estava dividido entre duas direções. De um lado, tendia ao pastorado, mas, de outro, ao trabalho educacional. Que caminho deveria seguir? E se aceitasse uma igreja, será que teria de ser no Sul, com todas as implicações trágicas da segregação, ou num dos dois púlpitos disponíveis no Norte? Agora, pensei eu no avião que me levava a Detroit, eu tinha uma chance de escapar da longa noite da segregação. Poderia retornar a uma sociedade tolerante em relação a um sistema que eu abominava desde a infância?

Essas questões continuavam sem resposta quando voltei para Boston. Eu as discuti com minha mulher, Coretta (estávamos casados havia menos de um ano), e descobri que ela também hesitava quanto a retornar ao Sul. Discutimos a questão importantíssima que era criar nossos filhos sob os grilhões da segregação. A questão da carreira musical de minha mulher também veio à tona. Ela estava certa de que uma cidade do Norte propiciaria maiores oportunidades para prosseguir nos estudos do que qualquer cidade do interior do Sul. Durante vários dias conversamos, refletimos e rezamos sobre cada um desses assuntos.

Finalmente concordamos que, apesar das desvantagens e dos inevitáveis sacrifícios, prestaríamos um melhor serviço em nosso Sul nativo. Chegamos à conclusão de que tínhamos uma obrigação moral de retornar – ao menos por alguns anos.

O Sul, afinal de contas, era nosso lar. Apesar de suas deficiências, tínhamos um desejo verdadeiro de fazer alguma coisa em relação aos problemas que nos haviam afligido de modo tão profundo na juventude. Nunca quisemos ser considerados espectadores não envolvidos. Como a discriminação racial era mais intensa no Sul, achávamos que os negros que tinham recebido parte de sua instrução em outras regiões do país deveriam voltar para compartilhar seus contatos e sua experiência educacional mais amplos. Além disso, apesar de termos de sacrificar grande parte da vida cultural que amávamos, apesar da existência do sistema segregacionista do Jim Crow, que nunca deixava de nos lembrar da cor de nossa pele, achávamos que algo importante estava acontecendo no Sul e queríamos estar lá para testemunhar.

Com essa decisão, minha inclinação para o pastorado superou temporariamente meu desejo de ensinar, e decidi aceitar o convite da Dexter por alguns anos e satisfazer depois meu apego pela cultura, retornando à área educacional.

E assim voltei a Montgomery. Em função de meu desejo de dedicar pelo menos quatro meses de trabalho intensivo à minha tese de doutorado, pedi para não assumir o pastorado em tempo integral até 1º de setembro de 1954 – o que me foi concedido. Concordei, contudo, em voltar lá pelo menos uma vez por mês para manter as coisas caminhando serenamente nesse período intermediário. Nos quatro meses seguintes, fui um passageiro regular nos voos entre Boston e Montgomery.

Num domingo de maio de 1954 fiz meu primeiro sermão como pastor da Igreja Batista da Avenida Dexter:

> É significativo o fato de eu assumir o pastorado da Dexter num período dos mais cruciais na história mundial; num período em que as chamas da guerra podem se erguer a qualquer momento para tingir de vermelho os céus de nosso planeta sombrio e lúgubre; num período em que o homem sabe muito bem que sem uma orientação adequada toda a civilização pode ser lançada ao abismo da destruição; num período em que os homens estão vivenciando, em todos os domínios da vida, a desarticulação e o conflito, a autodestruição, o desespero e a ansiedade sem sentido. Hoje em dia homens que praticamente ontem ridicularizavam a Igreja de Cristo agora lhe pedem que ensine o caminho que leva ao paraíso da paz e à felicidade. Temos de dar uma resposta a nossa geração. Dexter, tal como todas as outras igrejas, precisa de alguma forma conduzir homens e mulheres de uma geração decadente às altas montanhas da paz e da salvação. Devemos dar aos homens e mulheres, quase todos à beira do desespero, uma direção na vida. Rezo a Deus que sejamos capazes de conduzir a Dexter nessa urgente missão.
>
> Eu me apresento a vocês sem ter nada especial a oferecer. Não tenho a pretensão de ser um grande pregador ou mesmo um intelectual profundo. Decerto não tenho nenhuma pretensão à infalibilidade – ela está reservada às alturas do Divino, não às profundezas do humano. A cada momento, tenho consciência de minha finitude, sabendo com clareza que nunca fui banhado na luz da onisciência nem batizado nas águas da onipotência. Apresento-me a vocês unicamente com a afirmação de ser um servo de Cristo e com o sentimento de depender de sua graça para minha liderança. Venho com o sentimento de ter sido convidado para

pregar e liderar o povo de Deus. Senti-me como Jeremias: "A palavra de Deus é em meu coração como fogo ardente encerrado nos meus ossos." Tal como Amós, percebi que, quando Deus fala, quem pode deixar de profetizar? Senti com Jesus que o Espírito do Senhor está em mim, pois ele me designou a pregar o evangelho para os pobres, curar os desolados, pregar a soltura dos cativos e libertar os oprimidos.

"Iniciei meu pastorado em tempo integral"

Montgomery não era estranha a Coretta, pois sua casa ficava a apenas 120 quilômetros de distância. (Eu brincava com ela dizendo que deveria estar grata. Se não tivesse se casado comigo, ainda estaria em Marion, Alabama, colhendo algodão.) Desde a adolescência ela tinha respirado os ares de escolas dessegregadas e sido bem recebida em casas de brancos. Agora, preparando-se para um retorno ao Sul por um longo tempo, ela visitou a área negra da cidade onde iríamos viver, sem opção. Viu negros amontoados nas traseiras de ônibus segregados e soube que também teria de viajar ali. Mas na mesma visita foi apresentada à igreja e cordialmente recebida por sua gentil congregação. E com seu senso de otimismo e equilíbrio, que seria meu apoio constante em tempos vindouros, colocou sua fé ao lado das oportunidades e do desafio ao serviço cristão oferecidos pela Dexter e pela comunidade de Montgomery.

O trabalho na igreja foi, desde o início, estimulante. Passamos as primeiras semanas do outono de 1954 formulando um programa que seria significativo para a congregação. Eu estava ansioso por mudar a impressão da comunidade de que a Dexter era uma espécie de igreja aristocrática voltada para determinada classe. Frequentemente se referiam a ela como "a igreja dos abonados". Revoltando-me contra essa ideia, eu estava convencido de que o culto é, na melhor das hipóteses, uma experiência social com pessoas de todos os níveis se reunindo para concretizar sua unicidade e sua união com Deus. Sempre que a igreja, conscientemente ou não, se volta para uma única classe ela perde a força espiritual da doutrina do "não importa quem esteja vindo, que venha", e corre o perigo de se tornar pouco mais que um clube social com um tênue verniz de religiosidade.

Por muitos meses tive de dividir meus esforços entre terminar minha tese e desempenhar minhas funções na igreja. Continuei a dar duro nos estudos como sempre. Levantava-me às 5h30 da manhã e passava três horas escrevendo a tese, voltando tarde da noite para outras três horas. O restante do dia era dedicado ao trabalho da igreja, incluindo, além do serviço semanal, matrimônios, funerais e consultas pessoais. Um dia por semana devotava-me à visita e oração com membros que estavam doentes ou, por outros motivos, confinados a suas casas.

Em 1º de setembro de 1954, nós nos mudamos para o presbitério e comecei a me dedicar ao pastorado em tempo integral. Os primeiros meses foram ocupados com as tarefas usuais de travar conhecimento com uma nova casa, um novo emprego, uma nova cidade. Havia amizades antigas a contatar e novas amizades a serem feitas, e pouco tempo para olhar além de nossas vidas privadas e enxergar a comunidade à nossa volta.

Minha posse na Dexter foi realizada em 31 de outubro. Papai veio fazer o sermão e trouxe com ele umas cem pessoas. Foi um grande sucesso. Membros da Igreja Batista Ebenezer estiveram presentes e deram suas contribuições. Sua presença em grande número significou muito para mim naquele início de pastorado. Sua generosidade e sua grandeza estavam em primeiro plano e continuaram a me provar que só havia uma Ebenezer. Eu me senti com uma dívida muito grande, e me lembraria dessa ocasião enquanto as cordas da memória se mantivessem esticadas.

Eu tomava parte ativa nos problemas sociais do momento. Insistia em que cada membro da igreja se registrasse como eleitor, participasse da NAACP e organizasse dentro da igreja um comitê de ação social e política – destinado a manter a congregação inteligentemente informada das condições sociais, políticas e econômicas. As tarefas do Comitê de Ação Social e Política incluíam, entre outras, sustentar diante da congregação a importância da NAACP e a necessidade de se registrarem como eleitores e – durante as eleições estaduais e nacionais – patrocinar fóruns e assembleias para discutir os principais temas. Dois membros desse comitê – Jo

Ann Robinson e Rufus Lewis – estiveram entre as primeiras pessoas a se destacarem no boicote aos ônibus que logo mobilizaria a força latente da comunidade negra de Montgomery.

> "VENDO ALÉM DE NOSSAS CIRCUNSTÂNCIAS"
>
> O negro que passa por situações amargas e angustiantes em função de algum branco perverso é tentado a enxergar todos os brancos como malignos, caso não consiga ver além de suas circunstâncias. Mas no momento em que enxerga além de suas circunstâncias e vê a situação como um todo, descobre que alguns dos mais implacáveis e veementes defensores da igualdade racial são pessoas brancas consagradas. Não podemos esquecer que uma organização tão nobre quanto a Associação Nacional para o Progresso das Pessoas de Cor (NAACP) foi organizada por brancos e até hoje tem grande apoio de brancos do Norte e do Sul.
>
> De um sermão na Dexter em 18 de setembro de 1955

ENTREI PARA A SEÇÃO LOCAL da NAACP e comecei a me interessar ativamente pela implementação de seu programa na própria comunidade. Frequentando a maioria das reuniões mensais, fui colocado frente a frente com alguns dos problemas raciais que atormentavam a comunidade, sobretudo os que envolviam tribunais.

Na época em que comecei a trabalhar com a NAACP, o Conselho de Relações Humanas do Alabama também atraiu minha atenção. Esse grupo inter-racial dedicava-se às relações humanas no estado e utilizava métodos educativos para atingir sua finalidade. Buscava conquistar, mediante pesquisas e ações, a igualdade de oportunidades para todas as pessoas no Alabama. Depois de trabalhar com o Conselho por alguns meses, fui eleito para o cargo de vice-presidente. Embora nunca tivesse tido muitos membros, essa organização desempenhou um papel importante. Sendo o único grupo realmente inter-racial em Montgomery, serviu para manter abertos os canais de comunicação entre as raças, altamente necessários.

Fiquei surpreso em descobrir que muitas pessoas achavam incoerente o meu duplo interesse pela NAACP e pelo Conselho. Muitos negros achavam que a integração só poderia ser atingida por meio de legislação e de ações jurídicas – as principais ênfases da NAACP. Muitos brancos pensavam que a integração só poderia ser atingida mediante a educação – a principal ênfase do Conselho de Relações Humanas. Como é que alguém poderia se dedicar a duas organizações com métodos e abordagens tão diametralmente opostos?

Essa pergunta partia do pressuposto de que haveria uma única abordagem para a solução do problema de raça. Eu, pelo contrário, achava que as duas abordagens eram necessárias. Pela educação, buscamos mudar atitudes e sentimentos internos (preconceito, ódio etc.); pela legislação e por determinações dos tribunais, buscamos regulamentar o comportamento. Qualquer um que parta da convicção de que o caminho para a justiça social tem uma única via inevitavelmente criará um congestionamento e tornará a viagem infinitamente mais demorada.

Depois de estar vivendo em Montgomery por mais ou menos um ano, tornei-me o orgulhoso pai de uma menininha – Yolanda Denise. "Yoki" era uma garotinha grande – pesava quatro quilos e trezentos gramas. Mantinha o pai bem ocupado engatinhando pelo chão.

E então começou o boicote dos ônibus.

7. Começa o movimento em Montgomery

Embora a natureza deste relato me faça usar frequentemente o pronome "eu", em todas as partes importantes da história ele deveria ser "nós". Não se trata de um drama com um único ator. Mais precisamente, é a crônica de 50 mil negros que levaram a sério os princípios da não violência, que aprenderam a lutar por seus direitos com as armas do amor e que, nesse processo, atingiram uma nova avaliação de seu próprio valor humano.

1º de dezembro de 1955
Rosa Parks é presa por desrespeitar as leis segregacionistas

5 de dezembro
King é eleito para chefiar um novo grupo de protesto, a Associação para o Progresso de Montgomery (MIA, na sigla em inglês)

Em 1º de dezembro de 1955, a sra. Rosa Parks recusou-se a deixar seu lugar quando o motorista de um ônibus lhe pediu que se levantasse e passasse para a parte traseira. A sra. Parks estava sentada na primeira fileira de uma seção não reservada. Todos os lugares atrás estavam ocupados, e se ela seguisse a ordem do motorista teria de ficar de pé e ceder o lugar para um passageiro de sexo *masculino* que tinha acabado de pegar o ônibus. De uma forma digna e tranquila, tão característica de sua radiosa personalidade, ela se recusou. Em resultado disso, foi presa.

É impossível entender o ato da sra. Parks até se perceber que um dia a xícara da paciência acaba entornando e a personalidade humana solta um grito: "Eu não aguento mais isso." Sua recusa em passar para a parte traseira foi uma afirmação para o mundo, intrépida e corajosa, de que ela atingira o seu limite. (Não, ela não foi colocada lá pela NAACP nem por qualquer outra organização; foi colocada lá pelo seu senso de dignidade e respeito próprio.) Foi uma vítima tanto das forças da história quanto das forças do destino. A sra. Parks era ideal para o papel que lhe foi atribuído pela história. Seu caráter era impecável e sua dedicação, profundamente enraizada. Todas essas características tornaram-na uma das pessoas mais respeitadas na comunidade negra.

Seu julgamento foi marcado para 5 de dezembro, uma segunda-feira.

Apenas E.D. Nixon – que assinou a fiança da sra. Parks – e uma ou duas pessoas souberam da prisão quando ela ocorreu, no início da noite de quinta-feira. Nixon sempre fora um inimigo da injustiça. Podia-se olhar no rosto desse homem alto, de pele escura e cabelos grisalhos e perceber que era um lutador. Em seu trabalho como ferroviário, ele estava em íntimo contato com a mão de obra organizada. Tinha atuado como presidente estadual da NAACP e também como presidente dessa organização em Montgomery. Por meio de cada um desses veículos, E.D. Nixon atuou destemidamente para alcançar os direitos de seu povo e sacudir os negros de sua apatia.

Sexta-feira, 2 de dezembro, de manhã cedo, Nixon me ligou. Estava tão envolvido no que ia dizer que se esqueceu de me cumprimentar com o alô de praxe, mergulhando imediatamente no relato do que tinha acontecido com a sra. Parks na noite anterior. Eu ouvi, profundamente chocado, sua descrição do humilhante incidente.

– Nós temos aceitado esse tipo de coisa por um tempo longo demais – concluiu ele com a voz trêmula. – Acho que chegou a hora de boicotar os ônibus. Só com um boicote é que poderemos deixar claro para os brancos que não vamos mais aceitar essa espécie de tratamento.

Eu concordei quanto à necessidade de algum tipo de protesto e que o boicote seria um método eficaz.

Antes de me ligar, Nixon havia discutido a ideia com o reverendo Ralph Abernathy, o jovem pastor da Primeira Igreja Batista de Montgomery que viria a ser uma das figuras centrais do protesto. Abernathy também achava que o boicote aos ônibus seria nosso melhor curso de ação. Assim, durante trinta ou quarenta minutos, nós três ficamos ligando um para o outro tratando de planos e estratégia. Nixon sugeriu que convocássemos para aquela noite uma reunião com todos os pastores e líderes cívicos para conhecer suas opiniões sobre a proposta, e eu ofereci minha igreja como local de encontro.

Quando chegou a hora da reunião, eu me aproximei da igreja com grande apreensão, imaginando quantos desses líderes atenderiam ao nosso chamado. Mais de quarenta pessoas, de todos os segmentos da comunidade negra, amontoavam-se no amplo salão de reuniões da igreja. A maioria era de sacerdotes cristãos. Fiquei cheio de alegria ao ver tantos deles lá; senti então que algo incomum estava para acontecer.

O reverendo L. Roy Bennett, presidente da Aliança Interconfessional de Montgomery e pastor da Igreja Metodista Episcopal Africana de Mt. Zion, apresentou a proposta de que os cidadãos negros da cidade deveriam boicotar os ônibus na segunda-feira em sinal de protesto.

– Agora é hora de nos mexermos – concluiu ele. – Não é hora de falar, é hora de agir.

Ele nomeou uma comissão, na qual fui incluído, para preparar a declaração. Nossa mensagem final foi a seguinte:

> Segunda-feira, 5 de dezembro, não vá de ônibus para o trabalho, para a cidade, para a escola ou para qualquer outro lugar. Outra Mulher Negra foi detida e posta na cadeia por ter se recusado a ceder seu lugar no ônibus. Segunda-feira, não pegue ônibus para o trabalho, para a cidade, para a escola ou para qualquer outro lugar. Se trabalha, vá de táxi, pegue uma carona ou vá a pé. Compareça à assembleia que acontecerá segunda-feira, às sete da noite, na Igreja Batista da Rua Holt, para novas instruções.

Eu estava tão empolgado que dormi muito pouco naquela noite, e bem cedo na manhã seguinte estava a caminho da igreja para lançar os panfletos. Às onze horas, um exército de mulheres e jovens tinha levado milhares de panfletos para serem distribuídos.

"Trazer justiça aos negócios"

A questão dos ônibus era uma das chagas de Montgomery. Se um visitante fosse à cidade antes do boicote, teria ouvido motoristas de ônibus referindo-se aos passageiros negros como "crioulos", "macacos pretos" e "vacas pretas". Teria notado com frequência passageiros negros entrando pela porta dianteira, pagando suas passagens e então sendo forçados a se levantar, sair e voltar a entrar pela porta traseira – e muitas vezes, antes que conseguissem fazer isso, o ônibus partindo com o dinheiro que haviam pago. Mais que isso, porém, o visitante teria observado passageiros negros de pé diante de assentos vazios. Mesmo que nenhum branco pegasse o ônibus e este estivesse cheio de negros, esses passageiros estavam proibidos de se sentar nas quatro primeiras fileiras porque estas eram só para brancos. Mas era ainda mais que isso. Se a parte reservada para brancos estivesse lotada e outros brancos pegassem o ônibus, passageiros negros sentados na parte não reservada eram muitas vezes solicitados a se levantar e ceder seus assentos. Caso se recusassem seriam presos.

Após um dia de trabalho duro, fui para casa no final da tarde de domingo e me sentei para ler o jornal da manhã. Havia um longo artigo sobre o boicote proposto. Implícito em todo o artigo, percebi, estava a ideia de que os negros se preparavam para empregar na solução de seu problema a mesma abordagem utilizada pelos Conselhos de Cidadãos Brancos.

Em resultado da leitura desse artigo, fui forçado pela primeira vez a pensar seriamente sobre a natureza do método do boicote. Até esse momento eu tinha aceitado esse método acriticamente como nosso melhor curso de ação. Agora certas dúvidas me incomodavam. O curso de ação que estávamos seguindo seria ético? O boicote seria um método basicamente anticristão? Não seria uma abordagem negativa para a solução do problema? Seria verdade que estávamos seguindo o mesmo curso adotado por alguns Conselhos de Cidadãos Brancos? Mesmo que resultados práticos permanentes pudessem advir desse boicote, será que meios imorais poderiam justificar fins morais? Cada uma dessas perguntas exigia respostas honestas.

Eu tinha de reconhecer que o método do boicote podia ser usado para fins antiéticos e anticristãos. Também tinha de reconhecer que esse era um método frequentemente usado pelos Conselhos de Cidadãos Brancos para prejudicar muitos negros, assim como pessoas brancas de boa vontade, com base nas necessidades da vida. Mas decerto, disse a mim mesmo, nossas iminentes ações não podiam ser interpretadas a essa luz. Nossos propósitos eram totalmente diversos. Usaríamos esse método para dar à luz a justiça e a liberdade, e também para estimular os homens a cumprir a lei da terra. Nosso interesse não seria fazer falir a empresa de ônibus, mas trazer justiça ao seu negócio.

Ao continuar pensando, vim a perceber que o que realmente estávamos fazendo era deixar de cooperar com um sistema perverso e não meramente retirar nosso apoio à empresa de ônibus. Esta última, sendo uma expressão externa do sistema, naturalmente iria sofrer, mas o objetivo básico era recusar-se a colaborar com o mal. Nesse ponto comecei a pensar em "A desobediência civil", de Thoreau. Fiquei convencido de que o que estávamos nos preparando para fazer em Montgomery tinha relação com o que fora explicitado por Thoreau. Estávamos simplesmente dizendo à comunidade branca: "Não vamos mais dar nossa colaboração a esse sistema perverso." A partir desse momento, passei a conceber nosso movimento como um ato popular de não cooperação. Daí por diante raramente usei a palavra "boicote".

"Um milagre tinha ocorrido"

Cansado, mas não mais duvidando do caráter moral do protesto que propúnhamos, eu me preparei para dormir cedo. Assim que me deitei, no entanto, Yolanda Denise, então com dois anos, começou a chorar e o telefone começou a tocar. Obviamente condenado a permanecer acordado por mais algum tempo, usei esse tempo para pensar sobre outras coisas. Coretta e eu havíamos concordado que se conseguíssemos 60% de adesão o protesto seria um sucesso.

Por volta da meia-noite recebi uma ligação de um dos membros da comissão me informando de que todas as empresas negras de táxi de Montgomery haviam concordado em apoiar o protesto na manhã de segunda-feira. Depois da meia-noite o telefone parou de tocar e Yoki parou de chorar. Exausto, dei boa-noite a Coretta e, com um estranho misto de esperança e ansiedade, caí no sono.

Na manhã seguinte, minha mulher e eu acordamos mais cedo que de costume. Às cinco e meia já estávamos de pé e totalmente vestidos. O dia do protesto tinha chegado e estávamos determinados a assistir ao primeiro ato desse drama em progresso.

Felizmente havia um ponto de ônibus a apenas dois metros de nossa casa. Pudemos observar de nossa janela da frente os estágios iniciais. E assim esperamos uma interminável meia hora. Eu estava na cozinha tomando meu café quando ouvi Coretta gritando:

– Martin, Martin, venha depressa!

Larguei a xícara e corri para a sala de estar. Ao me aproximar da janela da frente, Coretta apontava com alegria para um ônibus se movendo lentamente:

– Querido, ele está vazio!

Eu mal podia acreditar no que via. Sabia que a linha da South Jackson que passava em frente a nossa casa levava mais passageiros negros do que qualquer outra em Montgomery e que esse primeiro ônibus geralmente estava lotado de empregados domésticos indo para o trabalho. Será que todos os outros ônibus seguiriam o padrão estabelecido pelo primeiro? Ansiosamente esperamos o próximo ônibus. Em quinze minutos ele passou pela rua e, tal como o primeiro, estava vazio. Um terceiro apareceu, também vazio, com a exceção de dois passageiros brancos.

Corri para o meu carro e por quase uma hora atravessei todas as ruas principais, examinando cada ônibus que passava. No auge da manhã, não vi mais do que oito passageiros negros viajando nos ônibus. Em vez dos 60% de adesão que havíamos esperado, estava ficando claro que tínhamos alcançado quase 100%. Um milagre tinha ocorrido.

Ele continuou o dia todo. No meio da tarde, os ônibus continuavam tão vazios de passageiros negros quanto tinham estado de manhã. Estudantes da Faculdade Estadual do Alabama caminhavam ou pediam carona animadamente. Empregados tinham encontrado outros meios de transporte ou faziam seu percurso a pé. Homens foram vistos indo trabalhar montados em mulas e mais de uma carroça puxada por cavalos rodou pelas ruas de Montgomery naquele dia.

Na hora do rush, as calçadas ficavam cheias de trabalhadores e empregados domésticos caminhando penosa e pacientemente para o trabalho e de volta para casa, às vezes por quase vinte quilômetros. Eles sabiam por que estavam caminhando, e esse conhecimento se evidenciava na forma como se portavam. E ao observá-los percebi que não há nada mais grandioso do que a coragem inflexível de indivíduos dispostos a sofrer e sacrificar-se por sua liberdade e dignidade.

Por volta das nove e meia da manhã eu abandonei a ação nas ruas da cidade e me dirigi ao abarrotado tribunal correcional. Ali a sra. Parks estava sendo julgada por desobediência ao sistema de segregação municipal. Depois de ouvir os argumentos, o juiz considerou-a culpada e a multou em dez dólares mais custas (totalizando quatorze dólares). Ela apelou da sentença. Esse foi um dos primeiros casos bem-definidos em que um negro foi condenado por desobedecer à lei da segregação. No passado, processos como esse seriam arquivados ou as pessoas envolvidas seriam acusadas de perturbação da ordem. Assim, num sentido concreto, a detenção e a condenação da sra. Parks tiveram um duplo impacto: foram um fator desencadeador que levou os negros a uma ação positiva; e foi um teste de validade da própria legislação segregacionista. Tenho certeza de que os proponentes desses processos teriam agido de forma diferente se tivessem tido a presciência de olhar além daquele momento.

Ao sair do julgamento da sra. Parks, Ralph Abernathy, E.D Nixon e o reverendo E.N. French – então pastor da Igreja Metodista Episcopal Africana Sião de Hilliard Chapel – discutiram a necessidade de alguma organização para orientar e dirigir o protesto. Até então as coisas tinham ido em frente de modo mais ou menos espontâneo. Esses homens tiveram sabedoria suficiente para perceber que o movimento agora precisava de uma estrutura e de uma direção mais claras.

Enquanto isso, Roy Bennett tinha convidado várias pessoas para se reunir às três horas da tarde a fim de planejar a manifestação popular daquela noite. Todos os presentes estavam exultantes com o tremendo sucesso que o protesto já tinha atingido. Mas além desse sentimento havia uma pergunta: qual é o caminho agora? Quando E.D. Nixon fez um relato da conversa que tivera mais cedo com Abernathy e French, e das sugestões deles de uma organização *ad hoc*, o grupo reagiu com entusiasmo. A nova organização precisava de um nome, e vários foram sugeridos. Alguém propôs Comitê dos Cidadãos Negros, que foi rejeitado porque parecia muito com os Conselhos dos Cidadãos Brancos. Outras sugestões foram feitas e descartadas, até que finalmente Ralph Abernathy apresentou um nome que agradou a todos – Associação para o Progresso de Montgomery (MIA). A próxima tarefa era eleger seus diretores.

Assim que Bennett abriu as indicações para presidente, do canto mais distante da sala Rufus Lewis falou: "Senhor coordenador, gostaria de indicar para presidente o reverendo Martin Luther King." A moção foi apoiada e prevaleceu, e em questão de minutos fui unanimemente eleito.

A ação me pegou de surpresa. Aconteceu de forma tão rápida que não tive nem tempo de refletir sobre o assunto. É provável que, nesse caso, não tivesse aceitado a indicação. Possivelmente me escolheram porque eu não estava na cidade há tempo suficiente para me identificar com algum grupo ou facção. Apenas três semanas antes, vários membros da seção local da NAACP me haviam estimulado a concorrer à presidência da organização, garantindo-me que a eleição era certa. Depois de discutir o assunto com minha mulher, decidimos que eu não deveria assumir nenhuma responsabilidade importante, já que tinha acabado de concluir minha tese e precisava dar mais atenção ao meu trabalho na igreja. A oposição de Coretta provavelmente resultou numa das decisões mais acertadas de minha vida. Quando irrompeu o protesto dos ônibus, era difícil que eu pudesse aceitar a presidência da Associação para o Progresso de Montgomery sem dar crédito à afirmação, com frequência feita pelos brancos, de que a coisa toda era uma conspiração da NAACP.

Ultrapassados esses assuntos organizacionais, passamos à discussão do evento daquela noite. Várias pessoas, não querendo que os repórteres conhecessem nossos movimentos futuros, sugeriram que apenas cantássemos e rezássemos; se houvesse recomendações específicas a fazer às pessoas, elas poderiam ser mimeografadas e distribuídas secretamente durante o encontro. Isso, achavam, deixaria os repórteres no escuro. Outros recomendavam com insistência que algo deveria ser feito para ocultar a verdadeira identidade dos líderes, considerando que se nenhum nome em particular fosse revelado seria mais seguro para todos os envolvidos. Depois de uma discussão bastante longa, E.D. Nixon levantou-se, impaciente:

– Estamos agindo como garotinhos – disse ele. – O nome de alguém terá de ser conhecido, e se tivermos medo disso é melhor parar com tudo agora mesmo. Também precisamos ser homens o bastante para discutir nossas recomendações de maneira aberta. Essa ideia de distribuir secretamente alguma coisa num papel é uma tremenda enganação. Os brancos, de qualquer forma, vão acabar descobrindo. Temos de decidir agora se vamos ser homens de coragem ou garotos amedrontados.

Com essa declaração direta o ar se desanuviou. Ninguém voltaria a sugerir que tentássemos ocultar nossa identidade ou evitássemos enfrentar o problema de peito aberto. A corajosa declaração de Nixon tinha dado um novo ânimo aos que estavam a ponto de se deixarem paralisar pelo medo.

Todos concordaram que o protesto deveria prosseguir até que certas exigências fossem atendidas e que uma comissão liderada por Ralph Albernathy redigiria essas demandas na forma de uma resolução e as apresentaria à assembleia daquela noite para aprovação. Alguém insinuou que talvez devêssemos reconsiderar nossa decisão de continuar com o protesto.

– Não seria melhor – disse essa pessoa – interromper o protesto quando ele ainda é um sucesso do que deixá-lo prosseguir por mais alguns dias e então fracassar? Já demonstramos à comunidade branca a força de nossa unidade. Se pararmos agora poderemos conseguir o que quisermos da empresa de ônibus simplesmente porque eles terão percebido que somos capazes de fazê-lo outra vez. Mas se continuarmos e a maioria das pessoas voltar aos ônibus amanhã ou no dia seguinte, os brancos vão rir de nós e acabaremos sem nada.

Esse argumento era tão convincente que quase resolvemos pôr um fim ao protesto. Mas finalmente concordamos em deixar que a assembleia popular – que aconteceria dali a apenas uma hora e meia – fosse nosso guia. Se houvesse boa frequência e as pessoas se entusiasmassem, continuaríamos; do contrário, interromperíamos o protesto naquela noite.

"O discurso mais decisivo de minha vida"

Fui para casa pela primeira vez desde as sete da manhã daquele dia e encontrei Coretta descansando de uma longa jornada de telefonemas e excitação geral. Após nos atualizarmos sobre os fatos do dia, eu disse a ela, com alguma hesitação – sem saber qual seria sua reação –, que tinha sido eleito presidente da nova associação. Não precisava me preocupar. Naturalmente surpresa, ela ainda assim considerou que, se a responsabilidade tinha recaído sobre mim, eu não tinha alternativa senão aceitá-la. Não precisei lhe dizer que agora teríamos ainda menos tempo juntos, e ela pareceu despreocupada em relação aos possíveis perigos que minha nova posição acarretava para todos nós.

– Você sabe que, não importa o que faça, terá meu apoio.

Tranquilizado, fui para o escritório e fechei a porta. O tempo corria. Eu tinha apenas vinte minutos para preparar o discurso mais decisivo de minha vida. Fui possuído pelo medo. Agora eu enfrentava a inescapável tarefa de preparar, quase sem tempo para isso, um discurso do qual se esperava que proporcionasse um senso de direção a um povo imbuído de uma nova e ainda desconhecida paixão por justiça. Também estava consciente de que repórteres e homens de televisão estariam lá com suas canetas, câmeras e microfones a postos para registrar minhas palavras e difundi-las por toda a nação.

Eu estava então quase derrotado, obcecado por um sentimento de inadequação. Nesse estado de ansiedade, gastei quase cinco minutos dos vinte originais. Sem outro recurso que não a fé num poder cuja força inigualável se opõe às fragilidades e inadequações da natureza humana, voltei-me a Deus em oração. Minhas palavras foram breves e simples, pedindo-lhe que restaurasse meu equilíbrio e estivesse comigo num momento em que, mais do que nunca, precisava de Sua orientação.

Tendo menos de quinze minutos pela frente, comecei a preparar um esboço. Em meio a isso, contudo, defrontei-me com um novo e grave dilema: como poderia fazer um discurso que fosse ao mesmo tempo suficientemente militante para manter meu povo estimulado a uma ação positiva e suficientemente moderado para que seu fervor se mantivesse dentro de limites controláveis e cristãos? Sabia que muitos negros eram vítimas de um amargor que poderia facilmente alcançar proporções excessivas. Que poderia eu dizer a eles para mantê-los corajosos e preparados para uma ação positiva, mas afastados do ódio e do ressentimento? Será que o militante e o moderado poderiam combinar-se num único discurso?

Decidi que precisava enfrentar o desafio de peito erguido e tentar combinar duas posturas aparentemente incompatíveis. Procuraria estimular o grupo à ação insistindo em que seu respeito próprio estava em jogo e se eles aceitassem tais injustiças sem protestar estariam traindo seu senso de dignidade e os preceitos eternos do próprio Deus. Mas compensaria isso com uma forte afirmação da doutrina cristã do amor. No momento em que preparava mentalmente um esboço de meu discurso, meu tempo acabou. Sem conseguir parar para jantar (não tinha comido nada desde o café da manhã), despedi-me de Coretta e fui de carro para a igreja da rua Holt. A cinco quarteirões de lá notei um congestionamento. Havia uma fila de carros que se estendia de ambos os lados da rua até onde minha vista alcançava.

Levei quinze minutos para chegar ao escritório do pastor. Agora minhas dúvidas sobre a duração do sucesso de nossa aventura se haviam dissipado. A questão de cancelar o protesto era agora acadêmica. O entusiasmo desses milhares de pessoas tragava tudo em seu caminho, tal como o avanço de um maremoto.

Demorou um pouco para que os oradores restantes pudessem abrir caminho até a tribuna atravessando uma igreja superlotada. A reunião começou, com quase meia hora de atraso. O hino de abertura foi o conhecido "Avante, soldados de Cristo", e quando o enorme público se levantou para cantar, as vozes de fora ampliando o coro da igreja, houve uma forte badalada, como o eco jubiloso do próprio céu.

O coordenador me apresentou. Levantei-me e fiquei de pé em frente ao púlpito. Câmeras de televisão começaram a funcionar de todos os lados. A multidão se aquietou.

Sem manuscrito nem anotações, contei o que tinha acontecido com a sra. Parks. Depois repassei a longa história de abusos e insultos vivenciada pelos negros nos ônibus da cidade:

Estamos aqui esta noite por um motivo sério. Estamos aqui, num sentido geral, porque em primeiro lugar e acima de tudo somos cidadãos americanos e estamos determinados a reivindicar nossa cidadania na plenitude de seu significado. Também estamos aqui por nosso amor pela democracia, por nossa crença profunda em que a democracia, uma fina folha de papel convertida numa ação robusta, é a melhor forma de governo que existe sobre a terra...

Vocês sabem, meus amigos, chega um momento em que as pessoas ficam cansadas de serem esmagadas pelos pés de ferro da opressão, cansadas de serem atiradas no abismo da humilhação, onde vivenciam a desolação de um desespero perturbador. Chega um momento em que as pessoas ficam cansadas de serem afastadas da radiosa luz solar do verão da vida e abandonadas em meio ao frio agudo do inverno alpino.

E não estamos errados. Não estamos errados no que fazemos. Se estamos errados, a Suprema Corte desta nação está errada. Se estamos errados, a Constituição dos Estados Unidos está errada. Se estamos errados, Deus Todo-Poderoso está errado. Se estamos errados, Jesus de Nazaré foi simplesmente um sonhador utópico que nunca desceu à terra. E estamos determinados, aqui em Montgomery, a trabalhar e lutar até que a justiça flua como a água e a virtude como uma corrente poderosa.

Quero dizer que em todas as nossas ações devemos permanecer unidos. A unidade é a grande necessidade deste momento, e se estivermos unidos poderemos obter muitas das coisas que não apenas desejamos, mas que com justiça merecemos. E não deixem ninguém assustá-los. Não temos medo do que estamos fazendo, pois estamos agindo dentro da lei. Em nossa democracia americana, nunca devemos pensar que estamos errados ao protestarmos. Nós nos reservamos esse direito.

Nós, os deserdados da terra, nós que por tanto tempo temos sido oprimidos, estamos cansados desta travessia da longa noite do cativeiro. E agora estamos chegando ao alvorecer da liberdade, da justiça e da igualdade. Posso dizer a vocês, meus amigos, aproximando-me do final... que devemos manter... Deus na linha de frente. Sejamos cristãos em todos os nossos atos. Mas quero lhes dizer esta noite que não nos basta falar sobre o amor. O amor é um dos pontos fundamentais da fé cristã. Há um outro lado chamado justiça.

Ao lado do amor está sempre a justiça, e só estamos usando as ferramentas que ela nos proporciona. Não apenas estamos usando as ferramentas da persuasão, mas viemos a perceber que precisamos empregar as ferramentas da coerção. Esse é não somente um processo educativo, mas também um processo legislativo.

De pé e sentados aqui nesta noite, preparando-nos para o que nos espera adiante, sigamos com a implacável e corajosa determinação de permanecermos juntos. Vamos trabalhar juntos. Aqui mesmo em Montgomery, quando os livros de história estiverem sendo escritos no futuro, alguém terá de dizer: "Ali viveu uma raça de pessoas, um povo negro, 'de cabelo lanoso e pele escura', um povo que teve a coragem moral de lutar por seus direitos. E que assim injetou um novo significado nas veias da história e da civilização."

Quando estava me sentando as pessoas se levantaram e aplaudiram. Eu estava grato a Deus pelo fato de minha mensagem ter sido transmitida e de a tarefa de combinar militância e moderação ter sido pelo menos parcialmente realizada. As pessoas ficaram tão entusiasmadas quando as incitei ao amor como quando as incitei ao protesto.

Sentado, ouvindo os aplausos contínuos, percebi que esse discurso tinha evocado mais reações do que qualquer outro discurso ou sermão que eu havia proferido, e no entanto praticamente não o preparei. Consegui ver pela primeira vez o que pregadores mais velhos queriam dizer quando afirmavam: "Abra a sua boca e Deus falará por você." Embora eu não pretendesse deixar que essa experiência me tentasse a negligenciar a necessidade de uma preparação permanente, ela sempre me lembraria de que Deus pode transformar a fraqueza de um homem em sua oportunidade de glória.

Agora tinha chegado o momento da resolução mais importante. Ralph Abernathy leu as palavras com lentidão e energia. A resolução conclamava os negros a não voltarem a viajar de ônibus até que: 1. se assegurasse um tratamento respeitoso da parte dos motoristas; 2. os passageiros se sentassem por ordem de chegada – negros sentando-se tanto atrás quanto na frente, brancos sentando-se tanto na frente quanto atrás; 3. motoristas negros fossem empregados em trajetos predominantemente negros. Às palavras "quem estiver a favor queira levantar-se", todos os presentes ficaram de pé, e os que já estavam de pé levantaram as mãos. Gritos de alegria e incentivo ecoaram tanto do lado de dentro quanto de fora.

Ao me afastar, dirigindo meu carro, havia satisfação em meu coração. Eu nunca tinha visto tanto entusiasmo pela liberdade. E no entanto esse entusiasmo era moderado por uma autodisciplina surpreendente. A unidade de propósito e o espírito de corpo dessas pessoas tinham sido indescritivelmente comoventes. Nenhum historiador jamais conseguiria descrever de maneira plena esse encontro e nenhum sociólogo seria capaz de interpretá-lo de forma adequada. Era preciso ser parte da experiência para realmente entendê-la.

REFLEXÕES SOBRE A PRIMEIRA REUNIÃO DO BOICOTE

As deliberações daquela noite efervescente e fria de dezembro permanecerão por longo tempo registradas a tinta nas folhas mentais de sucessivas gerações. Mal sabíamos naquela noite que estávamos iniciando um movimento que atingiria proporções internacionais;

um movimento cujos ecos sublimes atingiriam os ouvidos de pessoas de todas as nações; um movimento que iria desconcertar e surpreender a imaginação dos opressores, ao mesmo tempo deixando uma cintilante estrela de esperança gravada na noite profunda do céu dos oprimidos. Mal sabíamos naquela noite que estávamos iniciando um movimento que iria granjear a admiração dos homens de boa vontade por todo o planeta. Mas Deus continua tendo uma forma misteriosa de operar Suas maravilhas. Parece que Deus resolveu usar Montgomery como base de testes para a luta e o triunfo da liberdade e da justiça nos Estados Unidos. É uma ironia de nossos tempos que Montgomery, o Berço da Confederação, esteja sendo transformada em Montgomery, o berço da liberdade e da justiça.

Dircurso proferido no Primeiro Instituto para a Não Violência e a Mudança Social, 3 de dezembro de 1956

O grande dia, 5 de dezembro de 1955, estava chegando ao fim. Todos nos preparamos para retornar a nossos lares, sem plena consciência do que tinha acontecido. Eu disse a mim mesmo que a vitória fora obtida, não importava quanto demorasse a luta para concretizar os três pontos da resolução. Era uma vitória infinitamente maior do que a questão dos ônibus. A verdadeira vitória estava na assembleia em que milhares de negros se ergueram revelando um novo senso de dignidade e de destino. Naquela noite dávamos início a um movimento que ganharia reconhecimento nacional, cujos ecos ressoariam nos ouvidos de pessoas de todas as nações; um movimento que surpreenderia os opressores e traria novas esperanças aos oprimidos. Naquela noite, Montgomery teve seu momento na história.

8. A violência de homens desesperados

Ao longo da vida, deve se ter sensibilidade e moral o bastante para romper os grilhões do mal e do ódio. A melhor maneira de fazer isso é pelo amor. Creio firmemente que o amor é um poder transformador capaz de erguer toda uma comunidade a novos horizontes de retidão, boa vontade e justiça.

---

17 de dezembro de 1955
King e outros líderes da Associação para o Progresso de Montgomery se reúnem com representantes dos brancos numa tentativa malsucedida de resolver a questão dos ônibus

26 de janeiro de 1956
Durante a campanha do "Endureça", King é detido e trancafiado na cadeia por excesso de velocidade

28 de janeiro
Ele é multado em quatorze dólares pelo delito

30 de janeiro
Depois de jogarem uma bomba em sua casa, King defende a não violência

---

DEPOIS DE SUBIR a montanha na noite de segunda-feira, acordei na terça de manhã com a imperativa consciência de que precisava descer das alturas e retornar à terra. Tinha de enfrentar uma série de decisões organizacionais. O movimento não podia prosseguir sem um planejamento cuidadoso.

Comecei a pensar nas várias comissões necessárias para proporcionar orientação e direção ao movimento. Primeiramente precisávamos de uma comissão de transportes mais duradoura, já que o problema de conduzir os ex-passageiros de ônibus pela cidade era enorme. Também precisávamos levantar dinheiro para tocar o protesto. Portanto, era necessária uma comissão de finanças. Como teríamos assembleias regulares, deveria haver uma comissão de programação para essas ocasiões. E então, raciocinei, de tempos em tempos teriam de ser tomadas decisões estratégicas; precisávamos das melhores cabeças da associação para refletir sobre elas e fazer recomendações ao conselho executivo. Assim, imaginei ser essencial uma comissão estratégica.

"A reação foi extraordinária"

Desde o começo do protesto Ralph Abernathy foi meu companheiro mais próximo e meu amigo de maior confiança. Rezávamos juntos e juntos tomávamos decisões importantes. Seu bom humor inteligente aliviava muitos momentos de tensão. Sempre que eu saía da cidade deixava-o a cargo dos assuntos importantes da associação, sabendo que estavam em boas mãos. Depois que Roy Bennett deixou Montgomery, Ralph se tornou o primeiro vice-presidente da associação e desde então se manteve nessa posição com dignidade e eficiência.

Foi nos primeiros estágios do protesto que o problema dos transportes mais exigiu nossa atenção. O esforço e a engenhosidade com que se conduziu essa tarefa estão entre os aspectos mais interessantes da história de Montgomery. Nos primeiros dias nós dependemos das empresas negras de táxi, que tinham concordado em transportar as pessoas pela mesma tarifa de dez centavos cobrada pelos ônibus. Mas durante as primeiras "reuniões de negociação" que tivemos com a comissão municipal no dia 8 de dezembro, sexta-feira, o comissário de polícia Sellers mencionou de passagem a existência de uma lei que obrigava os táxis a cobrar uma tarifa mínima. Entendi a insinuação e percebi que o comissário Sellers provavelmente usaria essa lei para impedir os táxis de ajudar no protesto.

Naquele momento me lembrei de que algum tempo antes meu bom amigo reverendo Theodore Jemison e seus colegas haviam liderado um boicote aos ônibus em Baton Rouge, Louisiana. Sabendo que eles tinham organizado uma eficiente frota de carros particulares, fiz uma chamada interurbana pedindo-lhe sugestões para a organização de uma frota semelhante em Montgomery. Como eu esperava, sua esmerada descrição da experiência de Baton Rouge foi extremamente valiosa. Eu revelei à comissão de transportes a observação de Sellers e a orientação de Jemison, e sugeri que começássemos imediatamente a organizar uma frota para neutralizar a confusão que poderia ocorrer se os táxis fossem impedidos de cooperar.

Felizmente, houve uma assembleia naquela noite. Nela eu pedi àqueles que estavam dispostos a oferecer seus carros que nos dessem, antes de saírem do encontro, seus nomes, endereços, números de telefone e os horários em que poderiam contribuir. A reação foi extraordinária. Mais de 150 assinaram as listas disponibilizando seus automóveis. Alguns que não estavam trabalhando ofereceram participar da frota o dia inteiro; outros comprometeram-se a participar algumas horas antes e depois do trabalho. Praticamente todos os pastores ofereceram-se para contribuir sempre que fosse necessário.

Sexta-feira à tarde, tal como eu previra, o comissário de polícia emitiu uma ordem a todas as empresas de táxi lembrando-as de que, por lei, tinham de cobrar uma tarifa mínima de 45 centavos, e que deixar de fazê-lo seria considerado um delito. Isso acabou com o serviço de táxi barato.

Nossa reação foi convocar rapidamente nossos voluntários, que responderam de imediato. Começaram simplesmente cruzando as ruas de Montgomery, sem nenhum esquema definido. No sábado os pastores concordaram em usar seus púlpitos no dia seguinte na busca de novos recrutas. Mais uma vez a reação foi extraordinária. Com as novas adesões, o número de carros pulou para cerca de trezentos.

Milhares de panfletos mimeografados foram distribuídos pela comunidade negra com uma lista de 48 estações de embarque e 42 paradas. Em poucos dias o sistema estava funcionando surpreendentemente bem. A oposição branca ficou tão impressionada com a rapidez milagrosa dessa organização que teve de admitir num encontro do Conselho dos Cidadãos Brancos que a frota funcionava com "precisão militar". A associação tinha solucionado em poucas noites um problema de transporte que a empresa de ônibus vinha enfrentando por muitos anos.

Apesar desse sucesso, o protesto tinha se tornado de tal modo uma parte das vidas das pessoas que por vezes elas até preferiam caminhar, mesmo podendo dispor de uma carona. Para muitos, o ato de caminhar tinha adquirido uma importância simbólica. Num certo momento, um motorista da frota parou ao lado de uma senhora idosa que avançava com evidente dificuldade.

– Entre aqui, vovó – disse ele. – A senhora não precisa caminhar.

Ela acenou para ele.

– Não é por mim que estou caminhando – explicou. – Estou caminhando por meus filhos e por meus netos. – E prosseguiu a pé em seu caminho para casa.

Embora a maioria dos motoristas fosse constituída de pastores, o grupo se ampliou com a adesão de donas de casa, professores, empresários e trabalhadores sem qualificação. Pelo menos três mulheres brancas da base aérea participavam da rede em suas horas de folga. Entre os motoristas mais fiéis estava a sra. A.W. West, que logo mostrara seu entusiasmo pela ideia do protesto ajudando a convocar os líderes cívicos para a primeira reunião de organização. Todas as manhãs ela dirigia seu grande Cadillac verde até a estação de embarque a que fora designada, e durante várias horas da manhã e novamente à tarde podia se ver sua distinta e bela motorista de cabelos grisalhos conduzindo pessoas ao trabalho e de volta para casa.

Outra colaboradora fiel foi Jo Ann Robinson. Atraente, de pele clara e ainda jovem, Jo Ann distribuía sua bondade naturalmente. Não tinha aprendido sobre a não violência em nenhum livro. Aparentemente infatigável, ela, talvez mais que qualquer outra pessoa, atuou em todos os níveis do protesto. Participava das reuniões tanto do conselho executivo quanto da comissão estratégica. Quando, alguns meses após o início do protesto, foi lançada a *newsletter* da Associação para o Progresso de Montgomery, ela se tornou sua editora. Garantia sua presença em quaisquer negociações que estivessem acontecendo. E embora trabalhasse em período integral como professora na Universidade do Estado do Alabama, ainda encontrava tempo para contribuir como motorista tanto de manhã quanto à tarde.

Nosso grupo de motoristas foi ampliado ainda mais graças a uma fonte imprevista. Muitas donas de casa brancas, independentemente de sua posição a respeito da segregação, não queriam ficar sem suas empregadas. E assim, diariamente, iam com seus carros até os bairros negros para buscar suas empregadas, e à noite as traziam de volta. Certamente, embora o egoísmo fizesse parte da motivação, em muitos casos a afeição por uma empregada de confiança também tinha o seu papel. Havia algum humor nesses entendimentos tácitos – e por vezes nas incompreensões mutuamente aceitas – entre essas patroas brancas e suas domésticas negras. Uma velha empregada, matriarca influente para muitos parentes jovens em Montgomery, ouviu de sua patroa rica a seguinte pergunta:

– Mas esse boicote não é terrível?

A velha senhora respondeu:

– Sim, madame, realmente é. E eu acabei de dizer para os meus garotos que esse tipo de coisa é assunto de branco e que devemos ficar longe dos ônibus até eles resolverem esse problema todo.

"A inspiração de Mahatma Gandhi"

Desde o início uma filosofia básica orientou o movimento. Esse princípio orientador tem sido referido de diversas formas: resistência não violenta, não cooperação ou resistência passiva. Mas nos primeiros dias do protesto nenhuma dessas expressões foi mencionada; a que mais se ouvia era "amor cristão". Foi o Sermão da Montanha, mais que a doutrina da resistência passiva, que inspirou inicialmente os negros de Montgomery a uma ação social grandiosa. Foi Jesus de Nazaré que estimulou os negros a protestarem com a arma criativa do amor.

Com o passar dos dias, contudo, a inspiração de Mahatma Gandhi começou a exercer sua influência. Eu já tinha percebido que a doutrina cristã do amor operando por meio da não violência de Gandhi era a mais poderosa arma de que o negro dispunha em sua luta por liberdade. Cerca de uma semana após o início do protesto, uma mulher branca que entendia os esforços dos negros e se solidarizava com eles escreveu uma carta ao editor do *Montgomery Advertiser* comparando o boicote dos ônibus com o movimento liderado por Gandhi na Índia. A srta. Juliette Morgan, sensível e frágil, não sobreviveu por muito tempo à rejeição e condenação da comunidade branca, mas muito antes de sua morte, no verão de 1957, o nome de Mahatma Gandhi era bem conhecido em Montgomery. Pessoas que nunca tinham ouvido falar do pequeno santo moreno da Índia agora pronunciavam seu nome com ar de familiaridade. A resistência não violenta tinha se tornado a técnica do movimento, enquanto o amor continuava sendo seu ideal moderador. Em outras palavras, Cristo fornecia o espírito e a motivação, enquanto Gandhi fornecia o método.

As pessoas reagiram a essa filosofia com um ardor surpreendente. Na verdade, alguns demoraram para aderir a ela. Vez por outra, membros do conselho executivo me diziam privadamente que deveríamos adotar uma abordagem mais militante. Viam a não violência como um método fraco e contemporizador. Outros achavam que pelo menos um pouco de violência iria convencer os brancos de que os negros estavam decididos e não tinham medo. Um membro da igreja veio a mim certo dia e solenemente sugeriu que seria vantajoso para nós "executar" uns oito ou dez brancos.

– É a única linguagem que esses brancos entendem – disse ele. – Se não conseguirmos fazer isso eles vão pensar que estamos com medo. Devemos mostrar a eles que não temos mais medo.

Além disso, ele achava que se pessoas brancas fossem mortas o governo federal inevitavelmente interviria, e isso sem dúvida nos traria benefícios.

Outros ainda acreditavam que só poderiam ser não violentos se não fossem pessoalmente atacados. Diziam:

– Se ninguém me incomoda, não incomodo ninguém. Se ninguém me ataca, não ataco ninguém. Mas se for atingido eu devolvo.

Estabeleciam, assim, uma linha divisória moral entre violência agressiva e violência retaliatória. Mas, a despeito dessas discordâncias honestas, a grande maioria estava disposta a fazer o teste da experiência.

Num sentido real, os negros de Montgomery se mostraram dispostos a abraçar uma nova abordagem da crise nas relações raciais. Provavelmente é verdade que a maioria deles não acreditava na não violência como filosofia de vida, mas, em função da confiança que tinham em seus líderes e do fato de a não violência lhes ter sido apresentada como uma simples expressão do cristianismo em ação, estavam dispostos a usá-la como técnica. Reconhecidamente, a não violência em seu sentido mais puro não é uma estratégia que se use apenas por ser o expediente do momento; a não violência é, em última instância, um modo de vida que os homens adotam em função da evidente moralidade de sua intenção. Mas, mesmo concordando com isso, a disposição de usar a não violência como técnica é um passo adiante, pois quem chega a esse ponto tem maior probabilidade de vir a adotá-la mais tarde como modo de vida.

"Ante golpes constantes, quase sucumbi"

Apesar de o boicote ter sido um sucesso imediato, as autoridades municipais e os administradores da empresa de ônibus achavam que ele fracassaria em pouco tempo. Estavam certos de que no primeiro dia de chuva os negros voltariam aos ônibus. Mas o primeiro dia de chuva chegou e se foi e os ônibus continuaram vazios.

Nesse meio-tempo, as autoridades municipais e os administradores da empresa de ônibus tinham manifestado sua disposição de negociar. Numa sessão especial do conselho executivo da associação, foi nomeada uma comissão de negociação composta de doze pessoas e eu fui escolhido para ser seu porta-voz. Foi acordado que eu apresentaria três propostas: 1. garantia de tratamento cortês; 2. passageiros acomodados por ordem de chegada, com os negros sentando-se a partir da parte traseira; e 3. o emprego de motoristas negros em percursos predominantemente negros. O objetivo dessas propostas era, francamente, um alívio temporário do problema que enfrentávamos. Nunca achamos que a acomodação dos passageiros por ordem de chegada constituiria uma solução final, já que isso acabaria dependendo de uma mudança na lei. Estávamos certos, porém, de que o caso de Rosa Parks, que estava então nos tribunais, seria o teste que iria provocar, em última instância, a derrocada do próprio sistema de segregação nos ônibus.

Chegamos à prefeitura e nos dirigimos ao Gabinete dos Comissários. Sentamo-nos quase na frente. O prefeito então se virou para a delegação de negros e perguntou:

– Quem é o porta-voz?

Quando todos os olhos se voltaram para mim, o prefeito disse:

– Muito bem, venha aqui na frente e faça sua exposição.

Sob as luzes da televisão, caminhei lentamente em direção à frente da sala e assumi uma posição do lado oposto do prefeito.

Iniciei minha exposição declarando em breves palavras o motivo pelo qual considerávamos necessário "boicotar" os ônibus. Deixei claro que a prisão da sra. Parks não fora a causa do protesto, mas apenas um fator desencadeador.

– Nossa ação – disse eu – é o resultado acumulado de uma série de injustiças e indignidades que têm existido ao longo dos anos.

Assim que concluí minha fala o prefeito abriu a reunião ao debate geral. Os comissários e o advogado da empresa de ônibus começaram a levantar questões. Contestavam a legalidade do arranjo de assentos que estávamos propondo. Afirmavam que os negros estavam exigindo algo que iria violar a lei. Nós respondemos reiterando nosso argumento anterior de que um arranjo desse tipo podia existir totalmente dentro da lei de segregação, como ocorria em muitas cidades do Sul.

Logo ficou claro que Jack Crenshaw, o advogado da empresa de ônibus, era nosso oponente mais obstinado. Teimosamente, tentou convencer o grupo de que não havia como concretizar a proposta de arranjo sugerida sem violar as posturas municipais. Quanto mais Crenshaw falava, mais ganhava o apoio das autoridades municipais. Acabei percebendo que a reunião não estava levando a lugar algum e propus que fosse encerrada.

Não demorei a compreender que eu era vítima de um injustificado pessimismo porque tinha partido de um otimismo igualmente injustificado. Eu tinha ido para o encontro com uma grande ilusão. Acreditava que os privilegiados abririam mão de seus privilégios se isso lhes fosse pedido. Essa experiência, contudo, me ensinou uma lição. Passei a perceber que ninguém abandona seus privilégios sem uma forte resistência. Percebi também que o propósito subjacente da segregação era oprimir e explorar os segregados, e não apenas mantê-los separados. Mesmo pedindo por justiça *dentro* das leis segregacionistas, os "poderes constituídos" não estavam dispostos a nos atender. Justiça e igualdade, percebi, nunca viriam enquanto a segregação permanecesse, pois o propósito básico desta era perpetuar a injustiça e a desigualdade.

Logo depois dessa primeira reunião de negociação, convoquei um encontro do conselho executivo da Associação para o Progresso de Montgomery a fim de relatar os resultados. Os membros ficaram desapontados, mas concordaram que deveríamos nos manter firmes em nossos propósitos. Nesse ínterim, o prefeito mandou dizer que estava convocando uma comissão de cidadãos para se reunir com os administradores da empresa de ônibus e com os líderes negros na manhã do dia 17 de dezembro. Uma semana havia se passado desde o primeiro encontro e o protesto não dava sinais de recuo.

Os MEMBROS BRANCOS da comissão começaram a me atacar violentamente. Afirmaram que eu era o principal empecilho a uma verdadeira solução do problema. Por um momento pareceu que eu estava só. Ninguém veio em meu socorro, até que de repente Ralph Abernathy se levantou para me defender. Ele apontou que, sendo eu o porta-voz do grupo, naturalmente era responsável pela maior parte da fala, mas isso não queria dizer que eu não tivesse o apoio do restante da comissão. Ao tentarem convencer os negros de que eu era o maior obstáculo a uma solução, os membros da comissão de brancos tinham pretendido nos dividir. Mas a declaração de Ralph não deixou margem a dúvidas. A partir desse momento, o grupo branco percebeu a futilidade de tentar negociar um acordo conosco.

Naquela segunda-feira fui para casa com um peso no coração. Carregava um terrível sentimento de culpa, lembrando-me de que em uma ou duas ocasiões me permitira ser tomado pela raiva e pela indignação. Tinha falado de modo precipitado e ressentido. Mas sabia que essa não era a forma de resolver o problema. "Você não deve cultivar o ódio", reclamei comigo mesmo. "Deve estar pronto a suportar o ódio do oponente, mas sem retribuí-lo. Não deve tornar-se amargo. Não importa quão emotivos sejam seus adversários, você tem de permanecer calmo."

Depois do fracasso na obtenção de um acordo conosco pela negociação, nossos adversários passaram a usar um método mais sutil para acabar com o protesto; ou seja, dividir para conquistar. Espalharam-se falsos rumores sobre os líderes do movimento. Um boato que se difundiu nesse período foi o de que eu tinha comprado um Cadillac novinho para mim e uma caminhonete Buick para minha mulher. Evidentemente, nada disso era verdade.

Não houve apenas uma tentativa consciente de levantar questões sobre a integridade dos líderes negros, e assim fazer com que seus seguidores perdessem a fé que neles depositavam, mas também a de dividir os líderes entre si. Cidadãos brancos proeminentes procuraram muitos dos pastores negros mais velhos para dizer:

— Se é para haver um protesto, vocês é que têm de ser os líderes. É uma vergonha para vocês, que estão na comunidade há tanto tempo, ver seu próprio povo desprezá-los e preferir como líderes esses jovens arrogantes.

Certos membros da comunidade branca tentaram convencer vários outros líderes do protesto de que o problema poderia ser resolvido se eu estivesse fora do quadro.

— Se um de vocês assumir a liderança, as coisas vão mudar da noite para o dia.

Quase sucumbi diante do ataque constante desse argumento. Comecei a pensar que poderia haver alguma verdade nisso, e também temia que alguns de nós estivéssemos sendo influenciados por ele. Depois de dois ou três dias e noites conturbados em que pouco dormi, convoquei uma reunião do conselho executivo e apresentei minha renúncia. Disse-lhes que seria a última pessoa a querer dificultar a solução do problema que aflige nossa comunidade e talvez alguém mais maduro pudesse produzir uma conclusão mais expedita. Também garanti ao conselho que continuaria tão ativo nos bastidores quanto tinha sido na posição de porta-voz. Mas eu mal havia acabado de falar e os membros já começavam a me estimular de toda forma a esquecer a ideia da renúncia. Com um voto de confiança unânime, deixaram claro que estavam muito satisfeitos com minha forma de conduzir as coisas e que seguiriam minha liderança até o fim.

Em seguida, ao voltar para o presbitério, mais em paz do que tinha estado por algum tempo, ouvi a voz de Coretta, alta em seu tom de soprano, através da janela da sala de estar. No quarto dos fundos, Yoki, agora com mais de um mês de vida, estava totalmente desperta e ocupada com a descoberta de seus dedos. Tomei-a no colo e caminhei até o quarto da frente, embalando-a ao ritmo da música cantada por Coretta.

Esses momentos juntos tinham se tornado raros. Nunca podíamos planejá-los, pois eu raramente sabia ao certo quando estaria em casa. Muitas vezes Coretta via torrar no forno a boa comida que fazia quando uma emergência me mantinha afastado. Mas ela nunca se queixava e sempre estava lá quando eu precisava. Yoki e Beethoven, dizia ela, faziam-lhe companhia quando estava sozinha. Calma e serena, Coretta lidava tranquilamente com a tarefa de manter a casa funcionando. Quando eu precisava discutir alguma coisa, ela estava pronta a ouvir ou oferecer sugestões, caso eu lhe pedisse.

"Dividir para conquistar"

O auge da tentativa de dividir para conquistar aconteceu no domingo, 22 de janeiro, quando os comissários da cidade chocaram a comunidade negra ao anunciar no jornal local que tinham se reunido com um grupo de pastores eminentes e estabelecido um acordo. Muitas pessoas se convenceram de que o boicote havia terminado. Logo ficou claro que esse anúncio era um plano calculado para fazer com que os negros voltassem aos ônibus na manhã de domingo. A comissão municipal estava certa de que, se um número considerável de negros voltasse a andar de ônibus, o boicote chegaria ao fim.

Comecei a imaginar se algum de meus colegas tinha me traído e feito um acordo na minha ausência. Precisava descobrir se era verdade que um grupo de pastores tinha se reunido com a comissão municipal. Após cerca de uma hora fazendo ligações para diferentes pessoas, conseguimos identificar os "três eminentes pastores negros". Não eram eminentes nem membros da associação.

Agora eram cerca de onze horas da noite de sábado. Algo tinha de ser feito para que as pessoas soubessem que o artigo que leriam na manhã seguinte era falso. Pedi a um grupo que ligasse para todos os pastores da cidade e lhes pedisse que anunciassem na igreja, domingo de manhã, que o protesto prosseguia. Outro grupo se juntou a mim numa excursão por bares e boates para informar os presentes sobre a falsa declaração. Pela primeira vez tive uma chance de olhar por dentro os pontos noturnos de Montgomery. Como resultado de nossa rápida manobra, a notícia se espalhou tão bem que no dia seguinte os ônibus continuaram vazios.

Com o fracasso da trapaça montada, as autoridades municipais foram atingidas em sua reputação. Agora estavam em desespero. Sua resposta foi embarcar numa política de "endurecimento". O prefeito foi à televisão e denunciou o boicote. A grande maioria dos brancos de Montgomery, declarou ele, não se importaria se os negros jamais voltassem a utilizar os ônibus, e ele conclamou os empregadores brancos a parar de dar caronas a seus funcionários negros na ida e na volta ao trabalho. Durante esse período todos os três comissários municipais fizeram saber que haviam se tornado membros do Conselho dos Cidadãos Brancos.

A política de "endurecimento" resultou numa série de prisões por pequenas violações do código de trânsito, com frequência imaginárias. Diante dessas dificuldades, a rede de motoristas voluntários começou a enfraquecer. Alguns motoristas ficaram com medo de ter suas licenças revogadas ou seu seguro cancelado. Muitos deles silenciosamente abandonaram a rede. Tornou-se mais difícil arranjar uma carona. As queixas começaram a aumentar. De manhã cedo até tarde da noite meu telefone tocava e a campainha de minha porta raramente ficava em silêncio. Comecei a ter dúvidas sobre a capacidade da comunidade negra de prosseguir com a luta.

"Na cadeia"

Eu não suspeitava que eu mesmo estivesse para enfrentar a cadeia em consequência da operação de "endurecimento". Certa tarde em meados de janeiro, após muitas horas de trabalho no escritório da igreja, comecei a voltar para casa com um amigo, Robert Williams, e a secretária da igreja, sra. Lillie Thomas. Antes de sairmos do centro da cidade, resolvi dar uma rápida passada no estacionamento para oferecer carona a quem estivesse indo na mesma direção. Ao entrar no estacionamento, notei quatro ou cinco policiais interrogando motoristas. Peguei três passageiros e me dirigi para a saída do estacionamento, onde fui parado por um desses policiais. Enquanto ele pedia para ver minha licença de motorista e me interrogava sobre a propriedade do carro, ouvi outro policial dizer, do outro lado da rua:

— Esse é aquele maldito do tal de King.

Saindo do estacionamento, notei que havia duas motos da polícia atrás do meu carro. Uma delas continuava me seguindo três quarteirões adiante. Quando contei a Bob Williams que estávamos sendo seguidos, ele disse:

— Tenha cuidado para não cometer nenhuma infração.

Lenta e meticulosamente, segui em direção a minha casa, com a moto atrás de mim. Finalmente, quando parei para deixar meus passageiros descerem, o policial parou a moto e disse:

— Saia daí, King. Você está preso por dirigir a 48 quilômetros por hora numa área em que o limite é trinta.

Sem discutir, saí do carro, pedindo a Bob Williams e à sra. Thomas que levassem o carro e informassem minha mulher. Logo chegou uma radiopatrulha. Dois policiais saíram dela e me revistaram de cima a baixo, colocaram-me no veículo e fomos embora.

No caminho, presumivelmente para a cadeia municipal, um sentimento de pânico começou a se apossar de mim. A cadeia ficava na área central de Montgomery, mas estávamos indo em outra direção. Quanto mais o carro andava, mais longe do centro nos encontrávamos. Em alguns minutos entramos numa rua escura e suja que eu nunca tinha visto e nos dirigimos à passagem sob uma ponte velha e abandonada. A essa altura eu estava convencido de que esses homens estavam me levando para algum lugar ermo a fim de me eliminar. "Mas não pode ser", disse a mim mesmo. "Esses homens são agentes da lei." Depois comecei a imaginar se não estavam me levando ao encontro de alguma gangue, planejando usar depois a desculpa de que tinham sido dominados. Senti um tremor por dentro e por fora. Em silêncio, pedi a Deus que me desse forças para suportar o que quer que viesse.

No momento em que passávamos sob a ponte, tive certeza de estar indo ao encontro, do outro lado, de minha hora fatal. Mas quando olhei bem percebi um letreiro reluzindo à distância, e logo as palavras "cadeia municipal de Montgomery". Fiquei tão aliviado que só depois percebi a ironia de minha posição: ir para a cadeia naquele momento era como ir para algum tipo seguro de céu.

Um policial me escoltou para dentro. Depois de entregar os objetos que levava e fornecer ao carcereiro as informações solicitadas, fui levado a uma cela sombria e fedorenta. Quando a grande porta de ferro se abriu, o carcereiro me disse:

– Muito bem, entre aí junto com os outros.

Naquele momento, estranhas emoções tomaram conta de mim, como ventos frios numa planície aberta. Pela primeira vez na vida eu me via atrás das grades.

Ao entrar na cela lotada, identifiquei dois conhecidos, um deles professor, que também haviam sido presos sob pretextos relacionados ao protesto. Na democracia da cadeia, estavam amontoados ao lado de vagabundos, bêbados e pessoas que haviam cometido delitos graves. Mas a democracia não ia a ponto de quebrar as regras da segregação. Ali, brancos e negros padeciam em celas separadas.

Quando comecei a olhar ao meu redor, fiquei tão consternado com as condições da cela que logo esqueci minha própria situação. Vi homens deitados sobre tábuas de madeira dura e outros descansando em catres com colchões rasgados. O sanitário ficava a um canto da cela, sem nada que lhe oferecesse privacidade. Eu disse a mim mesmo que, o que quer que aqueles homens tivessem feito, não deveriam ser tratados dessa forma.

Todos se juntaram para saber por que eu estava ali, e muitos se mostraram surpresos que as autoridades municipais tivessem chegado a ponto de me prender. Logo, um depois do outro, os homens vieram conversar comigo sobre o motivo de estarem ali e me pedir que os ajudasse. Virei-me para o grupo e disse:

– Amigos, antes que eu possa ajudar vocês a saírem, é preciso que eu mesmo consiga sair. – E eles riram.

Logo depois, o carcereiro veio me levar. Ao sair da cela, imaginando para onde ele estava me conduzindo, um dos homens me pediu:

– Quando sair, não se esqueça de nós. – Eu lhe garanti que não esqueceria.

O carcereiro me levou por um corredor até uma salinha na parte da frente da cadeia. Mandou que me sentasse e começou a apertar meus dedos numa almofada com tinta. Estava colhendo minhas impressões digitais como se eu fosse um criminoso.

A essa altura a notícia de minha prisão já havia se espalhado por Montgomery e muitas pessoas tinham ido até a cadeia municipal. O primeiro a chegar foi meu bom amigo Ralph Abernathy. Tentou imediatamente assinar minha fiança, mas os policiais lhe disseram que teria de levar uma declaração autenticada do tribunal garantindo que tinha posses suficientes para tanto. Ralph retrucou que, como já eram quase seis e meia, o tribunal já estaria fechado.

Com indiferença, o policial respondeu:

– Bem, nesse caso você vai ter de esperar até amanhã de manhã.

Ralph perguntou se podia me ver.

O carcereiro respondeu:

– Não, isso não vai ser possível antes das dez da manhã.

– Seria possível, então, pagar a fiança em dinheiro?

Com relutância, o carcereiro respondeu que sim. Ralph correu para encontrar alguém que conseguisse o dinheiro.

Enquanto isso, um grande número de pessoas havia se reunido em frente à cadeia. Logo a multidão ficou tão grande que o carcereiro começou a entrar em pânico. Correndo até a sala das impressões digitais, ele disse:

– King, você pode ir agora.

E, antes que eu pudesse vestir o casaco, me conduziu para fora e me soltou, afiançado por mim mesmo.

Ao sair e observar o grupo de amigos e simpatizantes, recuperei a coragem temporariamente perdida. Sabia que não estava só. Após uma breve declaração ao grupo, fui levado para casa. Minha mulher me recebeu com um beijo. Muitos membros da igreja esperavam ansiosamente pelo resultado. Suas palavras de estímulo reforçaram a garantia de que eu não estava só.

Desde aquela noite meu compromisso com a luta pela liberdade ficou mais forte do que nunca. Antes de me recolher conversei com Coretta e, como de praxe, ela me transmitiu a tranquilidade que só pode vir de alguém tão próximo de você quanto as batidas de seu próprio coração. Sim, a noite da injustiça era sombria: a política do "endurecimento" estava causando seus efeitos malévolos. Mas na escuridão eu conseguia ver a estrela radiante da unidade.

"Ouvi a voz de Jesus dizendo: acalme-se e continue na luta"

Quase imediatamente após o início do protesto começamos a receber cartas e telefonemas ameaçadores. Eles aumentaram com o tempo. Em meados de janeiro, tinham chegado a trinta ou quarenta por dia.

Desde o começo do protesto, tanto os meus pais quanto os de Coretta sempre temeram, de modo inconsciente e muitas vezes consciente, que algo fatal pudesse nos acontecer. Nunca tiveram qualquer dúvida sobre a correção de nossas ações, mas preocupavam-se com o que nos poderia acontecer. Meu pai criou o hábito de ficar indo e vindo entre Atlanta e Montgomery no período do protesto. Toda vez que o via, eu sentia uma profunda ansiedade, pois sabia que todo movimento meu o levava a um estado de aflição cada vez mais agudo. Durante esse período, era difícil para ele mencionar os muitos embaraços a que Coretta, o bebê e eu éramos submetidos sem cair em lágrimas.

Com o passar das semanas, comecei a perceber que muitas ameaças eram a sério. Logo me senti vacilando e com um medo cada vez maior. Certo dia um amigo branco me contou ter ouvido de fontes confiáveis que estavam fazendo planos para tirar minha vida. Pela primeira vez percebi que alguma coisa poderia acontecer comigo.

Certa noite, numa assembleia, me surpreendi dizendo:

– Se um dia vocês me encontrarem morto, o corpo estatelado no chão, não quero que revidem com um ato de violência que seja. Peço-lhes que continuem protestando com a mesma dignidade e disciplina que têm mostrado até agora. – Um estranho silêncio tomou conta da plateia.

Uma noite, quase no final de janeiro, fui para a cama tarde após um dia extenuante. Coretta já tinha pegado no sono e quando estava quase dormindo o telefone tocou. Uma voz irada declarou:

– Escute, crioulo, vamos tirar de você tudo que quisermos. Antes que chegue a próxima semana você vai estar arrependido de ter vindo a Montgomery.

Eu desliguei, mas não consegui dormir. Parecia que todos os meus medos haviam se apossado de mim ao mesmo tempo. Eu tinha chegado ao ponto de saturação.

Levantei-me e comecei a caminhar pela casa. Tinha ouvido coisas assim antes, mas por algum motivo naquela noite aquilo me pegou. Voltei para a cama e tentei dormir, mas não consegui. Estava frustrado, aturdido, e então me levantei. Finalmente fui para a cozinha e esquentei uma xícara de café. Estava prestes a desistir. Com a xícara de café intocada à minha frente, tentei imaginar uma forma de sair do quadro sem parecer um covarde. Fiquei ali sentado e pensei na minha filhinha linda que tinha acabado de nascer. Noite após noite, eu chegava e ia ver aquele sorrisinho doce. Comecei a pensar numa esposa leal e dedicada que estava ali ao lado dormindo. E eu podia ficar sem ela, ou ela sem mim. E cheguei a um ponto em que não podia aguentar mais. Eu era fraco. Algo me disse: "Agora você não pode recorrer ao papai nem à mamãe. Você precisa recorrer àquela característica daquela pessoa que seu pai costumava mencionar, aquele poder capaz de encontrar um caminho onde não existe nenhum." Com as mãos na cabeça, me inclinei sobre a mesa da cozinha e rezei em voz alta. As palavras que dirigi a Deus no meio daquela noite ainda estão nítidas em minha memória:

– Senhor, estou aqui tentando fazer o que é certo. Acho que estou certo. Estou aqui defendendo aquilo que acredito que seja certo. Mas devo confessar, Senhor, que agora me sinto fraco, vacilante. Estou perdendo a coragem. Agora tenho medo. E não posso deixar que as pessoas me vejam assim porque, se me virem fraco e perdendo a coragem, também começarão a fraquejar. As pessoas olham para mim em busca de liderança, e se eu me colocar diante delas sem força nem coragem, também vacilarão. Minha força está no fim. Não me restou nada. Cheguei a um ponto em que não posso aguentar sozinho.

Foi como se eu ouvisse a silenciosa garantia de uma voz interior dizendo:

– Martin Luther, defenda o que é certo. Defenda a justiça. Defenda a verdade. E, saiba, eu estarei com você. Por toda a eternidade.

Digo-lhes que vi a luz de um relâmpago. Ouvi o som do trovão. Senti as ondas do pecado tentando conquistar minha alma. Mas ouvi a voz de Jesus dizendo para eu me acalmar e continuar na luta. Ele prometeu jamais me abandonar. Naquele momento vivenciei a presença do Divino como nunca antes. Quase imediatamente meus temores começaram a se afastar. Minha incerteza se foi. Eu estava pronto para enfrentar qualquer coisa.

"A bomba"

Três noites depois, em 30 de janeiro, saí de casa um pouco antes das sete para a assembleia de domingo na Primeira Igreja Batista. Um membro da congregação tinha vindo ao presbitério para fazer companhia a Coretta durante minha ausência. Por volta das nove e meia eles ouviram um barulho na frente, como se alguém tivesse atirado um tijolo. Em questão de segundos, uma explosão sacudiu a casa. Uma bomba havia explodido na varanda.

Quando a notícia chegou à assembleia, todos tentaram impedir que eu tomasse conhecimento. As pessoas olhavam para mim e depois desviavam o olhar; uma ou duas pareceram tentar se aproximar, mas depois mudaram de ideia. Logo percebi vários de meus colegas pastores entrando e saindo da igreja de maneira bastante incomum, e disso conclui que algo havia acontecido. Incapaz de continuar disfarçando minha curiosidade, chamei três de meus colegas mais próximos e pedi a eles que me dissessem o que estava acontecendo. Ralph Abernathy respondeu, hesitante:

— Jogaram uma bomba na sua casa.

> DECLARAÇÃO À ASSEMBLEIA DA ASSOCIAÇÃO
> PARA O PROGRESSO DE MONTGOMERY
>
> Quero que vocês saibam que se Martin Luther King não tivesse nascido este movimento ainda assim aconteceria. Por acaso eu estava aqui. Vocês sabem que chega uma época em que o próprio tempo está pronto para a mudança. Em Montgomery, esse tempo chegou, e eu nada tive a ver com isso.
>
> 30 de janeiro de 1956

Perguntei se minha esposa e o bebê estavam bem.

— Estamos verificando isso agora — responderam.

Estranhamente, aceitei com tranquilidade a notícia da bomba. Minha experiência religiosa algumas noites antes tinha me dado forças para enfrentá-la. Pedi a cada pessoa que voltasse diretamente para casa depois da reunião e mantivesse estritamente nossa filosofia de não violência. Aconselhei-as a não entrar em pânico nem perder a cabeça.

— Vamos continuar em frente — recomendei — com a certeza de estarmos fazendo a coisa certa e com maior certeza ainda de que Deus está conosco nesta luta.

Imediatamente me levaram para casa. Ao me aproximar do cenário, vi em frente a ela centenas de pessoas com rostos raivosos. Os policiais procuravam, à sua maneira usualmente rude, esvaziar as ruas, mas eram ignorados pela multidão. Um negro dizia a um policial que tentava afastá-lo:

– Não vou a lugar nenhum. Esse é o problema: vocês brancos estão sempre nos empurrando. Agora você tem seu 38 e eu tenho o meu. Então vamos à luta.

Caminhando em direção à varanda, percebi que muitas pessoas estavam armadas. A resistência não violenta estava a ponto de se transformar em violência.

Corri para dentro de casa para verificar se Coretta e Yoki estavam a salvo. Quando entrei no quarto e vi minha mulher e minha filha ilesas, respirei fundo pela primeira vez em muitos minutos. Coretta não estava triste nem em pânico. Havia aceitado a coisa toda com uma serenidade incrível. Ao perceber sua calma, eu próprio me acalmei.

O prefeito, o comissário de polícia e vários repórteres brancos tinham chegado a minha casa antes de mim e estavam de pé na sala de jantar. Depois de constatar a segurança de minha família, fui falar com eles. Expressaram seu pesar pelo fato de "este incidente lamentável ter ocorrido em nossa cidade". Um dos supervisores de minha igreja voltou-se para o prefeito e disse:

– Vocês podem lamentar, mas devem encarar o fato de que suas declarações públicas criaram o clima para este atentado. Esse é o resultado final de sua política de "endurecimento".

A essa altura a multidão lá fora estava ficando fora de controle. Os policiais não tinham conseguido dispersá-la, e mais gente continuava chegando, em grande número, a cada minuto. Os repórteres brancos estavam com medo de enfrentar a multidão enfurecida. O prefeito e o comissário de polícia, embora não o admitissem, estavam muito pálidos.

Nesse clima, caminhei até a varanda e pedi à multidão que se acalmasse. Mais do que depressa se fez um silêncio total. Com tranquilidade, eu lhes disse que estava bem, assim como minha mulher e minha filha.

— Acreditamos na lei e na ordem. Não entrem em pânico. Não façam nada levados por esse sentimento. Não peguem suas armas. Quem vive pela espada morrerá pela espada. Lembrem-se de que foi isso que Deus disse. Não estamos defendendo a violência. Queremos amar nossos inimigos. Quero que vocês amem nossos inimigos. Sejam bons para eles. Amem-nos e façam com que saibam que vocês os amam.

"Não iniciei esse boicote. Vocês é que me pediram que fosse o seu porta-voz. Quero que saibam por toda a extensão desta terra que, se me fizerem parar, este movimento não será interrompido. Porque o que estamos fazendo é certo. O que estamos fazendo é justo. E Deus está conosco."

Ao terminar minha fala houve gritos de "Amém" e "Deus o abençoe". Pude ouvir vozes dizendo:

— Estamos com o senhor até o fim, reverendo.

Fiquei olhando aquela multidão e pude ver lágrimas em muitas faces.

Tarde da noite, depois que muitos amigos foram embora, Coretta, Yoki e eu fomos levados à casa de um dos membros da igreja para passarmos a noite. Não consegui dormir. Deitado naquele tranquilo quarto da frente, com o brilho tranquilizador de uma distante lâmpada de rua atravessando a cortina da janela, comecei a pensar na perversidade das pessoas que haviam lançado aquela bomba. Senti a raiva tomar conta de mim ao perceber que minha mulher e minha bebê poderiam estar mortas. Pensei nos comissários municipais e em todas as declarações que tinham feito sobre mim e sobre os negros em geral. Estava novamente à beira de um ódio corrosivo. E mais uma vez me contive e disse: "Você não pode permitir tornar-se amargo."

Já passava muito da meia-noite. Coretta e o bebê estavam num sono profundo. Eu me virei na cama e, como que hipnotizado, cochilei. Mas a noite ainda não tinha chegado ao fim. Algum tempo depois Coretta e eu fomos despertados por alguém batendo na porta, lenta e continuamente. Pela janela pudemos ver a silhueta escura de uma figura na varanda da frente. Levantei-me da cama, olhei pelas cortinas e reconheci a figura atarracada e tranquilizadora do pai de Coretta.

SIGNIFICADO DO BOICOTE

Há os que tentariam fazer disto uma campanha de ódio. Esta não é uma guerra entre brancos e negros, mas um conflito entre justiça e injustiça. Isto é maior que uma revolta da raça negra contra a branca. Estamos tentando melhorar não o negro de Montgomery, mas Montgomery como um todo.

Se formos presos todos os dias, se formos explorados todos os dias, se formos espezinhados todos os dias, nunca deixem ninguém rebaixá-los a tal ponto que vocês venham a odiá-lo. Temos de usar a arma do amor. Temos de ter compaixão e compreensão pelos que nos odeiam. Temos de perceber que tantas pessoas são ensinadas a nos odiar que elas não são totalmente responsáveis por seu ódio. Mas nós nos erguemos à meia-noite da vida e estamos sempre no limiar de uma nova aurora.

Citado no *New York Times*, 24 de fevereiro de 1956

Obie Scott tinha ouvido no rádio a notícia do atentado e vindo de carro para Montgomery. Ele entrou na casa com óbvios sinais de angústia no rosto. Depois de conversar comigo por algum tempo, ele se virou e disse:

– Coretta, vim aqui para levar você e o bebê para minha casa até que essa tensão esfrie.

De maneira calma, mas positiva, Coretta respondeu:

– Desculpe, papai, não posso abandonar Martin agora. Devo ficar aqui com ele durante toda essa luta.

Assim, Obie voltou para casa sozinho.

Apenas duas noites depois, atiraram uma banana de dinamite no jardim de E.D. Nixon. Felizmente, uma vez mais ninguém se feriu. Novamente um grande número de negros se reuniu, mas eles não se descontrolaram. E assim a não violência havia passado em seu primeiro e segundo testes.

Depois dos atentados, muitos funcionários de minha igreja e outros amigos de confiança recomendaram-me que contratasse um guarda-costas e vigias armados para minha casa. Quando meu pai veio à cidade, reforçou ambas as sugestões. Tentei dizer a eles que não tinha medo agora e consequentemente não precisava de armas para a minha proteção. Isso eles não conseguiam escutar. Insistiam que eu protegesse minha casa e minha família, ainda que não quisesse proteger a mim mesmo. Para satisfazer os desejos desses amigos e colegas próximos, resolvi considerar a questão de contratar um vigia armado. Fui ao escritório do xerife e pedi uma licença para levar uma arma no carro, mas tive o pedido negado.

Nesse meio-tempo, reconsiderei. Como eu poderia atuar como um dos líderes de um movimento não violento e ao mesmo tempo usar as armas da violência para minha proteção pessoal? Coretta e eu conversamos sobre o assunto por vários dias e finalmente concluímos que as armas não eram a solução. Decidimos nos livrar da única arma que tínhamos. Tentamos satisfazer nossos amigos colocando uma iluminação em torno da casa e contratando vigias desarmados 24 horas por dia. Também prometi que não andaria sozinho pela cidade.

Tive muito mais medo em Montgomery quando tinha uma arma em casa. Quando resolvi que não poderia mantê-la, fiquei cara a cara com a questão da morte e tive de lidar com isso. A partir desse momento, nunca mais precisei de uma arma e nunca mais tive medo. Se tivéssemos nos deixado perturbar pela questão da minha segurança, teríamos perdido a batalha moral e sucumbido ao nível de nossos opressores.

9. Enfim a dessegregação

Viemos a perceber que, no longo prazo, é mais honroso andar com dignidade do que cavalgar com a humilhação. Assim, de uma forma discretamente honrosa, resolvemos substituir almas cansadas por pés cansados, e andar pelas ruas de Montgomery até as muralhas declinantes da injustiça serem derrubadas pelos golpes de aríete de uma justiça emergente.

---

21 de fevereiro de 1956
O grande júri de Montgomery indicia King e outros líderes da Associação para o Progresso de Montgomery por violarem a lei antiboicotes

22 de março
King é considerado culpado de liderar um boicote ilegal e condenado a multa de quinhentos dólares ou 386 dias na cadeia; é impetrado um recurso

13 de novembro
A Suprema Corte dos Estados Unidos declara inconstitucionais as leis que determinavam a segregação nos ônibus

21 de dezembro
Depois de a Associação para o Progresso de Montgomery votar pelo fim do boicote, King é um dos primeiros passageiros a viajar nos ônibus dessegregados

---

Quando nossos opositores descobriram que a violência não podia impedir nosso protesto, recorreram às prisões em massa. Já no dia 9 de janeiro, um advogado de Montgomery chamou a atenção da imprensa para uma antiga lei estadual contra os boicotes. Em 13 de fevereiro o grande júri do condado de Montgomery foi convocado a determinar se os negros que boicotavam os ônibus estavam infringindo essa lei. Após cerca de uma semana de deliberações, o júri, composto de dezessete brancos e um negro, considerou o boicote ilegal e indiciou mais de uma centena de pessoas. Meu nome, é claro, estava na lista.

À época dos indiciamentos, eu estava na Universidade Fisk, em Nashville, dando uma série de palestras. Nesse período, falava com Montgomery por telefone pelo menos três vezes por dia para ficar a par dos acontecimentos. Assim, soube do indiciamento pela primeira vez por um telefonema de Ralph Abernathy no final da noite de terça-feira, 21 de fevereiro. Ele disse que o início das prisões estava marcado para a manhã seguinte. Sabendo que ele seria um dos primeiros a serem presos, garanti que estaria com ele e com os outros em minhas orações. Ele, como sempre, estava sereno.

Passei a noite inteira pensando nas pessoas de Montgomery. Será que essas prisões em massa iriam assustá-las de tal maneira que elas nos pediriam que acabássemos com o protesto? Eu sabia da pressão que vinham enfrentando. Por mais de treze semanas elas tinham caminhado, se sacrificado e comprometido seus carros. Tinham sido molestadas e intimidadas de todas as maneiras. E agora, depois de tudo isso, defrontavam-se com a prisão. Imaginei: será que ficariam cansadas da batalha? Será que ficariam desesperadas? Seria esse o fim do movimento?

"O ponto sem volta"

Levantei cedo na manhã de quarta-feira e fui de avião para Atlanta a fim de pegar minha mulher e minha filha, que eu tinha deixado com meus pais enquanto estava em Nashville. Minha mulher, minha mãe e meu pai foram me encontrar no aeroporto. Coretta mostrava sua tranquilidade de praxe, mas havia sinais de uma grave perturbação nos rostos de meus pais.

Meu pai, tão confiante em relação a si mesmo, tinha caído num estado de preocupação profunda no que se referia a mim e a minha família. Muitas vezes ele se sentou em nossos conselhos sem jamais mostrar dúvida alguma sobre a justeza de nossas intenções. Mas esse homem duro e corajoso tinha chegado a um ponto em que dificilmente conseguia mencionar o protesto sem chorar. Minha mãe também tinha sofrido. Como todo pai e toda mãe, ela temia por seu filho e pela família dele. Depois do atentado, fora obrigada a se acamar por ordem médica, e depois disso vivia doente. Durante esse período acumulei altas contas de telefone referentes a ligações entre Atlanta e Montgomery – sabendo que se minha mãe pudesse ouvir minha voz ao telefone, ela ficaria temporariamente consolada. As expressões de meus pais – mesmo caminhando a meu encontro no aeroporto – tinham começado a mostrar essa tensão.

Ao nos dirigirmos de carro até a casa de meus pais, papai disse que não seria prudente eu voltar para Montgomery naquele momento.

– Embora muitos outros tenham sido indiciados – disse ele –, a principal preocupação deles é pegar você. Podem até colocar você na cadeia sem fiança.

Ele prosseguiu dizendo que as delegacias de polícia de Montgomery tinham tentado encontrar alguma coisa em meus registros em Atlanta que lhes permitisse me transferir para o Alabama. Tinham ido ao departamento de polícia de Atlanta e ficado desapontados ao descobrirem que eu não tinha nenhum registro policial.

– Tudo isso mostra – concluiu meu pai – que eles estão atrás de você.

Eu o ouvi com atenção, embora soubesse que não podia aceitar sua sugestão e permanecer em Atlanta. Estava preocupado com meus pais. Estava preocupado com a preocupação deles. Foram dias difíceis para mim. Por um lado, eu tinha de me preocupar em manter meu equilíbrio psicológico e emocional; por outro, estava profundamente aflito com a preocupação de minha mãe. Mas se eu cedesse agora seria atormentado por minha consciência, lembrando-me de que me faltava coragem moral para defender uma causa até o fim. Ninguém pode entender meu conflito a não ser que tenha olhado nos olhos das pessoas que ama, sabendo não ter alternativa senão assumir uma posição perigosa que as deixa atormentadas.

Continuamos em nosso percurso desde o aeroporto e logo chegamos à casa de meus pais. Fui diretamente ao andar de cima para ver minha filha, Yoki, agora com três meses de idade. A inocência de seu sorriso e o calor de sua afeição trouxeram um alívio temporário a minha tensão.

Meu pai pediu a vários amigos de confiança que fossem a sua casa no início da tarde para discutir todo esse assunto. Achando que essa troca de ideias poderia ajudar a aliviar suas preocupações, concordei prontamente em permanecer e conversar com eles. Entre essas pessoas estavam A.T. Walden, um distinto advogado; C.R. Yates e T.M. Alexander, empresários de destaque; C.A. Scott, editor do *Atlanta Daily World*; o bispo Sherman L. Green, da Igreja Metodista Episcopal Africana; Benjamin E. Mays, reitor do Morehouse College; e Rufus E. Clement, reitor da Universidade de Atlanta. Coretta e mamãe se juntaram a nós.

Meu pai explicou ao grupo que, devido ao respeito que tinha por sua capacidade de avaliação, os havia chamado para que me aconselhassem quanto a voltar ou não para Montgomery. Ele lhes fez um breve relato das tentativas que haviam sido feitas para me afastar daquela cidade. Admitiu que o medo do que poderia acontecer fizera com que minha mãe e ele perdessem muitas noites de sono. Concluiu dizendo ter conversado poucas horas antes com um advogado branco liberal que havia confirmado sua sensação de que eu não deveria voltar naquele momento.

Houve murmúrios de concordância na sala, e ouvi, com tanta simpatia e objetividade quanto possível, enquanto dois desses homens expunham os motivos pelos quais concordavam com meu pai. Eles eram meus mais velhos, líderes de meu povo. Suas palavras exigiam respeito. Mas não demorou para que eu não pudesse mais me conter.

– Devo retornar a Montgomery – contestei. – Meus amigos e colegas estão sendo presos. Seria o cúmulo da covardia se eu ficasse longe deles. Preferiria ficar dez anos na cadeia a ser um desertor de meu povo neste momento. Eu comecei a luta e não posso recuar. Cheguei a um ponto sem volta.

No momento de silêncio que se seguiu, ouvi meu pai irromper em lágrimas. Olhei para o dr. Mays, uma das grandes influências de minha vida. Talvez ele ouvisse minha súplica silenciosa. Fosse o que fosse, logo ele estava defendendo ardentemente minha posição. Então outros se juntaram a ele em meu apoio. Garantiram a meu pai que as coisas não eram tão feias quanto pareciam. O sr. Walden fez duas ligações dali mesmo e me colocou em contato com Thurgood Marshall,* principal consultor jurídico da NAACP, e Arthur Shores, consultor dessa organização no Alabama, e ambos lhe garantiram que eu teria a melhor proteção jurídica. Diante de todos esses argumentos persuasivos, meu pai começou a se conciliar com a ideia de meu retorno a Montgomery.

Caracteristicamente, meu pai, tendo retirado suas objeções a nossa volta a Montgomery, resolveu ir conosco, sem se preocupar com qualquer possível perigo ou situação desagradável para si mesmo. Ralph Abernathy, libertado sob fiança no dia anterior, veio para minha casa. Com Ralph e meu pai, dirigi-me para a cadeia do condado, tendo atrás de nós vários membros da igreja.

"Eu tinha orgulho do meu crime"

Na cadeia, prevalecia quase que uma atmosfera de dia festivo. As pessoas haviam acorrido para serem presas. Ninguém ficara amedrontado. Ninguém tentara evadir-se à prisão. Muitos negros tinham ido voluntariamente ao escritório do xerife para ver se seus nomes estavam na lista, ficando desapontadas quando constatavam que não. Um povo antes dominado pelo medo tinha se transformado. Aqueles que antes tremiam diante da lei agora tinham orgulho de ser presos pela causa da liberdade. Com esse sentimento de solidariedade à minha volta, caminhei com passos firmes para os fundos da cadeia. Depois de ser fotografado e de colherem minhas impressões digitais, um dos membros da igreja pagou minha fiança e fomos para casa.

O julgamento foi marcado para 19 de março. Amigos de todo o país acorreram a Montgomery para estar conosco durante as sessões. O juiz

---

*Nomeado, na década seguinte, o primeiro juiz negro da Suprema Corte americana. (N.T.)

Eugene Carter presidiu o tribunal e depois das preliminares necessárias o estado me chamou como o primeiro réu. Por quatro dias fiquei sentado no tribunal ouvindo os argumentos e esperando por uma sentença. Na tarde de quinta-feira, 22 de março, promotoria e defesa apresentaram seus argumentos finais. Todos os olhos se voltaram para o juiz Carter quando, após uma pequena pausa, ele deu seu veredito:

– Declaro o réu culpado de violação da lei estadual antiboicote.

A pena era uma multa de quinhentos dólares, além das custas do processo, ou 386 dias de cadeia. Então o juiz Carter anunciou que estava me dando a pena mínima em função do que eu havia feito para evitar a violência. Nos casos dos outros negros acusados do mesmo delito, ele determinou o adiamento até que meu processo chegasse à instância final.

Em poucos minutos vários amigos haviam assinado minha fiança e os advogados comunicaram ao juiz que seria impetrado um recurso. Saí do tribunal com minha mulher a meu lado e um bando de amigos atrás de mim. Em frente ao tribunal, centenas de negros e brancos aguardavam, incluindo fotógrafos e câmeras de TV. Quando fiz um aceno, eles começaram a cantar "We ain't gonna ride the buses no more" [Não vamos mais andar de ônibus].

Em circunstâncias normais, uma pessoa saindo do tribunal com uma condenação nas costas mostraria um semblante sombrio. Mas eu saí com um sorriso. Sabia que fora condenado por um crime, mas tinha orgulho do meu crime. Foi o crime de me juntar a meu povo num protesto não violento contra a injustiça. Foi o crime de procurar instilar nas pessoas um senso de dignidade e respeito próprio. Foi o crime de desejar para o meu povo os direitos inalienáveis à vida, à liberdade e à busca da felicidade. Foi acima de tudo o crime de tentar convencer o meu povo de que a não colaboração com o mal é um dever moral equivalente à colaboração com o bem.

E assim terminou outra tentativa de interromper o protesto. Eu tinha fé em que, se houvesse recursos e o processo fosse levado aos tribunais superiores, a decisão seria revertida. Em vez de parar o movimento, as táticas dos opositores serviram apenas para aumentar seu ímpeto e nos aproximar ainda mais. Naquela tarde nublada de março, o juiz Carter tinha condenado mais do que Martin Luther King, Processo nº 7.399; tinha condenado todos os negros de Montgomery. Não admira que o movimento não pudesse ser travado. Era grande demais para isso. Seus elos estavam muito bem conectados numa cadeia poderosamente eficaz. Há na unidade um poder impressionante. Onde existe uma verdadeira unidade, todo esforço de desunir serve unicamente para reforçá-la. O que os opositores não conseguiram ver é que nossos sofrimentos comuns nos haviam embrulhado num único invólucro do destino. O que acontecia com um acontecia com todos.

Os opositores também revelaram que não conheciam os negros com quem estavam lidando. Achavam que se tratava de um grupo que poderia ser induzido ou forçado a fazer o que quer que os brancos quisessem. Não tinham consciência de que estavam tratando com negros que tinham sido libertados do medo. E assim todos os passos que deram se revelaram equivocados. Não podia ser de outro modo, pois seus métodos baseavam-se no "velho negro", e eles estavam lidando com um "novo negro".

> Sempre pensei que, em última instância, ao longo da vida, um indivíduo deve assumir posições e estar disposto a enfrentar as consequências, quaisquer que sejam. E não poderá fazê-lo se estiver cheio de medo. Minha prece maior é sempre para que Deus me salve da paralisia do medo que nos debilita, pois penso que quando uma pessoa vive com medo das consequências de sua vida pessoal não pode fazer coisa alguma em termos de elevar a humanidade como um todo e resolver muitos dos problemas sociais que nos confrontam em todas as épocas e a cada geração.

Durante esta crise os membros de minha igreja sempre estiveram por perto para me oferecer seu estímulo e apoio ativo. Quando fui perdendo gradualmente meu papel de marido e de pai, tendo de ficar fora de casa de maneira contínua durante horas e por vezes dias, mulheres vieram a minha residência para fazer companhia a Coretta. Muitos dos homens se revezaram como vigias. Meu contato diário com os paroquianos praticamente havia cessado. Tive de me transformar num pregador apenas dominical. Mas minha igreja me compartilhou com a comunidade e ofereceu à luta seus próprios e consideráveis recursos em matéria de tempo e dinheiro.

Também amigos brancos se apresentaram com seu apoio. Frequentemente ligavam para oferecer uma palavra de estímulo, e, quando do atentado a bomba, vários deles, conhecidos e desconhecidos, vieram manifestar o seu pesar.

Durante todo esse período difícil e doloroso, Coretta permaneceu surpreendentemente calma e equilibrada. Em meio às mais trágicas experiências, não entrou em pânico nem se mostrou exageradamente emotiva. Sempre foi forte e corajosa. Embora tivesse alguns temores e ansiedades naturais em relação ao meu bem-estar, nunca permitiu que prejudicassem minha participação no movimento. E parecia não temer por si mesma. Sempre foi um forte consolo para mim e sempre me apoiou em todas as ações. Vez por outra, eu mandava Coretta e Yoki a Atlanta para que ficassem com meus pais, ou então a Marion, para que ficassem com os dela, a fim de lhes proporcionar algum alívio do calor da luta. Mas longe de mim ela nunca estava satisfeita. Insistia sempre em voltar e permanecer na batalha até o fim. Estou convencido de que se não tivesse uma esposa com a coragem, a força e a tranquilidade de Coretta não teria conseguido me sustentar em meio às provações e tensões em torno do movimento de Montgomery. Nos momentos mais sombrios, ela sempre trazia a luz da esperança.

"A segregação deve morrer"

Não nos enganemos, não chegamos à Terra Prometida, seja no Norte ou no Sul. Ainda enfrentamos a segregação no Sul em suas formas mais evidentes e conspícuas. Ainda a enfrentamos no Norte em suas formas sutis e ocultas. A segregação ainda é um fato. Pode ser verdade agora que a segregação à antiga está em seu leito de morte. Mas a história tem provado que os sistemas sociais têm um grande poder de recuperar o fôlego no último minuto. E os guardiães do status quo estão sempre à mão com suas tendas de oxigênio para manter viva a antiga ordem. Mas, para que a democracia possa viver, a segregação deve morrer. A filosofia subjacente à democracia é diametralmente oposta àquela que sustenta a segregação, e nem toda a dialética dos lógicos é capaz de conciliá-las. A segregação é um mal, a segregação é um câncer no corpo político que deve ser removido para que nossa saúde democrática possa ser alcançada.

Houve uma época em que tentamos conviver com a segregação. Havia aqueles que achavam que podíamos viver segundo a doutrina do separados, mas iguais, e assim, em 1896, a Suprema Corte desta nação, por meio da decisão do caso Plessy *versus* Ferguson, estabeleceu essa doutrina como a lei do país. Mas todos sabemos o que ocorreu em resultado dessa doutrina; sempre houve uma aplicação estrita do "separados", mas sem a menor intenção de acatar o "iguais". E assim, como resultado da velha doutrina Plessy, acabamos sendo lançados no abismo da exploração, onde vivenciamos a desolação da injustiça prolongada.

Mas ainda que fosse possível prover o negro de iguais facilidades em termos de construção externa e distribuição quantitativa, ainda seríamos confrontados pela desigualdade. Se tivesse sido possível proporcionar às crianças negras um número de escolas equivalente e com os mesmos tipos de construção das que são proporcionadas às crianças brancas, elas ainda se confrontariam com a desigualdade no sentido de que não teriam a oportunidade de se comunicar com todas as crianças. Vocês sabem, a igualdade não é somente uma questão de matemática e geometria, mas uma questão de psicologia. Não é apenas algo quantitativo, mas algo qualitativo; e é possível termos igualdade quantitativa e desigualdade qualitativa. A doutrina do separados, mas iguais é uma impossibilidade.

Eu vivenciei isso outro dia. Saí de Montgomery, Alabama, na manhã de quinta-feira, 27 de setembro, via Eastern Air Lines, a caminho da Virgínia. Em Atlanta passei da Eastern para a Capitol Air Lines. Quando estávamos para decolar descobrimos que havia um problema no gerador que nos obrigaria a descer do avião e retornar à sala de espera. Haveria um almoço durante o voo, e, enquanto esperávamos, nos deram tíquetes para lanchar na Dobbs House do aeroporto de Atlanta. Ao chegarmos lá, um dos garçons me conduziu de volta e pensei que fossem me oferecer um lugar confortável ao lado de todos os outros, mas descobri que estavam me levando a um compartimento situado nos fundos. E esse compartimento era fechado, você ficava completamente enclausurado, afastado de todos os demais, de modo que imediatamente declarei que não poderia comer ali. Retornei e tomei um lugar no salão principal, juntamente com todos os outros, fiquei esperando e ninguém me serviu. Esperei por um bom tempo, todos os demais estavam sendo servidos. Até que finalmente perguntei pelo gerente, ele veio e começamos a conversar, e eu lhe expliquei a situação e ele falou comigo em termos simpáticos. E nunca vou esquecer o que me disse.

– Ora, reverendo, essa é a lei; é a lei estadual e a ordenação municipal, e temos de cumpri-la – disse ele. – Não podemos servi-lo aqui, mas tudo é igual. Tudo é igual lá atrás. Você vai ter a mesma comida, vai ser servido em pratos idênticos e tudo o mais. Terá o mesmo serviço que todo mundo aqui.

E eu olhei para ele e fiquei imaginando se realmente acreditava nisso. E comecei a falar com ele.

– Não vejo como posso ter o mesmo serviço – disse. – Em primeiro lugar, eu me defronto com uma desigualdade estética. Não vou poder ver todos esses quadros fantásticos que estão aqui na parede. Não há quadros assim lá atrás. Mas não é só isso. Não gosto de me sentar nos fundos e isso mexe comigo. Fico quase com raiva. Eu sei que não deveria sentir raiva. Sei que não deveria sentir ódio, mas quando você me coloca lá nos fundos uma coisa acontece com minha alma, de modo que eu me confronto com a desigualdade no sentido de que tenho um maior potencial de acumulação da raiva por você ter me colocado lá nos fundos. E não é só isso, conheci um jovem de Mobile que estava sentado do meu lado, um sujeito branco de Mobile, Alabama, e estávamos conversando sobre coisas muito interessantes. E quando chegamos ao restaurante, para seguirmos o que você está dizendo, tivemos de nos separar. E isso significa que não posso me comunicar com esse jovem. Minha comunicação foi totalmente cortada. De modo que eu enfrento a desigualdade em três níveis: enfrento a desigualdade estética, enfrento a desigualdade no sentido de um potencial maior de acumulação do ódio e enfrento a desigualdade no sentido de não poder me comunicar com a pessoa que estava sentada ao meu lado.

E eu percebi o que a Suprema Corte quis dizer ao afirmar que instalações separadas são inerentemente desiguais. Não existe essa história de separados, mas iguais.

"Um alvorecer radioso"

A batalha ainda não estava ganha. Ainda teríamos de caminhar e nos sacrificar por muitos meses, enquanto o recurso tramitava. Mas pelo menos podíamos andar com uma esperança renovada. Agora era apenas uma questão de tempo. O verão deu lugar aos dias mais curtos e frios do outono no Alabama. A decisão da Suprema Corte sobre o nosso recurso ainda estava pendente. Enquanto isso, enfrentávamos repetidas tentativas de bloqueio à rede de carros. Corretores de seguro resolveram, quase que da noite para o dia, recusar fazer o seguro de nossas caminhonetes, argumentando que o risco era muito alto. Finalmente, a seguradora responsável por nossos seguros de responsabilidade avisou que todas as apólices seriam canceladas a partir de 15 de setembro. Um amigo do Norte que tinha lido sobre nossos problemas escreveu sugerindo que contactássemos a Lloyds of London. Poucos dias depois, falei com T.M. Alexander, um corretor de seguros de Atlanta, que aprovou a ideia e concordou em fazer o contato para nós. Pouco tempo depois ele nos disse que a Lloyds of London faria os nossos seguros.

Mas estávamos por enfrentar dificuldades maiores. A prefeitura decidiu entrar com uma ação contra a própria rede de carros. Tentamos neutralizar essa manobra por meio de um requerimento ao tribunal federal, solicitando uma ordem que impedisse o município de interferir na rede. Mas o juiz federal distrital Frank M. Johnson se recusou a expedir essa ordem. Logo vários de nós fomos intimados. A audiência foi marcada para terça-feira, 13 de novembro.

Na noite anterior à audiência tive de falar na assembleia para prevenir as pessoas de que a rede de carros provavelmente seria proibida. Sabia que elas tinham se disposto a sofrer por quase doze meses, mas como poderiam continuar sobrevivendo se a rede de carros fosse eliminada? Seria possível pedir a elas que fossem e voltassem do trabalho a pé todos os dias? Em caso contrário, teríamos então de admitir que o protesto acabara fracassando? Pela primeira vez em nossa longa luta conjunta, eu quase evitei aparecer diante delas.

Chegou a noite, e reuni coragem suficiente para lhes contar a verdade. Tentei, contudo, concluir com uma nota de esperança.

– Esta pode ser muito bem – disse eu – a hora mais sombria que precede o amanhecer. Temos avançado todos esses meses com a ousada confiança de que Deus está conosco nesta luta. As muitas experiências dos dias que se passaram provaram o acerto dessa confiança de uma forma bastante inesperada. Temos de continuar com a mesma fé, a mesma convicção. Precisamos acreditar que encontraremos algum caminho a partir de nenhum.

Mas, a despeito dessas palavras, pude sentir a brisa fria do pessimismo atravessando o público. Foi uma noite sombria – mais do que mil noites profundas. Uma noite em que a luz da esperança estava se apagando e a luz da fé bruxuleava. Fomos para casa sem nada à nossa frente a não ser uma nuvem de incerteza.

A manhã de terça-feira nos encontrou no tribunal, uma vez mais diante do juiz Carter. A ação da prefeitura era contra a MIA e várias igrejas e indivíduos. Solicitava ao tribunal que o município fosse compensado pelos danos provenientes da operação da rede de carros. Como réu principal, sentei-me à mesa da frente ao lado de promotores e advogados de defesa.

Por volta do meio-dia – durante um breve recesso – percebi uma comoção incomum na sala do tribunal. Tanto o comissário Sellers quanto o prefeito Gayle foram chamados a uma sala nos fundos, seguidos por dois dos procuradores municipais. Excitados, vários repórteres entravam e saíam da sala.

Virei-me para meus advogados, Fred Gray e Peter Hall, e disse:

– Há alguma coisa errada.

Antes que pudesse acabar de pronunciar essas palavras, Rex Thomas – um repórter da Associated Press – veio a mim com um papel na mão.

— Eis aqui a decisão que você estava esperando. Leia esta declaração.

Rapidamente, com um misto de ansiedade e esperança, li as seguintes palavras: "A Suprema Corte dos Estados Unidos confirmou hoje a decisão de um tribunal distrital extraordinário, composto por três juízes, declarando inconstitucionais as leis estaduais e municipais do Alabama que impõem a segregação nos ônibus. A Suprema Corte tomou essa decisão sem ouvir nenhum argumento; declarou simplesmente que 'a petição de confirmação foi admitida e o julgamento está confirmado'."

Nesse momento meu coração começou a pulsar com uma inexprimível alegria. Imediatamente passei a notícia aos advogados que estavam à mesa. Depois corri para os fundos da sala para contar a minha mulher, Ralph Abernathy e E.D. Nixon. Logo a notícia tinha se espalhado pela sala do tribunal. Os rostos dos negros mostravam que eles sabiam.

— Deus Todo-Poderoso falou com a gente lá de Washington — disse um espectador jubiloso.

Após alguns minutos o juiz Carter reabriu a sessão e continuamos a tratar do processo que tínhamos nas mãos pelo resto do dia. Por volta das cinco horas, promotoria e defesa encerraram suas argumentações e a decisão do juiz veio em questão de minutos: como todos havíamos esperado, a prefeitura obteve um mandado temporário para impedir o funcionamento da rede de carros. Mas essa decisão foi um anticlímax. O dia 13 de novembro de 1956, uma terça-feira, sempre será uma data importante e irônica na história do protesto contra os ônibus de Montgomery. Naquele dia duas decisões históricas foram tomadas — uma delas acabando com a rede de automóveis, a outra eliminando as condições subjacentes que a tornavam necessária. O momento mais sombrio de nossa luta se transformara no momento de nossa vitória. A decepção, a dor e o desespero nascem à meia-noite, mas depois vem a manhã.

Corri para casa e avisei à imprensa que estava convocando uma reunião dos cidadãos negros para a noite de quarta-feira, 14 de novembro, a fim de tomar uma decisão sobre o encerramento do protesto. Para acomodar um número de pessoas tão grande quanto possível, duas reuniões simultâneas foram marcadas, cada uma de um lado da cidade, com os oradores se revezando entre as duas. Nesse intervalo, o conselho executivo decidiu, seguindo a orientação do consultor jurídico, recomendar que o protesto oficial se encerrasse imediatamente, mas que o retorno aos ônibus fosse adiado até chegar a ordem oficial da Suprema Corte, em Washington. Ela era esperada para os próximos dias.

Os 8 mil homens e mulheres que se aglomeraram dentro e em torno das duas igrejas estavam cheios de energia. No primeiro encontro estava claro que a notícia da decisão havia se espalhado com rapidez. Nas duas reuniões foram aceitas as recomendações do conselho executivo de encerrar o protesto, mas continuar evitando os ônibus até a ordem oficial chegar ao Alabama. Foi um alvorecer glorioso que pôs fim à longa noite da segregação legal.

Naquela noite a Ku Klux Klan saiu às ruas. O rádio havia anunciado o plano da organização de se manifestar por toda a comunidade negra, e havia no ar ameaças de violência e novos atentados a bomba. Por um curto período durante o final do verão e o início do outono, tinha havido um declínio no número de atos ofensivos, mas eles se reiniciaram depois do veredito da Suprema Corte. Na noite após a decisão meu telefone tocava a cada cinco minutos. Um dos que ligaram me disse:

— Se você deixar que os crioulos voltem aos ônibus e se sentem na parte da frente, vamos botar fogo em mais de cinquenta casas de crioulos numa única noite, incluindo a sua.

Eu lhe disse com muita calma que essa não era a maneira de resolver os problemas.

— Cale essa boca, crioulo, ou vamos até aí agora mesmo estourar os seus miolos.

Outro dos que ligaram ficou o tempo todo xingando a Suprema Corte. Disse que tinha provas de que todos os juízes que faziam parte dela eram comunistas. Terminou sua declaração de ódio dizendo:

— Só estamos esperando o maldito Hugo Black* voltar ao Alabama para enforcar vocês dois na mesma árvore.

---

* Político e jurista branco do Alabama que foi juiz auxiliar da Suprema Corte entre 1937 e 1971. (N.T.)

Normalmente, as ameaças de ação da Klan eram um sinal para que os negros entrassem em suas casas, trancassem as portas, baixassem as cortinas ou desligassem as luzes. Temendo a morte, faziam-se de mortos. Mas dessa vez eles tinham preparado uma surpresa. Quando a Klan chegou – segundo os jornais, "cerca de quarenta carros lotados de pessoas com mantos e capuzes" –, as luzes das varandas estavam acesas e as portas, abertas. À passagem da Klan, os negros se comportavam como se estivessem assistindo a um desfile circense. Dissimulando o esforço que isso lhes custava, muitos caminhavam normalmente; alguns apenas olhavam sentados nas escadas; uns poucos acenavam para os carros que passavam. Após alguns quarteirões, a Klan, embasbacada, entrou numa via secundária e desapareceu na noite.

Enquanto isso fomos trabalhar a fim de preparar as pessoas para a integração nos ônibus. Numa reunião após outra, enfatizamos a não violência. O tema principal era "não devemos tomar isto como uma vitória contra o branco, mas como uma vitória contra a injustiça". Ficamos repisando a tecla de que "não devemos voltar para os ônibus e simplesmente empurrar as pessoas sem necessidade, vangloriando-nos de nossos direitos. Devemos simplesmente nos sentar onde haja um lugar vago".

Apesar de todos os nossos esforços em preparar os negros para a integração nos ônibus, nenhum grupo branco assumiu a responsabilidade de preparar sua comunidade. Tentamos conseguir que a associação dos pastores brancos fizesse uma simples declaração apelando à cortesia e à fraternidade cristã, mas, a despeito da reação favorável de alguns clérigos, a maioria "não se arriscou a se envolver num problema tão controverso". Essa foi uma decepção profunda.

"Nossa fé parece ter sido comprovada"

Em 20 de dezembro de 1956 a determinação de integração dos ônibus finalmente chegou a Montgomery. Foi marcada uma assembleia para aquela noite a fim de dar às pessoas as instruções finais antes de elas retornarem aos ônibus no dia seguinte. Liguei para o gerente da empresa de ônibus para garantir que o serviço fosse retomado em todas as principais linhas. Com um alívio evidente, ele concordou.

Para a multidão que se acotovelava na Igreja Metodista Episcopal Africana de St. John, eu li a seguinte mensagem, cuidadosamente preparada durante a tarde:

Estes doze meses não foram fáceis de modo algum. Nossos pés com frequência se cansaram. Enfrentamos dificuldades tremendas para manter um transporte alternativo. Houve momentos em que as águas turbulentas da decepção se derramaram sobre nós em torrentes desconcertantes. Podemos nos lembrar de dias em que decisões desfavoráveis dos tribunais caíram sobre nós como as ondas de um maremoto, esmagando-nos sob as águas profundas e confusas do desespero. Mas em meio a tudo isso seguimos em frente acreditando que, quando lutamos, Deus luta conosco, e que o arco do universo moral, embora longo, se inclina para a justiça. Vivemos na escuridão e na agonia da Sexta-Feira da Paixão convictos de que o brilho resplandecente da Páscoa iria emergir no horizonte. Já vimos a verdade ser crucificada e a bondade queimada, mas seguimos adiante com a convicção de que a verdade esmagada sobre a terra novamente se ergueria.

Agora nossa fé parece ter sido confirmada. Nesta manhã, a determinação da Suprema Corte dos Estados Unidos, tão ansiosamente aguardada, a respeito da segregação nos ônibus chegou a Montgomery. Nossa experiência e nosso crescimento neste último ano de protesto unificado não violento foram de tal ordem que não podemos satisfazer-nos com uma "vitória" no tribunal sobre nossos irmãos brancos. Devemos reagir a essa decisão com uma compreensão daqueles que nos oprimiram e um reconhecimento dos novos ajustes que ela lhes impõe. Devemos ser capazes de encarar com honestidade nossas próprias deficiências. Devemos agir de maneira a tornar possível uma união entre pessoas brancas e de cor com base numa verdadeira harmonia de interesses e compreensão. Buscamos uma integração baseada no respeito mútuo.

Este é o momento em que devemos manifestar uma dignidade tranquila e um controle prudente. As emoções não podem expressar-se de forma desregrada. A violência não pode vir de nenhum de nós, pois, se formos vitimados com intenções violentas, teremos caminhado em vão, e nossos doze meses de dignidade gloriosa passarão a ser vistos como as vésperas de uma tenebrosa catástrofe. Ao voltarmos para os ônibus, sejamos suficientemente amorosos para transformar em amigo o inimigo. Devemos passar agora do protesto à conciliação. Tenho a firme convicção de que Deus está operando em Montgomery. Que todos os homens de boa vontade, negros e brancos, continuem a trabalhar com Ele. Com essa dedicação poderemos emergir das profundezas da noite triste e desolada da desumanidade do homem com o homem para a alvorada radiante e resplandecente da liberdade e da justiça.

A plateia se levantou e aplaudiu com entusiasmo. Era o momento pelo qual haviam pressionado por mais de um ano. A volta aos ônibus, com base na integração, era um novo começo. Mas era também uma conclusão, o fim de um esforço que tinha unido os negros de Montgomery de uma forma inédita. Fora gratificante ver como a ideia da não violência tinha se infiltrado gradualmente nos corações e nas almas das pessoas. Tinha havido uma dose surpreendente de disciplina da parte de nosso povo. Eu sentia que toda aquela luta havia proporcionado ao negro um novo senso de dignidade e de destino. Para muitos dos presentes a satisfação se misturava a outros sentimentos. Alguns talvez temessem o que poderia acontecer quando voltassem a andar de ônibus no dia seguinte. Outros tinham encontrado força espiritual para se sacrificar por uma causa; agora tal sacrifício não era mais necessário. Como a concretização de muitos desejos, esta tinha deixado um gosto residual de tristeza.

Eu havia decidido que, depois de tantos meses de luta com meu povo em busca da justiça, não deveria ficar sentado observando, mas conduzi-lo, eu mesmo, de volta aos ônibus. Pedi a Ralph Abernathy, E.D. Nixon e Glenn Smiley para se juntarem a mim no primeiro ônibus integrado. Eles chegaram a minha casa às 5h45 da manhã de sexta. Câmeras de TV, fotógrafos e repórteres pairavam à porta. Às 5h55 nós caminhamos em direção ao ponto de ônibus, as câmeras disparando, os repórteres bombardeando-nos com perguntas. Logo o ônibus apareceu; a porta se abriu e eu entrei. O motorista me cumprimentou com um sorriso cordial. Quando inseri meu bilhete na caixa, ele me disse:

– Creio que o senhor é o reverendo King, não é?

– Sim, sou eu – respondi.

– Ficamos satisfeitos em tê-lo conosco esta manhã.

Agradeci e me sentei, agora sorrindo também. Abernathy, Nixon e Smiley entraram em seguida, tendo atrás de si vários repórteres e homens de televisão. Glenn Smiley sentou-se ao meu lado. E assim fiz minha primeira viagem num ônibus integrado em Montgomery ao lado de um pastor branco e nativo do Sul.

No centro da cidade passamos para um dos ônibus que atendiam à área branca de Montgomery. Ao embarcarem, os brancos, em sua maioria, assumiam seus lugares como se nada estivesse acontecendo. Outros demonstravam espanto ao ver negros sentados na parte da frente e alguns pareciam irritados por saber que teriam de se sentar atrás deles ou ficar de pé. Um branco idoso ficou de pé ao lado do motorista, apesar de haver vários lugares vagos na parte traseira. Quando alguém lhe sugeriu que se sentasse lá, ele respondeu:

– Eu preferia morrer e ir para o inferno a me sentar atrás de um crioulo.

Uma mulher branca sentou-se inadvertidamente ao lado de um negro. Ao perceber quem era seu vizinho, deu um pulo e afirmou num tom obviamente raivoso:

– O que é que esses crioulos vão fazer depois?

A despeito, contudo, desses sinais de hostilidade, não houve nenhum incidente importante nesse primeiro dia. Muitos brancos reagiram com tranquilidade ao novo sistema. Alguns sentaram-se deliberadamente e com sorrisos amigáveis ao lado de negros. É verdade que uma mulher negra levou um tapa de um homem branco ao se sentar, mas ela se recusou a revidar. Mais tarde ela disse:

— Eu mesma podia ter quebrado o pescoço daquele sujeitinho, mas saí da assembleia da última noite determinada a fazer o que o reverendo King tinha pedido.

O *Montgomery Advertiser* noticiou ao final do primeiro dia: "A tranquila mas cautelosa aceitação dessa importante mudança no modo de vida de Montgomery ocorreu sem nenhum distúrbio de maior importância."

"Um novo e corajoso negro"

Montgomery assinalou o primeiro lampejo de uma atividade de massa organizada e duradoura – assim como de uma revolta não violenta – contra o modo de vida sulista. Em Montgomery, nasceu um desafio corajoso e coletivo, e também um protesto contra o sistema americano, que prometia tanto para todos, enquanto perpetuava humilhações e brutalidades contra a minoria oprimida.

Montgomery assinalou o ponto de inflexão psicológico do negro americano em sua luta contra a segregação. A revolução nascida nessa cidade foi diferente das rebeliões de escravos, isoladas, fúteis e violentas. Também foi diferente dos muitos incidentes esporádicos de revolta contra a segregação protagonizados por indivíduos, resistindo do seu próprio jeito às forças da opressão que os submetia. Em Montgomery, de maneira amplamente inclusiva, a um só tempo, a maioria se levantou e revoltou-se, recusando-se a andar de ônibus. Em vez disso, ao caminharem, e com o uso brilhante de uma rede de carros e do improviso, os participantes do boicote sustentaram sua revolta por todo o percurso até a vitória.

Montgomery também contribuiu com uma nova arma para a revolução negra: a ferramenta social da resistência não violenta. Uma arma utilizada pela primeira vez no cenário americano, e de forma coletiva, naquela cidade. Também em Montgomery, ela foi adequadamente preparada para uso futuro. Ela era eficaz no sentido de ser uma forma de desarmar o oponente. Ela expunha suas defesas morais. Debilitava sua disposição e ao mesmo tempo trabalhava em sua consciência. Também fornecia aos negros uma ferramenta de luta para a consecução de finalidades morais mediante métodos morais. Proporcionava, assim, uma força criativa pela qual os homens podiam canalizar seu descontentamento.

Em última instância, a vitória em Montgomery veio com a decisão da Suprema Corte; entretanto, num sentido real, a vitória já tinha chegado para os participantes do boicote, que tinham provado a si mesmos, à comunidade e ao mundo que os negros podiam juntar-se numa ação planejada e sustentar uma ação coletiva contra a segregação, mantendo-a até que se alcançasse o objetivo desejado. Em conclusão, portanto, Montgomery apresentou, para que o mundo pudesse ver, um novo e corajoso negro. Ele emergiu, gravado em relevo profundo, como alguém que os brancos tinham de confrontar e até respeitar, mesmo que com relutância, e que os negros admiravam e então procuravam imitar. Ele havia deixado de lado sua passividade estagnante e sua complacência insuportável, emergindo com um novo senso de dignidade e destino. O negro de Montgomery havia adquirido um novo senso de importância pessoal e de respeito próprio, e estava dotado de uma nova determinação de alcançar a liberdade e a dignidade humana qualquer que fosse o preço.

10. A luta se expande

A história impôs a nossa geração um destino indescritivelmente importante – concluir um processo de democratização que nossa nação tem desenvolvido por muito tempo com demasiada lentidão, mas que é nossa arma mais poderosa em termos do respeito e da competição internacionais. A forma como lidamos com essa situação crucial vai determinar nossa saúde moral como indivíduos, nossa saúde cultural como região, nossa saúde política como nação e nosso prestígio como líderes do mundo livre.

---

14 de fevereiro de 1957
King torna-se diretor da Conferência dos Líderes Sulistas (mais tarde Conferência da Liderança Cristã do Sul [SCLC, na sigla em inglês])

17 de maio
Faz discurso na Peregrinação da Prece pela Liberdade em Washington

25 de setembro
Comemora a decisão do presidente Eisenhower de usar a força para integrar a escola secundária central de Little Rock

23 de outubro
Nasce Martin Luther King III

23 de junho de 1958
King e outros líderes dos direitos civis reúnem-se com Eisenhower

---

Em 9 de janeiro de 1957, Ralph Abernathy e eu fomos a Atlanta a fim de nos prepararmos para um encontro de líderes negros que eu havia convocado para o dia seguinte. No meio da noite fomos acordados por um telefonema da mulher de Ralph, Juanita. Eu sabia que só um novo desastre a faria acordar-nos às duas da manhã. Quando Ralph desligou, contou com sobriedade uma parte da história.

– Jogaram uma bomba na minha casa – disse ele – e outras três ou quatro explosões foram ouvidas na cidade, mas Juanita ainda não sabe onde ocorreram.

Perguntei sobre ela e a filha deles.

– Graças a Deus estão a salvo.

Antes que pudéssemos continuar a conversa, o telefone tocou outra vez. Era Juanita novamente, dizendo que a Primeira Igreja Batista tinha sido atacada. A casa de Ralph e sua igreja haviam sido atingidas na mesma noite. Eu não tinha palavras para confortá-lo. Ali, no início daquela manhã, rezamos juntos a Deus, pedindo o poder da resistência, a força para ir em frente.

Ralph e eu conseguimos um voo de volta, deixando que o encontro de líderes do Sul se iniciasse sem a nossa presença. Do aeroporto de Montgomery fomos direto para a casa dele. A rua estava fechada e centenas de pessoas observavam as ruínas. A varanda da frente fora totalmente destruída e objetos de dentro da casa se espalhavam de alto a baixo. Juanita, embora chocada e pálida, estava razoavelmente serena.

Passamos o resto da manhã numa trágica excursão pelos outros lugares atingidos pelas bombas. As igrejas batistas da rua Bell e de Mt. Olive tinham sido totalmente destruídas. As outras duas estavam menos danificadas, mas ainda assim haviam sofrido grandes perdas.

Naquela tarde, voltei a Atlanta para fazer pelo menos uma apresentação no encontro dos líderes negros. Lá encontrei um grupo entusiástico de pelo menos uma centena de homens de todo o Sul, comprometidos com a ideia de um movimento sulista para implementar, por meios não violentos, a decisão da Suprema Corte de acabar com a segregação nos ônibus. Telegrafamos ao presidente Eisenhower, pedindo-lhe que viesse ao Sul imediatamente para fazer um discurso importante numa grande cidade da região exortando a população local a acatar as decisões da Suprema Corte como lei do Estado. Também lhe pedimos que usasse o peso de seu cargo para salientar aos sulistas a natureza moral dos problemas causados, no país e no exterior, pela questão não resolvida dos direitos civis. Antes de terminar a reunião, votou-se pela criação da Conferência dos Líderes Sulistas (depois Conferência da Liderança Cristã do Sul, ou SCLC), uma organização permanente destinada a facilitar a ação coordenada de grupos de protesto locais. Tornei-me presidente da organização, posição que ainda detenho.

"Onda de terror"

Quando voltei a Montgomery no fim de semana encontrei a comunidade negra em estado depressivo. Depois dos atentados a comissão municipal mandou tirar todos os ônibus das ruas. E agora parecia que as autoridades iriam usar esse reino da violência como desculpa para cancelar a licença da empresa de ônibus. Como resultado, muitos passaram a achar que nossos ganhos haviam sido perdidos; eu mesmo comecei a temer que não fôssemos escapar de outra longa luta para que o serviço de ônibus fosse restaurado. Também comecei a imaginar que os virulentos panfletos que bombardeavam a comunidade negra pudessem estar causando efeito. Desencorajado, e ainda revoltado com os atentados, comecei a abrigar, por algum estranho motivo, um sentimento de culpa por tudo o que estava acontecendo.

Foi com essa disposição que me dirigi à assembleia da noite de segunda-feira. Lá, pela primeira vez, sucumbi em público. Eu tinha convidado a plateia a se unir a mim na oração e começara pedindo a orientação e a direção de Deus em todas as nossas atividades. Então, tomado por uma emoção que não pude controlar, eu disse:

– Senhor, espero que ninguém tenha de morrer em resultado de nossa luta pela liberdade em Montgomery. Eu certamente não quero morrer. Mas se alguém tiver de morrer, que seja eu.

Gritos e clamores de "não, não" vieram de todos os lados. Tão intensa foi a reação que não pude prosseguir com a oração. Dois de meus colegas pastores vieram ao púlpito e sugeriram que eu me sentasse. Por alguns minutos, fiquei de pé, com os braços deles me amparando, incapaz de me mover. Finalmente, com a ajuda de meus amigos, consegui me sentar. Foi essa cena que fez a imprensa noticiar, erroneamente, que eu havia sofrido um colapso.

De modo inesperado, esse episódio me trouxe um grande alívio. Muitas pessoas me procuraram depois da reunião e várias outras telefonaram no dia seguinte para me garantir que estávamos juntos até o fim. Nos dias subsequentes, a cidade esteve razoavelmente calma. O serviço de ônibus logo foi restaurado, embora apenas durante o dia.

Então veio outra onda de terror. No início da manhã do dia 28 de janeiro, uma bomba explodiu no Posto de Gasolina e Ponto de Táxi e outra foi atirada na residência de um negro de 60 anos que trabalhava num hospital. Na mesma manhã, foi encontrada em minha varanda, ainda fumegante, uma bomba que não explodiu.

Eu estava alojado na casa de amigos, do outro lado da cidade, e Coretta e Yoki com os pais dela em Atlanta. Assim, mais uma vez recebi a notícia por telefone. De volta para casa, visitei outros cenários próximos de desastre, e descobri, para alívio meu, que ninguém tinha se ferido.

Em casa eu me dirigi à massa de pessoas em frente à minha varanda, onde eram evidentes as marcas da bomba.

— Não devemos recorrer à violência em hipótese alguma. Sei que esse é um conselho difícil de seguir, especialmente por termos sido vítimas de pelo menos dez atentados. Mas esse é o caminho de Cristo; esse é o caminho da cruz. É preciso que de alguma forma acreditemos que o sofrimento imerecido redime.

Então, como era uma manhã de domingo, exortei as pessoas a voltarem para suas casas e se prepararem para a igreja. Pouco a pouco elas se dispersaram.

CARTA À SRA. FANNIE E. SCOTT [AVÓ ADOTIVA DE CORETTA]

Prezada sra. Scott:
Obrigado pela carta gentil que me enviou recentemente. Fico muito feliz em saber de seu interesse pelas coisas aqui em Montgomery. Posso garantir-lhe que tudo está indo bem comigo e com minha família. Coretta e o bebê vão bem. Estamos mais determinados do que

> nunca a continuar na luta por liberdade e justiça aqui em Montgomery. A impressão passada pelo jornal aguns dias atrás é totalmente falsa. Não tive um colapso nem irrompi em lágrimas. Continuo tão forte e saudável como sempre. Não se esqueça de incluir nossos nomes em suas orações.
>
> 28 de janeiro de 1957

COM ESSES ATENTADOS a comunidade veio a perceber que Montgomery estava sendo impelida rapidamente para a anarquia. Por fim, a prefeitura começou a investigar com seriedade. Foram oferecidas recompensas de 4 mil dólares por informações que levassem à captura e condenação dos responsáveis. Em 31 de janeiro a comunidade negra se surpreendeu com a notícia de que sete homens brancos tinham sido presos em conexão com os atentados.

Os advogados de defesa passaram dois dias tentando provar a inocência de seus clientes, afirmando que as bombas tinham sido plantadas pela Associação para o Progresso de Montgomery a fim de inspirar novas doações de fora para melhorar sua debilitada contabilidade. No final do segundo dia, fui chamado como testemunha pela defesa. Por mais de uma hora fui obrigado a responder às perguntas que não tinham nenhuma relação com os atentados. Os advogados apresentaram declarações minhas fora de contexto para dar a impressão de que eu era um propagador do ódio e da violência. Em muitos momentos inventaram e atribuíram a mim comentários pejorativos a respeito de brancos. Os homens tinham assinado confissões. Mas, apesar de todas as evidências, o veredito a que o júri chegou foi de que eram inocentes.

A justiça de novo fracassara. Mas os reacionários tinham se exposto pela última vez. Os distúrbios cessaram de repente. A dessegregação nos ônibus prosseguiu serenamente. Em algumas semanas o transporte estava normalizado e pessoas de ambas as raças viajavam juntas para onde quisessem. O céu não desabou quando ônibus integrados finalmente trafegaram pelas ruas de Montgomery.

"Um símbolo do movimento"

Depois que a revista *Time* publicou, em fevereiro de 1957, uma reportagem de capa sobre nosso movimento, pensei ter observado um abrandamento das tensões e dos sentimentos contra mim e contra o próprio movimento.

TELEGRAMA PARA CORETTA SCOTT KING

14 de fevereiro de 1957
Nova Orleans, La.

SRA. CORETTA KING=

309 SOUTH JACKSON ST MONTGOMERY ALA=

MINHA QUERIDA É UM PRAZER PARA MIM FAZER UMA PAUSA NOS IMPORTANTES ASSUNTOS EM QUE ESTOU ENVOLVIDO QUE AFETAM O BEM-ESTAR DESTA NAÇÃO E ME DEDICAR AO ASSUNTO MAIS IMPORTANTE DO MUNDO QUE É TER ESCOLHIDO COMO NAMORADA A MULHER MAIS DOCE E AMÁVEL DO MUNDO COM A PASSAGEM DO TEMPO MEU AMOR FICA CADA VEZ MAIOR PORQUE VOCÊ SERÁ SEMPRE A MINHA NAMORADA=

MARTIN=

Durante esse período, dificilmente eu ia a alguma cidade desta nação, de qualquer porte, sem ser objeto da hospitalidade de pessoas de todas as raças e credos. Dificilmente ia a algum lugar em que pessoas não tivessem de ficar de fora em função da falta de espaço. E então, depois de falar, frequentemente era obrigado a sair correndo para fugir da multidão em busca de autógrafos. Dificilmente caminhava pelas ruas de alguma cidade desta nação sem ser confrontado por pessoas que corriam até mim:

— Esse não é o reverendo do Alabama?

E vivendo nesse clima era fácil me sentir uma pessoa especial.

Quando você tem consciência de que é um símbolo, isso o faz recorrer constantemente à introspecção – fazer um trabalho de autoanálise, verificar se você está vivendo segundo os nobres e elevados princípios que as pessoas lhe atribuem e tentar em todos os momentos manter num nível mínimo a distância entre sua personalidade pública e sua personalidade privada.

Uma das orações que eu fazia a Deus diariamente era: "Ó Deus, ajude-me a me ver por minha verdadeira perspectiva. Ajude-me, ó Deus, a ver que sou apenas um símbolo de um movimento. Ajude-me a ver que sou uma vítima daquilo que os alemães chamam de *Zeitgeist* e que havia algo preparado para acontecer na história. E que o boicote teria acontecido em Montgomery, Alabama, mesmo que eu nunca tivesse estado lá. Ajude-me a perceber que estou onde estou por causa das forças da história e por causa dos 50 mil negros do Alabama que nunca tiveram seus nomes publicados nos jornais e nas manchetes. Ó Deus, ajude-me a ver que estou onde estou hoje porque outras pessoas me ajudaram a estar aqui e porque as forças da história para cá me projetaram."

"O novo negro do Sul"

Era evidente que as coisas estavam indo melhor do que antes de 5 de dezembro de 1955, mas os problemas raciais de Montgomery ainda estavam longe de ser resolvidos. O problema em Montgomery constituía apenas um sintoma de um problema nacional mais amplo. As sublevações sociais das duas guerras, a Grande Depressão e a difusão do automóvel tinham tornado possível e necessário que o negro saísse de seu anterior isolamento nas plantações. O declínio da agricultura e o crescimento da indústria tinham atraído um grande número de negros para os centros urbanos e provocado uma melhoria gradual de sua condição econômica. Novos contatos tinham levado a uma perspectiva mais ampla e a novas possibilidades de avanço educacional.

AS CONSEQUÊNCIAS DA FAMA

> Uma das frustrações de qualquer jovem é se aproximar do ápice em tão tenra idade. O homem médio talvez atinja esse ponto aos quarenta e tantos ou cinquenta e poucos anos. Mas quando você o alcança muito cedo, sua vida se torna uma espécie de *decrescendo*. Você sente que está desaparecendo da tela num momento em que deveria estar começando a trabalhar para atingir seu objetivo.
>
> Para ser franco, estou altamente preocupado. Um homem que chega ao ápice aos 27 anos tem um trabalho duro pela frente. As pessoas vão esperar que eu continue tirando coelhos da cartola pelo resto da vida. Se não o fizer, ou se não houver coelhos a serem tirados, vão dizer que não sou suficientemente bom.
>
> Citado no *New York Post*, 14 de abril de 1957

Todos esses fatores se combinaram para que o negro tivesse um novo olhar sobre si mesmo. A ampliação de suas experiências de vida havia produzido nele a consciência de ser um elemento igual num complexo social mais amplo e, portanto, de fazer jus a direitos e privilégios equivalentes a suas novas responsabilidades. Antes vitimado por um trágico sentimento de inferioridade resultante dos efeitos danosos da escravidão e da segregação, o negro foi levado a se reavaliar. Passou a perceber que era alguém.

Esse respeito próprio cada vez maior inspirou o negro a lutar e a se sacrificar, com uma nova determinação, até a cidadania de primeira classe tornar-se realidade. Esse é o verdadeiro significado dos eventos de Montgomery. É impossível entender o protesto contra os ônibus naquela cidade sem compreender que existe um novo negro no Sul, com um novo senso de dignidade e destino.

Juntamente com a mudança da imagem do negro sobre si mesmo veio o despertar de uma consciência moral da parte de milhões de brancos preocupados com a segregação. Desde que foi assinada a Declaração de

Independência, os Estados Unidos têm manifestado uma personalidade esquizofrênica sobre a questão da raça. O país tem se dividido entre duas identidades – aquela pela qual professa orgulhosamente a democracia e aquela pela qual tem tristemente praticado a sua antítese. A realidade da segregação, da mesma forma que a escravidão, sempre teve de se confrontar com os ideais da democracia e do cristianismo. Na verdade, a segregação e a discriminação constituem estranhos paradoxos numa nação fundada sobre o princípio de que todos os homens são iguais.

A culminância desse processo foi a decisão da Suprema Corte que declarou ilegal a segregação nas escolas públicas. Para todos os homens de boa vontade, o dia 17 de maio de 1954 assinalou o celebrado fim da longa noite da segregação por lei. Numa linguagem inequívoca, a Corte afirmou que instalações "separadas, mas iguais" são inerentemente desiguais e que segregar uma criança com base na raça é negar-lhe a igual proteção da lei. Essa decisão trouxe esperança a milhões de negros deserdados que antes só ousavam sonhar com a liberdade. Ela reforçou o senso de dignidade do negro e lhe deu mais determinação para alcançar a justiça.

Essa determinação dos negros americanos de se libertarem de todas as formas de opressão é fruto do mesmo anseio profundo que motiva os povos oprimidos de todo o mundo. As explosões de descontentamento na Ásia e na África são expressões da busca de liberdade e dignidade humana por pessoas que por muito tempo têm sido vítimas do colonialismo e do imperialismo. Assim, num sentido real, a crise racial nos Estados Unidos é parte de uma crise mundial mais ampla.

"Deem-nos o voto!"

No dia 17 de maio de 1957, os defensores dos direitos civis celebraram o terceiro aniversário da importante decisão da Suprema Corte que declarou ilegal a segregação conduzindo uma Peregrinação da Prece a Washington, DC. Naquele dia, milhares de pessoas de boa vontade de todo o país, negras e brancas, reuniram-se no Memorial Lincoln e assistiram a um culto com duas horas de duração. Recebemos um grande e poderoso apoio dos trabalhadores organizados. Walter Reuther, por exemplo, enviou cartas a todos os seus afiliados solicitando que mandassem delegações e também dinheiro. O propósito geral dessa peregrinação era despertar a consciência da nação em favor da justiça racial. Os propósitos mais específicos eram demonstrar a unidade do negro na luta por liberdade, bem como a violência e o terror que sofríamos no Sul, e exortar o Congresso a aprovar a Lei dos Direitos Civis, que estava sendo obstruída nas comissões por deputados sulistas.

Em meio a essas condições predominantes, fomos a Washington para dizer aos homens à frente de nosso governo que a questão dos direitos civis não era um problema doméstico efêmero, passageiro, que pudesse ser objeto das manipulações dos guardiões reacionários do status quo; era, em vez disso, um eterno problema moral que pode muito bem determinar o destino de nossa nação na luta ideológica contra o comunismo.

> Nossa solicitação mais urgente ao presidente dos Estados Unidos e a todos os membros do Congresso é que nos concedam o direito de voto. Deem-nos o voto e não teremos mais de incomodar o governo federal com respeito a nossos direitos básicos. Deem-nos o voto e não vamos mais implorar que o governo federal aprove uma lei contra o linchamento; nós, com o poder de nosso voto, vamos redigir a lei nos códigos jurídicos do Sul e pôr um fim aos atos covardes dos perpetradores encapuzados da violência. Deem-nos o voto e transformaremos as evidentes malfeitorias das turbas sedentas de sangue nas boas ações intencionais dos cidadãos ordeiros. Deem-nos o voto e vamos encher nossas casas legislativas de homens de boa vontade e enviar para as sagradas instalações do Congresso homens que não assinarão um "Manifesto do Sul" por causa de sua devoção ao manifesto da justiça. Deem-nos o voto e colocaremos juízes nos tribunais do Sul que atuarão com justiça e misericórdia, e governadores com sensibilidade não apenas para a fragrância do humano, mas também para a incandescência do Divino. Deem-nos o voto e, de forma tranquila e não violenta, sem rancor nem amargura, implementaremos a decisão da Suprema Corte de 17 de maio de 1954 ... .

Se os braços executivo e legislativo do governo estivessem tão preocupados com a proteção de nossos direitos de cidadãos como têm sido com os tribunais federais, a transição de uma sociedade segregada para uma sociedade integrada seria infinitamente mais serena. Mas é tão frequente procurarmos em vão essa preocupação em Washington. Em meio ao trágico colapso da lei e da ordem, o braço executivo do governo se mostra extremamente silencioso e apático. Em meio à desesperada necessidade de uma legislação de direitos civis, o braço legislativo do governo se mostra extremamente estagnado e hipócrita.

Essa carência de liderança positiva no governo federal não se limita a um partido político em especial. Ambos os partidos têm traído a causa da justiça. Os democratas traíram-na capitulando diante dos preconceitos e das práticas antidemocráticas dos estados do Sul. Os republicanos traíram-na capitulando diante da hipocrisia gritante dos nortistas reacionários de direita. Esses homens frequentemente sofrem de pressão alta nas palavras e anemia nas ações.

"Cruzada pela Cidadania"

Durante o verão de 1957, a SCLC planejou uma Cruzada pela Cidadania, uma nova campanha educativa e de ação, no âmbito do Sul, em favor da implementação do direito de voto dos negros. A Lei dos Direitos Civis recém-aprovada não teria sentido a menos que fosse traduzida em ação pelos negros no exercício de seu direito de voto. O principal objetivo da Cruzada pela Cidadania era fazer com que os negros de todo o Sul exercessem esse direito.

Eu tinha a firme convicção de que se o negro conseguisse votar no Sul como um todo muitos problemas que enfrentávamos seriam solucionados. Uma vez que obtivéssemos o voto, assistiríamos ao nascimento de um novo tempo no Sul. Eu havia conseguido perceber que um dos passos mais decisivos que o negro poderia dar era uma caminhada até a cabine de votação. Até que obtivéssemos o voto e elegêssemos pessoas decentes para ocupar cargos públicos, essa condição continuaria existindo.

EM SETEMBRO DE 1957, achei muito triste e lamentável que jovens estudantes de ensino médio em Little Rock, Arkansas, tivessem de frequentar a escola sob a proteção de tropas federais. Mas achei ainda mais triste que o governador do Arkansas, Orval Faubus, em função de ações irresponsáveis, não deixasse outra alternativa ao presidente dos Estados Unidos. Creio firmemente na não violência, mas ao mesmo tempo não sou anarquista. Acredito no uso inteligente da força policial. E pensei que isso era tudo que tínhamos em Little Rock. Não era um exército lutando contra uma nação ou uma raça de pessoas. Era apenas uma força policial tentando aplicar a lei do país. Era o momento adequado para um homem tão internacionalmente popular como Eisenhower – um homem com sua influência moral – falar de maneira aberta e assumir uma posição contra o que estava ocorrendo no Sul. E assim apoiei o presidente e lhe enviei um telegrama elogiando-o por sua postura franca e positiva em relação à situação da escola em Little Rock. Ele mostrou à nação e ao mundo que os Estados Unidos eram um país devotado à lei e à ordem e não à norma das turbas.

Apesar disso, era estranho para mim que o governo federal estivesse mais preocupado com o que acontecia em Budapeste do que com o que ocorria em Birmingham. Eu achava que, para Eisenhower, a integração era uma coisa boa. Mas acreditava que, na visão dele, quanto mais se pressionasse, mais tensão se produziria, de modo que bastava esperar alguns anos para que tudo se resolvesse por si mesmo. Eu não pensava que Eisenhower se considerasse um cruzado pela integração. O presidente Eisenhower era um homem íntegro e de boa vontade, mas receio que, quanto à questão da integração, não compreendesse nem as dimensões de mudança social envolvidas nem como o problema precisava ser formulado.

11. O nascimento de uma nova nação

Gana é um país que tem algo a nos dizer. Ele nos diz que o opressor nunca liberta voluntariamente o oprimido. É preciso trabalhar para isso. A liberdade nunca é dada a ninguém. As classes privilegiadas jamais abrem mão de seus privilégios sem que haja uma forte resistência.

---

4 de março de 1957
King e seu grupo chegam à Costa do Ouro para a comemoração da independência

6 de março
Comparece à cerimônia, realizada à meia-noite, que assinalou a independência de Gana

12 de março
Parte de Gana para Roma, passando pela Nigéria

25 de março
Volta a Nova York depois de paradas em Paris e Londres

NO MOMENTO em que soube que iria a Gana, senti uma emoção muito profunda. Uma nova nação estava nascendo. Ela simbolizava o fato de que uma nova ordem estava surgindo e uma antiga ordem estava morrendo. Eu estava profundamente interessado nisso. Queria estar envolvido nisso, fazer parte disso e observar com meus próprios olhos o nascimento dessa nova nação. A viagem, que incluía visitas a outros países da África e várias escalas na Europa, teve um tremendo valor cultural e possibilitou muitos contatos de importância duradoura.

A luta em Gana tinha durado muitos anos. O Império Britânico percebeu que não podia mais governar a Costa do Ouro e concordou que, em 6 de março de 1957, concederia a liberdade a essa nação. Tudo isso se deu pela persistência do protesto, a agitação contínua do primeiro-ministro, Kwame Nkrumah, e outros líderes que trabalharam com ele, além das massas populares dispostas a segui-lo.

"O nascimento de uma nova era"

E esse dia finalmente chegou. Por volta da meia-noite de uma noite escura de 1957, nascia uma nova nação. Foi um grande momento. Ao sairmos para as ruas, vimos quase um milhão de pessoas nos campos de polo. Tinham esperado por essa hora e por esse momento por muitos anos.

Vieram pessoas de todo o mundo – setenta países – para dizer a essa nova nação: "Nós os saudamos. E lhes damos nosso apoio moral. Esperamos que tenham a orientação de Deus no momento em que estão entrando no reino da independência." Foi uma bela experiência ver presentes algumas das principais lideranças do cenário dos direitos civis dos Estados Unidos: à minha esquerda estava Charles Diggs, à direita, Adam Clayton Powell e Ralph Bunche. Havia todos aqueles americanos, Mordecai Johnson, Horace Mann Bond, A. Philip Randolph; depois você olhava adiante e via o vice-presidente dos Estados Unidos.

Um negro elegante subiu à plataforma, seguido por outros oito ou dez homens. Ele ficou lá de pé e disse:

– Não somos mais uma colônia britânica. Somos um povo livre e soberano.

Quando ele estava pronunciando essas palavras, olhamos para trás e vimos uma velha bandeira sendo arriada e uma nova, hasteada. E eu disse a mim mesmo: "Aquela bandeira velha que está sendo recolhida não abrange o significado desse drama que se desenrola no palco da história, pois é o símbolo de uma antiga ordem agora moribunda. A nova bandeira que estão hasteando simboliza o nascimento de uma nova era." Eu podia ouvir pessoas naquele imenso público gritando:

— Liberdade! Liberdade!

Antes que me desse conta, comecei a chorar. Meu pranto era de alegria. E eu sabia de toda a luta, de toda a dor e de toda a agonia que esse povo tinha vivenciado para que esse momento chegasse.

Após o discurso final de Nkrumah, fomos embora, e pudemos ouvir crianças de seis anos e idosos de oitenta e noventa caminhando pelas ruas de Acra e gritando:

— Liberdade! Liberdade!

Gritavam essa palavra num sentido em que nunca a tinham escutado antes. E pude ouvir aquele velho *spiritual* negro mais uma vez cantado em voz alta:

— Finalmente livre, finalmente livre, Deus Todo-Poderoso, estou finalmente livre.

Eles vivenciavam isso em suas próprias almas. E por onde quer que passássemos podíamos ouvi-lo ecoando dos telhados. Podíamos ouvi-lo vindo de cada esquina, de cada canto e recanto da comunidade.

— Liberdade! Liberdade!

Era a fuga do Egito.

SERMÃO EM GANA

Esta manhã parece que posso ouvir Deus falando. Posso ouvi-lo falando por todo o universo, dizendo: "Fiquem quietos e saibam que eu sou Deus. E se vocês não pararem, não se purificarem, se não deixarem de explorar as pessoas, eu vou reagir e quebrar a espinha dorsal do seu poder. E esse poder deixará de existir!" E o poder da Grã-Bretanha deixou de existir. Eu olhei para a França. Eu olhei para a Grã-Bretanha. E pensei naquele inglês que podia se gabar: "O sol nunca se põe em nosso grande Império." E eu agora digo que se chegou a um ponto em que o sol nunca se ergue no Império Britânico.

7 de abril de 1957

A coisa que mais me impressionou naquela noite foi quando Nkrumah e os outros ministros que tinham estado presos junto com ele apareceram. Eles não chegaram com as coroas e todas as vestimentas usadas pelos reis. Chegaram com os bonés que usavam na prisão. Nkrumah levantou-se e fez seu discurso final ao Parlamento usando o bonezinho e o casaco que tinha usado por muitos meses como prisioneiro. Frequentemente o caminho que leva à liberdade pode fazê-lo passar pela prisão.

Nkrumah começou de forma humilde. A mãe e o pai não eram chefes, mas analfabetos, pessoas humildes. Ele frequentou a escola na África por algum tempo e então resolveu trabalhar para conseguir viajar para a América. Frequentou a Universidade da Pensilvânia e lá obteve seu diploma em teologia. Foi pastor por algum tempo em Filadélfia. Depois voltou para a Universidade da Pensilvânia a fim de fazer o mestrado em filosofia e sociologia.

Ele sempre percebeu que os objetivos do colonialismo eram a dominação e a exploração. O colonialismo destinava-se a manter determinado grupo subjugado e explorá-lo economicamente em proveito de outro. Ele estudou e refletiu sobre tudo isso, e um dia resolveu voltar à África.

Foi imediatamente eleito secretário-executivo do Partido Unido da Costa do Ouro e trabalhou duro para conquistar simpatizantes. E as pessoas de seu partido – os velhos, aqueles que trabalhavam para isso havia muitos anos – achavam que ele estava avançando rápido demais e ficaram com inveja de sua influência. De modo que finalmente ele teve de romper com o Partido Unido da Costa do Ouro e criar, em 1949, o Partido da Convenção do Povo. Foi esse partido que começou a trabalhar pela independência da Costa do Ouro.

Nkrumah exortou seu povo a se unir pela liberdade e solicitou às autoridades do Império Britânico que a concedessem. As autoridades demoraram a responder, mas as massas populares estavam com ele e tinham se unido no que se tornaria o partido mais poderoso e influente jamais organizado naquela região da África.

O próprio Nkrumah acabou sendo condenado a vários anos de prisão. Era um agitador. Foi preso com base no crime de sedição, mas tinha inspirado algumas pessoas fora da prisão. Poucos meses depois de ser encarcerado, elas se uniram e o elegeram primeiro-ministro. O Império Britânico percebeu que seria melhor soltá-lo. Ele tinha sido condenado a quinze anos, mas só cumpriu oito ou nove meses. Saiu como primeiro-ministro da Costa do Ouro.

"Um símbolo de esperança"

Imaginei que esse evento, o nascimento dessa nova nação, iria estimular os povos oprimidos do mundo inteiro. Achei que teria implicações e repercussões em todo o mundo – não apenas na Ásia e na África, mas também na América. Tal como em 1776, quando os Estados Unidos se tornaram independentes, o porto de Nova York se tornou uma espécie de farol da esperança para milhares de pessoas oprimidas na Europa, imaginei que Gana se tornaria um símbolo de esperança para centenas e milhares de pessoas oprimidas de todo o mundo em sua luta por liberdade.

O nascimento de uma nova nação renovou minhas convicções no triunfo final da justiça. E me pareceu que esse era um testemunho adequado do fato de que as forças da justiça acabam triunfando no universo e de que, de alguma forma, o próprio universo está do lado da liberdade e da justiça. Isso me deu uma nova esperança na luta pela liberdade.

Na quarta-feira de manhã foi realizada a inauguração oficial do Parlamento e conseguimos um lugar lá dentro. Foi quando Nkrumah, agora na posição máxima de primeiro-ministro da Costa do Ouro, fez seu primeiro discurso. A duquesa de Kent, representando a rainha da Inglaterra, entrou no recinto. Ela agora era apenas uma visitante de passagem – tal como M.L. King, Ralph Bunche, Coretta King e todos os demais –, porque essa era uma nova nação. Depois da abertura do Parlamento e da saída de Nkrumah, as pessoas que enchiam as ruas da cidade gritavam:

– Salve, Nkrumah!

Todos gritavam seu nome porque sabiam que ele tinha sofrido por eles, se sacrificado por eles, sido preso por eles.

Essa nação tinha saído do Egito e atravessado o mar Vermelho. Iria agora enfrentar o deserto. Nkrumah percebia isso. Por exemplo, Gana era um país caracterizado pela monocultura, especialmente do cacau. Para que o sistema econômico se tornasse mais estável, seria necessária a industrialização. Nkrumah me disse que uma das primeiras coisas que iria fazer seria trabalhar pela industrialização.

Noventa por cento das pessoas eram analfabetas e era preciso elevar o padrão cultural da comunidade para que fosse possível sustentar-se no mundo livre. Era minha esperança que até pessoas da América fossem para a África como imigrantes. Negros americanos poderiam oferecer sua assistência técnica a uma nova nação em crescimento. Fiquei feliz em conhecer pessoas que tinham se mudado para lá. Um médico do Brooklyn, Nova York, havia chegado exatamente naquela semana. Sua mulher era dentista, eles estavam morando lá e as pessoas os adoravam. Nkrumah me deixou claro que daria boas-vindas a todos que fossem para lá como imigrantes.

Percebi que haveria dificuldades. Sempre que há uma transição, sempre que se passa de um sistema para outro, surgem dificuldades, mas senti que haveria capacidade mental, determinação e coragem o bastante, além de fé, para enfrentar essas dificuldades quando aparecessem.

Quando ouço dizerem que "o povo não está preparado", é como se dissessem a alguém que está tentando nadar: "Não entre nessa água até aprender a nadar." Mas não se pode aprender a nadar sem entrar na água. As pessoas devem ter uma oportunidade de se desenvolver e governar a si mesmas.

Sempre me recordo da afirmação de Nkrumah: "Prefiro os perigos de um governo autônomo do que a tranquilidade da servidão." Acho que é uma grande declaração. Eles estavam dispostos a enfrentar os perigos e dificuldades, mas senti que Gana seria capaz de aprender com os erros de outras sociedades há muito existentes e se desenvolver, transformando-se numa grande nação.

Após o encontro com Kwame Nkrumah, fizemos uma escala de pouco mais de um dia na Nigéria. Então fomos para a Europa e depois de volta aos Estados Unidos para enfrentar os problemas de lá.

Aos dois anos de idade, com a irmã Christine. (Coleção de Christine King Farris)

"Tenho uma mãe e um pai maravilhosos. Praticamente não me lembro de eles terem alguma vez discutido ou tido uma grande desavença." Martin Luther King, pai, e Alberta Williams King na comemoração de seu 25º aniversário de casamento, em 1951. (Coleção de Christine King Farris)

"Estava no último ano da faculdade quando ingressei no sacerdócio. Havia um senso de responsabilidade do qual eu não podia fugir." Com os pais, o irmão A.D. King, a irmã Christine e o tio Joel King no campus de Morehouse em 1948. (Coleção de Christine King Farris)

"Minha dedicada esposa tem sido para mim uma fonte constante de consolo em todas as dificuldades." Na festa de casamento, em 18 de junho de 1953 (*da esquerda para a direita*), o padrasto, Obadiah Scott, Alberta Williams King, Bernice Scott, Alveda King, a cunhada Edythe Scott, King, pai, Coretta Scott King, a cunhada Naomi Barbert King, Betty Ann Hill, A.D. King e Christine King. (Coleção de Christine King Farris)

"Comecei a pensar na perversidade das pessoas que haviam lançado aquela bomba. Senti a raiva tomar conta de mim ao perceber que minha mulher e minha bebê poderiam estar mortas." Com Coretta e Yolanda na Igreja Batista da Avenida Dexter em 1956.
(Foto de Dan Weiner – cortesia de Sandra Weiner)

"Em circunstâncias normais, uma pessoa saindo do tribunal com uma condenação nas costas mostraria um semblante sombrio. Mas eu saí com um sorriso." Cumprimentado por Coretta após a condenação no julgamento do boicote, em março de 1956. (AP/Wide World Photos)

Preso por vagabundagem ao tentar entrar no tribunal em Montgomery, Alabama, no dia 3 de setembro de 1958, para assistir ao julgamento de Ralph Abernathy, tendo Coretta a seu lado. (Charles Moore/Black Star)

(*página ao lado*) "Em 1960, um empolgante movimento de estudantes negros sacudiu a superfície plácida de campi e de comunidades por todo o Sul." Participando de uma reunião com militantes estudantis de Atlanta em 1960. (Howard Sochurek, revista *Life* © Time Inc.)

"Depois que me transferiram para Reidsville, Harry Wofford e outros solicitaram enfaticamente ao sr. Kennedy que tentasse usar sua influência para fazer alguma coisa a respeito, e ele concordou." Cumprimentado pela família e por amigos depois de ser libertado da Prisão Estadual da Geórgia em Reidsville, após cumprir pena por uma infração de trânsito em 1960. (AP/Wide World)

"Querida, é extremamente difícil para mim imaginar-me longe de você, Yoki e Marty durante meses." Com Martin III (então com três anos de idade), Yolanda (cinco) e Coretta em 1960. (Don Uhrbrock, revista *Life* © Time Inc.)

Com a figura inspiradora de Jackie Robinson na década de 1960. (AP/Wide World)

"Já tinha usado a expressão 'eu tenho um sonho' muitas vezes antes e senti que desejava usá-la ali." Na Marcha sobre Washington por Trabalho e Liberdade, em agosto de 1963. (Foto de Arquivo)

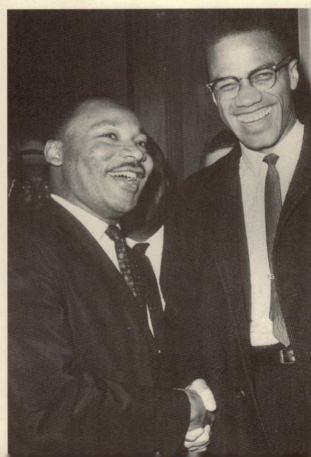

"Encontrei Malcolm X uma vez, em Washington, mas as circunstâncias não permitiram que conversasse com ele por mais que um minuto." Encontro com Malcolm X, março de 1964. (AP/Wide World)

12. Encontro com a morte

Foi um ano muito difícil para mim. Tive de me confrontar com a brutalidade policial, uma prisão injusta e uma facada quase fatal de uma mulher mentalmente perturbada. Essas coisas caíram sobre mim como um temporal estonteante num dia gelado de inverno.

---

3 de setembro de 1958
King é preso em Montgomery

5 de setembro
Depois de condenado por desobediência a um policial, sua fiança é paga pelo comissário de polícia de Montgomery

20 de setembro
É esfaqueado no Harlem

3 de outubro
Depois de receber alta no Hospital do Harlem, começa sua convalescença na casa do reverendo Sandy F. Ray

24 de outubro
Retorna a Montgomery para continuar a recuperação

NUMA TARDE DE SÁBADO DE 1958, eu estava sentado numa loja de departamentos do Harlem, cercado por centenas de pessoas. Autografava exemplares de *Stride Toward Freedom* [Avanço para a liberdade], meu livro sobre o boicote dos ônibus em Montgomery. E quando estava ali, uma mulher negra mentalmente doente veio em minha direção. A única pergunta que ouvi dela foi:

– Você é Martin Luther King?

Eu estava olhando para baixo, escrevendo, e respondi:

– Sim.

No minuto seguinte, senti uma coisa pontiaguda entrando à força no meu peito. Antes que percebesse, fora atingido com um abridor de cartas por uma mulher que depois seria considerada louca, a sra. Izola Ware Curry.

Levado às pressas de ambulância para o Hospital do Harlem, fiquei deitado por horas enquanto se faziam os preparativos para que a lâmina pontiaguda fosse removida de meu corpo. Dias depois, quando eu já estava suficientemente recuperado para conversar com o dr. Aubre Maynard, o chefe dos cirurgiões que haviam realizado a delicada e perigosa operação, descobri o motivo do longo período que a precedera. Ele me disse que a ponta da lâmina estava tangenciando a minha aorta e tiveram de abrir o peito todo para extraí-la.

– Se você tivesse espirrado durante aquelas horas de espera – disse o dr. Maynard –, sua aorta teria sido perfurada e você teria se afogado no próprio sangue.

Saiu no *New York Times* do dia seguinte que se eu tivesse espirrado estaria morto.

CERCA DE QUATRO DIAS MAIS TARDE, depois da operação, de meu peito ter sido aberto e a lâmina removida, eles me permitiram andar pelo hospital de cadeira de rodas e ler algumas das cartas que haviam chegado a mim de todos os estados e de todo o mundo. Li algumas, mas de uma delas nunca vou esquecer. Era de uma jovem aluna da escola secundária de White Plains e dizia simplesmente: "Caro dr. King: sou aluna da nona série da escola secundária de White Plains. Embora isso não devesse importar, sou uma menina branca. Li no jornal sobre seu infortúnio e sofrimento. E li que se tivesse espirrado o senhor teria morrido. Estou escrevendo simplesmente para dizer que estou feliz por isso não ter acontecido."

"Um futuro incerto, mas promissor"

Se demonstrei uma calma incomum durante o recente atentado contra minha vida, isso certamente não se deveu a quaisquer poderes extraordinários que eu detenha. Em vez disso, deveu-se ao poder de Deus operando por meu intermédio. Em toda esta luta por justiça racial, tenho constantemente pedido a Deus que tire toda amargura de meu coração e me dê força e coragem para enfrentar qualquer desastre que surja em meu caminho. Essa vida de constante oração e esse sentimento de dependência em relação a Deus produziram em mim a impressão de que tenho uma companhia divina em minha luta. Não conheço outra maneira de explicá-lo. É o fato de que, em meio à tensão externa, Deus pode proporcionar-me a paz interior.

Quanto aos repetidos atentados contra mim e minha família, devo dizer que também nisso Deus dá a força para que a pessoa se ajuste a esses atos de violência. Nenhum desses ataques foi para mim uma surpresa total, pois eu sabia dos custos quando comecei na luta. Acreditar na não violência não significa que a violência não lhe possa ser infligida. Aquele que acredita na não violência se dispõe a ser vítima da violência, mas nunca vai aplicá-la a outrem. Vive com a convicção de que, sofrendo e carregando sua cruz, a situação social pode ser reparada.

À ASSOCIAÇÃO PARA O PROGRESSO DE MONTGOMERY

Meus queridos amigos e colaboradores da MIA:
Durante minha convalescença, aqui em Nova York, de um ato de violência que me foi infligido duas semanas atrás, minha mente se volta inevitavelmente para vocês. Muitas e muitas vezes nestes dias difíceis eu tenho pensado em vocês e em nossa longa colaboração.

Em primeiro lugar, permitam-me aliviar suas consciências dizendo que estou passando muito bem. Os cinco médicos que têm estado a meu lado desde o momento da operação estão todos de acordo em

> que tenho tido uma recuperação espantosa. Estou recuperando gradualmente a minha força e a dor natural que se segue a uma operação está passando pouco a pouco.
>
> Devo estimulá-los a prosseguir na nobre luta por liberdade e justiça corajosamente iniciada no Berço da Confederação. Por sorte, Deus deu a Montgomery muitos líderes maravilhosos e minha ausência não deve atrapalhar de maneira alguma o programa de nosso movimento... Nosso destino final é a Cidade da Liberdade e não devemos parar até entrarmos nessa sublime e grandiosa Metrópole...
>
> Seu servo na causa de Cristo e da Liberdade,
>
> Martin Luther King
6 de outubro de 1958

Minha experiência em Nova York me deu tempo para refletir. Fiquei convencido de que, se o movimento mantivesse o espírito da não violência, nossa luta e nosso exemplo iriam desafiar e ajudar e redimir não apenas os Estados Unidos, mas o mundo. Eu tinha a esperança de que iríamos remover de nossas almas os grilhões do medo e as algemas do desespero, e caminhar para um futuro incerto, mas promissor, com a fé em que a aurora de um novo dia estava bem próxima do horizonte.

O aspecto patético da experiência não foi a injúria a um indivíduo. Ela me demonstrou que um clima de ódio e amargura permeava de tal forma determinadas áreas de nossa nação que atos de extrema violência inevitavelmente ocorreriam. Eu percebi sua relevância social mais ampla. A falta de controle da violência em nossa sociedade, juntamente com o desafio à lei da parte de homens em posições elevadas, não pode resultar senão numa atmosfera que engendra ações desesperadas.

Eu estava extremamente impaciente em voltar para continuar o trabalho que, sabíamos todos, tinha de ser feito a despeito do custo. Assim retornei às fileiras dos que trabalhavam incessantemente pela concretização dos ideais de liberdade e justiça para todos os homens. Naquele ponto, eu não tinha a menor intenção de recuar.

13. Peregrinação pela não violência

Foi uma experiência maravilhosa conhecer e conversar com os grandes líderes da Índia, conhecer, conversar e discursar para milhares de pessoas de todo aquele imenso país. Essas experiências continuarão sendo caras para mim enquanto as cordas da memória continuarem esticadas.

---

3 de fevereiro de 1959
Os King, acompanhados pelo dr. L.D. Reddick, embarcam para a Índia

10 de fevereiro
Depois de uma estada em Paris, King e seu grupo chegam à Índia e jantam com o primeiro-ministro Nehru

10 de março
Partida da Índia para Jerusalém e para o Cairo

18 de março
Retorno aos Estados Unidos

POR MUITO TEMPO desejei fazer uma viagem à Índia. Mesmo quando criança, o Oriente como um todo me causava um estranho fascínio – os elefantes, os tigres, os templos, os encantadores de serpentes e todos os personagens lendários.

Enquanto prosseguia o boicote em Montgomery, a Índia de Gandhi era a luz que guiava nossa estratégia de mudança social não violenta. Assim, logo que obtivemos nossa vitória sobre a segregação nos ônibus, alguns de meus amigos disseram:

— Por que não vai à Índia para ver com seus próprios olhos o que Mahatma, que você tanto admira, tem feito?

Em 1956, quando Pandit Jawaharlal Nehru, primeiro-ministro da Índia, fez uma breve visita aos Estados Unidos, foi suficientemente gentil para dizer que gostaria de ter se encontrado comigo. Seus representantes diplomáticos fizeram sondagens sobre a possibilidade de eu algum dia visitar aquele país. Nosso ex-embaixador na Índia, Chester Bowles, me escreveu falando da mesma coisa.

Mas sempre que eu estava para fazer a viagem alguma coisa interferia. Uma vez foi minha ida a Gana em função de um compromisso anterior. Outra vez foram meus editores me pressionando para eu finalizar o texto de *Stride Toward Freedom*. Então foi a vez da sra. Izola Ware Curry. Ela não só derrubou meus planos de viagem, mas também quase todo o resto.

Depois de me recuperar desse encontro quase fatal e ser finalmente liberado por meus médicos, me ocorreu que talvez fosse melhor fazer a viagem à Índia antes de mergulhar mais uma vez no oceano profundo da luta contra a segregação no Sul de meu país.

Preferi não fazer essa viagem sozinho e pedi a minha mulher e a meu amigo Lawrence Reddick que me acompanhassem. Coretta estava particularmente interessada nas mulheres da Índia e o dr. Reddick, na história e no governo daquele grande país. Ele tinha escrito minha biografia, *Crusader Without Violence* [Um cruzado sem violência], e dito que meu verdadeiro teste ocorreria quando as pessoas que conheciam Gandhi me examinassem e fizessem uma avaliação minha e do movimento de Montgomery. Constituímos uma espécie de time de três cabeças com seis olhos e seis ouvidos para ver e escutar.

E assim, em 3 de fevereiro de 1959, pouco antes da meia-noite, embarcamos no avião em Nova York. No caminho, fizemos uma parada em Paris, onde estivemos com Richard Wright, um velho amigo de Reddick, que nos atualizou sobre as atitudes dos europeus em relação à questão do negro e nos proporcionou uma amostra da melhor cozinha francesa.

Perdemos nossa conexão na Suíça em função do nevoeiro e chegamos à Índia, após uma viagem tortuosa, com dois dias de atraso. Mas do momento em que descemos das nuvens para o aeroporto de Bombaim, no dia 10 de fevereiro, até o dia 10 de março, quando nos despedimos no aeroporto de Nova Délhi, tivemos uma das experiências mais intensas e surpreendentes de nossas vidas.

"Éramos vistos como irmãos"

Tivemos uma grande recepção na Índia. As pessoas nos proporcionaram a hospitalidade mais generosa que se possa imaginar. Quase todas as portas estavam abertas, de modo que pudemos ver alguns dos principais experimentos sociais da Índia e conversar com líderes de dentro e de fora do governo, desde o primeiro-ministro Nehru, passando por membros das assembleias das aldeias, até Vinoba Bhave, o líder santificado do movimento pela reforma agrária. Como nossas fotos estavam frequentemente nos jornais, não era incomum sermos reconhecidos pelas pessoas em lugares e veículos públicos. Vez por outra eu fazia um passeio matinal pelas ruas de grandes cidades e, nos lugares mais inesperados, alguém aparecia e perguntava:

– Você é Martin Luther King?

Recebemos centenas de convites que nosso tempo limitado não nos permitiu atender. Éramos vistos como irmãos, a cor de nossa pele sendo uma espécie de vantagem. Mas o laço de fraternidade mais forte era a causa comum das minorias e dos povos coloniais na América, na África e na Ásia em luta para se livrar do racismo e do imperialismo.

Tivemos a oportunidade de compartilhar nossas opiniões com milhares de indianos em conversas intermináveis e numerosas reuniões. Falei com grupos de universidades e em encontros públicos por todo o país. Devido ao forte interesse dos indianos pelo problema de raça, esses encontros geralmente estiveram lotados. Às vezes eram usados intérpretes, mas em geral falei para plateias familiarizadas com o inglês.

O povo indiano adora ouvir os *spirituals* dos negros. Assim, Coretta acabou cantando tanto quanto eu dava palestras. Descobrimos que os caçadores de autógrafos não são uma exclusividade americana. Após aparições em reuniões públicas e quando visitávamos aldeias, muitas vezes éramos cercados por pessoas em busca de autógrafos. Mesmo viajando de avião, mais de uma vez os pilotos saíram da cabine para pedir nossas assinaturas. Tivemos boa cobertura da imprensa durante nossa estada. Graças aos jornais indianos, o boicote aos ônibus em Montgomery já era bem conhecido naquele país. Os periódicos indianos talvez tenham dado uma melhor cobertura de nossa greve de 381 dias do que a maioria dos jornais americanos.

Tivemos coletivas de imprensa em todas as principais cidades – Délhi, Calcutá, Madras e Bombaim – e conversamos com jornalistas em praticamente todos os lugares que visitamos. Eles faziam perguntas diretas e por vezes pareciam hostis, mas essa era apenas sua forma de obter a matéria que estavam procurando. Como repórteres, foram escrupulosamente justos conosco e seus editoriais mostraram uma surpreendente compreensão do que estava ocorrendo nos Estados Unidos e em outras partes do mundo.

REFLEXÕES SOBRE A VIAGEM À ÍNDIA

Como se pode deixar de ficar deprimido quando se descobre que, dos 400 milhões de habitantes da Índia, mais de 365 milhões têm uma renda anual inferior a sessenta dólares? A maioria dessas pessoas nunca viu um médico ou dentista.

Ao constatar essas condições, eu me descobri dizendo que nós nos Estados Unidos não podemos ficar sem fazer nada, sem nos preocuparmos. Então uma coisa gritou dentro de mim: "Ó não, porque o destino dos Estados Unidos está ligado ao destino da Índia – ao destino de todas as outras nações." E me lembrei de que gastamos mais de um milhão de dólares por dia com o armazenamento de comida neste país. Disse a mim mesmo: "Sei onde podemos armazenar essa comida sem custos – nos estômagos franzidos de milhões de pessoas que toda noite vão dormir com fome." Talvez gastemos uma parte muito grande de nosso orçamento nacional construindo bases militares por todo o mundo em vez de construirmos as bases do interesse e da compreensão genuínos.

Discurso na Universidade Lincoln, 6 de junho de 1961

"Humanidade congestionada"

A Índia é um grande país com grandes problemas. Fizemos longas viagens de avião, de norte a sul, de leste a oeste; andamos de trem em trechos mais curtos e usamos automóveis e jipes para atingir locais menos acessíveis.

Por toda parte vimos uma humanidade congestionada – nas estradas, nas ruas e praças das cidades, até nas aldeias. A maioria das pessoas era pobre e malvestida. Na cidade de Bombaim, por exemplo, meio milhão de pessoas – na maioria homens solteiros, desempregados ou empregados em tempo parcial – dormiam nas ruas todas as noites.

A pobreza na Índia provocava grandes infortúnios, mas, estranhamente, a criminalidade era relativamente baixa. Essa era outra manifestação concreta da maravilhosa qualidade espiritual do povo indiano. Eles eram pobres, viviam amontoados, quase morrendo de fome, mas não descontavam uns nos outros.

Em contraste com seus conterrâneos acometidos pela pobreza, havia indianos que eram ricos, moravam em casas luxuosas, possuíam terras, roupas finas e mostravam evidências de superalimentação. A burguesia – seja ela branca, negra ou morena – comporta-se da mesma forma no mundo inteiro.

Os líderes indianos, dentro e fora do governo, estavam conscientes dos outros grandes problemas de seu país e buscavam heroicamente enfrentá-los. O país parecia dividido. Alguns diziam que a Índia deveria ocidentalizar-se e modernizar-se tão rapidamente quanto possível, de modo a poder elevar os padrões de vida. Mas havia outros – talvez a maioria – para os quais a ocidentalização traria consigo os males do materialismo, da competição feroz e do individualismo exacerbado. Diziam que a Índia perderia sua alma caso se dedicasse a caçar os dólares dos ianques e que as grandes máquinas só iriam melhorar o padrão de vida dos trabalhadores, relativamente poucos, que conseguissem empregos, mas que a grande maioria da população ficaria deslocada.

O primeiro-ministro Nehru, ao mesmo tempo um intelectual e um homem a cargo da responsabilidade prática de chefiar o governo, parecia estar seguindo um curso intermediário entre essas atitudes extremas. Em nossa conversa com ele, indicou acreditar que algum grau de industrialização era absolutamente necessário; que havia algumas coisas que só a grande indústria, ou a indústria pesada, era capaz de fazer pelo país, mas que se o Estado mantivesse um olhar vigilante sobre a evolução dos fatos, a maioria das armadilhas poderia ser evitada. Ao mesmo tempo, o sr. Nehru apoiava o movimento que iria estimular e expandir formas de artesanato, como a fiação e a tecelagem em lares e aldeias, e assim proporcionar o máximo possível de autonomia e iniciativa às comunidades locais.

Naquela noite jantamos com o primeiro-ministro Nehru; também convidada, estava conosco lady Mountbatten, esposa de lorde Mountbatten, que era vice-rei da Índia quando esta obteve a independência. Eles eram amigos para toda a vida apenas pelo fato de Gandhi ter seguido o caminho do amor e da não violência. A consequência da não violência é a criação de uma comunidade de amor, de modo que, terminada a batalha, nasce uma nova relação entre oprimidos e opressores.

"Os bhoodanitas"

Houve um grande movimento na Índia que ainda é quase desconhecido nos Estados Unidos. Em seu cerne estava a campanha pela reforma agrária conhecida como Bhoodan. Destinava-se a resolver o grande problema da transformação econômica e social do país, não pela força, mas pelo consenso. Os bhoodanitas eram liderados pelo santificado Vinoba Bhave e por Jayaprakash Narayan, intelectual altamente sensível educado em faculdades americanas. Seu ideal era a aldeia autossuficiente. Seu programa visava persuadir grandes proprietários de terras a doarem algumas de suas propriedades a camponeses sem terra; convencer pequenos proprietários a abrirem mão de sua propriedade individual em favor da propriedade coletiva das aldeias; e estimular agricultores e habitantes das aldeias a fiarem e tecerem suas próprias roupas durante o tempo livre de suas atividades agrícolas. Uma vez que essas medidas resolveriam as questões de emprego, alimentação e vestuário, a aldeia então poderia, por meio de uma ação cooperativa, produzir tudo o que fosse necessário ou obtê-lo a partir de permuta ou intercâmbio com outras aldeias. Assim, cada aldeia seria virtualmente autossuficiente e assim se libertaria da dominação dos centros urbanos, os quais eram como ímãs que atraíam as pessoas para fora das zonas rurais, concentrando-as em favelas e mergulhando-as nos vícios da cidade. Pelo menos esse era o argumento dos bhoodanitas e de outros seguidores de Gandhi.

Essas ideias parecem estranhas e arcaicas a ouvidos ocidentais. Mas os indianos já conseguiram êxitos maiores do que nós americanos poderíamos suspeitar. Por exemplo, milhões de hectares foram doados por proprietários ricos e outros milhões entregues à administração de cooperativas por pequenos agricultores. Por outro lado, os bhoodanitas evitam dar a seu movimento a organização e a direção que nós nos Estados Unidos nos arriscaríamos a imaginar que ele deveria ter a fim de corresponder à magnitude dos problemas que todo mundo está tentando resolver.

Seria uma dádiva à democracia se uma das grandes nações do mundo, com quase 400 milhões de habitantes, mostrasse ser possível proporcionar uma vida boa a todos sem se render a uma ditadura, seja ela de "direita" ou de "esquerda". A Índia é uma tremenda força em favor da paz e da não violência, tanto em termos domésticos quanto internacionais. É uma terra em que o idealista e o intelectual ainda são respeitados. Deveríamos querer ajudar a Índia a preservar sua alma e, assim, ajudar-nos a preservar a nossa.

"A luz que pode brilhar na escuridão"

Em 22 de fevereiro, a sra. King e eu viajamos para uma cidade da Índia chamada Trivandrum. Depois fomos de Trivandrum para um lugar conhecido como Cabo Comorin. É onde termina o território da Índia e começam as águas agitadas do grande oceano. É uma das mais belas partes do mundo. Três grandes massas líquidas se encontram em todo o seu majestoso esplendor: a baía de Bengala, o mar da Arábia e o oceano Índico.

Lembro-me de como chegamos lá e observamos as grandes e antigas rochas, uma vista verdadeiramente incrível, destacando-se sobre as águas, destacando-se no oceano. Sentados numa pedra enorme que se projetava ligeiramente sobre o mar, ficamos fascinados com a vastidão do oceano e sua terrificante imensidão. Olhávamos as ondas daquelas enormes massas líquidas a se desdobrarem numa sucessão quase ritmada. Enquanto as ondas se chocavam com a base da rocha em que estávamos sentados, uma espécie de música oceânica trazia suavidade aos nossos ouvidos. A oeste, víamos o magnífico sol, uma cósmica bola de fogo, parecendo mergulhar no oceano. Quando quase o tínhamos perdido de vista, Coretta me tocou e disse:

– Veja, Martin, como isso é belo!

Eu olhei em volta e vi a lua, outra bola de cintilante beleza. Quando o sol parecia estar mergulhando no mar, a lua parecia estar nascendo nele. Quando o sol ficou totalmente fora de nossas vistas, a escuridão engolfou a terra, mas a leste a luz radiosa da lua nascendo brilhava suprema. Essa era, como eu disse, uma das mais belas partes do mundo, e aconteceu de ser uma daquelas noites de lua cheia. É um dos poucos lugares do mundo em que se pode ver, simultaneamente, o pôr do sol e o nascer da lua.

Eu via tudo isso quando me veio à mente uma coisa que eu precisava compartilhar com Coretta, com o dr. Reddick e com as outras pessoas que nos acompanhavam naquele lugar. Deus tem a luz que pode brilhar na escuridão. Temos experiências em que a luz do dia se vai, deixando-nos no meio de uma noite escura e desolada – momentos em que nossas maiores esperanças se transformam em espasmos de desespero ou em que somos vítimas de uma injustiça trágica e de uma exploração terrível. Em tais momentos, nossos espíritos são quase derrotados pelo desalento e pela desesperança, e achamos que não existe luz em lugar algum. Mas sempre e em todos os momentos, olhamos para o leste e descobrimos que existe outra luz que brilha até na escuridão, e a "lança da frustração" é transformada "numa flecha luminosa".

SERMÃO SOBRE MAHATMA GANDHI

Se vocês perguntarem às pessoas na Índia por que Mahatma Gandhi pôde fazer o que fez naquele país, elas dirão que o seguiam por causa de sua absoluta sinceridade e de sua absoluta dedicação. Ele foi um homem que conseguiu em vida estabelecer essa ponte sobre o abismo que separa o ego do id. Gandhi tinha uma surpreendente capacidade de autocrítica. Isso valia para sua vida como indivíduo, para sua vida familiar e para a vida de seu povo. Gandhi criticava a si mesmo quando necessário. E sempre que cometia um erro o confessava em público. Ali estava um homem que dizia a seu povo: não sou perfeito, não sou infalível, não quero que me tornem objeto de uma religião, não sou um deus. E hoje estou convencido de que o tornariam objeto de uma religião, caso ele não tivesse insistido no contrário durante toda a sua vida: não quero que me façam objeto de uma religião porque sou muito humano, sou muito falível, nunca imaginem o contrário. E sempre que cometia um erro, mesmo em sua vida pessoal, ou tomava uma decisão equivocada na luta contra a independência, ele vinha a público e dizia: "Cometi um erro."

22 de março de 1959, Montgomery

"Os seguidores de Gandhi nos aceitaram de braços abertos"

No dia 1º de março, tivemos o privilégio de passar um dia no *ashram* de Amniabad e ficar no lugar em que Gandhi iniciou sua caminhada de 350 quilômetros até um local denominado Bambi. Ali ele começou sua jornada com oito pessoas. Gradualmente, o número cresceu para milhões e milhões. Gandhi prosseguiu e mergulhou a mão no fundo de um rio, trazendo-a de volta à superfície com um punhado de sal para demonstrar e dramatizar o fato de que eles estavam violando a lei em protesto contra as injustiças que tinham enfrentado durante tantos anos em função das leis do sal. E Gandhi disse ao seu povo:

– Se vocês apanharem, não retribuam o golpe; mesmo se atirarem em vocês, não retribuam o tiro. Se os ofenderem, não respondamos com ofensas. Continuem em frente. Pode ser que alguns de nós tenhamos de morrer antes de chegarmos lá. Alguns de nós seremos jogados na cadeia antes de chegarmos lá, mas vamos em frente.

E continuaram em frente e caminharam e caminharam, e milhões se juntaram a eles.

> DECLARAÇÃO AO DEIXAR A ÍNDIA
>
> Quero apresentar um pleito ao povo e ao governo da Índia. A questão da paz mundial é tão crítica que me sinto compelido a apresentar uma sugestão que me veio no curso de nossas conversas com Vinoba Bhave. Os povos amantes da paz de todo o mundo ainda não conseguiram convencer meu próprio país, os Estados Unidos, e a União Soviética a acabarem com o medo e se desarmarem. Infelizmente, até agora Estados Unidos e União Soviética não mostraram ter força e coragem moral para fazer isso. Vinoba Bhave disse que a Índia ou qualquer outra nação dotada de fé e coragem moral poderia desarmar-se amanhã, mesmo unilateralmente. É possível que a Índia tenha de assumir a liderança e mostrar ao mundo que a independência de uma nação pode ser conseguida de modo não violento, de forma que a Índia pode ter de assumir a liderança e conclamar um desarmamento universal, e se nenhuma outra nação vier a se juntar a ela de imediato, que a Índia declare seu desarmamento de forma unilateral. Esse ato de coragem seria uma grande demonstração do espírito de Mahatma, e o maior estímulo para que o resto do mundo fizesse o mesmo.
>
> 9 de março de 1959

Gandhi conseguiu mobilizar e galvanizar mais pessoas durante sua vida do que qualquer outro indivíduo na história deste planeta. E com apenas um pouco de amor, boa vontade, compreensão e uma recusa a colaborar com uma legislação maligna, conseguiu quebrar a espinha dorsal do Império Britânico. Essa, creio eu, foi uma das coisas mais importantes que já aconteceram na história mundial. Mais de 390 milhões de pessoas alcançaram a liberdade, e o fizeram de modo não violento.

Fiquei contente pelo fato de os seguidores de Gandhi nos receberem de braços abertos. Eles valorizavam nosso experimento de resistência não violenta em Montgomery. Pareciam vê-lo como um destacado exemplo das possibilidades de seu uso na civilização ocidental. Para eles, como para mim, ele também indicava que a resistência não violenta, *quando planejada e positiva em sua ação*, podia funcionar com eficácia mesmo em regimes totalitários.

Discutimos esse aspecto por algum tempo com os grupos de africanos que estudavam na Índia. Eles acreditavam que a resistência não violenta só podia funcionar numa situação em que os ativistas tivessem um aliado potencial na consciência de seus opositores. Logo descobrimos que eles, tal como muitos outros, tendiam a confundir resistência passiva com não resistência. Isso é totalmente errado. A verdadeira resistência não violenta não é uma submissão irrealista ao poder do mal. É, em vez disso, um enfrentamento corajoso do mal pelo poder do amor, na fé de que é melhor ser alvo da violência do que cometê-la, já que cometer a violência só multiplica a existência dela própria e do ódio no universo, enquanto sofrê-la pode desenvolver nos opositores um senso de vergonha, provocando assim uma transformação e uma mudança de disposição.

"O problema dos intocáveis"

Fomos a alguns vilarejos e neles vimos centenas de pessoas dormindo no chão; não tinham camas para dormir. Não havia água corrente nesses lugares, nada com que se lavar. Observamos esses vilarejos e vimos pessoas em pequenas cabanas e pequenos cômodos, e suas vacas dormiam junto com elas. Se tivessem algumas galinhas, estas também dormiriam ao lado delas. Observamos essas pessoas. Não tinham nada que considerássemos conveniente, nenhum dos confortos da vida. Ali estavam elas, dormindo no mesmo quarto com os animais do campo; isso era tudo o que tinham.

Logo descobrimos que essas pessoas eram os intocáveis. Esse sistema de castas existia há muito tempo. Essas eram as pessoas que mais trabalhavam e eram espezinhadas pelos próprios indianos.

Gandhi via esse sistema e não conseguia suportá-lo. Ele olhava para o seu povo e dizia:

– Ora, vocês me escolheram e me pediram para libertá-los da dominação política e econômica que lhes era imposta pelos britânicos, e cá estão vocês, espezinhando e explorando 70 milhões de irmãos.

E decidiu que nunca se ajustaria a esse sistema e que falaria e se posicionaria contra ele pelo resto da vida.

A primeira coisa que fez foi adotar como filha uma menina intocável. A mulher dele – membro de uma das castas superiores – pensou que ele estivesse ficando maluco. Ela disse:

– O que é isso que você está fazendo, adotando uma intocável? Nós não devemos encostar nessas pessoas.

E ele disse:

– Vou tratar essa jovem como minha filha.

Ele a levou para o seu *ashram* e ali ela passou a viver. Ele demonstrou em sua própria vida que a intocabilidade devia acabar.

"EU SOU UM INTOCÁVEL"

Lembro-me de que quando a sra. King e eu estávamos na Índia viajamos uma tarde para o extremo sul daquele país, para a cidade de Trivandrum, no estado de Kerala. Naquela tarde eu deveria falar numa escola que em nosso país chamaríamos de ensino secundário, e era uma escola frequentada principalmente por filhos de intocáveis...

O diretor me apresentou e, ao terminar a apresentação, disse:

– Jovens, gostaria de lhes apresentar um companheiro intocável dos Estados Unidos da América.

E por um instante fiquei um tanto chocado e aborrecido por se haverem referido a mim dessa maneira...

Comecei a refletir sobre esse fato: 20 milhões de irmãs e irmãos meus ainda estão asfixiados na caverna hermética da pobreza numa sociedade abastada. Comecei a refletir sobre esse fato: esses 20 milhões de irmãos e irmãs ainda residiam amplamente em favelas insuportáveis, infestadas por ratos, nas grandes cidades de nossa nação, frequentando ainda escolas inadequadas com instalações recreativas indecorosas. E disse a mim mesmo: "Sim, sou um intocável, e todo negro nos Estados Unidos da América é um intocável."

De um sermão na Igreja Batista Ebenezer, 4 de julho de 1965

Um dia Mahatma se pôs diante de seu povo e disse:

– Vocês estão explorando esses intocáveis. Embora estejamos lutando com tudo que temos em nossos corpos e almas para acabar com o domínio do Império Britânico, estamos explorando essas pessoas e privando-as da dignidade e do respeito próprio – afirmou ele. – Eu me recuso a comer até que os líderes do sistema de castas venham a mim juntamente com os líderes dos intocáveis e digam que esse sistema vai acabar e que os templos hindus da Índia abrirão as portas a essas pessoas.

E ele se recusou a comer, e os dias se passaram. Finalmente, quando Gandhi estava para exalar seu último suspiro, e seu corpo estava prestes a entrar em colapso, um grupo de intocáveis e um grupo de membros da casta dos brâmanes foram até ele e assinaram uma declaração dizendo que não iriam mais apoiar o sistema de castas. O sacerdote do templo também veio a ele e disse:

– Agora os templos estarão abertos aos intocáveis.

Naquela tarde, intocáveis de toda a Índia foram para os templos e todos esses milhares e milhões de pessoas se abraçaram com os brâmanes e pessoas de outras castas. Centenas de milhões de pessoas que por 2 mil anos nunca haviam se tocado agora cantavam e rezavam todas juntas. Foi uma grande contribuição de Mahatma Gandhi.

"Reparando as injustiças"

A Índia parecia estar integrando seus intocáveis com mais rapidez do que os Estados Unidos estavam integrando sua minoria negra. Os dois países tinham leis federais contra a discriminação, mas na Índia os líderes governamentais, religiosos, educacionais e de outras instituições haviam endossado publicamente a legislação integracionista. O primeiro-ministro admitiu a mim que muitos indianos ainda cultivavam o preconceito contra essas pessoas há tanto tempo oprimidas, mas que se tornara impopular manifestar de alguma forma esse preconceito. Em parte, essa mudança de clima foi produzida pela liderança moral do falecido Mahatma Gandhi. Em parte, era resultado da Constituição indiana, a qual especifica que a discriminação contra os intocáveis é um crime que pode ser punido com prisão.

> SERMÃO SOBRE GANDHI
>
> O mundo não gosta de pessoas como Gandhi. É estranho, não? Eles não gostam de pessoas como Cristo; não gostam de pessoas como Lincoln. Eles o mataram – esse homem que tinha feito tudo aquilo pela Índia, que deu sua vida e mobilizou e galvanizou 400 milhões de pessoas pela independência... Um membro de seu próprio grupo, os hindus, achou que ele era demasiadamente favorável aos muçulmanos, que estava concedendo coisas demais a eles... Lá estava o homem da não violência tombando nas mãos de um homem da violência. Lá estava um homem do amor tombando nas mãos de um homem do ódio. Parece ser esse o caminho da história. E não é significativo que ele tenha morrido no mesmo dia em que morreu Cristo? Foi numa sexta-feira. E isso é o que narra a história, mas graças a Deus ela não parou por aí. Graças ao bom Deus a sexta-feira nunca é o fim. O homem que atirou em Gandhi só fez lançá-lo nos corações da humanidade. Tal como ocorreu quando Abraham Lincoln foi morto, observem, pela mesma razão que Mahatma Gandhi – ou seja, a ten-

tativa de curar as feridas de uma nação dividida. Quando Lincoln foi morto, o secretário Stanton posicionou-se e disse:

– Agora ele pertence à eternidade.

O mesmo pode ser dito agora de Mahatma Gandhi: ele pertence à eternidade.

22 de março de 1959, em Montgomery

O governo indiano teve um gasto anual de milhões de rupias criando oportunidades de emprego e moradia em aldeias com grandes populações de intocáveis. Além disso, disse o primeiro-ministro, se dois candidatos se apresentarem para uma vaga numa faculdade ou universidade, um deles sendo um intocável e o outro de casta superior, a escola deve aceitar o intocável.

O professor Lawrence Reddick, que estava comigo durante a entrevista, perguntou:

– Mas isso não é discriminação?

– Bem, pode ser – respondeu o primeiro-ministro. – Mas essa é a nossa forma de reparação pelos séculos de injustiças que temos cometido contra essas pessoas.

Do primeiro-ministro ao membro da assembleia da aldeia, todos declararam publicamente que a intocabilidade é um erro. Mas nos Estados Unidos algumas de nossas principais autoridades recusaram-se a fazer o julgamento da segregação e, no Sul, algumas delas já afirmaram publicamente sua determinação em manter esse sistema. Isso seria impensável na Índia.

Embora a discriminação ainda não tenha sido eliminada naquele país, é um crime praticá-la contra um intocável. Mesmo sem essa coerção, porém, o governo teve tanto sucesso em transformar esse problema numa questão de responsabilidade ética e moral que nenhuma autoridade ou líder político, de qualquer nível que seja, ousaria defender práticas discriminatórias. Seria desejável que aqui nos Estados Unidos tivéssemos chegado a esse nível em termos morais. Nosso país deve procurar suas próprias maneiras de reparar as injustiças que tem cometido contra seus cidadãos negros.

O espírito de Gandhi estava muito vivo na Índia. Alguns de seus discípulos recordavam o drama da luta pela independência nacional e, ao olharem em volta, não encontravam ninguém que se aproximasse da estatura de Mahatma. Mas qualquer observador objetivo deve relatar que Gandhi não apenas é a maior figura da história da Índia, mas é possível sentir sua influência em quase todos os aspectos da vida e da política pública.

A VIAGEM TEVE GRANDE impacto sobre mim, pessoalmente. Foi maravilhoso estar na terra de Gandhi, conversar com seu filho, seus netos, seu primo e outros parentes; compartilhar as reminiscências de seus companheiros mais próximos; visitar seu *ashram*; ver os incontáveis memoriais a ele dedicados; e, finalmente, jogar flores no túmulo em que estão depositadas suas cinzas, em Rajghat. Aprendemos muito, mas não fomos pretensiosos o bastante para imaginarmos conhecer a Índia – um vasto subcontinente com todo o seu povo, seus problemas, seus contrastes e suas realizações.

Saí da Índia mais confiante do que nunca em que a resistência não violenta é a arma mais potente de que os povos oprimidos dispõem em sua luta por liberdade. Foi uma coisa maravilhosa ver os surpreendentes resultados de uma campanha não violenta. A Índia obteve a independência, mas sem que houvesse violência da parte dos indianos. As consequências do ódio e do amargor que usualmente se seguem a uma campanha violenta não podiam ser encontradas em parte alguma naquele país. O caminho da submissão leva ao suicídio moral e espiritual. O caminho da violência leva ao ódio dos sobreviventes e à brutalidade dos destruidores. Mas o caminho da não violência leva à redenção e à criação de uma comunidade do amor.

Voltei aos Estados Unidos ainda mais determinado a alcançar a liberdade para meu povo por meios não violentos. Em resultado de minha visita à Índia, minha compreensão da violência se ampliou e meu compromisso se tornou mais profundo.

14. O movimento dos sit-ins

Uma geração de jovens saiu de décadas de sombras para enfrentar o poder despudorado do Estado; ela perdeu o medo e vivenciou a dignidade majestosa de uma luta direta por sua libertação. Esses jovens conectaram-se com sua própria história – as revoltas de escravos, a revolução inconclusa da Guerra Civil, a fraternidade dos homens de cor coloniais na África e na Ásia. Eles são parte integrante da história que está remodelando o mundo, substituindo uma ordem moribunda pela democracia moderna.

1º de fevereiro de 1960
King muda-se com a família para Atlanta; em Greensboro, Carolina do Norte, tem início o movimento de sit-in em lanchonetes

17 de fevereiro
É preso, acusado de falsificar suas declarações de imposto de renda de 1956 e 1958

15 de abril
Discursa na conferência inaugural do Comitê de Coordenação dos Estudantes Não Violentos (SNCC, na sigla em inglês)

28 de maio
É absolvido, em Montgomery, da acusação de evasão fiscal por um júri composto exclusivamente de brancos

---

Após quatro anos como presidente da Associação para o Progresso de Montgomery e cinco como morador da cidade, resolvi me mudar para Atlanta. Eu me tornaria um dos pastores da Igreja Batista Ebenezer e assim ganharia mais tempo e melhor localização para dirigir as campanhas da SCLC em todo o Sul.

Por um ano a Conferência da Liderança Cristã do Sul vinha me solicitando que lhe dedicasse o máximo do meu tempo, já que aquele era o momento oportuno para se ampliar a ação militante em toda a região. Depois de submeter o assunto a uma consideração séria e fervorosa, cheguei à conclusão de que eu tinha a obrigação moral de dedicar mais tempo e energia ao Sul como um todo. Isso só seria possível caso me mudasse para um lugar mais próximo da sede, onde o transporte era mais flexível e o tempo até então consumido em viagens mais longas poderia ser poupado e utilizado em atividades de planejamento, direção e supervisão.

E assim tive a penosa experiência de me ver forçado a sair de Montgomery e ir para Atlanta. Não foi fácil para mim a decisão de abandonar uma comunidade em que a bravura, a engenhosidade e a determinação haviam sacudido os alicerces da antiga ordem e enfraquecido a confiança dos detentores do poder, a despeito de séculos de incontestado domínio. Não foi fácil resolver abandonar uma cidade cujos negros resistiram magnificamente à injustiça e seguiram um método de luta não violento que se tornou um dos épicos mais brilhantes do século XX. Eu detestava sair de Montgomery, mas as pessoas de lá perceberam que o apelo do Sul como um todo era do tipo que não podia ser recusado.

Aquele era o momento criativo para um ataque em ampla escala ao sistema segregacionista. Era chegada a hora de um amplo e corajoso avanço na campanha sulista pela igualdade.

> MENSAGEM DE DESPEDIDA À CONGREGAÇÃO DA DEXTER
>
> De forma insuspeita e inesperada, fui catapultado à liderança do Movimento de Montgomery. Em certos aspectos, eu estava despreparado para o papel simbólico que me fora atribuído pela história. Mas não havia outra saída. Eu, tal como todas as pessoas em Montgomery, fui atirado ao centro dos acontecimentos pela maré montante da necessidade histórica. Como resultado de minha liderança no Movimento

de Montgomery, meus deveres e atividades triplicaram. Uma multiplicidade de responsabilidades novas caiu sobre mim em torrentes quase paralisantes. E assim acabei tentando futilmente ser quatro ou cinco homens em um só. Seria de esperar que muitas dessas responsabilidades se reduzissem depois do boicote. Mas agora, três anos após o término da luta dos ônibus, a situação é a mesma. Em alguns aspectos, as demandas até aumentaram.

29 de novembro de 1959

Senti-me terrivelmente frustrado por minha incapacidade de me recolher, concentrar-me e refletir. Mesmo quando estava escrevendo *Stride Toward Freedom*, só conseguia tirar uma ou duas semanas de vez em quando. Depois de voltar da Índia decidi que iria reservar um dia por semana para o silêncio e a meditação. Tentei isso várias vezes, mas as coisas começaram a se acumular de tal maneira que acabei usando esse dia como um momento para me atualizar sobre vários desses acúmulos. Sabia que não poderia continuar vivendo com uma agenda tão tensa. Toda a minha vida parecia estar concentrada em produzir coisas para as pessoas e raramente em absorvê-las. Meu fracasso nessa reflexão iria prejudicar não apenas a mim mesmo como pessoa, mas o movimento como um todo. Por esse motivo senti a obrigação moral de fazer algo.

Uma das razões de me mudar para Atlanta era enfrentar esse problema de frente. Eu achava que não teria mais tempo para meditar e refletir sobre toda a luta que tínhamos pela frente. Infelizmente, porém, aconteceram coisas que tornaram minha agenda mais congestionada em Atlanta do que havia sido em Montgomery.

"As manifestações estudantis"

Em 1960, um empolgante movimento de estudantes negros sacudiu a plácida superfície de campi e de comunidades por todo o Sul. Os jovens estudantes do Sul, por meio de sit-ins e outras manifestações, deram ao país um brilhante exemplo de ação não violenta disciplinada e séria contra o sistema segregacionista. Embora confrontados em muitos lugares por arruaceiros, policiais armados, gás lacrimogêneo, detenções e sentenças de prisão, os estudantes continuaram tenazmente a se sentar e exigir igualdade nos serviços numa série de lanchonetes e estenderam seu protesto de uma cidade para outra. Nascidos espontaneamente, mas guiados pela teoria da não violência, os sit-ins em lanchonetes conseguiram a integração em centenas de comunidades a um ritmo de mudança que foi o mais rápido do movimento de direitos civis até aquele momento. Em comunidades como Montgomery, Alabama, todo o corpo estudantil marchou atrás dos estudantes expulsos desses estabelecimentos e encenou um protesto enquanto se desencadeava a intimidação do governo estadual com uma exibição de força militar adequada a uma invasão em tempo de guerra. Apesar disso, o espírito de comprometimento e sacrifício pessoal continuou firme e os governos dos estados se viram lidando com estudantes que tinham perdido o medo de serem presos e fisicamente feridos.

Os campi das faculdades negras estavam impregnados do dinamismo tanto da ação quanto da discussão filosófica. Mesmo na década de 1930, quando o campus era animado pela discussão social, só uma minoria estava envolvida na ação social. Na fase dos sit-ins, em que alguns alunos foram suspensos ou expulsos, mais de uma faculdade viu seu corpo discente ser envolvido numa greve de protesto. Essa foi uma mudança de significação profunda na atividade estudantil. Raramente na história americana, se é que isso chegou a acontecer, um movimento estudantil conseguiu envolver todo o corpo discente de uma faculdade.

Muitos dos alunos, quando estimulados a expressar seus sentimentos mais íntimos, identificavam-se com estudantes da África, da Ásia e da América do Sul. O movimento de libertação africano era a grande influência internacional sobre os estudantes negros americanos. Frequentemente os ouvi dizerem que, se seus irmãos africanos haviam conseguido romper os grilhões do colonialismo, certamente os negros americanos poderiam acabar com a segregação.

Percebi que deveríamos continuar desafiando o sistema segregacionista, quer fosse nas escolas, nos parques públicos, nas igrejas, nas lanchonetes ou nas bibliotecas públicas. A segregação precisava ser eliminada de nossa sociedade. E os negros tinham de estar preparados para sofrer, sacrificar-se e até morrer para atingir seus objetivos. Não poderíamos descansar até concretizarmos os ideais de nossa democracia. Rezei muito pela situação do Sul e cheguei à conclusão de que estávamos atravessando uma temporada de sofrimento.

DECLARAÇÃO À MARCHA DA JUVENTUDE
PELA INTEGRAÇÃO NAS ESCOLAS

Com a aproximação de junho, com seus discursos e cerimônias de graduação, um pensamento se insinua. Vocês vão ouvir falar muito sobre carreiras, segurança e prosperidade. Deixo a discussão desses assuntos para seus reitores, diretores e oradores. Mas tenho uma reflexão sobre a graduação para transmitir a vocês. Qualquer que seja a carreira que escolham para si mesmos – médico, advogado, professor –, permitam-me que lhes sugira um passatempo para acompanhá-la. Tornem-se dedicados lutadores pelos direitos civis. Façam com que isso seja uma parte central de suas vidas.

Isso vai torná-los melhores médicos, melhores advogados, melhores professores. Vai enriquecer-lhes o espírito como nada mais poderia fazer. Vai proporcionar-lhes aquele raro senso de nobreza que só pode brotar do amor e do auxílio desinteressado ao próximo. Façam uma carreira de humanidade. Comprometam-se com a nobre luta pela igualdade de direitos. Vocês podem fazer de si mesmos grandes pessoas, de sua nação um grande país e do mundo um lugar melhor para se viver.

18 de abril de 1959, Washington, DC

Exortei os alunos a continuarem na luta no mais alto nível de dignidade. Eles escolheram corretamente seguir o caminho da não violência. Nosso objetivo final não era derrotar nem humilhar o branco, mas ganhar sua amizade e compreensão. Tínhamos a obrigação moral de relembrá-lo de que a segregação era errada. Protestávamos tendo por objetivo final conciliar-nos com nossos irmãos brancos.

Teve início um período em que a ênfase passou de lentos processos judiciais para a ação direta na forma de protestos contra ônibus, boicotes econômicos, marchas populares e manifestações nas capitais do país e dos estados. O aspecto mais significativo desse movimento de estudantes é que os jovens conseguiram tirar alguns dos mais velhos de seu estado de apatia e complacência. O que víamos era que a segregação não podia ser mantida no Sul sem que isso resultasse no caos e na desintegração social. Pode-se imaginar por que o movimento começou nas lanchonetes. A resposta está no fato de que nelas o negro tinha sofrido indignidades e injustiças que não podiam ser explicadas nem justificadas. Quase todo negro tinha vivenciado as trágicas inconveniências da segregação em lanchonetes. Não podia entender por que era recebido de braços abertos na maioria das seções de uma loja, mas negavam-se a servi-lo em determinada seção que por acaso vendia comida e bebida. Num sentido real, o "sit-in" representava mais que uma demanda por serviço; representava uma demanda por respeito.

Eu estava convencido de que o movimento estudantil que ocorria por todo o Sul em 1960 era uma das expressões mais significativas de toda a luta por direitos civis. Não seria exagerado caracterizar esses eventos como históricos. Nunca antes nos Estados Unidos um grupo tão grande de estudantes havia disseminado uma luta numa área tão extensa tendo como objetivos a dignidade e a liberdade humanas. O movimento dos estudantes finalmente refutou a ideia de que o negro estava contente com a segregação. Os estudantes haviam tomado a luta por justiça nas próprias mãos. Os negros em luta por liberdade revelaram à nação e ao mundo sua determinação e sua coragem. Estavam se afastando das táticas que só serviam para uma mudança gradual e de longo prazo. Esse era um tempo de ofensiva da parte dos oprimidos. Todos os povos privados de dignidade e liberdade marchavam em todos os continentes.

"Um momento de virada em minha vida"

Ainda recordo o que pode muito bem ter sido um momento de virada em minha vida como participante da luta negra no Sul. Foi em 1960, em Montgomery, Alabama, quando os gloriosos sit-ins nas lanchonetes haviam atraído as atenções de todos os americanos. As estruturas de poder do Sul, na tentativa de enfraquecer e desviar esse esforço, condenaram-me por perjúrio e proclamaram abertamente que eu seria preso por pelo menos dez anos.

> DECLARAÇÃO À CONFERÊNCIA INAUGURAL DO COMITÊ
> DE COORDENAÇÃO DOS ESTUDANTES NÃO VIOLENTOS
>
> No dia de hoje os líderes do movimento do sit-in estão aqui reunidos, representando dez estados e cerca de quarenta comunidades, para avaliar as manifestações recentes e elaborar futuros objetivos. Eles percebem que agora precisam desenvolver uma estratégia para a vitória. Alguns elementos que se insinuam para a discussão são os seguintes: 1. A necessidade de algum tipo de organização permanente ... 2. Os estudantes devem considerar a convocação de uma campanha nacional de "compra seletiva" ... É imoral alguém gastar seu dinheiro onde não pode ser tratado com respeito. 3. Os estudantes devem considerar seriamente a possibilidade de treinar um grupo de voluntários que se disporiam a ir para a cadeia em vez de pagarem multas ou fianças. Essa disposição corajosa de ir para a cadeia pode muito bem funcionar no sentido de despertar as consciências adormecidas de nossos irmãos brancos. Vivemos numa era em que, para quem luta pela liberdade, uma ordem de prisão é uma medalha de honra. 4. A

> juventude deve levar a luta por liberdade a todas as comunidades do Sul, sem exceção. A luta deve chegar a todos os cantos e recantos desta região. Inevitavelmente, essa ampliação da luta e a determinação que isso representa vão despertar um apoio eloquente e vigoroso e pressionar o governo federal, forçando-o a intervir. 5. Os estudantes irão certamente aprofundar-se na filosofia da não violência. Deve ficar palpavelmente claro que a resistência e a não violência não são boas em si mesmas. Há outro elemento que deve estar presente em nossa luta e que torna a resistência e a não violência verdadeiramente significativas. Esse elemento é a conciliação. Nosso objetivo final deve ser a criação de uma comunidade de amor.
>
> 15 de abril de 1960, em Raleigh, Carolina do Norte

Esse processo foi apresentado a um júri composto unicamente de brancos sulistas. Todas as testemunhas da promotoria eram brancas. O juiz e o promotor eram brancos. A sala do tribunal era segregada. As paixões estavam inflamadas. Os sentimentos, exacerbados. A imprensa e outros meios de comunicação eram hostis. A derrota parecia certa e nós do movimento pela liberdade nos preparamos para o inevitável. Havia entre nós dois homens que mantiveram a convicção de que era possível, nesse contexto, alinhar os fatos e a lei e assim obter a vitória. Esses homens eram nossos advogados – advogados negros do Norte: William Ming, de Chicago, e Hubert Delaney, de Nova York.

Eles mostraram ao tribunal sabedoria, coragem e uma arte advocatícia altamente desenvolvida; porém, o que é mais importante, mostraram uma indomável determinação de vencer. Após um julgamento de três dias, unicamente pela força de seu arsenal jurídico, eles superaram os mais perversos tabus sulistas numa atmosfera virulenta e inflamada e convenceram um júri totalmente branco a aceitar a palavra de um negro contra a de brancos. O júri, após algumas horas de deliberação, retornou com o veredito de inocente.

Confesso francamente que nessa ocasião aprendi que a verdade e a convicção, nas mãos de um advogado habilidoso, podiam fazer com que um júri inicialmente visto como intolerante e preconceituoso acabasse escolhendo o caminho da justiça. Não consigo deixar de desejar que o mesmo tipo de habilidade e devoção que Bill Ming e Hubert Delaney a mim dedicaram possa estar disponível aos milhares de militantes dos direitos civis, aos milhares de negros comuns, que a cada dia têm de enfrentar tribunais preconceituosos.

15. Prisão em Atlanta e política presidencial

Temo que haja uma falta de discernimento em nosso governo, uma carência de visão histórica e de grandeza moral.

---

23 de junho de 1960
King discute direitos civis com o senador John F. Kennedy, candidato à presidência

19 de outubro
É preso num sit-in em Atlanta

25 de outubro
É retirada a acusação pelo sit-in, mas King é preso por violação da condicional por uma infração anterior das leis de trânsito e transferido para a Prisão Estadual de Reidsville

26 de outubro
O candidato à presidência John F. Kennedy liga para Coretta Scott King a fim de expressar solidariedade e oferecer ajuda; Robert Kennedy liga para o governador da Geórgia, S. Ernest Vandiver, e para o juiz Oscar Mitchell, tentando libertar King sob fiança

27 de outubro
O advogado de King, Donald L. Hollowell, consegue soltá-lo

1º de novembro
King elogia o senador Kennedy pelo apoio

8 de novembro
Kennedy vence uma eleição apertada, recebendo forte apoio dos eleitores negros

---

Meu primeiro contato com John Kennedy foi quando ele era um senador que buscava a indicação como candidato à presidência. Por vários meses, tentamos marcar um encontro e todas as vezes que eu podia ir ele estava fora. Finalmente conseguimos agendar uma reunião em seu apartamento em Nova York. Foi em junho de 1960, por volta de um mês antes da convenção.

Conversamos por cerca de uma hora à mesa do café da manhã. Fui muito franco sobre o que pensava: que havia a necessidade de uma forte liderança no Executivo e que não tínhamos tido isso no governo Eisenhower. Se não a conseguíssemos no novo governo, iríamos retroceder ainda mais. Fiquei muito impressionado com a maneira direta e honesta com que ele discutiu a questão dos direitos civis e com seu interesse e disposição em aprender mais sobre o tema.

Mencionei especificamente a necessidade de um decreto presidencial que proscrevesse a discriminação nas moradias subsidiadas pelo governo. Também mencionei a necessidade de uma forte legislação de direitos civis e enfatizei a questão do voto porque estava muito envolvido naquela época nas mobilizações pelo registro de eleitores e havia encontrado uma série de dificuldades em estados como Alabama e Mississippi.

Pelo que me recordo, ele concordou com tudo isso. Aceitou que havia a necessidade de uma liderança forte no Executivo e que esta não tinha existido, e sentia que se ganhasse a indicação e fosse eleito poderia proporcionar esse tipo de liderança. Garantiu-me perceber que a questão do direito de voto como um todo era básica e fundamental, e que essa seria uma das coisas com que se preocuparia de imediato. Afirmou ter votado consistentemente pelos direitos civis. Eu lhe perguntei sobre o que acontecera em 1957, quando ele votou contra o que considerávamos uma parte muito importante do projeto de lei dos direitos civis. Ele disse que desde aquela época, se tivesse de enfrentar novamente a questão, teria invertido sua posição, já que muitos fatos ocorridos durante o movimento dos sit-ins haviam salientado as injustiças e indignidades enfrentadas pelos negros em todo o Sul, e por essa razão ele tinha reavaliado muitas dessas coisas.

John Kennedy ainda não tinha naquela época o domínio e a compreensão da gravidade do problema que viria a ter mais tarde. Sabia que a segregação era moralmente errada e decerto estava intelectualmente comprometido com a integração, mas pude ver que não tinha então um envolvimento emocional com o problema. De fato não havia se envolvido o suficiente com ele. Não conhecia pessoalmente muitos negros. Nunca tivera realmente a experiência pessoal de conhecer as queixas profundas e os anseios apaixonados do negro por liberdade, pois não conhecia os negros em geral e não tinha tido exposição alguma à luta por direitos civis. E assim pensei que seu compromisso era intelectual.

Poucos meses depois, após obter a indicação, conversei outra vez com ele em sua casa em Georgetown, e naquele curto período ele tinha aprendido muito sobre direitos civis e fora muito bem aconselhado. Eu tinha ficado pouco entusiasmado quando sua candidatura fora anunciada pela primeira vez, mas agora não tinha dúvidas de que, se eleito presidente, ele faria o certo na área de direitos civis.

Kennedy estava então muito preocupado com a eleição e a possível derrota. Alguns de seus amigos estavam apreensivos com isso e achavam que ele tinha de fazer algo dramático para convencer a nação de seu compromisso com os direitos civis. Alguns de seus assessores achavam que ele deveria ir ao Sul e fazer um comício sobre direitos civis que realmente convencesse as pessoas. Queriam que ele ficasse sob meus auspícios para falar num encontro do conselho diretor ou num jantar patrocinado pela SCLC. Eu lhe disse que não poderia fazer isso a não ser que também tivesse a presença do sr. Nixon, pois éramos uma organização apartidária. Afirmei:

– Ora, pode ser que Nixon não vá, mas eu teria de convidá-lo.

Mas eles, evidentemente, acharam que desse jeito não iria funcionar. De modo que recuei dessa ideia por perceber que seria um equívoco.

Por muitos meses, durante a campanha eleitoral, meus amigos mais próximos me incitaram a declarar o apoio a John Kennedy. Passei muitas horas incômodas em busca de uma decisão justa e responsável. Fiquei impressionado com as qualidades dele, com muitos elementos de seu histórico e com seu programa. Eu havia aprendido a apreciar e respeitar seu charme e sua mente incisiva. Mas deixei bem claro para ele que não apoiava candidatos publicamente e que era impossível que viesse a mudar de opinião sobre esse assunto.

"Eu não sabia aonde estavam me levando"

Apesar disso, fiquei grato ao senador Kennedy pelo genuíno interesse que demonstrou quando fui preso, em outubro de 1960, por minha participação nos esforços não violentos de integração em lanchonetes de Atlanta, Geórgia. Participei de sit-ins na lanchonete da loja de departamentos Rich's como seguidor, não como líder. Não deflagrei o protesto, que veio a ocorrer em função das discussões dos estudantes sobre os temas envolvidos. Eles quiseram que eu estivesse lá e senti a obrigação moral de estar junto com eles.

Fui preso juntamente com 280 estudantes num sit-in que visava à integração nas lanchonetes. Quando me levaram para a cadeia do condado de Fulton, eu disse que não podia, em sã consciência, pagar fiança e que ficaria lá e cumpriria a pena, fosse ela de um, cinco ou dez anos. Evidentemente os estudantes também concordaram em ficar.

> Se por acaso, Meritíssimo, somos culpados de violar a lei, por favor tenha certeza de que o fizemos para expor toda a questão da injustiça racial ao olhar atento da consciência de Atlanta. Devo, com honestidade, dizer que acreditamos firmemente que a segregação é um mal e que nosso Sul nunca realizará seu pleno potencial e sua maturidade moral até que essa moléstia cancerosa seja extirpada. Não queremos acabar com esse sistema injusto apenas por nós mesmos, mas também por nossos irmãos brancos. Assim, se nossas ações serviram de alguma forma para colocar esse tema diante da consciência da comunidade, elas não foram em vão.
>
> E eu sei, Meritíssimo, que o senhor tem diante de si neste momento uma obrigação jurídica. Essa obrigação pode forçá-lo a nos transferir para outro tribunal em vez de rejeitar as acusações. Mas devo dizer-lhe que tenho diante de mim neste momento uma obrigação moral. Esse imperativo leva-me a dizer que, se o senhor considerar necessário estabelecer uma fiança, eu não posso, em sã consciência, deixar que alguém a pague para mim. Vou preferir a cadeia à fiança, ainda que isso signifique ficar preso por um ano ou até dez. Talvez esse tipo de autossacrifício da parte

de um grande número de negros seja necessário para finalmente expor a defesa moral de nossos irmãos brancos que por acaso estejam desorientados e assim despertar a consciência adormecida de nossa comunidade.

Quando enfim perceberam, após cinco ou seis dias, que não íamos sair e que a comunidade estava ficando muito preocupada, os comerciantes retiraram as acusações, o que significa que todos foram imediatamente libertados sem fiança. Mas, quando estavam me soltando, apresentaram-me documentos declarando que eu tinha violado minha condicional e seria transferido para a cadeia de DeKalb e julgado pelo tribunal local.

Na noite de 4 de maio de 1960, a polícia tinha me parado no condado de DeKalb e descoberto que eu ainda portava uma licença de motorista do Alabama. Por causa disso, me deram uma multa. O caso tinha sido levado ao tribunal e nem fiquei sabendo na época, mas o advogado admitiu minha culpa, fui multado em uns 25 ou cinquenta dólares e colocado em liberdade condicional por, creio eu, seis meses. Foi um processo de pouca importância; não lhe dei atenção e nunca fiquei sabendo que o advogado admitira a culpa. Ele só havia me dito que tinha "tudo sob controle". Fez com que eu pensasse que estava tudo resolvido e que tudo que eu precisava fazer era pagar. Na verdade, mais tarde eles admitiram que nunca tinham multado nem prendido ninguém por uma acusação desse tipo e que, de fato, não havia coisa alguma no estatuto que revelasse quanto tempo era preciso uma pessoa estar morando em Atlanta para que fosse obrigada a revalidar a licença. Assim, era obviamente um caso de perseguição.

CARTA A CORETTA

Oi, Querida,
Hoje me percebo muito distante de você e das crianças. Estou na Prisão Estadual de Reidsville, que fica a uns 420 quilômetros de Atlanta. Eles me pegaram na cadeia de DeKalb por volta das quatro

da manhã de hoje. Sei que essa experiência toda é muito difícil para você, especialmente na condição de grávida, mas, como lhe disse ontem, esta é a cruz que temos de carregar pela liberdade de nosso povo. E assim eu lhe recomendo que seja forte em sua fé, pois isso vai, por sua vez, fortalecer-me. Posso lhe garantir que é extremamente difícil para mim imaginar-me longe de você, Yoki e Marty durante meses, mas fico pedindo a Deus que me dê o poder da resistência. Acredito firmemente que este sofrimento excessivo que está acometendo nossa família vai ajudar um pouco a fazer de Atlanta uma cidade melhor, da Geórgia um estado melhor e dos Estados Unidos um país melhor. De que forma ainda não sei, mas acredito firmemente que assim será.

Sei que posso receber visitas duas vezes por mês – no segundo e no quarto domingos. Mas sei que todos – brancos e de cor – podem receber visitas neste próximo domingo. Espero que você encontre um jeito de vir aqui. Sei que será um inconveniente terrível em sua condição, mas quero muito ver você e as crianças.

Eternamente Seu,

Martin

26 de outubro de 1960

Eu estava sentado nos fundos da sala do tribunal quando o dr. Charles M. Clayton, um advogado negro que me representava, conversou com o juiz. Tivemos um grande julgamento, meus advogados me defenderam brilhantemente, e, depois de tudo isso, o juiz me condenou a seis meses de trabalhos forçados, sem apelação.

E assim eles me pegaram de novo e me levaram para a cadeia do condado de DeKalb. Então, por volta das três da manhã, vieram e me levaram para Reidsville. Era a prisão estadual, a uns 420 quilômetros de Atlanta. No caminho, me trataram como se eu fosse um criminoso perigoso. Fui acorrentado e prenderam minhas pernas a alguma coisa no chão do veículo de modo que não houvesse como eu escapar.

Conversavam entre si. Era uma longa viagem. Eu não sabia aonde estavam me levando, mas, depois de um longo tempo de viagem, finalmente presumi que deveria ser para uma das prisões estaduais. Esse tipo de angústia mental é pior que a morte, avançando quilômetro por quilômetro, com fome e sede, preso e impotente, esperando sem saber para onde está indo. E tudo por uma infração de trânsito.

"Kennedy mostrou coragem moral"

Quando as pessoas descobriram que eu tinha sido apanhado e transferido de manhã cedinho, houve um grande ressentimento por toda parte. Acho que as pessoas já tinham começado a falar tanto com Nixon quanto com Kennedy sobre fazerem alguma coisa a respeito quando ainda estávamos na cadeia do condado de Fulton, dizendo-lhes que deveriam apresentar uma declaração. Depois que me transferiram para Reidsville – para um bloco de celas segregado, onde estavam presos que tinham agredido guardas, juntamente com psicóticos e outros casos especiais –, Harris Wofford e outros solicitaram enfaticamente ao sr. Kennedy que tentasse usar sua influência para fazer alguma coisa a respeito, e ele concordou.

A primeira coisa que ele fez foi ligar para minha mulher. Ela estava grávida, essa era uma experiência dura para ela, de modo que ele ligou para expressar sua preocupação. Disse que faria o possível, que discutiria o assunto com seu irmão e tentaria usar sua influência para que eu fosse libertado.

Nesse ínterim, Robert Kennedy ligou para o juiz a fim de indagar sobre a fiança. Parece-me que, quando lhe contaram as circunstâncias do caso, ele ficou realmente furioso com tudo aquilo. Não sei o que ele disse na conversa com o juiz, mas depois se revelou que a questão principal foi "por que ele não pode sair sob fiança?". Fui solto no dia seguinte. Estávamos a umas duas semanas da eleição.

O SENADOR KENNEDY FOI uma grande força que tornou possível que me soltassem da Prisão de Reidsville. Eu me sentia pessoalmente grato a ele e ao irmão pela intervenção no tempo em que estive preso. Ele a fez devido a seu grande interesse e a sua tendência humanitária. Gostaria de pensar que fez aquela ligação porque estava preocupado. Naquela época ele já tinha tido a oportunidade de me conhecer pessoalmente. Tinha participado de debates e feito um bom trabalho ao falar sobre direitos civis e sobre os problemas enfrentados pelo negro. Harris e outros realmente tinham conversado com ele sobre mim. Ao mesmo tempo, penso que, como é natural, ele também tinha em mente considerações políticas. Estava se candidatando a um cargo político e precisava ser eleito, e tenho certeza de que percebeu a necessidade do voto dos negros. E assim acho que ele fez algo que expressava uma profunda preocupação moral, mas que ao mesmo tempo era politicamente seguro. Foi preciso alguma coragem para fazer isso; ele não sabia se era politicamente seguro.

Sempre achei que Nixon perdeu uma oportunidade real de expressar apoio a algo muito maior que um indivíduo, pois estaria expressando apoio ao movimento dos direitos civis. Isso era um indicador dos rumos que esse homem iria tomar se fosse eleito presidente.

E eu já conhecia Nixon há mais tempo. Ele fora supostamente próximo de mim, e me ligava com frequência a respeito de certos assuntos, querendo saber minha opinião. E no entanto, quando chegou a hora, foi como se nunca tivesse ouvido falar de mim. Assim, realmente o considerei um covarde do ponto de vista moral, uma pessoa que não se dispunha a dar um passo corajoso e assumir um risco. E estou convencido de que perdeu a eleição por causa disso. Muitos negros ainda estavam em cima do muro, indecisos, e eles tendiam a apoiar Nixon.

SOBRE RICHARD NIXON

Em primeiro lugar, devo admitir que já me opunha de maneira enfática ao vice-presidente Nixon antes de o conhecer pessoalmente. Eu já tinha um preconceito contra ele. Lembrava-me de suas declarações contra

Helen Gahegen Douglas e também do fato de ele votar com a ala direita do Partido Republicano. Eram pecados quase imperdoáveis para mim naquela época. Depois de me encontrar com o vice-presidente, porém, devo confessar que minha impressão mudou um pouco. Francamente, passei a achar que a posição e os contatos internacionais do vice-presidente tinham feito amadurecer sua pessoa e sua capacidade de avaliação. Se ele passou por uma conversão total, não posso dizer. Mas realmente acredito que ele cresceu muito e várias de suas opiniões mudaram.

Como tenho muito interesse em direitos civis, poderia dizer apenas uma palavra sobre suas posições a respeito desse assunto. Cada vez tenho mais certeza de que Nixon é absolutamente sincero no que se refere a suas opiniões sobre o tema. Suas viagens lhe revelaram como o problema racial está afetando os Estados Unidos em termos de relações internacionais e é totalmente possível que ele não tenha nenhum preconceito racial básico. Ocorre que Nixon é um quacre e são muito poucos os quacres preconceituosos desse ponto de vista. Também acho que Nixon teria feito muito mais para enfrentar a atual crise na área de relações raciais do que tem feito o presidente Eisenhower...

Por fim, eu diria que Nixon tem um talento para convencer os outros de que é sincero. Quando você está perto dele, ele quase o desarma com sua aparente sinceridade. Não se tem a impressão de que se trata do mesmo homem que fez campanha na Califórnia alguns anos atrás e que apresentou um discurso patético na televisão, na campanha de 1952, para se livrar de um óbvio delito. E assim eu concluiria dizendo que, se Richard Nixon não for sincero, ele é o homem mais perigoso dos Estados Unidos.

Carta a Earl Mazo, 2 de setembro de 1958

Meu pai tinha apoiado Nixon até aquele telefonema. Sabia de minhas relações com ele e acho que pensava que Nixon iria fazer um bom trabalho em relação à questão dos direitos civis. Acho que lá dentro dele podia haver um pouco do sentimento religioso de que um católico não deveria ser presidente. Tenho certeza de que meu pai foi um pouco influenciado por isso, e assim ele expressou publicamente seu apoio a Nixon. Depois do telefonema, ele mudou, e fez uma declaração enérgica a esse respeito.

Eu fiquei grato ao senador Kennedy pela genuína preocupação manifestada quando fui preso. Depois do telefonema, fiz uma declaração à imprensa agradecendo-lhe, mas não manifestando o meu apoio. Falando com muita franqueza, naquela época eu não achava que houvesse muita diferença entre Kennedy e Nixon. Eu percebia nos antecedentes dos dois algumas coisas com as quais particularmente não concordava. Lembrando-me do que Nixon tinha feito na Califórnia com Helen Gahegen Douglas, percebi que ele muitas vezes se mostrava um oportunista que não tinha uma sustentação real em convicções básicas, e seu histórico de votos não era bom. Ele melhorou quando se tornou vice-presidente, mas, como deputado e senador, não tinha um bom histórico de votos.

Com o sr. Kennedy, depois de examinar seu histórico de votos, percebi que às vezes ele se mostrava tão preocupado em se tornar presidente dos Estados Unidos que para isso era capaz de transigir em relação a certos princípios básicos. Mas eu tinha de observar alguma coisa além do homem – as pessoas à sua volta – e achei que Kennedy estava cercado de pessoas melhores. Foi com base nisso que cheguei à conclusão de que Kennedy seria melhor como presidente.

Nunca revelei o meu apoio. Meu pai o fez, mas eu nunca. Assumi essa posição a fim de manter uma postura apartidária, que tenho mantido desde então, para poder olhar com objetividade os dois partidos o tempo todo. Como sempre disse a ele, eu não poderia mudar e nunca mudei minha posição, mesmo depois de ele dar aquele telefonema quando eu estava preso. Fiz uma declaração de agradecimento e expressei minha gratidão, mas nela deixei claro que não estava apoiando nenhum candidato e que isso não deveria ser interpretado como apoio.

Tive de concluir que os fatos então conhecidos sobre Kennedy não eram adequados para se fazer uma avaliação incondicional em seu favor. Penso que, como homem, ele cresceu muito. Depois de ele se eleger presidente, pensei que na verdade conhecemos dois Kennedys – o dos dois primeiros anos e um outro, que estava emergindo em 1963. Ele estava se preparando para deixar de lado as considerações políticas e examinar as verdadeiras questões de ordem moral. Se o presidente Kennedy estivesse vivo, eu provavelmente o apoiaria em 1964. Mas, naquela época, concluí que os dois candidatos deixavam algo a desejar.

16. O Movimento de Albany

Por que Albany? Porque Albany simboliza os bastiões da segregação sob o ataque das forças conjuntas da moral e da justiça.

---

30 de janeiro de 1961
Nasce Dexter Scott, o terceiro filho de King

21 de maio
Depois que o primeiro grupo de Viajantes da Liberdade, buscando a integração dos terminais de ônibus, é atacado, King promove uma assembleia na igreja de Montgomery sitiada pela turba

15 de dezembro
King chega a Albany em resposta ao telegrama do dr. W.G. Anderson, líder do movimento na cidade

16 de dezembro
É preso com mais de setecentos manifestantes em Albany

10 de julho de 1962
Juntamente com Ralph Abernathy, é condenado por liderar o protesto de dezembro; começa a cumprir uma sentença de 45 dias

12 de julho
Deixa a cadeia depois de sua fiança ser paga por uma pessoa não identificada

25 de julho
Depois da explosão da violência em Albany, convoca um Dia de Penitência como forma de expiação

27 de julho
Vigília de oração na prefeitura de Albany termina em prisão

10 de agosto
Sai da cadeia e concorda em pôr um fim às manifestações

Em 1961 o governo Kennedy começou a travar uma luta essencialmente cautelosa, silenciosa e defensiva em favor dos direitos civis contra um adversário obstinado. No curso daquele ano, a iniciativa do Executivo foi ficando cada vez mais frágil, dando margem à decepcionante expectativa de um recuo do governo federal.

Os negros haviam manifestado sua confiança garantindo uma substancial maioria dos votos da comunidade para o presidente Kennedy. Esperavam mais dele do que do governo anterior. Seu governo parecia acreditar que estava fazendo tudo o que era politicamente possível e, por suas ações positivas, havia conquistado crédito suficiente para se retrair na área dos direitos civis. Politicamente, talvez, essa não era uma conclusão surpreendente. Quantas pessoas compreendiam, durante os dois primeiros anos do governo Kennedy, que o "agora" dos negros estava se tornando tão militante quanto o "nunca" dos segregacionistas?

Apesar de embaraços angustiantes, os negros tinham passado de ações esporádicas e limitadas para atividades em ampla escala de um tipo e de um grau diferentes de tudo que havia sido feito no passado. Um novo espírito se manifestava na disposição dos negros de se manifestarem nas ruas de comunidades em que, pela tradição, deveriam se desviar quando um homem branco deles se aproximasse.

Áreas como o Mississippi e a zona rural da Geórgia, até então adormecidas, foram envolvidas na turbulência com as campanhas pelo registro eleitoral e com as viagens da liberdade. A mudança de espírito foi exemplificada de forma ainda mais dramática pela disposição dos negros, em comunidades como Albany, Geórgia, de enfrentarem a prisão em massa.

Albany, Geórgia, era uma condensação dos conflitos e tensões que retorciam o tecido social em nosso Sul contemporâneo. De um lado estavam os segregacionistas, para os quais a rigidez pétrea era uma política. De outro estavam os negros, que avançavam empregando a não violência. Todos os tipos de discriminação nos tinham sido apresentados simultaneamente:

segregação nas escolas, negação do direito de voto, segregação em parques, bibliotecas, restaurantes e ônibus.

Os negros de Albany sofriam em discreto silêncio. A dor latejante da segregação podia ser sentida, porém não vista. Ela marcava os negros em todas as suas experiências de vida. Eles moravam segregados; comiam segregados; estudavam segregados; rezavam, dirigiam, trabalhavam e morriam segregados. Uma corrosiva perda de respeito próprio carcomia sua fibra moral. Seu descontentamento voltava-se contra si mesmos. Mas isso chegou ao fim com o início dos protestos.

"Eu sabia que tinha de ficar"

Da mesma forma que Rosa Parks desencadeou o protesto contra os ônibus, a chegada de onze Viajantes da Liberdade, em dezembro de 1961, havia desencadeado a agora histórica ofensiva não violenta em Albany. Esse movimento nasceu com o objetivo de revelar as indignidades e injustiças que os negros enfrentavam ao tentarem simplesmente viajar pelo Sul como passageiros interestaduais. O Viajantes da Liberdade, iniciado por jovens, cresceu a tal ponto que acabou incorporando pessoas de todas as idades. Como resultado desse movimento, obtiveram-se muitas conquistas. A Comissão de Comércio Interestadual havia declarado, em essência, que os terminais rodoviários deveriam ser integrados. O dramático Movimento de Albany foi o clímax dessa ofensiva psicológica.

Liderado pelo dr. W.G. Anderson, o Movimento de Albany já estava em operação e havia desenvolvido uma história de um ano de luta em prol da comunidade negra em busca de um alívio para as injustiças de que era vítima. A presença de pessoas de diferentes níveis e de áreas diversas no campo das relações humanas deu origem à noção de que Albany fora transformada numa cidade-alvo graças a uma sinistra decisão tomada vários meses antes – provavelmente "num quarto esfumaçado de um hotel de Nova York". Na verdade, Albany se tornara um símbolo do último bastião da segregação quase que por acaso. O fermento de uma frustração secular tinha produzido seus efeitos. Sociologicamente, Albany tinha todos os ingredientes de uma cidade-alvo, mas poderia facilmente ser uma das centenas de cidades do médio e do extremo Sul. Em Albany, Geórgia, viviam 27 mil negros, mas cem anos de opressão política, econômica e educacional os tinham mantido irremediavelmente escravizados a um sistema de segregação demoníaco, embora sofisticado, que buscava perpetuar, cruel e desesperadamente, essas privações.

Os negros, empregando o protesto não violento em sua forma mais criativa até aquele momento, desafiaram a discriminação nos espaços públicos, a negação do direito de voto, a segregação nas escolas e a privação da liberdade de expressão e de reunião. Nessa ampla frente, o Movimento de Albany usou todos os métodos da não violência: a ação direta por meio das manifestações de massa; sit-ins em cadeias, lanchonetes, piscinas e igrejas; atos políticos; boicotes e ações jurídicas. Em nenhuma outra cidade do extremo Sul todos esses métodos não violentos foram usados ao mesmo tempo.

As autoridades municipais enfrentavam contradições desorientadoras, buscando ampliar o crescimento e a expansão do município ao mesmo tempo que preservavam costumes dignos de uma sociedade atrasada e semifeudal. Confrontadas com a força do movimento de protesto não violento, tentaram projetar uma imagem de domínio incontestável. Mas na verdade cometeram uma tolice atrás da outra, perdendo a confiança e o bom senso ao construírem muros de contenção de areia movediça para escorar o edifício cambaleante da injustiça.

A Conferência da Liderança Cristã do Sul deu pleno apoio moral e financeiro ao Movimento de Albany e aos nobres esforços daquela comunidade em prol da justiça, da igualdade de direitos e do fim da cidadania de segunda classe.

Para nós, a primeira etapa da vitória exigia que os negros rompessem a barreira do silêncio e da paralisia que por décadas os reprimira e lhes negara os mais simples avanços. Essa vitória foi atingida quando o protesto não violento despertou todos os elementos da comunidade: dezenas de milhares de jovens e idosos, homens e mulheres. As distinções de classe eram anuladas nas ruas e na cadeia à medida que trabalhadores domésticos, profissionais liberais, operários, empresários, professores e lavadeiras se uniam como colegas de cela, acusados conjuntamente pelo crime de lutarem pela justiça.

Em 16 de dezembro de 1961, a comunidade negra daquela cidade fez sua parada pela liberdade. Cidadãos de todos os setores da comunidade deram seu testemunho moral contra o sistema segregacionista. Foram presos por vontade própria a fim de criar um protesto efetivo.

Também fui preso sob as acusações de participar de uma passeata não autorizada, perturbar a paz e obstruir a calçada. Recusei-me a pagar a multa e tinha a expectativa de passar o Natal na cadeia. Esperava que milhares se juntassem a mim. Meu objetivo não era ser preso. Tinha planejado ficar um ou dois dias e voltar para casa depois de fazer minhas recomendações. Mas após ver fracassarem as negociações, percebi que tinha de ficar. Minha razão pessoal para estar em Albany era expressar um testemunho de uma situação que considerava muito importante para mim. Quando eu, juntamente com mais de uma centena de negros entusiasmados, preferi voluntariamente ser preso a pagar a fiança, as autoridades municipais pareceram tão insensíveis a todos os apelos à consciência que a confiança de alguns de nossos defensores ficou abalada. Eles contavam nervosamente o número de pessoas e concluíram, de modo muito apressado, que o movimento estava perdendo o seu ímpeto.

Nunca vou esquecer a experiência de ver mulheres com mais de setenta anos, adolescentes e adultos de meia-idade – alguns diplomados em medicina, direito e pedagogia, outros simples trabalhadores e donas de casa – lotando as celas. Isso era uma indicação de que o negro não descansaria enquanto todas as barreiras da segregação não estivessem derrubadas. O Sul teria de decidir se iria acatar a lei do país ou mergulhar no caos e na estagnação social.

É preciso procurar as palavras certas para tentar descrever o espírito de entusiasmo e dignidade engendrado na assembleia seguinte, naquela noite em que setecentos cidadãos negros foram finalmente soltos. Das cadeias vieram aqueles homens e mulheres – médicos, pastores, donas de casa –, todos os quais haviam se juntado a uma corajosa liderança estudantil numa demonstração exemplar de resistência não violenta à segregação.

Não demorou para que os comerciantes solicitassem um acordo às autoridades municipais e este foi finalmente arrancado de suas mãos hesitantes. Esse acordo foi quebrado e violado pelo município. Era inevitável que o andar desses eventos propiciasse uma retomada do movimento não violento, e quando os processos contra os setecentos peculiares prisioneiros não foram retirados e a câmara de vereadores se recusou a negociar o fim da discriminação nos espaços públicos, as ações recomeçaram.

Quando, em julho de 1962, o Movimento de Albany, fiel a sua promessa, retomou as atividades de protesto, convidou a Conferência da Liderança Cristã do Sul a compartilhar o comando. Como presidente da SCLC, conduzi nosso quadro de pessoal experimentado em ações não violentas, registro de eleitores e direito.

Em fevereiro, Ralph e eu fomos intimados a julgamento, ao lado de dois outros cidadãos de Albany. O juiz do tribunal criminal A.N. Durden postergou o julgamento para o dia 10 de julho, terça-feira.

Diário da cadeia de 10-11 de julho

Terça-feira, 10 de julho: Saímos de Atlanta num grupo de sete pessoas, via Southern Airlines, para comparecer ao tribunal em Albany, Geórgia. O grupo incluía Juanita e Ralph Abernathy, Wyatt Walker, Ted Brown, Vincent Harding, Coretta e eu. Saímos de Atlanta por volta das 7h45 e chegamos a Albany no tempo previsto, às 8h50. Fomos recebidos no aeroporto por Andy Young, que havia chegado na noite anterior, pelo dr. William Anderson e por dois detetives designados pelo município. Dali saímos diretamente para a residência do dr. Anderson. Lá tomamos o café da manhã e discutimos nossa possível ação no caso de sermos condenados. O dr. Anderson nos atualizou sobre a disposição da comunidade negra. Garantiu-nos que as pessoas, no geral, estavam empolgadas e determinadas a nos apoiar até o fim. Mencionou que várias delas tinham deixado bem claro que iriam outra vez para a cadeia e lá permaneceriam indefinidamente. Em função de todas essas palavras, fomos pouco a pouco concluindo que, se fôssemos condenados, não teríamos alternativa senão cumprir a pena. Considerando nossas responsabilidades organizacionais e eclesiásticas, concluímos que não poderíamos ficar presos mais de três meses. Mas se a sentença fosse de três meses ou menos, cumpriríamos a pena. Foi com essa decisão que nos dirigimos ao tribunal.

Às dez da manhã o juiz Durden deu início à sessão. Começou lendo imediatamente uma declaração. Dizia, em suma, que considerava culpados todos os quatro réus: Ralph Abernathy, Eddie Jackson, Solomon Walker e eu. Ralph e eu fomos condenados a pagar uma multa de 178 dólares ou 45 dias de trabalhos forçados nas ruas. Jackson e Walker receberam penas menores, em dinheiro e em trabalhos forçados, porque, segundo o juiz, não eram os líderes.

Ralph e eu imediatamente informamos à corte que não poderíamos em boa consciência pagar a multa, e que portanto preferíamos cumprir a pena. Eddie Jackson juntou-se a nós nessa decisão. O sr. Walker resolveu recorrer.

Após uma breve coletiva de imprensa no vestíbulo do tribunal, fomos levados imediatamente para a cadeia municipal de Albany, que fica no porão do mesmo prédio que abriga o tribunal e a câmara municipal. Essa cadeia é, de longe, a pior em que já estive. É um buraco sombrio e sujo em que nada sugere uma sociedade civilizada. As celas estão cheias de imundície e os colchões que recobrem os catres são duros como pedra e tão repulsivos quanto qualquer coisa que se possa ter visto. A companhia de baratas e formigas não é incomum. Em várias celas simplesmente não há colchões. Os ocupantes são obrigados a dormir sobre o ferro puro.

> MENSAGEM DA CADEIA
>
> Nosso curso de ação foi decidido após uma reflexão muito cuidadosa. Levamos em consideração nossas esposas e famílias, nossos respectivos púlpitos, nossa responsabilidade oficial como executivos-chefes da SCLC e muitos outros compromissos de longo prazo. Entretanto, em face de tudo isso, fomos vencidos por outras preocupações básicas que não poderiam ser resolvidas de outra forma.
>
> Escolhemos cumprir nossa pena porque nos solidarizamos profundamente com o destino de mais de setecentos outros que ainda estão por ser julgados. O custo da fiança e da apelação para esse número de pessoas seria astronômico. Vivenciamos a tática racista de tentar levar o movimento à falência no Sul por meio de fianças caríssimas e longas batalhas judiciais. Agora chegou a hora de praticarmos a desobediência civil em seu verdadeiro sentido ou retardar por longos anos a luta por liberdade.
>
> 14 de julho de 1962

Quando entramos em nossa cela – Ralph e eu fomos colocados juntos numa delas –, percebemos que era tão imunda quanto todas as outras. Entretanto, consciente do fato de que tinha em suas mãos alguns prisioneiros políticos que poderiam tornar essas condições conhecidas em toda a nação, o chefe ordenou imediatamente que todo o bloco fosse limpo. Assim, com água, sabão e Lysol, os rapazes se puseram a trabalhar e fizeram a limpeza que era tão necessária.

Passamos o resto do dia ajustando-nos àquele que seria o nosso lar nos próximos 45 dias. Há algo inerentemente depressivo em relação à cadeia, sobretudo quando se está confinado a uma cela. Logo descobrimos que não seríamos forçados a trabalhar nas ruas porque, segundo o chefe, "não seria seguro". Essa foi para mim uma má notícia. Eu queria trabalhar nas ruas pelo menos para dar uma olhada nas redondezas diariamente. A cadeia é deprimente porque nos desliga do mundo. Deixa-nos presos à monotonia entediante da mesmice. É quase como estar morto em vida. Não é fácil ajustar-se a essa existência sem significado. A única forma de me ajustar a ela era ficar me lembrando constantemente de que esse sofrimento autoimposto era por uma bela causa e por um grande propósito. Essa percepção afasta um pouco a agonia e a depressão. Mas, a despeito disso, permanece o caráter doloroso da experiência. É algo como uma mãe dando à luz um filho. Embora seja temporariamente consolada pelo fato de sua dor ter um significado, ainda assim ela vivencia a dor. Apesar de perceber que debaixo de sua dor está o surgimento da vida na forma de uma criança adorável, ela indubitavelmente vivencia a agonia. Assim é a experiência da cadeia. É a vida sem o canto de um pássaro, sem a visão do sol, da lua, das estrelas, sem a presença perceptível do ar fresco. Em suma, é a vida sem as suas belezas; é a existência nua e crua – fria, cruel e degradante.

Uma das coisas que quebram a monotonia da cadeia é a visita de um parente ou amigo. Por volta das 13h30 – três horas depois de sermos presos – nossas esposas vieram nos visitar. Como de hábito, Coretta estava calma e amável, encorajando-me a respeito de tudo. Deus me abençoou dando-me uma grande e maravilhosa mulher. Sem seu amor, sua compreensão e sua coragem, eu já teria desistido há muito tempo. Perguntei-lhe pelas crianças. Ela me disse que Yolanda tinha chorado ao saber que o pai estava na cadeia. De alguma forma, nunca me ajustei à necessidade de educar meus filhos nessas inexplicáveis condições. Como explicar a uma criança pequena por que você tem de ir para a cadeia? Coretta elaborou uma resposta. Disse-lhes que seu pai tinha sido preso para ajudar as pessoas.

Passei o resto do dia dormindo, tentando adaptar-me ao calor insuportável e conversando com outros amigos – Wyatt, o dr. Anderson, Andy Young, Ted Brown, Vincent Harding e o dr. King – que foram nos ver. Por volta das onze da noite caí no sono. Nunca tinha dormido em condições tão miseráveis. Minha cama era muito dura, minhas costas doíam e a cadeia era feia demais.

Quarta-feira, 11 de julho: Acordei muito cedo. Foi por volta das seis, para ser exato. Minhas costas ainda doíam. Mais ou menos às oito veio o café da manhã. Tínhamos jejuado durante toda a terça-feira a fim de nos prepararmos espiritualmente para as provações que teríamos pela frente. Quebramos o jejum com esse café da manhã. A comida geralmente é boa nessa cadeia. Isso talvez deva-se ao fato de ela não ser preparada lá mesmo, mas num café das redondezas. A refeição consistiu em salsichas, ovos e cereais. Fiquei agradavelmente surpreso ao perceber que o café vinha com creme e açúcar. Nas cadeias em que eu tinha sido preso não se permitiam açúcar nem creme no café.

Às dez recebemos a visita de C.K. Steele, Andy Young e Henry Elkins, meu pastor auxiliar para o verão. Ele havia trazido alguns artigos enviados de Atlanta por minha mulher. Falavam da assembleia. Ela fora animada e tivera uma frequência excelente. Eles nos sussurraram que um grupo planejava realizar uma manifestação em torno da prefeitura ao meio-dia.

Por volta do meio-dia a manifestação realmente aconteceu. Foi liderada por C.K. Steele. Todos foram presos – cerca de cinquenta pessoas. Foram levados primeiro para as cadeias municipais. Ouvimos quando se aproximaram cantando canções de liberdade. Naturalmente, foi um grande estímulo para nós.

Quando o grupo se aproximava da cadeia, dois de nossos carcereiros vieram até nós e ordenaram que Ralph e eu fôssemos para o que é conhecido como o curral, uma cela escura e desolada que abriga nove pessoas. É inacreditável que haja uma cela como essa numa sociedade supostamente civilizada.

Por volta das sete e meia da manhã do dia 13 de julho, fomos chamados e notificados de que o chefe Pritchett queria nos ver. Pediram que vestíssemos nossas roupas civis. Fizemos isso e fomos ver o chefe Pritchett por volta das nove horas. Ele então nos disse que estávamos sendo soltos, em outras palavras, que nossa multa tinha sido paga. Eu disse:

– Bem, chefe, queremos cumprir essa pena, achamos que devemos isso a nós mesmos e às setecentas e tantas pessoas desta comunidade que ainda têm esses processos pairando sobre suas cabeças.

A única resposta dele foi:

– Deus sabe, reverendo, que eu não quero você na minha cadeia.

Foi a única vez em que fui solto e não fiquei feliz por isso. Não que eu apreciasse particularmente as inconveniências e os desconfortos da cadeia, mas não gostei da tática sutil e conspiratória empregada para nos soltar. Tínhamos visto pessoas sendo chutadas dos bancos de lanchonetes, expulsas de igrejas durante os sit-ins e jogadas na cadeia durante as Viagens da Liberdade. Mas pela primeira vez víamos pessoas serem chutadas para fora de uma cadeia.

No dia 24 de julho, policiais empregaram a força contra uma manifestação pacífica, espancando brutalmente uma mulher grávida e prendendo um de nossos advogados. Alguns espectadores negros, que não faziam parte da manifestação, cheios de ressentimento, atiraram pedras e garrafas nos policiais. Nesse momento, interrompi temporariamente as manifestações e por vários dias visitei lares, clubes e salões de sinuca recomendando que não se tolerasse nenhuma retaliação, e até os homens mais irritados concordaram.

"Dia de Penitência"

Embora tenhamos certeza de que nem os manifestantes pacíficos nem as pessoas atuantes no Movimento de Albany tenham se envolvido na violência que irrompeu na noite passada, temos tanto horror à violência que, quando ela ocorre entre os membros da comunidade negra, nós assumimos parte da responsabilidade por ela.

Para demonstrar nosso compromisso com a não violência e nossa determinação de manter nosso protesto pacífico, nós declaramos um "Dia de Penitência", a se iniciar ao meio-dia de hoje. Convocamos todos os membros e defensores do Movimento de Albany a rezarem, neste Dia de Penitência, por seus irmãos da comunidade negra que ainda não encontraram o caminho da disciplina não violenta. Pensamos que, tal como observamos esse Dia de Penitência, a Comissão Municipal e os brancos de boa vontade deveriam examinar seriamente os problemas e condições existentes em Albany. Devemos dizer honestamente que a arrogante recusa da Comissão Municipal em conversar com os líderes do Movimento de Albany, a contínua repressão às aspirações dos negros por liberdade e a trágica tentativa dos policiais locais de manterem a todo custo a segregação servem para criar uma atmosfera de violência e animosidade.

Embora preguemos e ensinemos a não violência a nosso povo com toda a energia que nossos corpos possuem, tememos que essas advertências caiam em ouvidos moucos se Albany não se engajar em negociações honestas.

Os policiais municipais de Albany logo reconheceram que milhões de pessoas atentas e preocupadas de todo o país perceberiam a correção moral de nossa conduta. Rapidamente, converteram-se à não violência e, sem nenhum embaraço, o xerife Pritchett declarou à imprensa ser ele próprio um adepto dessa filosofia. Estabeleceu-se um equilíbrio nessa conturbada cidade em que o uso externo da força foi excluído.

Diário da cadeia de 27 de julho a 10 de agosto

Sexta-feira, 27 de julho: Ralph Abernathy e eu fomos mais uma vez presos em Albany às 15h15 (pela segunda vez em julho e pela terceira desde dezembro último). Acompanhavam-nos o dr. W.G. Anderson, Slater King, o reverendo Ben Gay e sete senhoras. Esse grupo pretendia fazer uma vigília de oração em frente à prefeitura, buscando convencer a Comissão Municipal a negociar com os líderes do Movimento de Albany. Ao chegarmos à prefeitura, a imprensa estava a postos em grande número e o chefe de polícia Laurie Pritchett veio diretamente em nossa direção e nos convidou a entrar em seu escritório. Como nos recusamos, ele imediatamente ordenou que fôssemos presos.

Em torno das nove da noite, um dos policiais veio até a cela e disse que o chefe Pritchett queria me ver em seu escritório. Reagi com suspeita, lembrando-me de que duas semanas antes tínhamos sido chamados ao escritório de Pritchett apenas para descobrir que estávamos sendo soltos de maneira ardilosa. (Um doador misterioso tinha pago a multa de 178 dólares para cada um.) Naquele dia estávamos determinados a não deixar que isso tornasse a acontecer. Assim, eu disse ao policial que Pritchett teria de vir a nossa cela. O policial reagiu com muita raiva, mas aparentemente levou a mensagem a Pritchett, pois o chefe veio até nós imediatamente e disse:

– Escute aqui, doutor. Não estou tentando soltá-lo. Há uma ligação interurbana para você de um homem chamado Spivak.

Resultou que a chamada era de Lawrence Spivak, do programa de TV *Meet the Press*. Eu tinha uma entrevista agendada nesse programa para o dia 29 de julho, um domingo. Ele ficou muito chateado e literalmente me implorou que saísse sob fiança. Imediatamente convoquei o advogado (C.B.) King e o reverendo Wyatt Walker, meu auxiliar, em busca de aconselhamento. Todos concordamos que eu não deveria sair e sugerimos que o dr. Anderson, líder do Movimento de Albany, fosse libertado sob fiança e me substituísse. O dr. Anderson concordou e eu resolvi permanecer na cadeia.

Sábado, 28 de julho: Consegui autorização do chefe Pritchett para que membros de minha equipe se consultassem comigo a qualquer momento. Realizávamos reuniões de nossa equipe lá mesmo na cadeia. Minha esposa, Coretta, também veio me ver hoje duas vezes antes de voltar para Atlanta.

Quando Wyatt veio à cadeia, enfatizei que, por haver tanta tensão na cidade, deveria haver mais manifestações de pequenos grupos em frente à prefeitura do que grandes passeatas.

Pouco depois de minha conversa com Wyatt, outros quinze manifestantes foram presos ao aparecerem diante da prefeitura, e todos entraram na cadeia cantando em voz alta. Foi um grande alívio para nós. O grupo foi imediatamente enviado a outra penitenciária do estado.

Mais tarde nesse mesmo dia, Pritchett veio a mim e me pediu que saísse da cadeia definitivamente. Disse que alguém havia enviado o dinheiro para pagar minha fiança e que tecnicamente ele poderia me forçar a sair. Eu lhe disse que certamente não queria estar na posição de ser arrastado para fora da cadeia, mas não tinha intenção de sair porque desejava cumprir minha sentença.

Pritchett nos disse:

– Você não sabe como as coisas andam tensas, não é mesmo? – Ao respondermos que não, ele replicou: – Alguém quase partiu ao meio a cabeça de C.B. King.

Aquilo parecia horrível e ficamos agitados. Eu lhe perguntei quem tinha feito isso e ele disse calmamente:

– O xerife da cadeia do condado.

Imediatamente me comuniquei com Wyatt e lhe pedi que enviasse um telegrama ao presidente e ligasse para o procurador-geral Robert Kennedy e para Burke Marshall, do Departamento de Justiça. Pedi que lhes dissesse que eu estava muito preocupado com esse tipo de brutalidade perpetrado por um agente da lei e que algo precisava ser feito.

Domingo, 29 de julho: Tudo esteve muito calmo esta manhã. Tivemos nossos serviços religiosos regulares envolvendo todos os presos. Li trechos do Livro de Jó. Realizamos esses serviços toda manhã e toda noite e cantamos sempre que achamos conveniente. Como só Ralph e eu estamos juntos numa cela, não podemos ver os outros presos, mas sempre podemos ouvi-los. Slater está a duas celas de distância. Marvin Rich, Ed Dickenson e Earl Gorden (alguns dos manifestantes brancos) estão do outro lado do corredor, num outro bloco, mas se juntam a nós nesses serviços. Depois disso, comecei a ler alguns dos livros que tinha comigo.

Trouxeram-nos o café da manhã de praxe às oito horas. Era composto de uma salsicha, um ovo, alguns cereais e dois pedaços de pão servidos num pratinho com uma pequena caneca de café. Ficamos atônitos quando o carcereiro retornou às 10h10 desta manhã com um prato de picadinho, ervilhas, arroz e pão de milho. Disse que era a ceia e que seria a última refeição que teríamos naquele dia porque a cozinha iria fechar mais cedo. Logo chegou o reverendo Walker juntamente com o dr. Roy C. Bell, de

Atlanta, e Larry Still, redator da revista *Jet*. Roy examinou os dentes de Ralph e disse que conversaria com o chefe Pritchett para que nos fornecessem "alimentos embalados". Eu lhe disse que isso era necessário porque morreríamos de fome com a comida da cadeia. A cadeia de Albany é suja, asquerosa e mal-equipada. Já estive em muitas cadeias e esta é realmente a pior que já vi.

Segunda-feira, 30 de julho: Passei a maior parte do dia lendo e escrevendo meu livro sobre sermões negros antes de iniciar nossa audiência no tribunal federal. O calor estava tão insuportável que mal consegui terminar alguma coisa. Penso que temos a pior cela da cadeia porque ela fica num canto da parte de trás. Há quatro beliches em nossa cela, mas por algum motivo eles nunca colocam ninguém conosco. Ralph diz que toda vez que vamos ao lavatório nós esbarramos um no outro. Ele é um amigo maravilhoso e realmente mantém nossos ânimos elevados. A comida hoje pareceu pior que de costume. Só consegui tomar o café.

Falei com Wyatt e ele me disse que as manifestações estavam prosseguindo como planejado. Logo tivemos notícias delas porque trouxeram mais uns quinze presos. Então nos disseram que ficássemos preparados para sermos levados ao tribunal, onde teria início a audiência referente ao requerimento do município de um embargo federal contra as manifestações. Fui informado de que a dra. Connie Motley, do escritório da NAACP em Nova York, estava aqui e fiquei contente. Os advogados King e Donald L. Hollowell, de Atlanta, vieram me ver antes do início da audiência. Discutimos como a batalha de Atlanta deveria ser travada em quatro frentes: com um confronto jurídico nos tribunais; com manifestações e ocupações de igrejas e lanchonetes; com um boicote econômico; e, finalmente, com uma intensa campanha de registro eleitoral. Esse seria um longo verão.

Terça-feira, 31 de julho: Fiquei muito satisfeito hoje em ir ao tribunal porque tive uma chance de ver minha mulher e meus amigos e colegas que estão mantendo ativo o Movimento de Albany. Também tive uma oportunidade de me consultar com Wyatt durante os recessos. Ele disse que estavam ocorrendo manifestações enquanto estávamos no tribunal e que alguns grupos de jovens liderados pelo Comitê de Coordenação dos Estudantes Não Violentos estavam testando lugares como farmácias, drive-ins e motéis.

Mais tarde, meu pai veio me ver, acompanhado pelo reverendo Allen Middleton, chefe local da SCLC em Atlanta. Fiquei contente em saber que minha mãe tinha se conformado com meu papel no Movimento de Albany. Ela entendeu que eu tinha de ficar na cadeia enquanto isso fosse necessário. Eu disse a meu pai para convidar alguns pastores para ajudá-lo a desempenhar suas funções na igreja, mas ele retrucou:

— Enquanto você toca as coisas na cadeia, eu toco as coisas aqui fora.

Quarta-feira, 1º de agosto: Meu pai e o dr. Middleton vieram me ver outra vez esta manhã e me disseram ter falado na assembleia de ontem à noite na Igreja Batista de Mt. Zion. A multidão era tão grande que extravasou, chegando à Igreja Batista Shiloh, do outro lado da rua, onde assembleias noturnas normalmente acontecem. Papai disse que ficaria ali durante a audiência de hoje para ouvir o testemunho do chefe Pritchett sobre como tivera de prender negros para impedir que os brancos batessem neles. Papai contou que Pritchett havia dito às pessoas que eu não tinha vindo a Albany por conta própria, mas convidado pela polícia municipal a visitar sua cadeia.

Quinta-feira, 2 de agosto: Soube que o presidente Kennedy aconselhou os comissários de Albany a conversarem com os líderes negros. Considerei muito direta essa declaração e imediatamente preparei uma nota congratulando-me com ele por essa ação.

Sexta-feira, 3 de agosto: O tribunal entrou em recesso até terça. Ainda acho o julgamento muito longo e arrastado, e que as pessoas deveriam continuar manifestando-se não importa o que aconteça.

Sábado, 4 de agosto: Outros manifestantes foram presos durante todo o dia de hoje, e mais tarde Pritchett voltou e pediu que cantassem para ele:

— Cantem aquela canção sobre "Não vou deixar que o chefe Pritchett me faça mudar de opinião" — pediu ele.

Acho que ele realmente gostava de ouvi-la. Os outros presos ficaram apenas olhando e escutando.

Domingo, 5 de agosto: Hoje foi para mim um grande dia, pois meus filhos – Yolanda, Martin Luther III e Dexter – vieram me visitar. Eu não os via há cinco semanas. Ficamos uns 25 minutos juntos. Com certeza eles me deram um estímulo.

Segunda-feira, 6 de agosto: Estive mais uma vez com Coretta antes de ela partir com as crianças de volta a Atlanta. Dediquei o meu dia à leitura de cartas e jornais de todas as partes do mundo. Algumas delas tinham como destinatário simplesmente o "Encrenqueiro Nº 1 da Nação, Albany", sem nenhum conteúdo. Recebi algumas ruins como essas, mas a maioria era positiva, de encorajamento, enviadas por negros e brancos. Depois do jantar e do momento religioso, continuei a escrever meu livro. Tinha planejado concluí-lo neste verão, mas só escrevi onze dos dezoito sermões a serem incluídos. Todos tratam de como tornar o evangelho relevante para a vida social e econômica do homem. Isso significa como lidar com relações raciais, guerra e paz, injustiças econômicas. Todos se baseiam em sermões que já fiz. Os que escrevi na cadeia intitulam-se "Um coração terno e uma mente inflexível", "O amor em ação" e "Amando seus inimigos". Creio que o título do livro será *Amando seus inimigos*.

TELEGRAMA AO PRESIDENTE KENNEDY

CARO SR PRESIDENTE, SATISFEITO PELA FRANQUEZA DE SUA DECLARAÇÃO SOBRE A CRISE DE ALBANY. REV ABERNATHY E EU ESPERAMOS DE CORAÇÃO QUE O SR CONTINUE A USAR A GRANDE INFLUÊNCIA MORAL DE SEU CARGO PARA AJUDAR A RESOLVER ESTA SITUAÇÃO CRÍTICA.

2 de agosto de 1962

Terça-feira, 7 de agosto: Voltamos hoje ao tribunal. Enquanto ouvia as declarações das testemunhas de acusação sobre como estavam tentando evitar a violência e proteger as pessoas, disse a Ralph que era muito deprimente ver autoridades municipais apresentando uma farsa na corte.

Quarta-feira, 8 de agosto: Hoje foi o último dia de audiência e Ralph e eu apresentamos nossos testemunhos. Embora a audiência no tribunal federal proporcionasse um alívio em relação ao calor da cela, fiquei satisfeito por ela terminar. Eu sempre me sentia péssimo ao voltar para a cela quente depois do ar condicionado da sala do tribunal. Fiquei tão exausto e doente que o dr. Anderson teve de vir me atender pela segunda vez.

Quinta-feira, 9 de agosto: Embora tivéssemos resolvido permanecer na cadeia, "Acordamos esta manhã com nossas mentes em liberdade".* Todos pareciam estar de bom humor, tivemos um ato religioso excepcionalmente bom e cantamos todos os nossos cânticos de liberdade.

Mais tarde, Wyatt e o dr. Anderson vieram e me disseram que duas passeatas estavam programadas para o caso de Ralph e eu sermos condenados amanhã. As mães de todos os presos concordaram em reunir suas famílias na cadeia, incluindo minha mulher, a sra. Anderson, a mulher de Wyatt, a de Young, a de Ralph e a do dr. William Kunstler.

Sexta-feira, 10 de agosto: A condenação condicional de hoje não foi uma surpresa total para mim. Ainda acho que a sentença foi injusta e pretendo recorrer, mas nossos advogados não decidiram. Ralph e eu concordamos em cancelar as passeatas e voltar a nossas igrejas em Atlanta para dar à comissão uma chance de salvar as aparências e demonstrar a boa-fé do Movimento de Albany.

Eu achava que o governo federal poderia fazer mais, já que princípios constitucionais básicos estavam sendo negados. As pessoas que participa-

---

* "We woke up this morning with our mind on freedom", canção gospel. (N.T.)

vam dos protestos em Albany, Geórgia, estavam apenas buscando exercer direitos constitucionais por meio do protesto pacífico, não violento. Penso que as pessoas em Albany estavam tendo negados seus direitos com base na Primeira Emenda da Constituição. Achei que seria muito bom para o governo federal assumir uma posição definida sobre esse assunto, mesmo que isso significasse juntar-se aos advogados negros que estavam lidando com a situação.

O TERRÍVEL CUSTO DO VOTO

Meu coração e meus olhos se encheram de lágrimas quando inspecionei as ruínas do que fora a Igreja Batista de Shady Grove, em Leesburg, Geórgia. Eu tinha sido acordado logo após o raiar do dia por meu assistente-executivo, o rev. Wyatt Tee Walker, o qual me informou que um membro da equipe do SNCC tinha acabado de ligar relatando que a igreja em que sua organização vinha realizando clínicas eleitorais e aulas sobre registro de eleitores fora destruída pelo fogo e/ou por dinamite.

A verdade nua e crua é que, quer o objeto dos esforços da comunidade negra sejam lanchonetes ou ônibus interestaduais, os privilégios garantidos pela Primeira Emenda ou as peregrinações de oração, a dessegregação das escolas ou o direito de voto, ele encontra um adversário implacável no branco racista do Sul. Não importa quais sejam os nossos propósitos, se tiverem a ver com cidadania plena, respeito próprio, dignidade humana, e se de alguma forma confrontarem "o modo de vida do Sul", os negros têm pouca chance, se é que têm alguma, de obter a aprovação, o consentimento ou a tolerância do Sul branco e segregacionista – Prova nº 1: as ruínas carbonizadas da Igreja Batista de Shady Grove, condado de Lee, Geórgia. Esse é o terrível custo do voto no extremo Sul.

De uma coluna de jornal, 1º de setembro de 1962

> TELEGRAMA AO PRESIDENTE KENNEDY
>
> SOUBE DE FONTES SEGURAS QUE NEGROS ESTÃO SE ARMANDO EM MUITOS LUGARES EM QUE PREDOMINA ESSE REINO DO TERROR. CONTINUAREI EXORTANDO O MEU POVO A SER NÃO VIOLENTO DIANTE DA MAIS ODIOSA OPOSIÇÃO, MAS TEMO QUE MINHA RECOMENDAÇÃO CAIA EM OUVIDOS MOUCOS SE O GOVERNO FEDERAL NÃO REALIZAR UMA AÇÃO DECISIVA. SE OS NEGROS CAÍREM NA TENTAÇÃO DE RECORRER À VIOLÊNCIA RETALIATÓRIA, TEREMOS UMA SOMBRIA NOITE DE DISTÚRBIOS POR TODO O SUL.
>
> 11 de setembro de 1962

"O povo de Albany tinha se aprumado"

Nosso movimento provocou no negro um nível tal de entusiasmo que mais de 5% da população negra foi voluntariamente presa. Ao mesmo tempo, cerca de 95% dessa população boicotou ônibus e lojas em que se ofereciam não serviços, mas humilhações. Esses boicotes foram notavelmente eficazes. Os ônibus saíram das ruas para enferrujar nas garagens e a linha foi desativada. Outros comerciantes viram as vendas de suas mercadorias despencarem semana após semana. Empresas de âmbito nacional chegaram a mudar seus planos de abrir filiais em Albany, pois a cidade era demasiado instável para estimulá-las a investir aqui. Para nos subjugar, nossos opositores fecharam parques e bibliotecas, mas, nesse processo, também tiveram de fechá-los para os brancos, de modo que por causa deles suas cidades se transformaram em pouco mais que aldeias rurais sem instalações de recreação e cultura.

Quando, após meses de manifestações e prisões, o movimento não conseguiu concretizar seus objetivos, reportagens publicadas pela imprensa e por outros meios declararam que a resistência não violenta tinha perdido a relevância.

Havia debilidades em Albany, e uma parcela da responsabilidade cabe a cada um de nós, participantes. Não existe uma teoria tática tão simples pela qual uma luta revolucionária por uma parcela do poder possa ser ganha meramente se apertando um conjunto de botões. Os seres humanos, com todas as suas fraquezas e poderes, constituem o mecanismo de um movimento social. Têm de cometer erros e aprender com eles, cometer outros erros e aprender de novo. Devem provar a derrota tanto quanto o sucesso e descobrir como viver com ambos. Olhando em retrospecto, sinto muito ter sido solto sob fiança. Na época eu não entendia o que estava acontecendo. Perdemos uma iniciativa que nunca mais recuperamos. Atacamos a estrutura do poder político em vez da estrutura do poder econômico. Não se vence a estrutura do poder político quando não se tem votos.

Se tivesse de fazer de novo, orientaria a liderança da comunidade negra de modo diferente. O erro que cometi então foi protestar contra a segregação de maneira geral em vez de o fazer contra uma faceta distinta dela. Nosso protesto era tão vago que não obtivemos coisa alguma e as pessoas foram abandonadas à depressão e ao desespero. Teria sido muito melhor se nos tivéssemos concentrado em integrar os ônibus ou as lanchonetes. Uma vitória desse tipo teria sido simbólica e com ela teríamos atraído apoio e elevado nosso moral. Mas não estou dizendo que nosso trabalho em Albany tenha fracassado. E o que aprendemos com os erros cometidos em Albany nos ajudou a tornar mais eficazes as campanhas que promovemos em outras cidades. Desde então, nunca mais dispersamos nossos esforços num ataque à segregação em geral, mas nos concentramos em objetivos específicos e simbólicos.

No entanto a revogação das leis segregacionistas em Albany indicou claramente que as autoridades municipais estavam enfrentando com realismo o falecimento jurídico da segregação. Depois das ocupações de cadeias, a Comissão Municipal revogou todo o capítulo do código da cidade que continha posturas segregacionistas. A biblioteca pública foi aberta "temporariamente" por trinta dias – integrada! É claro que nenhum desses eventos poderia ser avaliado como uma vitória total, mas também não se pode dizer que eles tenham tido sabor de derrota.

Quando planejamos nossa estratégia para Birmingham, meses depois, passamos muitas horas avaliando o que ocorrera em Albany e tentando aprender com nossos erros. Nossas avaliações não apenas ajudaram a tornar as táticas posteriores mais eficientes, mas também revelaram que Albany estava longe de ter sido um fracasso absoluto. Embora as lanchonetes continuassem segregadas, milhares de negros haviam acrescentado seus nomes às listas de eleitores. Lá, nas eleições para governador que se seguiram ao verão, um candidato moderado enfrentou um segregacionista fanático. Devido à ampliação do voto negro, o candidato moderado venceu o segregacionista naquela cidade, o que, por sua vez, contribuiu para a vitória dele no estado. Como resultado, a Geórgia elegeu pela primeira vez um governador comprometido com o respeito à lei e com sua aplicação equânime.

Em suma, nosso movimento tinha assumido a ofensiva moral, enriquecendo nosso povo com um espírito de poder para lutar por igualdade e liberdade ainda que a luta seja longa e penosa. O povo de Albany tinha se aprumado, e, como Gandhi havia dito, ninguém pode subir nas costas de um homem a menos que ele esteja curvado.

A atmosfera de desespero e derrota foi substituída por um crescente senso de poder de pessoas que tinham ousado desafiar os tiranos e descoberto que esses tiranos podiam ser derrotados. Para o negro do Sul, arqueado sob o peso de séculos de inferioridade, ter enfrentado seu opressor abertamente, absorvido sua violência, enchido as cadeias, tirado das ruas seus ônibus segregados, rezado em algumas de suas igrejas, tirado de operação parques, bibliotecas e piscinas e reduzido seus lucros revelou à nação e ao mundo a sua desumanidade, e ter cantado, discursado e rezado publicamente por liberdade e igualdade – esses foram os feitos de um gigante. Ninguém poderia voltar a silenciá-lo. Essa era a vitória que não podia ser desfeita. Albany nunca mais poderia ser a mesma. Tínhamos obtido lá uma vitória parcial, e isso para nós não era o fim, mas o começo.

17. A campanha de Birmingham

Por todo o país, nenhum lugar se comparava a Birmingham. Maior cidade industrial do Sul, Birmingham tinha se transformado, na década de 1930, num símbolo de carnificina quando os sindicatos tentaram se organizar. Era uma comunidade em que os direitos humanos vinham sendo violados por tanto tempo que o medo e a opressão eram tão espessos em sua atmosfera quanto a fumaça de suas fábricas. Seus interesses comerciais estavam interligados com uma estrutura de poder que se espalhava por todo o Sul e se irradiava para o Norte. O desafio da ação direta não violenta não poderia ser apresentado numa arena mais adequada.

---

28 de março de 1963
Nasce o quarto filho dos King, Bernice Albertine

2 de abril
Albert Boutwell ganha uma concorrida eleição para prefeito de Birmingham, enfrentando o comissário de polícia Eugene "Bull" [Touro] Connor, mas este e outros comissários municipais se recusam a deixar seus cargos

3 de abril
Após adiamentos a fim de evitar interferir nas eleições, a SCLC e o Movimento Cristão pelos Direitos Humanos no Alabama lançam uma campanha de protesto em Birmingham

12 de abril
Depois de violar um mandado do tribunal regional federal, King é preso

15 de abril
O presidente Kennedy telefona para Coretta expressando preocupação com a prisão de seu marido

---

Se você tivesse visitado a cidade de Birmingham antes de 3 de abril, no centésimo aniversário da emancipação dos negros, poderia ter chegado a uma surpreendente conclusão. Poderia ter concluído que existia ali uma cidade mergulhada havia décadas num sono como o de Rip van Winkle;* uma cidade cujas autoridades aparentemente nunca tinham ouvido falar de Abraham Lincoln, de Thomas Jefferson, da Declaração de Direitos, do Preâmbulo da Constituição, da 13ª, da 14ª e da 15ª Emendas ou da decisão da Suprema Corte dos Estados Unidos, de 1954, que considerou ilegal a segregação nas escolas públicas.

Se a força de sua imaginação for suficiente para permitir-lhe colocar-se na posição de um bebê negro nascido e criado até a maturidade física na cidade de Birmingham, será possível visualizar sua vida da maneira que se descreve a seguir.

Você teria nascido num hospital segregado, de pais que provavelmente viveriam num gueto. Frequentaria uma escola segregada. Passaria a infância brincando sobretudo nas ruas, já que os parques destinados às pessoas "de cor" eram profundamente inadequados. Quando uma ordem de um tribunal federal acabasse com a segregação nos parques, você descobriria que a cidade preferia fechá-los e abrir mão de seu time de beisebol a integrá-los.

Se você fosse fazer compras com seu pai ou sua mãe, iria acompanhá-los por todas as seções, exceto uma, fossem as lojas grandes ou pequenas. Se tivesse fome ou sede, teria de se esquecer delas até retornar às áreas negras da cidade, pois constituía violação da lei servir comida a negros nas mesmas lanchonetes que atendiam os brancos.

Se sua família frequentasse a igreja, você iria para uma igreja negra. Caso frequentasse sua própria igreja negra e desejasse manter-se em segurança, deveria escolher uma igreja que não tivesse um pastor com a reputação de defender os direitos civis. Se desejasse visitar uma igreja frequentada pelos brancos, não seria bem recebido. Pois embora seus concidadãos brancos insistissem em afirmar que eram cristãos, eles pra-

---

* Personagem-título de um conhecido conto de Washington Irving. Na história, Rip van Winkle passa vinte anos dormindo. (N.T.)

ticavam tão rigidamente a segregação na casa de Deus como o faziam no cinema.

Se desejasse contribuir e participar do trabalho da Associação Nacional para o Progresso das Pessoas de Cor, não seria capaz de encontrar uma seção local. No estado do Alabama, as autoridades segregacionistas tinham conseguido impedir a NAACP de fazer seu trabalho pelos direitos civis declarando-a uma "corporação estrangeira" e tornando ilegais as suas atividades.

Se você quisesse um emprego nessa cidade – um dos maiores centros de produção de ferro e aço do país –, teria de se contentar com uma posição subserviente como a de porteiro ou operário. Se tivesse sorte suficiente para arrumar um emprego, poderia ter certeza de que as promoções para uma posição melhor ou mais bem-remunerada seriam não para você, mas para seus colegas brancos, independentemente de seus relativos talentos.

Se você acreditasse nos livros de história e imaginasse os Estados Unidos como um país cujos governantes – municipais, estaduais ou federais – fossem escolhidos pelos governados, ficaria rapidamente desiludido ao tentar exercer seu direito de se registrar e votar. Sua raça, embora constituindo dois quintos da população da cidade, representaria um oitavo de seu contingente eleitoral.

Você viveria numa cidade em que a brutalidade policial voltada contra os negros seria uma realidade inquestionável e incontestável. Um dos comissários municipais, membro do grupo que administrava os assuntos da cidade, seria Eugene "Bull" Connor, um racista que se orgulhava de saber como lidar com os negros e mantê-los no "seu" lugar. Como comissário de segurança pública, Bull Connor, entrincheirado por muitos anos numa posição-chave na estrutura de poder de Birmingham, tanto desprezava os direitos do negro quanto desafiava a autoridade do governo federal.

Você encontraria em Birmingham uma atmosfera geral de violência e brutalidade. Os racistas locais intimidavam, atacavam e até matavam negros impunemente. Um dos exemplos mais nítidos do terror em Birmingham foi a castração de um homem negro cujo corpo mutilado foi abandonado numa estrada deserta. Nenhuma casa de negros estava protegida de bombas e incêndios. Do ano de 1957 a janeiro de 1963, embora Birmingham ainda afirmasse que seus negros estavam "satisfeitos", houve dezessete casos não solucionados de igrejas de negros e casas de líderes dos direitos civis atacadas com bombas.

Na Birmingham de Connor, a senha era o medo. Um medo não apenas da parte dos negros oprimidos, mas também nos corações dos brancos opressores. Certamente Birmingham tinha seus brancos moderados que rejeitavam as táticas de Bull Connor. Certamente Birmingham tinha cidadãos brancos decentes que, no âmbito privado, deploravam os maus-tratos a que os negros eram submetidos. Mas publicamente eles permaneciam em silêncio. Era um silêncio nascido do medo – o medo de represálias sociais, políticas e econômicas. A maior tragédia de Birmingham não era a brutalidade dos maus, mas o silêncio dos bons.

Em Birmingham, você viveria numa comunidade em que a tirania dos brancos, há tanto tempo exercida, havia intimidado o seu povo, fazendo-o abandonar a esperança e desenvolvendo nele um falso sentimento de inferioridade. Viveria numa cidade em que os representantes do poder econômico e político se recusavam até mesmo a discutir a justiça social com os líderes de seu povo.

Você viveria na maior cidade de um estado policial, liderado por um governador – George Wallace – cujo discurso de posse fora a promessa de "segregação hoje, segregação amanhã, segregação sempre!". Estaria vivendo, de fato, na cidade mais segregada dos Estados Unidos.

"Projeto C"

Havia uma ameaça ao reinado da supremacia branca em Birmingham. Em resultado do boicote dos ônibus em Montgomery, movimentos de protesto haviam brotado em numerosas cidades do Sul. Em Birmingham, um dos mais corajosos participantes da luta pela liberdade, o reverendo Fred Shuttlesworth, tinha organizado, na primavera de 1956, o Movimento Cristão pelos Direitos Humanos do Alabama – o ACMHR (na sigla em inglês).

Shuttlesworth, um homem magro, mas resistente, enérgico e indomável, havia decidido transformar Birmingham e pôr um fim ao domínio racista e terrorista de Bull Connor.

Quando Shuttlesworth formou sua organização – que de pronto se tornou uma das 85 afiliadas da Conferência da Liderança Cristã do Sul –, Bull Connor sem dúvida encarou o grupo como mais um bando de "crioulos" desordeiros. Mas logo se tornou óbvio, até mesmo para ele, que Shuttlesworth falava sério. Já no Natal de 1956, a casa de Shuttlesworth tinha sido atacada com uma bomba e completamente destruída. No inverno daquele mesmo ano, sua igreja, a batista de Bethel, fora dinamitada por racistas, e depois, em 1957, Shuttlesworth e sua esposa foram atacados, espancados e esfaqueados. Também foram presos oito vezes, quatro delas durante as Viagens da Liberdade.

Num encontro do conselho da SCLC realizado em maio de 1962 na cidade de Chattanooga, decidimos considerar seriamente a possibilidade de nos juntarmos a Shuttlesworth e ao ACMHR numa campanha de ação direta maciça para enfrentar a segregação em Birmingham. Tal como Shuttlesworth, acreditávamos que, embora estivéssemos certos de que a campanha em Birmingham seria a luta mais dura de nossas carreiras como líderes dos direitos civis, ela poderia, se tivesse êxito, quebrar a espinha dorsal da segregação em todo o país. Uma vitória lá poderia muito bem colocar em movimento forças que mudariam todo o curso da luta por liberdade e justiça. Por estarmos convencidos do significado do trabalho a ser realizado em Birmingham, percebemos que teríamos de ter a preparação mais cuidadosa e dedicada para encarar esse esforço. Começamos a preparar um arquivo altamente secreto que denominamos "Projeto C" – "C" representando aí o *Confronto* de Birmingham com a luta pela justiça e pela moralidade nas relações raciais.

Na preparação de nossa campanha, convoquei um retiro e sessão de planejamento de três dias com a equipe e os membros do conselho da SCLC em nosso centro de treinamento perto de Savannah, na Geórgia. Buscávamos aperfeiçoar nosso cronograma e discutir todas as eventualidades possíveis. Ao analisarmos nossa campanha em Albany, Geórgia, concluímos que um de nossos principais erros fora dispersar muito amplamente nossos esforços. Tínhamos estado tão envolvidos em atacar a segregação de maneira geral que não conseguíramos direcionar nosso protesto com mais eficácia a nenhuma de suas principais facetas. Concluímos que, em comunidades marcadas pela intransigência, seria possível travar uma batalha mais eficaz se esta se concentrasse num dos aspectos do maligno e intrincado sistema segregacionista. Resolvemos, assim, concentrar a luta de Birmingham na comunidade empresarial, pois sabíamos que a população negra tinha suficiente poder de compra para que sua retração pudesse fazer a diferença entre lucro e perda para muitos comerciantes.

Duas semanas após o retiro, fui a Birmingham com meu habilidoso assistente-executivo, o reverendo Wyatt Tee Walker, e meu amigo e companheiro de campanha de todas as horas desde a época de Montgomery, o reverendo Ralph Abernathy, tesoureiro da SCLC. Lá começamos a nos reunir com o conselho da ACMHR para ajudar a preparar a comunidade negra para o que certamente seria uma campanha difícil, longa e perigosa.

Reuníamo-nos no agora famoso quarto nº 30 do motel Gaston. Esse quarto, em que Ralph e eu nos hospedamos e em que se realizaram todas as reuniões estratégicas nos meses seguintes, mais tarde se tornaria o alvo de uma das bombas na fatídica e violenta noite de sábado, 11 de maio, véspera do Dia das Mães.

A primeira decisão importante que tivemos de tomar foi estabelecer uma data para o lançamento do "Projeto C". Como era nosso objetivo exercer pressão sobre os comerciantes, achamos que nossa campanha poderia ser lançada na época da Páscoa – o segundo maior período de compras do ano. Se começássemos na primeira semana de março, teríamos seis semanas para mobilizar a comunidade antes da Páscoa, que cairia no dia 14 de abril. Mas nesse ponto alguém nos lembrou que haveria uma eleição para prefeito de Birmingham no dia 5 de março.

Os principais candidatos eram Albert Boutwell, Eugene "Bull" Connor e Tom King. Todos eram segregacionistas, defendendo uma plataforma de preservação do status quo. Mas tanto King quanto Boutwell eram considerados moderados em comparação com Connor. Tínhamos a esperança de que Connor fosse tão fragorosamente derrotado que pelo menos não tivéssemos de nos preocupar com ele. Como não desejávamos que nossa campanha fosse usada como uma bola no jogo político, resolvemos adiá-la, planejando dar início às manifestações duas semanas depois das eleições.

À altura de 1º de março de 1963, o projeto estava plenamente engrenado e tentávamos acertar os detalhes da estrutura organizacional. Umas cinquenta pessoas se haviam apresentado como voluntárias para participar das manifestações iniciais e se comprometido a permanecer na cadeia pelo menos cinco dias.

Nesse ponto, os resultados das eleições de 5 de março interferiram, apresentando um novo e sério problema. Nenhum dos candidatos obtivera uma vitória clara. Haveria um turno de desempate, a ser realizado na primeira semana de abril. Os candidatos em competição seriam Boutwell e Connor.

Mais uma vez teríamos de repensar a estratégia. Se entrássemos em cena com Boutwell e Connor competindo, este último certamente exploraria nossa presença utilizando-a como um tema emocional em sua vantagem, lançando uma campanha vigorosa para persuadir a comunidade branca de que ele, e só ele, poderia defender as políticas oficiais de segregação do município. Poderíamos de fato contribuir para a vitória de Connor. Com relutância, decidimos adiar as manifestações até o dia seguinte à votação de desempate.

Saímos de Birmingham com tristeza, achando que, depois desse segundo adiamento, o intenso trabalho de campo que realizáramos na comunidade negra talvez não trouxesse os resultados que buscávamos. Estávamos abandonando 250 voluntários que haviam mostrado disposição em se juntar a nossas fileiras e ir para a cadeia. Agora poderíamos perder o contato com esses recrutas por várias semanas. Mas não nos arriscamos a ficar. Foi decidido que nenhum membro da equipe da SCLC voltaria a Birmingham antes que se definisse o desempate.

Em Nova York, Harry Belafonte, um velho amigo e simpatizante da SCLC, concordou em realizar uma reunião em seu apartamento. Cerca de 75 lideranças nova-iorquinas compareceram. Fred Shuttlesworth e eu falamos dos problemas existentes em Birmingham e daqueles que prevíamos. Explicamos por que havíamos adiado a ação até que se desse o desempate e por que considerávamos necessário concretizar nossos planos quer o vencedor fosse Connor, quer fosse Boutwell. Quando terminamos, a pergunta mais frequente foi:

– O que podemos fazer para ajudar?

Respondemos que certamente necessitaríamos de uma enorme soma de dinheiro para pagar as fianças. Poderíamos precisar de reuniões públicas para obter mais apoio. De imediato, Harry Belafonte organizou um comitê e na mesma noite pessoas se comprometeram a contribuir financeiramente. Nas três semanas seguintes, Belafonte, que nunca fez coisa alguma sem se envolver plenamente, deixou de lado a carreira para organizar pessoas e finanças. Estabelecidos esses contatos, chegara a hora de regressar a Birmingham. A votação de desempate seria no dia 2 de abril. Pegamos um voo naquela mesma noite. No boca a boca, tentamos estabelecer contato com os 250 voluntários para um encontro de última hora. Uns 65 apareceram. No dia seguinte, com essa modesta força de trabalho, lançamos nossa campanha de ação direta em Birmingham.

"As pessoas se apresentavam para se alistar no nosso exército"

No dia 3 de abril de 1963, uma quarta-feira, o *Birmingham News* apareceu nas bancas, a primeira página brilhando com uma ilustração em cores mostrando um sol dourado nascendo sobre a cidade. A legenda dizia: "Um novo dia nasce para Birmingham", comemorando a vitória de Albert Boutwell na votação de desempate para prefeito. Agora se podia ter a expectativa, sugeriam os dizeres, de que o brilho áureo da harmonia racial se espraiasse pela cidade. Como os fatos mostrariam, foi realmente um novo dia para Birmingham – mas não porque Boutwell tivesse ganho a eleição.

Apesar de todo o otimismo manifestado na imprensa e de outras formas, estávamos convencidos de que Albert Boutwell era, nas palavras de

Fred Shuttlesworth, "apenas um Bull Connor mais respeitável". Sabíamos que o ex-senador estadual e vice-governador fora o principal autor da Lei de Disposição dos Alunos do Alabama* e era um fiel defensor de posições segregacionistas. Sua declaração, alguns dias após a eleição, de que "nós cidadãos de Birmingham respeitamos e compreendemos uns aos outros" mostrou que ele não entendia coisa alguma sobre dois quintos dos cidadãos daquela cidade, para os quais nem mesmo a segregação cordial era considerada respeitosa.

Entrementes, apesar do resultado do turno de desempate, os comissários municipais, incluindo Bull Connor, haviam assumido a postura de que não poderiam ser legalmente afastados de seus cargos antes de 1965. Eles queriam ir aos tribunais defender sua posição e, nesse ínterim, se recusaram a deixar seus gabinetes na prefeitura. Se ganhassem na justiça, permaneceriam em seus cargos por mais dois anos. Se perdessem, seus mandatos só expirariam em 15 de abril, um dia depois da Páscoa. Em ambos os casos, estávamos decididos a nos envolver numa situação em que a cidade operava literalmente sob dois governos.

Tínhamos resolvido que a luta nos primeiros dias iria limitar-se aos sit-ins. Preparados para um longo esforço, achamos melhor começar modestamente, com um número limitado de prisões a cada dia. Racionando nossas energias dessa maneira, ajudaríamos a construir e dramatizar uma campanha cada vez mais ampla. Assim sendo, as primeiras manifestações não foram espetaculares, mas foram bem-organizadas. Depois do primeiro dia realizamos uma assembleia, a primeira de 65 realizadas em várias igrejas da comunidade negra. Com essas reuniões conseguimos gerar um poder e uma profundidade que acabaram galvanizando toda a comunidade negra. Eu falava toda noite nas assembleias sobre a filosofia e os métodos da não violência.

---

* No original, Pupil Placement Law, uma lei estadual de 1956 que submetia possíveis transferências de alunos de escolas públicas a uma diversidade de critérios destinados a encobrir sua verdadeira intenção: manter a segregação racial, considerada ilegal desde 1954 por decisão da Suprema Corte. (N.T.)

"A alma do movimento"

Uma parte importante das assembleias eram os cânticos de liberdade. Num certo sentido, esses cânticos constituem a alma do movimento. São mais do que canções compostas de frases inteligentes destinadas a fortalecer uma campanha; são tão antigas quanto a história do negro na América. São adaptações de músicas cantadas pelos escravos – as canções de lamento, os gritos de alegria, os cânticos de batalha e os hinos do movimento. Ouço as pessoas falarem de sua batida e de seu ritmo, mas nós no movimento somos igualmente inspirados por suas letras. "Levantei-me esta manhã com a mente ancorada na liberdade" é uma frase que não precisa de música para enfatizar seu significado. Entoamos os cânticos de liberdade pelo mesmo motivo que os escravos os cantavam, porque nós também estamos submetidos à servidão e esses cânticos reforçam nossa determinação de que "Nós vamos vencer, negros e brancos juntos, nós vamos vencer um dia". Essas canções nos uniam, nos davam coragem, ajudavam-nos a marchar juntos. Podíamos enfrentar as forças de qualquer Gestapo. Tínhamos uma companhia cósmica, pois cantávamos "Venha a mim, Senhor, venha a mim".

Com essa música, uma rica herança de nossos ancestrais que tiveram a energia e a fibra moral para conseguir encontrar beleza em fragmentos de canções, cujas mentes iletradas foram capazes de compor com eloquência simples expressões de fé, esperança e idealismo, podemos articular nossos gemidos mais profundos e nossos anseios apaixonados – sempre terminando com uma nota de esperança de que Deus vai ajudar-nos a resolver, exatamente aqui no Sul, em que o mal afeta a vida do negro desde o instante em que o colocam em seu berço. Por meio de sua música, o negro consegue mergulhar no poço de uma situação profundamente pessimista e de circunstâncias carregadas de perigo e trazer à tona um otimismo maravilhoso, cintilante e fluido. Sabe que ainda está escuro em seu mundo, mas, de alguma forma, encontra um raio de esperança.

Quando as assembleias estavam quase terminando, Abernathy ou Shuttlesworth ou eu mesmo fazíamos um apelo por voluntários para servir em nosso exército não violento. Deixávamos claro que não permitiríamos participar das manifestações quem não tivesse convencido a si mesmo e a nós de que aceitaria e suportaria a violência sem retaliar. Ao mesmo tempo, exortávamos os voluntários a entregar quaisquer armas que pudessem ter com eles. Centenas de pessoas responderam a esse apelo. Algumas delas traziam canivetes e facas de escoteiro – facas de todos os tipos – não porque quisessem usá-los contra a polícia ou outros agressores, mas porque desejavam defender-se dos cachorros do sr. Connor. Nós lhes provamos que não precisávamos de armas – nem mesmo de palitos. Provamos que possuíamos a arma mais poderosa de todas – a convicção de que estávamos certos. Tínhamos a proteção do entendimento de que estávamos mais preocupados em atingir nossos virtuosos objetivos do que em salvar nossas vidas.

Os períodos de convocação em nossas assembleias, quando requisitávamos voluntários, eram muitos semelhantes aos períodos de convocação que têm lugar todas as manhãs de domingo nas igrejas negras, quando o pastor convoca os presentes a se juntarem à igreja. Em grupos de vinte, trinta ou quarenta, as pessoas se apresentavam para se alistar no nosso exército. Não hesitávamos em chamar nosso movimento de exército. Era um exército especial, sem suprimentos que não a sinceridade, sem uniforme que não a determinação, sem arsenal que não a fé, sem moeda que não a consciência. Era um exército capaz de se deslocar, mas não de atacar. Um exército capaz de cantar, mas não de matar.

Estávamos tentando provocar uma grande transformação social que só poderia ser alcançada por meio de um esforço unificado. Mas nossa comunidade estava dividida. Nossos objetivos jamais poderiam ser atingidos numa atmosfera como essa. Foi decidido que eu conduziria uma campanha-relâmpago de reuniões com organizações e líderes da comunidade negra com o propósito de mobilizar todos os grupos e pessoas-chave em apoio ao nosso movimento.

Juntamente com os membros de minha equipe, comecei a abordar vários grupos representativos de nosso povo em Birmingham. Falei com empresários e profissionais liberais, e também com um grupo de duzentos pastores. Tive encontros com vários grupos menores, cumprindo uma agenda frenética de uma semana. Na maioria dos casos, quando eu entrava a atmosfera era tensa e fria, e eu tinha consciência de que havia muito trabalho a ser feito.

Eu ia diretamente ao ponto, explicando por que tínhamos sido obrigados a agir sem deixar que eles soubessem antecipadamente a data. Usava o argumento do senso de oportunidade. Aos pastores eu enfatizava a necessidade de um evangelho social para complementar o evangelho da salvação individual. Insinuava que somente uma religião "seca como a poeira" estimularia um pastor a exaltar as glórias celestiais ignorando ao mesmo tempo as condições sociais que faziam da terra um inferno para os homens. Eu exortava os pastores negros a construir uma liderança firme e forte, assinalando que eles eram mais livres e independentes do que qualquer outra pessoa da comunidade.

Eu desafiava os que tinham sido convencidos de que eu era um "forasteiro". Assinalava que, como presidente da SCLC, estava ali com o objetivo de ajudar uma afiliada da organização. Expunha detalhadamente a velha e desgastada acusação de "forasteiro", que enfrentávamos em todas as comunidades que tínhamos visitado tentando ajudar. Nenhum negro – na verdade, nenhum americano – é um forasteiro quando vai a alguma comunidade para ajudar a causa da liberdade e da justiça. Nenhum negro em lugar algum, a despeito de seu status social, de sua condição econômica, de seu prestígio e posição, é um forasteiro enquanto a dignidade e a decência forem negadas à criança negra mais humilde no Mississippi, no Alabama ou na Geórgia.

Deus me deu, de alguma forma, o poder de transformar em fé e entusiasmo os ressentimentos, as suspeitas, os temores e a incompreensão que encontrei naquela semana. Minha fala vinha do coração e a cada encontro obtive firmes manifestações de aprovação, juntamente com promessas de participação e apoio. Com a nova unidade que foi criada, e que trouxe sangue novo ao nosso protesto, os alicerces da antiga ordem estavam condenados. Uma nova ordem estava para nascer, e nem toda a força da intolerância ou de Bull Connor conseguiria abortá-la.

"No centro de tudo que a vida me trouxera"

No fim do primeiro dos três dias de sit-ins nas lanchonetes, 35 pessoas tinham sido presas. No dia 6 de abril de 1963, um sábado, demos início à etapa seguinte de nossa cruzada com uma passeata em direção à prefeitura. A partir daí, as manifestações começaram a crescer. Nosso boicote aos comerciantes do centro da cidade estava se mostrando surpreendentemente eficaz. Alguns dias antes da Páscoa, um cuidadoso acompanhamento mostrou menos de vinte negros entrando nas lojas do centro. Enquanto isso, com o número de voluntários se ampliando a cada dia, conseguimos lançar campanhas com uma variedade de objetivos adicionais: ocupações de igrejas e bibliotecas; uma passeata em direção à sede do condado para assinalar a abertura de uma jornada de registro eleitoral. E nesse tempo todo as cadeias iam, lenta e continuamente, se enchendo.

Os habitantes de Birmingham, de ambas as raças, ficaram surpresos com a contenção dos homens de Connor no início da campanha. É verdade que cães e cassetetes policiais fizeram sua estreia no Domingo de Ramos, mas sua aparição naquele dia foi breve, e eles logo desapareceram. O que os observadores provavelmente não perceberam foi que o comissário estava tentando seguir o exemplo do chefe de polícia Laurie Pritchett, de Albany. Pritchett percebera que, orientando seus policiais a serem não violentos, havia descoberto uma nova forma de derrotar os manifestantes. O sr. Connor, como se revelou, não iria aderir a esse método por muito tempo; os cães eram mantidos em canis não muito distantes; as mangueiras estavam preparadas.

Um segundo motivo pelo qual Bull Connor se segurou de início foi ter imaginado que havia encontrado outra solução. Isso se evidenciou no dia 10 de abril, quando o governo municipal obteve uma ordem judicial mandando-nos interromper nossas atividades até que nosso direito de manifestação fosse apreciado em tribunal. Era chegado o momento de nos contrapormos a essa manobra jurídica com uma estratégia própria. Dois dias depois, fizemos uma coisa audaciosa, algo que nunca tinha sido feito em nenhuma outra cruzada. Desobedecemos a uma ordem judicial.

Eu pretendia ser um dos primeiros a dar o exemplo da desobediência civil. Dez dias após o início das manifestações, entre quatrocentas e quinhentas pessoas tinham sido presas; algumas haviam sido soltas sob fiança, mas a maioria permanecia na cadeia. Agora que a tarefa de unificar a comunidade estava concluída, chegara a minha hora. Decidimos que, em função de seu significado simbólico, o dia 12 de abril, Sexta-feira Santa, seria aquele em que Ralph Abernathy e eu apresentaríamos nossos corpos como testemunhas pessoais dessa cruzada.

DECLARAÇÃO SOBRE A ORDEM JUDICIAL

Não podemos, em sã consciência, obedecer a uma ordem judicial que constitui uma deturpação injusta, antidemocrática e inconstitucional do processo jurídico.

Fazemos isso não por desapreço à lei, mas pelo grande respeito que temos por ela. Não se trata de uma tentativa de violar ou desafiar a lei, nem de se envolver numa anarquia caótica. Tal como, em sã consciência, não podemos obedecer a leis injustas, também não podemos respeitar o uso igualmente injusto dos tribunais.

Acreditamos num sistema jurídico baseado na justiça e na moral. Em função do grande amor que temos pela Constituição dos Estados Unidos e de nosso desejo de purificar o sistema judicial do estado do Alabama, nós nos arriscamos a dar esse passo fundamental com a consciência de suas possíveis consequências.

11 de abril de 1963

Logo depois de anunciarmos nossa intenção de liderar uma manifestação no dia 12 de abril e nos sujeitarmos à prisão, recebemos uma mensagem tão angustiante que ameaçou desintegrar o movimento. Na quinta-feira, tarde da noite, o homem que estava se responsabilizando pelo pagamento das fianças dos manifestantes informou-nos que não poderia continuar. A prefeitura o notificara de que seus recursos financeiros eram insuficientes. Sem dúvida alguma, tratava-se de outra iniciativa da prefeitura para prejudicar nossa causa.

Foi um golpe sério. Tínhamos usado todo o dinheiro de que dispúnhamos para fianças. Tínhamos uma responsabilidade moral para com a nossa gente que estava na cadeia. Outros cinquenta seriam presos junto com Ralph e comigo. Seria o maior grupo a ser preso até aquele momento. Sem recursos para as fianças, como poderíamos garantir que seriam soltos?

Na manhã da Sexta-feira Santa, bem cedo, sentei-me no quarto nº 30 do motel Gaston para discutir a crise com 24 pessoas-chave. Enquanto falávamos, um sentimento sombrio invadiu a sala. Olhei à minha volta e percebi que pela primeira vez nossos líderes mais dedicados e devotos se sentiam sobrecarregados pelo sentimento de impotência. Ninguém sabia o que dizer, pois ninguém sabia o que fazer. Finalmente alguém falou e, ao falar, pude perceber que vocalizava o que estava na mente de todos.

– Martin – disse ele –, isso significa que você não pode ser preso. Precisamos de dinheiro. De muito dinheiro. E precisamos agora. Você é a única pessoa que tem contatos para isso. Se você for para a cadeia, nós vamos perder. A batalha de Birmingham estará perdida.

Fiquei lá sentado, consciente de estar sendo observado por 24 pares de olhos. Pensei nos negros de Birmingham já enfileirados nas ruas da cidade, esperando para me ver colocando em prática aquilo que eu tão apaixonadamente pregara. Como é que o fato de eu não me submeter à prisão agora poderia ser explicado à comunidade local? Qual seria o veredito da nação sobre um homem que havia encorajado centenas de pessoas a fazerem um imenso sacrifício e depois excluíra a si mesmo?

Então minha mente começou a correr na direção oposta. E se eu for para a cadeia? O que vai acontecer com aquelas trezentas pessoas? De onde virá o dinheiro para garantir que sejam soltas? O que vai acontecer com nossa campanha? Quem vai se dispor a nos seguir quando ou se voltarmos a sair em protesto sob o sol de Birmingham?

Fiquei sentado em meio ao mais profundo silêncio que jamais senti, com mais de duas dezenas de pessoas naquela sala. Chega um momento na atmosfera da liderança em que um homem cercado de amigos e aliados leais percebe que precisa confrontar-se consigo mesmo e com a dura realidade. Eu estava só numa sala lotada.

Caminhei em direção a outra sala, nos fundos da suíte, e fiquei em pé lá no meio. Senti-me no centro de tudo que a vida me trouxera. Pensei naquelas 24 pessoas que esperavam na sala ao lado. Pensei nas trezentas que aguardavam na prisão. Pensei na comunidade negra de Birmingham, também aguardando. E então minha mente torturada se lançou para além do motel Gaston, além da cadeia municipal, além da cidade e dos limites do estado, e pensei nos 20 milhões de negros que sonhavam poder algum dia conseguir atravessar o mar Vermelho da injustiça e encontrar o caminho para a terra prometida da integração e da liberdade. Não havia mais lugar para a dúvida.

Murmurei para mim mesmo: "Preciso ir."

A dúvida, o medo, a hesitação tinham ido embora. Tirei a camisa e as calças, vesti minha roupa de trabalho e voltei para a outra sala.

— Amigos — disse eu —, tomei minha decisão. Tenho de fazer um ato de fé. Não sei o que vai acontecer nem qual será o resultado. Não sei de onde virá o dinheiro.

Virei-me para Ralph Abernathy.

— Sei que você precisa estar no seu púlpito no Domingo de Páscoa, Ralph. Mas peço-lhe que me acompanhe nesse ato de fé.

Quando Ralph se levantou, sem questionamento, sem hesitação, todos nós nos demos as mãos involuntariamente, como que por um sinal divino, e 25 vozes entoaram, no quarto nº 30 do motel Gaston, em Birmingham, Alabama, o hino de batalha de nosso movimento: "We Shall Overcome" [Nós vamos vencer].

"Mantido incomunicável, confinado à solitária"

Fomos de carro do motel até a Igreja de Mt. Zion, onde teria início a passeata. Centenas de negros tinham ido lá para nos ver e uma grande esperança cresceu dentro de mim ao ver aqueles rostos sorrindo em aprovação à nossa passagem. Parecia que todos os policiais de Birmingham tinham sido enviados àquela área. Ao sairmos da igreja, onde o resto de nosso grupo de cinquenta se juntou a nós, começamos a caminhar pelas ruas proibidas que levavam ao centro da cidade. Era uma bela passeata. Deixaram-nos avançar mais do que a polícia já havia permitido antes. Estávamos cantando e ocasionalmente o canto se misturava aos aplausos vindos das calçadas.

Ao nos aproximarmos do centro, Bull Connor ordenou a seus homens que nos prendessem, e um policial foi até ele e disse:

– Sr. Connor, não temos lugar para botar essa gente.

Ralph e eu fomos arrastados por dois policiais musculosos que agarraram nossas camisas e nos puxaram. Todos os outros foram imediatamente presos. Na cadeia, Ralph e eu fomos separados de todos os demais e depois um do outro.

Por mais de 24 horas, fui mantido incomunicável confinado à solitária. Ninguém teve permissão de me visitar, nem mesmo meus advogados. Foram as horas mais longas, frustrantes e perturbadoras que já vivi. Sem nenhum tipo de contato, estava cheio de preocupações. O que estava acontecendo com o movimento? Onde é que Fred e os outros líderes arranjariam o dinheiro para libertar nossos manifestantes? Como é que estava o moral da comunidade negra?

Não sofri nenhuma brutalidade física nas mãos de meus carcereiros. Alguns funcionários da cadeia eram rudes e grosseiros, mas isso era de esperar em se tratando de uma cadeia do Sul. O confinamento em solitária, porém, era muito brutal. De manhã, o sol nascia, enviando feixes de luz pela janela sobre a pequena cela que era agora a minha morada. Vocês nunca saberão o significado da escuridão total até serem jogados numa masmorra como essa, sabendo que o sol está brilhando lá em cima, mas conseguindo ver somente o breu da cela. Vocês podem pensar que eu estava tomado por uma fantasia provocada por minhas preocupações. Estava mesmo preocupado. Mas havia mais naquela escuridão do que um fenômeno provocado por uma mente perturbada. Qualquer que fosse a causa, o fato é que eu não conseguia ver a luz.

Ao sair de minha casa em Atlanta alguns dias antes, minha esposa, Coretta, acabara de dar à luz nosso quarto filho. Feliz como estava com a nova garotinha, Coretta ficou desapontada pelo fato de sua condição não permitir que me acompanhasse. Ela fora força e inspiração durante o terror de Montgomery. Tinha atuado em Albany, Geórgia, e estava se preparando para ser presa juntamente com as mulheres de outros líderes dos direitos civis de lá pouco antes de a campanha chegar ao fim.

Agora, não apenas estava confinada à nossa casa, mas era-lhe negado até mesmo o consolo de uma ligação telefônica de seu marido. No domingo seguinte à nossa prisão, ela decidiu fazer alguma coisa. Lembrando-se da ligação que John Kennedy lhe fizera quando eu estava preso na Geórgia durante a campanha eleitoral de 1960, ela ligou para o presidente. Passados alguns minutos, o irmão dele, o procurador-geral Robert Kennedy, ligou de volta. Ela lhe contou que tinha tomado conhecimento de que eu estava confinado a uma solitária e temia por minha segurança. O procurador-geral prometeu fazer tudo que estivesse a seu alcance para aliviar minha condição. Poucas horas depois o próprio presidente Kennedy ligou de Palm Beach para Coretta e garantiu que iria tratar do assunto imediatamente. Ao que parece, o presidente e seu irmão telefonaram para autoridades de Birmingham, pois logo depois de Coretta falar com eles meus carcereiros perguntaram se eu queria ligar para ela. Depois da intervenção do presidente as condições mudaram de maneira considerável.

TELEGRAMA AO PRESIDENTE KENNEDY

ESTOU PROFUNDAMENTE GRATO AO SENHOR POR USAR DE SEU TEMPO NO FERIADO DA PÁSCOA LIGANDO PARA MINHA MULHER A RESPEITO DA SITUAÇÃO EM BIRMINGHAM. SUAS PALAVRAS ENCORAJADORAS E SEU ATENCIOSO INTERESSE RENOVARAM-LHE AS FORÇAS PARA ENFRENTAR OS MOMENTOS DIFÍCEIS QUE ORA ESTAMOS PASSANDO. ESSE APOIO MORAL ACENTUA ENORMEMENTE NOSSOS HUMILDES ESFORÇOS PARA TRANSFORMAR O SONHO AMERICANO EM REALIDADE.

16 de abril de 1963

Enquanto isso, na tarde do Sábado de Aleluia, dois de nossos advogados, Orzell Billingsley e Arthur Shores, tinham tido permissão para me visitar. Eles me contaram que Clarence B. Jones, meu amigo e advogado, viria de Nova York no dia seguinte. Quando foram embora, nenhuma das perguntas que me atormentavam tinha sido respondida. No dia seguinte, quando Clarence Jones chegou, antes mesmo de eu poder dizer como estava feliz em vê-lo, ele disse umas poucas palavras que tiraram de meu coração um peso de quinhentos quilos:

— Harry Belafonte conseguiu levantar 50 mil dólares para pagar fianças. Estão disponíveis neste momento. E ele disse que se você precisar de mais, não importa quanto, ele consegue.

Achei difícil dizer o que sentia. A mensagem de Jones produziu em mim mais que um alívio em relação à preocupação imediata com dinheiro, mais que a gratidão pela lealdade de amigos distantes, mais que a confirmação de que a vida do movimento não poderia ser extinta. O que me silenciou foi um profundo senso de estupefação. Eu estava familiarizado com um sentimento que tinha estado presente o tempo todo por baixo da superfície de minha consciência, pressionado pelo peso de minha preocupação com o movimento: eu nunca estivera realmente confinado a uma solitária. A companhia de Deus não se interrompe à porta da cela da cadeia. Deus tinha sido meu companheiro de cela. Quando tomamos a decisão – no quarto nº 30 do motel Gaston – de que tínhamos de realizar um ato de fé, Deus estava lá. E ele também estava presente num apartamento da Quinta Avenida, em Nova York, em que um jovem e dedicado astro tinha trabalhado noite e dia, telefonando para todos que pôde imaginar a pedir que lhe enviassem algum dinheiro para pagar fianças no Alabama. Em meio à noite mais sombria, a alvorada tinha chegado. Eu não sabia se o sol estava brilhando naquele momento. Mas sabia que mais uma vez podia ver a luz.

18. Carta da cadeia de Birmingham

Lembro-me de ter dito naquela carta que muitas vezes fiquei decepcionado por não termos tido a colaboração da Igreja. Lembro-me de ter dito que muitas vezes, em nossa luta, a Igreja havia se assemelhado a uma lanterna traseira, não a um farol dianteiro. Frequentemente a Igreja tinha sido um eco, não uma voz.

12 de abril de 1963
Pastores brancos de Birmingham escrevem uma carta a King pedindo-lhe que ponha um fim às manifestações

16 de abril
King responde

NUNCA VOU ESQUECER que certa manhã, creio que a primeira depois de ter sido confinado à solitária, alguém me passou um jornal. Eu o peguei e descobri uma espécie de anúncio publicado por oito sacerdotes das principais religiões de nosso país. Eles criticavam as manifestações. Chamavam-nos de extremistas, violadores da lei, adeptos da anarquia e todas essas coisas. E quando o li fiquei tão preocupado, até mesmo aborrecido, e, em certos momentos, tão indignado, que resolvi responder.

Minha resposta à declaração publicada pelos oito colegas sacerdotes do Alabama (bispo C.C.J. Carpenter, bispo Joseph A. Durick, rabino Milton L. Grafman, bispo Paul Hardin, bispo Nolan B. Harmon, reverendo George M. Murray, reverendo Edward V. Ramage e reverendo Earl Stallings) foi escrita em circunstâncias um tanto restritivas. Eu não tinha à minha disposição nada parecido com um bloco de anotações ou papel de carta. Comecei escrevendo nas margens do jornal em que a declaração apareceu, prossegui utilizando fragmentos de papel de carta fornecidos por um detento negro amigável e terminei num bloco que meus advogados acabaram tendo a permissão de me fornecer. Consegui passar o texto para fora da cadeia, por meio de um advogado, a um de meus assistentes.

Embora o texto permaneça substancialmente inalterado, usei minha prerrogativa de autor para lhe dar um polimento.

16 de abril de 1963

MEUS PREZADOS COLEGAS SACERDOTES:

Embora confinado na cadeia municipal de Birmingham, tive acesso a sua recente declaração em que minhas atuais atividades são consideradas "imprudentes e inoportunas". Dificilmente faço uma pausa para responder a críticas sobre meu trabalho e minhas ideias. Se fosse responder a todas as críticas que chegam à minha mesa, meus secretários teriam pouco tempo para fazer outra coisa durante o dia senão lidar com essa correspondência, e eu não teria tempo para realizar um trabalho construtivo. Mas como sinto que os senhores são verdadeiramente homens de boa vontade e que suas críticas foram feitas com sinceridade, vou tentar responder a suas declarações em termos que espero serem pacientes e razoáveis.

Penso que deveria esclarecer por que estou aqui em Birmingham, já que os senhores foram influenciados pela visão contrária à "presença de forasteiros". Eu tenho a honra de ocupar o cargo de presidente da Conferência da Liderança Cristã do Sul, uma organização que opera em todos os estados sulistas, com sede em Atlanta, Geórgia. Temos cerca de 85 organizações afiliadas em toda a região, e uma delas é o Movimento Cristão pelos Direitos Humanos do Alabama. Frequentemente compartilhamos equipes, recursos educacionais e financeiros com nossas afiliadas. Vários meses atrás, a afiliada aqui de Birmingham pediu que nos preparássemos para nos envolvermos num programa de ação direta não violenta caso isso se fizesse necessário. Consentimos prontamente e, quando chegou a hora, mantivemos a promessa. Desse modo, eu, juntamente com vários membros de minha equipe, estou aqui porque fui convidado. Estou aqui em função de meus vínculos organizacionais.

Mais basicamente, porém, estou em Birmingham porque a injustiça está aqui. Tal como os profetas do século VIII a.C. abandonaram suas aldeias e levaram o seu "assim disse o Senhor" para muito além dos limites de suas cidades natais, e tal como o apóstolo Paulo deixou sua vila de Tarso e levou o evangelho de Jesus para os confins do mundo greco-romano, assim também me sinto compelido a levar o evangelho da liberdade para além de minha terra natal. Tal como Paulo, tenho sempre de responder ao pedido de ajuda dos macedônios.

Além disso, tenho consciência do inter-relacionamento de todas as comunidades e de todos os estados. Não posso ficar placidamente sentado em Atlanta sem me preocupar com o que acontece em Birmingham. A injustiça em algum lugar constitui uma ameaça à justiça em toda parte. Estamos presos a uma rede inescapável de mutualidade, atados às vestes comuns do destino. O que afeta alguém diretamente afeta a todos de forma indireta. Não podemos mais conviver com a ideia estreita e provinciana do "agitador vindo de fora". Qualquer um que viva nos Estados Unidos jamais pode ser considerado um forasteiro em algum lugar no interior de suas fronteiras.

Os senhores deploram as manifestações que estão ocorrendo em Birmingham. Mas sua declaração, lamento dizer, deixa de expressar uma preocupação semelhante com as condições que nos levaram a essas manifestações. Estou certo de que nenhum dos senhores ficaria satisfeito com o tipo superficial de análise social que trata meramente dos efeitos sem se preocupar com as causas subjacentes. É triste que essas manifestações estejam ocorrendo em Birmingham, porém é ainda mais triste que a estrutura do poder branco da cidade deixe a comunidade negra sem alternativa.

Em toda campanha não violenta há quatro etapas básicas: a compilação de fatos que determinem se existe injustiça, a negociação, a autopurificação e a ação direta. Em Birmingham nós passamos por todas essas etapas. Não é possível contestar o fato de que esta comunidade está mergulhada na injustiça racial. Birmingham é talvez a cidade mais rigorosamente segregada dos Estados Unidos. Sua terrível história de brutalidade é amplamente conhecida. Os negros têm recebido um tratamento amplamente injusto nos tribunais. Há mais casos não resolvidos de casas e igrejas de negros destruídas por bombas em Birmingham do que em qualquer outra cidade desta nação. Esses são os fatos, duros, brutais. Com base nessas condições, os líderes negros tentaram negociar com as autoridades municipais. Mas estas sempre se recusaram a se envolver numa negociação honesta.

Assim, em setembro último veio a oportunidade de conversarmos com líderes da comunidade econômica de Birmingham. No curso das negociações, os comerciantes fizeram algumas promessas – por exemplo, retirar das lojas os humilhantes letreiros raciais. Com base nessas promessas, o reverendo Fred Shuttlesworth e os líderes do Movimento Cristão pelos Direitos Humanos do Alabama concordaram em interromper todas as manifestações. Com o passar das semanas e dos meses, percebemos que fomos vítimas de uma falsa promessa. Uns poucos letreiros, temporariamente removidos, voltaram para onde estavam, enquanto os outros permaneceram.

Tal como em muitas experiências anteriores, nossas esperanças foram frustradas e a sombra de uma decepção profunda se projetou sobre nós. Não tínhamos alternativa senão nos prepararmos para uma ação direta, pela qual pudéssemos usar nossos próprios corpos como meio de apresentar nosso caso diante da consciência da comunidade local e nacional. Cientes das dificuldades envolvidas, decidimos empreender um processo de autopurificação. Começamos uma série de oficinas sobre a não violência e várias vezes indagamos a nós mesmos: "Você é capaz de aceitar agressões sem revidar?" "Você é capaz de aguentar a provação da cadeia?" Resolvemos agendar nosso programa de ação direta para a época da Páscoa, percebendo que, fora o Natal, esse é o principal período de compras do ano. Sabendo que um forte programa de retraimento econômico seria um produto colateral da ação direta, percebemos que esse seria o melhor momento para pressionar os comerciantes pela necessária mudança.

Então nos ocorreu que a eleição para prefeito de Birmingham iria acontecer em março e rapidamente resolvemos adiar nossa ação para depois da eleição. Quando descobrimos que o comissário de segurança pública, Eugene "Bull" Connor, tinha conseguido um número suficiente de votos para que houvesse um turno de desempate, decidimos mais uma vez adiar as manifestações de modo que elas não pudessem ser usadas para objetivos escusos. Tal como muitos outros, esperávamos que o sr. Connor fosse derrotado, e por isso fizemos todos esses adiamentos. Tendo atendido a essa necessidade da comunidade, percebemos que nosso programa de ação direta teria de ser posto em prática sem mais delongas.

Os senhores podem muito bem perguntar: "Por que ação direta? Por que sit-ins, passeatas, e assim por diante? A negociação não é um caminho melhor?" Os senhores estão muito certos quando defendem a negociação. Com efeito, esse é o verdadeiro propósito da ação direta. A ação direta não violenta busca instaurar uma crise e fomentar tensões de tamanha proporção que uma comunidade que tenha se recusado permanentemente a negociar seja forçada a confrontar essa questão. Ela busca dramatizar um assunto de tal modo que ele não possa continuar sendo ignorado. Quando menciono a criação de tensão como parte do trabalho do participante de uma ação não violenta, isso pode parecer muito chocante. Mas devo confessar que não tenho receio da palavra "tensão". Tenho manifestado sinceramente uma oposição à tensão violenta, mas existe um tipo de tensão construtiva, não violenta, que é necessária para o crescimento. Tal como Sócrates percebeu ser necessário criar uma tensão mental a fim de que os indivíduos pudessem escapar da submissão aos mitos e meias-verdades para o reino de liberdade da análise criativa e da avaliação objetiva, vemos da mesma forma a necessidade de estímulos não violentos para criar na sociedade o tipo de tensão que ajudará os homens a sair das profundezas sombrias do preconceito e do racismo para os píncaros majestosos da compreensão e da fraternidade.

O propósito de nosso programa de ação direta é criar uma situação de tal maneira crítica que isso abrirá inevitavelmente as portas da negociação. Desse modo, concordo com os senhores em sua defesa da negociação.

Nosso amado Sul tem se atolado há tempo demais no esforço trágico de viver num monólogo e não num diálogo.

Um dos pontos básicos de sua declaração é que a ação que meus companheiros e eu empreendemos em Birmingham é inoportuna. Alguns perguntaram: "Por que vocês não deram tempo à nova administração municipal para que ela pudesse agir?" A única resposta que posso dar a essa pergunta é que a nova administração de Birmingham deve ser incitada a agir, da mesma forma que sua antecessora, para que venha a fazê-lo. Estaríamos seriamente equivocados se achássemos que a eleição de Albert Boutwell para prefeito traria para Birmingham uma era de prosperidade. Embora o sr. Boutwell seja uma pessoa muito mais gentil do que o sr. Connor, ambos são segregacionistas, devotados à manutenção do status quo. Tenho esperança de que o sr. Boutwell seja suficientemente racional para perceber a futilidade de uma resistência sistemática à dessegregação. Mas ele não conseguirá perceber isso sem que haja pressão da parte dos devotos dos direitos civis. Meus amigos, devo dizer-lhes que não conseguimos uma única vitória em matéria de direitos civis sem certo grau de pressão legítima e não violenta. Por mais lamentável que seja, é um fato histórico que os grupos privilegiados dificilmente abrem mão de seus privilégios de maneira voluntária. Os indivíduos podem enxergar a luz da moral e abandonar voluntariamente uma postura injusta; mas, como nos lembra Reinhold Niebuhr, os grupos tendem a ser mais imorais que os indivíduos.

Graças a uma dolorosa experiência, sabemos que a liberdade nunca é voluntariamente concedida pelo opressor; deve ser exigida pelo oprimido. Para ser franco, ainda estou por me envolver numa campanha de ação direta que seja considerada "oportuna" na visão daqueles que não padeceram indevidamente da moléstia da segregação. Já faz anos agora que ouço dizerem "Espere!". Isso soa aos ouvidos de todos os negros com uma excruciante familiaridade. Esse "Espere!" quase sempre significa "Nunca". Temos de reconhecer, acompanhados de um de nossos mais distintos juristas, que "a justiça por muito tempo retardada é uma justiça negada".

Já esperamos mais de 340 anos por nossos direitos constitucionais e garantidos por Deus. As nações da Ásia e da África agora estão caminhando à velocidade de um jato no sentido de obterem a independência política, mas nós ainda nos movemos a passo de cágado para termos direito a uma xícara de café numa lanchonete. Talvez seja fácil para quem nunca sentiu os ferrões pontiagudos da discriminação dizer "Espere!". Mas quando você viu turbas perversas lincharem à vontade suas mães e seus pais e estrangularem seus irmãos e irmãs por puro capricho; quando viu policiais tomados pelo ódio ofenderem, baterem e até matarem seus irmãos e irmãs negros; quando vê a ampla maioria de seus 20 milhões de irmãos negros sufocando nas cavernas herméticas da pobreza em meio a uma sociedade abastada; quando subitamente percebe sua língua enrolada e sua fala gaguejante ao tentar explicar a sua filha de seis anos de idade por que ela não pode ir a um parque de diversões que acabou de ser anunciado na televisão, e vê as lágrimas verterem de seus olhos quando lhe dizem que a Cidade da Diversão está fechada para crianças de cor, e vê as nuvens sinistras da inferioridade começando a se formar em seu pequeno céu mental, e a vê começando a distorcer sua personalidade ao desenvolver um ressentimento inconsciente em relação às pessoas brancas; quando você tem de formular uma resposta a um filho de cinco anos que pergunta: "Papai, por que os brancos tratam tão mal as pessoas de cor?"; quando você faz uma viagem interestadual e é obrigado a dormir noite após noite no espaço desconfortável de seu automóvel porque nenhum motel o aceita; quando você é humilhado dia após dia por cartazes perturbadores indicando "brancos" e "pessoas de cor"; quando seu primeiro nome passa a ser "crioulo", seu nome do meio passa a ser "moleque" (independentemente de sua idade), seu último nome passa a ser "João" e sua esposa e sua mãe nunca são tratadas respeitosamente pelo título de "senhora"; quando você é assolado de dia e assombrado à noite pelo fato de ser um negro, vivendo constantemente com cautela, sem nunca saber o que vai acontecer em seguida, e é atormentado por medos internos e ressentimentos externos; quando enfrenta eternamente o sentimento corrosivo de "não ser ninguém" – então você vai compreender por que achamos difícil esperar. Chega um momento em que o copo do desespero transborda e homens e mulheres não mais se dispõem a serem lançados no abismo da desesperança. Espero, senhores, que sejam capazes de entender nossa legítima e inevitável impaciência.

Os senhores manifestam bastante ansiedade em relação a nossa disposição de violar as leis. Trata-se, decerto, de uma preocupação legítima. Uma vez que exortamos tão entusiasticamente as pessoas a obedecer à decisão da Suprema Corte de 1954 que considerou ilegal a segregação nas escolas públicas, à primeira vista pode parecer um paradoxo violarmos as leis de maneira consciente. Poder-se-ia muito bem indagar: "Como vocês podem defender que algumas leis sejam violadas e outras, obedecidas?" A resposta está no fato de que há dois tipos de leis: as justas e as injustas. Eu seria o primeiro a defender a obediência às leis consideradas justas. Temos uma responsabilidade não apenas jurídica, mas também moral, de obedecer às leis que consideramos justas. Inversamente, temos a responsabilidade moral de desobedecer às leis que consideramos injustas. Eu concordaria com santo Agostinho quando ele afirma que "uma lei injusta não é absolutamente uma lei".

Ora, qual é a diferença entre as duas? Como se determina se uma lei é justa ou injusta? Uma lei justa é um código elaborado pelo homem que se enquadra na lei moral ou na lei divina. Uma lei injusta é um código que não se harmoniza com a lei moral. Para usarmos os termos de são Tomás de Aquino: uma lei injusta é uma lei humana que não tem raízes na lei natural e eterna. Toda lei que eleva a personalidade humana é justa. Toda lei que a degrada é injusta. Os estatutos da segregação são todos injustos porque a segregação distorce a alma e prejudica a personalidade. Ela dá àquele que segrega um falso sentimento de superioridade e ao que é segregado um falso sentimento de inferioridade. A segregação, para usarmos a terminologia do filósofo judeu Martin Buber, substitui uma relação "eu-tu" por uma relação "eu-isso", e acaba rebaixando pessoas à condição de coisas. Logo, a segregação não é apenas incorreta do ponto de vista político, econômico e sociológico, mas também é moralmente errônea e pecaminosa. Paul Tillich disse que o pecado é uma forma de separação. A segregação não seria uma expressão existencial da trágica separação humana, seu pavoroso estranhamento, sua terrível degradação? É por isso que posso exortar os homens a obedecer à decisão da Suprema Corte de 1954, por ser moralmente correta, e ao mesmo tempo incitá-los a desobedecer às posturas segregacionistas, por serem moralmente ilegítimas.

Consideremos um exemplo mais concreto de leis justas e injustas. Uma lei injusta é um código que um grupo majoritário em termos numéricos ou de poder impõe a um grupo minoritário, mas não a si mesmo. Essa é a *diferença* juridicamente legitimada. No mesmo sentido, uma lei justa é um código que uma maioria impõe a uma minoria estando ela mesma disposta a segui-lo. É a *igualdade* juridicamente legitimada.

Deixem-me dar outra explicação. Uma lei é injusta se é imposta a uma minoria que, em resultado de lhe ser negado o direito de voto, não participou de sua aprovação ou elaboração. Quem é capaz de dizer que o legislativo do Alabama responsável pela introdução de leis segregacionistas foi democraticamente eleito? Por todo esse estado, todo tipo de métodos perversos é utilizado para evitar que os negros se registrem como eleitores, e existem alguns condados em que, embora a maioria da população seja negra, não há um único negro em condições de votar. Será que alguma lei adotada em tais circunstâncias poderia ser vista como democraticamente estruturada?

Por vezes uma lei é aparentemente justa, porém injusta em sua aplicação. Por exemplo, eu já fui preso sob a acusação de participar de uma passeata não autorizada. Ora, não há nada de errado em haver uma postura que exija autorização para se fazer uma passeata. Mas essa postura se torna injusta quando usada para manter a segregação e negar a cidadãos o privilégio, garantido pela Primeira Emenda, de se reunirem e protestarem pacificamente.

Espero que os senhores consigam perceber a distinção que estou tentando assinalar. De modo algum defendo que se contorne ou desafie a lei, como faria um segregacionista fanático. Isso levaria à anarquia. Quem infringe uma lei injusta deve fazê-lo abertamente, de maneira amorosa e com a disposição de aceitar a penalidade. Eu afirmo que um indivíduo que infringe uma lei considerada injusta por sua consciência, e que aceita de boa vontade a pena de prisão a fim de despertar a consciência da comunidade em relação a essa injustiça, está na realidade expressando o maior respeito possível pela lei.

Evidentemente, não há nada de novo em relação a esse tipo de desobediência civil. Ela foi exposta de maneira sublime na recusa de Sadraque, Mesaque e Abednego a obedecer às leis de Nabucodonosor, com base em que uma lei moral mais elevada estava em jogo. Também foi soberbamente praticada pelos primeiros cristãos, que se dispunham a enfrentar leões sanguinários e a dor excruciante das lacerações em vez de se submeterem a determinadas leis do Império Romano. Até certo ponto, a liberdade acadêmica é hoje em dia uma realidade porque Sócrates praticou a desobediência civil. Em nossa nação, a Festa do Chá de Boston representou um grande ato de desobediência civil.

Nunca deveríamos esquecer que tudo aquilo que Adolf Hitler fez na Alemanha foi "legal" e tudo o que os lutadores pela liberdade fizeram na Hungria foi "ilegal". Era "ilegal" ajudar e confortar um judeu na Alemanha hitlerista. Mesmo assim, estou certo de que, se tivesse vivido na Alemanha naquela época, eu teria ajudado e confortado meus irmãos judeus. Se hoje em dia eu vivesse num país comunista em que certos princípios caros à fé cristã são reprimidos, defenderia abertamente a desobediência às leis antirreligiosas desse país.

Devo fazer honestamente duas confissões a vocês, meus irmãos cristãos e judeus. Em primeiro lugar, devo confessar que nos últimos anos fiquei seriamente decepcionado com os brancos moderados. Quase cheguei à lamentável conclusão de que o grande obstáculo que o negro enfrenta em seu caminho para a liberdade não é o membro do Conselho dos Cidadãos Brancos ou da Ku Klux Klan, mas o branco moderado, mais devotado à "ordem" do que à justiça; que prefere uma paz negativa, que é a ausência de tensão, a uma paz positiva, que consiste na presença da justiça; que constantemente afirma: "Concordo com você em relação ao seu objetivo, mas não posso concordar com seus métodos de ação direta"; que acredita paternalisticamente ser capaz de estabelecer a agenda para a liberdade de outro homem; que vive segundo um conceito mítico de tempo e que constantemente aconselha o negro a esperar por um "momento mais conveniente". A compreensão superficial das pessoas de boa vontade é mais frustrante do que a incompreensão absoluta daquelas de má vontade. A aceitação indiferente é mais desconcertante do que a rejeição direta.

Eu esperava que os brancos moderados compreendessem que a lei e a ordem existem com a finalidade de estabelecer a justiça e que quando não atingem esse propósito se tornam represas perigosamente estruturadas que bloqueiam o fluxo do progresso social. Eu esperava que os brancos moderados entendessem que a atual tensão no Sul é uma fase de transição necessária de uma paz repugnantemente negativa, em que o negro aceitava passivamente uma condição injusta, para uma paz positiva e substantiva, em que todos os homens irão respeitar a dignidade e o valor da personalidade humana. Na verdade, os que se envolvem na ação direta não violenta não são os responsáveis pela tensão. Apenas trazemos à superfície a tensão oculta já existente. Nós a trazemos para o ar livre, onde pode ser vista e enfrentada. Como um furúnculo que não pode ser curado enquanto estiver oculto, mas precisa ser exposto com toda a sua feiura à medicina natural do ar e da luz, também a injustiça deve ser exposta, com todas as tensões criadas por essa exposição, à luz da consciência humana e ao ar da opinião nacional para que possa ser curada.

Em sua declaração, os senhores afirmam que nossas ações, embora pacíficas, devem ser condenadas porque provocam a violência. Mas seria essa uma afirmação lógica? Não significa condenar um homem que foi assaltado porque o fato de ter dinheiro provocou esse ato malévolo? Não é como condenar Sócrates porque suas investigações filosóficas e seu compromisso inflexível com a verdade provocaram a ação da turba desencaminhada que o fez beber cicuta? Não é como condenar Jesus porque sua consciência de um único Deus e sua permanente devoção à vontade dele provocaram o ato maligno de sua crucificação? Temos de perceber que, tal como têm sustentado consistentemente os tribunais federais, é errado pressionar um indivíduo a interromper seus esforços para garantir seus direitos constitucionais básicos porque essa busca pode gerar violência. A sociedade deve proteger o assaltado e punir o assaltante.

Eu também esperava que os brancos moderados rejeitassem o mito referente ao tempo em relação à luta por liberdade. Acabei de receber uma carta de um irmão branco do Texas. Diz ele: "Todos os cristãos sabem que as pessoas de cor vão acabar obtendo a igualdade de direitos, mas é possível que vocês estejam numa corrida religiosa rápida demais. A cristandade levou quase 2 mil anos para ser o que é. Os ensinamentos de Jesus levam algum tempo para se transformar em realidade." Essa atitude deriva de uma visão do tempo tragicamente incorreta, da noção estranhamente irracional de que existe algo no próprio fluxo do tempo que irá curar de maneira inevitável todos os males. Na verdade, o tempo em si é neutro; pode ser usado de modo construtivo ou destrutivo. Sinto cada vez mais que as pessoas de má vontade têm usado o tempo de modo mais eficaz do que as de boa vontade. Teremos de nos arrepender nesta geração não somente das palavras e ações odiosas dos maus, mas também do silêncio estarrecedor dos bons. O progresso humano nunca avança sobre as rodas da inevitabilidade; ele vem por meio dos esforços incessantes de homens desejosos de serem colaboradores de Deus, e sem esse trabalho duro o tempo em si se transforma num aliado das forças da estagnação social. Devemos usar o tempo de maneira criativa, conscientes de que sempre é possível fazer o certo. Agora é hora de concretizar a promessa da democracia e transformar nossa iminente elegia nacional num salmo criativo de fraternidade. É chegado o momento de tirar nossa política nacional das areias movediças da injustiça racial e levá-la para a rocha sólida da dignidade humana.

Os senhores classificam nossa atividade em Birmingham de extremista. A princípio fiquei muito desapontado pelo fato de colegas de sacerdócio considerarem extremistas nossos esforços não violentos. Comecei a pensar sobre o fato de que estou no meio de duas forças opostas na comunidade negra. Uma delas é a da complacência, constituída em parte de negros que, em resultado de longos anos de opressão, foram de tal modo privados do respeito próprio e do senso de "ser alguém" que se ajustaram à segregação, e em parte de uns poucos negros de classe média que, em função de um diploma acadêmico e da segurança econômica, e também porque lucram de alguma forma com a segregação, tornaram-se insensíveis aos problemas que afligem as massas. A outra força é a do ressentimento e do ódio, que se aproxima perigosamente da apologia à violência. Ela se expressa nos vários grupos de nacionalistas negros que se espalham pelo país, o maior e mais conhecido deles sendo o movimento muçulmano de Elijah Muhammad. Nutrido pela frustração do negro em função da permanência da discriminação racial, esse movimento é constituído de pessoas que perderam a fé em seu país, repudiaram totalmente a cristandade e concluíram que o homem branco é um incorrigível "demônio".

Tentei equilibrar-me entre essas duas forças, dizendo que não devemos imitar nem o "não fazer nada" dos complacentes nem o ódio e o desespero dos nacionalistas negros. Pois existe um caminho muito melhor de amor e protesto não violentos. Sou grato a Deus porque, mediante a influência da igreja negra, a via não violenta se tornou parte de nossa luta.

Se essa filosofia não tivesse surgido, a esta altura muitas ruas do Sul estariam, estou convencido, cobertas de sangue. E também estou convencido de que se nossos irmãos brancos desprezarem como "demagogos" e "agitadores forasteiros" aqueles de nós que empregam a ação direta não violenta, e se se recusarem a apoiar essa ação, milhões de negros irão buscar, por frustração e desespero, o consolo e a segurança nas ideologias nacionalistas negras – o que levaria inevitavelmente a um pesadelo racial assustador.

As pessoas oprimidas não podem permanecer nessa condição eternamente. O anseio por liberdade acaba se manifestando, e foi isso que aconteceu com o negro americano. Alguma coisa interior o fez lembrar de seu direito de nascença à liberdade e alguma coisa exterior o fez lembrar de que isso pode ser obtido. Conscientemente ou não, ele foi tomado pelo *Zeitgeist* e, juntamente com seus irmãos negros da África e seus irmãos morenos e amarelos da Ásia, da América do Sul e do Caribe, o negro dos Estados Unidos está caminhando, com um forte sentido de urgência, em direção à terra prometida da justiça racial. Quem reconhece esse impulso vital que engolfou a comunidade negra deve entender prontamente por que essas manifestações públicas estão acontecendo. O negro tem muitos ressentimentos contidos e frustrações latentes, e precisa dar vazão a eles. Assim, deixem que ele faça passeatas; deixem que realize peregrinações de oração à sede da prefeitura; deixem que faça as viagens da liberdade – e tentem compreender por que ele precisa fazer tudo isso. Se essas emoções reprimidas não tiverem vazão por vias não violentas, vão manifestar-se por meio da violência; não é uma ameaça, mas um fato histórico. Por isso eu não disse ao meu povo: "Livrem-se de sua insatisfação." Em vez disso, tentei dizer que essa insatisfação normal e saudável pode ser canalizada para o escoadouro criativo da ação direta não violenta. E agora essa abordagem está sendo chamada de extremista.

Mas embora eu de início tenha ficado desapontado ao ser classificado de extremista, continuando a pensar no assunto, fui ficando cada vez mais satisfeito com o rótulo. Jesus não foi também um extremista do amor? "Amai vossos inimigos, abençoai quem vos amaldiçoa e rezai pelos que vos desprezam e perseguem." Amós também não foi um extremista da justiça? "Que o direito flua como água e a justiça como riacho perene." Paulo também não foi um extremista do evangelho cristão? "Trago no corpo as marcas do Senhor Jesus." Martinho Lutero também não foi um extremista? "Eis-me aqui; não posso fazer de outra forma, que Deus me ajude." E John Bunyan: "Prefiro ficar na prisão até o fim dos meus dias a fazer uma carnificina em minha consciência." E Abraham Lincoln: "Esta nação não pode sobreviver sendo metade escrava e metade livre." E Thomas Jefferson: "São verdades incontestáveis para nós: todos os homens nascem iguais…" Assim, a questão não é se seríamos extremistas, mas que tipo de extremistas seríamos nós. Seríamos extremistas do amor ou do ódio? Seríamos extremistas pela preservação da injustiça ou pela ampliação da justiça? Naquele cenário dramático do monte Calvário, três homens foram crucificados. Não devemos esquecer que os três tinham sido condenados pelo mesmo crime – o crime de extremismo. Dois eram extremistas da imoralidade, portanto estavam abaixo do padrão de seu meio. O outro, Jesus, era um extremista do amor, da verdade e da bondade, e assim estava acima do padrão de seu meio. Talvez o Sul, a nação, o mundo tenham uma enorme carência de extremistas criativos.

Eu esperava que os brancos moderados pudessem perceber essa necessidade. Talvez estivesse sendo otimista demais, talvez tivesse uma expectativa exagerada. Suponho que deveria ter percebido que poucos membros da raça opressora podem entender os gemidos profundos e os anseios apaixonados da raça oprimida, e que um número menor ainda tem uma visão que lhes permita enxergar que a injustiça pode ser eliminada por uma ação poderosa, persistente e determinada. Sou grato, contudo, pelo fato de alguns de nossos irmãos brancos do Sul terem apreendido o significado desta revolução social e se comprometido com ela. Ainda são poucos em quantidade, mas grandes em termos de qualidade. Alguns – como Ralph McGill, Lillian Smith, Harry Golden, James McBride Dabbs, Ann Braden e Sarah Patton Boyle – têm escrito sobre nossa luta em termos eloquentes e proféticos. Outros têm se unido a nós em passeatas por inumeráveis ruas do Sul. Têm se exaurido em fétidas cadeias infestadas de baratas, sofrendo o abuso e a brutalidade da parte de policiais que os veem como "imundos amantes de crioulos". Diferentemente de tantos de seus irmãos e irmãs moderados, eles reconheceram a urgência do momento e perceberam a necessidade de vigorosos antídotos de "ação" para combater a doença da segregação.

Permitam-me falar de minha outra decepção. Fiquei enormemente desapontado com a Igreja e sua liderança. Evidentemente, há algumas notáveis exceções. Não me esqueci de que cada um dos senhores já assumiu posições importantes sobre esse tema. Eu o cumprimento, reverendo Stallings, por sua postura cristã no último sábado, ao dar boas-vindas aos negros que compareceram ao serviço religioso de sua igreja naquele dia, realizado com base na integração. Eu cumprimento os líderes católicos deste estado por terem integrado, vários anos atrás, o Spring Hill College.

A despeito, porém, dessas notáveis exceções, devo honestamente reiterar que tenho ficado desapontado com a Igreja. Não estou dizendo isso como aqueles críticos negativos que sempre conseguem encontrar alguma coisa errada na Igreja. Digo isso como um ministro do evangelho que ama a Igreja, que se nutriu no seu peito, que tem sido sustentado por suas bênçãos espirituais e que permanecerá fiel a ela enquanto a corda da vida continuar se esticando.

Quando fui subitamente catapultado à liderança do protesto dos ônibus em Montgomery, Alabama, alguns anos atrás, achei que seríamos apoiados pela Igreja branca. Achei que os pastores, padres e rabinos brancos do Sul estariam entre os nossos mais fortes aliados. Em vez disso, alguns têm sido adversários declarados, recusando-se a entender o movimento pela liberdade e difamando seus líderes, enquanto muitos outros se mostraram mais cautelosos que corajosos e permaneceram em silêncio com a proteção anestésica dos vitrais de suas igrejas.

Apesar de meus sonhos frustrados, vim para Birmingham com a esperança de que a liderança religiosa branca desta comunidade pudesse perceber a justiça de nossa causa e, com um profundo interesse moral, fosse capaz de funcionar como um canal através do qual nossas queixas pudessem chegar à estrutura de poder. Eu esperava que cada um dos senhores pudesse entender. Mais uma vez, porém, fiquei desapontado.

Ouvi numerosos líderes religiosos do Sul aconselhando os fiéis de suas igrejas a obedecerem à decisão contra a segregação porque essa é a lei, mas queria ouvir pastores brancos declarando: "Sigam esse decreto porque a integração é moralmente correta e porque o negro é seu irmão." Em meio às gritantes injustiças infligidas ao negro, vi religiosos brancos colocando-se de lado e vocalizando irrelevâncias piedosas e trivialidades farisaicas. Em meio a uma vigorosa luta para livrar nossa nação da injustiça racial e econômica, ouvi muitos pastores dizerem: "Trata-se de questões sociais nas quais o evangelho não tem nenhum interesse real." E vi muitas igrejas se dedicando a uma religião totalmente transcendental que estabelece uma distinção estranha, não bíblica, entre corpo e alma, sagrado e secular.

Viajei de cima a baixo pelo Alabama, pelo Mississippi e por todos os estados do Sul. Em dias abafados de verão e frescas manhãs de outono, observei as belas igrejas do Sul com suas torres elevadas apontando para o céu. Contemplei as silhuetas de seus amplos prédios destinados à educação religiosa. E muitas vezes me percebi perguntando: "Que tipo de pessoa frequenta essa igreja? Qual é o Deus delas? Onde estavam suas vozes quando os lábios do governador Barnett verteram palavras de discordância e negação? Onde estavam elas quando o governador Wallace fez um apelo estridente ao desafio e ao ódio? Onde estavam as vozes de apoio quando homens e mulheres negros humilhados e fatigados decidiram sair das masmorras sombrias da complacência para as luminosas colinas do protesto criativo?"

Sim, essas perguntas ainda estão em minha mente. Com uma profunda decepção, tenho lamentado a indiferença da Igreja. Mas tenham certeza de que minhas lágrimas são de amor. Não pode haver uma decepção profunda se não houver um amor igualmente profundo. Sim, eu amo a Igreja. Como poderia ser de outra forma? Estou na posição verdadeiramente singular de filho, neto e bisneto de pastores. Sim, vejo a Igreja como o corpo de Cristo. Mas, sim, como maculamos e desfiguramos esse corpo com o descaso social e o medo de sermos não conformistas!

Houve um tempo em que a Igreja era muito poderosa – o tempo em que os primeiros cristãos se regozijavam por serem considerados dignos de sofrer por sua crença. Naqueles dias a Igreja não era meramente um termômetro que registrava as ideias e os princípios da opinião popular; era um termostato que transformava os costumes da sociedade. Sempre que os antigos cristãos entravam numa cidade, as pessoas no poder ficavam incomodadas e imediatamente tentavam prendê-los por serem "perturbadores da paz" e "agitadores forasteiros". Mas os cristãos continuavam sua marcha, na convicção de que constituíam "uma colônia do céu", da qual se exigia a obediência a Deus, não aos homens. Pequenos em número, eram grandes em seu compromisso. Estavam intoxicados demais pelo divino para serem "astronomicamente intimidados". Com seu esforço e exemplo, puseram fim a perversidades antigas como o infanticídio e as lutas de gladiadores.

Agora as coisas são diferentes. Assim, com frequência Igreja é uma voz fraca, improdutiva, com um som ambíguo. Assim, com frequência a Igreja é uma arquidefensora do status quo. Longe de ser ameaçada pela presença da Igreja, a estrutura de poder da comunidade em geral é consolada por sua aprovação silenciosa – e muitas vezes declarada – das coisas como elas são.

Mas o julgamento divino se impõe à Igreja como nunca antes. Se a Igreja de hoje não recuperar o espírito de sacrifício da Igreja antiga, vai perder a autenticidade, alienar a lealdade de milhões e ser desprezada como um clube social irrelevante sem significado no século XX. Todo dia travo conhecimento com jovens cuja decepção com a Igreja se transformou em repulsa declarada.

Pode ser que mais uma vez eu tenha sido demasiado otimista. Será que a religião organizada é tão inextricavelmente ligada ao status quo que seja incapaz de salvar a nação e o mundo? Talvez eu deva orientar minha fé para a igreja espiritual interna, a igreja dentro da Igreja, como a verdadeira *ecclesia* e a esperança do futuro. Mais uma vez, porém, agradeço a Deus pelo fato de algumas almas nobres das fileiras da religião organizada terem rompido as cadeias paralisantes do conformismo e se juntado a nós como participantes ativos da luta pela liberdade. Elas abandonaram suas congregações seguras e caminharam junto conosco pelas ruas de Albany, Geórgia. Atravessaram as rodovias do Sul em tortuosas viagens pela liberdade. Sim, elas foram para a cadeia conosco. Algumas foram desligadas de suas igrejas, perderam o apoio de seus bispos e colegas pastores. Mas agiram na fé de que o certo derrotado é mais forte do que o mal triunfante. Seu testemunho tem sido o sal espiritual que preserva o verdadeiro significado do evangelho nestes tempos atribulados. Elas cavaram um túnel de esperança atravessando a montanha sombria da decepção.

Espero que a Igreja como um todo possa encarar o desafio deste momento decisivo. Mas mesmo que ela não venha a ajudar a justiça, não me desespero em relação ao futuro. Não tenho dúvidas sobre o resultado de nossa luta em Birmingham, mesmo que atualmente nossos motivos sejam incompreendidos. Vamos atingir o objetivo da liberdade em Birmingham e em toda a nação porque o objetivo deste país é a liberdade. Embora maltratados e desprezados, nosso destino está ligado ao dos Estados Unidos. Antes de os peregrinos aportarem em Plymouth, nós estávamos aqui. Antes que a pena de Jefferson gravasse as grandiosas palavras da Declaração de Independência nas páginas da história, nós estávamos aqui. Por mais de dois séculos, nossos antepassados trabalharam neste país sem ganhar salários; fizeram do algodão um rei; construíram as casas de seus senhores sofrendo enorme injustiça e vergonhosa humilhação – e mesmo assim, com uma vitalidade imensurável, continuaram a florescer e a se desenvolver. Se as inexprimíveis crueldades da escravidão não conseguiram fazer-nos parar, a oposição que agora enfrentamos certamente vai fracassar. Vamos ganhar nossa liberdade porque a herança sagrada de nossa nação e a eterna vontade de Deus estão incorporadas a nossas clamorosas demandas.

Antes de concluir sinto-me forçado a mencionar outro aspecto de sua declaração que me perturbou profundamente. Os senhores elogiaram enfaticamente a polícia de Birmingham por ter mantido a "ordem" e "evitado a violência". Duvido que os senhores tivessem elogiado com tanta ênfase a força policial se tivessem visto seus cães cravando os dentes em negros desarmados, não violentos. Duvido que os senhores tivessem sido tão rápidos na decisão de elogiar os policiais se tivessem observado o tratamento ofensivo e desumano dispensado aos negros aqui na cadeia municipal; se os tivessem visto empurrando e ofendendo mulheres e jovens negros; se os tivessem visto esbofeteando e chutando velhos e meninos negros; se estivessem lá para observar quando eles, em duas ocasiões, se recusaram a nos dar comida porque desejávamos cantar nossos hinos em conjunto. Não posso juntar-me aos senhores quando elogiam o departamento de polícia de Birmingham.

É verdade que a polícia exerceu certo grau de disciplina ao lidar com os manifestantes. Nesse sentido, sua conduta em público foi "não violenta". Mas para que fim? Para preservar o sistema perverso da segregação. Nos últimos anos tenho afirmado frequentemente em minhas pregações que a não violência exige que os meios que usamos sejam tão puros quanto nossos objetivos. Tentei deixar claro que é errado usar meios imorais para atingir objetivos morais. Mas agora devo afirmar que é igualmente errado, ou talvez ainda mais, usar meios morais para atingir objetivos imorais. Talvez o sr. Connor e seus policiais tenham sido suficientemente não violentos em público, da mesma forma que o chefe Pritchett em Albany,

Geórgia, mas eles usaram os meios morais da não violência para manter o objetivo imoral da injustiça racial. Como disse T.S. Eliot: "A suprema tentação é a maior traição: fazer a coisa certa pelo motivo errado."

Gostaria que tivessem elogiado os manifestantes e participantes dos sit-ins de Birmingham por sua coragem sublime, sua disposição de sofrer e sua surpreendente disciplina em meio a grandes provocações. Um dia o Sul vai reconhecer seus verdadeiros heróis. Eles serão os James Merediths, dotados do nobre senso de propósito que os capacita a enfrentar turbas desdenhosas e hostis, e com a solidão angustiante que caracteriza a vida dos pioneiros. Eles serão as mulheres negras idosas, oprimidas, agredidas, simbolizadas por uma senhora de 72 anos de Montgomery, Alabama, que se levantou com seu senso de dignidade e juntamente com seu povo resolveu não viajar em ônibus segregados e que respondeu com uma profundidade em desacordo com as normas da gramática a uma pessoa que lhe perguntou sobre sua disposição: "Meus pés tá cansado, mas minha alma tá sossegada." Eles serão os jovens alunos de ensino secundário e universitário, os jovens ministros do evangelho e uma multidão de parentes mais velhos, sentando-se, de forma corajosa e não violenta, em lanchonetes e dispostos a ir para a cadeia por motivo de consciência. Um dia o Sul vai saber que, quando esses filhos deserdados de Deus ocuparam essas lanchonetes, estavam na verdade defendendo o que há de melhor no sonho americano e os valores mais sagrados da herança judaico-cristã, trazendo, assim, nossa nação de volta às grandes fontes da democracia que foram abertas pelos pais fundadores ao formularem a Constituição e a Declaração de Independência.

Nunca tinha escrito uma carta tão longa. Temo que seja longa demais para tomar seu precioso tempo. Posso lhes garantir que ela seria bem mais curta se eu a estivesse redigindo numa escrivaninha confortável, mas que se pode fazer quando se está sozinho numa pequena cela senão escrever longas cartas, ter longos pensamentos e rezar longas orações?

Se eu disse alguma coisa nesta carta que exagere os fatos, indicando uma impaciência irracional, peço-lhes que me perdoem. Se disse alguma coisa que os minimize, indicando que minha impaciência me permite concordar com algo que esteja aquém da fraternidade, peço a Deus que me perdoe.

Espero que esta carta os encontre fortes em sua fé. Também espero que as circunstâncias logo tornem possível que eu me encontre com cada um dos senhores, não como líder integracionista ou dos direitos civis, mas como colega de sacerdócio e irmão cristão. Esperemos que as nuvens sombrias do preconceito racial logo se afastem e a neblina profunda da incompreensão se disperse de nossas comunidades mergulhadas no medo, e que num amanhã não muito distante as reluzentes estrelas do amor e da fraternidade venham a brilhar sobre nossa grande nação com toda a sua cintilante beleza.

Seu irmão na causa da Paz e da Fraternidade,

Martin Luther King

19. Liberdade agora!

Tenho tido muitas experiências em minha relativamente curta vida, mas nunca tive nenhuma semelhante à que estou tendo em Birmingham, Alabama. Este é o movimento mais inspirador que já teve lugar nos Estados Unidos da América.

---

20 de abril de 1963
King e Ralph Abernathy são soltos sob fiança

2-7 de maio
A polícia de Birmingham usa cães e extintores de incêndio contra a "Cruzada das Crianças"; mais de mil jovens são presos

8 de maio
Os líderes do protesto suspendem as manifestações de massa

11 de maio
Depois de se chegar a um acordo provisório, segregacionistas explodem uma bomba no motel Gaston, onde King estava hospedado, e na casa de seu irmão, o reverendo A.D. King

13 de maio
Tropas federais chegam a Birmingham

APÓS OITO DIAS DE PRISÃO, Ralph Abernathy e eu aceitamos ser soltos sob fiança por dois motivos. Era necessário que eu voltasse a me comunicar com os diretores da SCLC e com nossos advogados para planejarmos a estratégia a ser usada nos processos por desacato que logo chegariam ao tribunal itinerante. Eu também havia decidido colocar em operação uma nova fase de nossa campanha, que na minha opinião iria acelerar a vitória.

Convoquei minha equipe e transmiti mais uma vez uma convicção que eu vinha vocalizando desde o início da campanha. Para que nossa luta tivesse sucesso, precisávamos envolver os estudantes de nossa comunidade. Embora percebêssemos que envolver adolescentes e alunos de ensino secundário atrairia sobre nós o fogo pesado das críticas, sentíamos que precisávamos dessa nova dimensão dramática. Nosso povo estava se manifestando diariamente e indo para a cadeia em grandes números, mas ainda estávamos batendo com a cabeça no muro da teimosa determinação das autoridades municipais em manter o status quo. Nossa luta, se vencida, beneficiaria pessoas de todas as idades. Mas acima de tudo estávamos inspirados pelo desejo de dar a nossos jovens um senso próprio do que estava em jogo na luta por liberdade e justiça. Acreditávamos que eles teriam a coragem necessária para atender ao nosso apelo.

"As crianças entenderam o que estava em jogo"

James Bevel, Andy Young, Bernard Lee e Dorothy Cotton, membros da equipe da SCLC, começaram a percorrer faculdades e escolas de ensino secundário da área. Eles convidavam os estudantes a frequentar reuniões realizadas nas igrejas após o período escolar. A notícia se espalhou com rapidez e a reação dos jovens de Birmingham excedeu nossas expectativas mais otimistas. Às dezenas e centenas, esses jovens participaram das assembleias e das sessões de treinamento. Escutaram atentamente quando falávamos de levar a liberdade a Birmingham, não num futuro distante, mas exatamente agora. Nós ensinávamos a eles a filosofia da não violência. Nós os desafiávamos a levar ao movimento sua exuberância, sua criatividade juvenil e sua dedicação disciplinada. Percebemos que eles ansiavam por pertencimento, por participar num esforço social relevante. Olhando em retrospecto, fica claro que a introdução das crianças de Birmingham na campanha foi uma das ações mais inteligentes que adotamos. Ela trouxe um novo impacto à cruzada, assim como o ímpeto de que precisávamos para ganhar a luta.

Imediatamente, é claro, levantou-se uma onda de protestos. Embora no fim de abril a atitude da imprensa nacional tivesse mudado de maneira considerável, de modo que a grande mídia estava fazendo uma cobertura simpática a nós, ainda assim muitos deploraram que estivéssemos "usando" nossas crianças dessa maneira. Onde tinham estado esses redatores, imaginávamos nós, durante os séculos em que o sistema de segregação racial havia explorado e maltratado as crianças negras? Onde tinham estado com suas palavras protetoras quando, através dos anos, os bebês negros nasciam nos guetos, respirando pela primeira vez numa atmosfera social em que o ar fresco da liberdade era contaminado pelo fedor da discriminação?

As próprias crianças tinham sua resposta à solidariedade equivocada da imprensa. Uma das reações mais contundentes veio de uma criança com menos de oito anos que um dia chegou com a mãe a uma manifestação. Querendo fazer graça, um policial se dirigiu a ela e perguntou com zombeteira grosseria:

– Que é que você quer?

– Libe'dade – respondeu ela.

Ela nunca tinha pronunciado a palavra, mas nem uma trombeta de Gabriel poderia ter produzido uma nota mais verdadeira.

Até crianças jovens demais para participar de passeatas requisitavam e ganhavam um lugar em nossas fileiras. Uma vez, quando fizemos um apelo por voluntários, seis crianças pequenas se apresentaram. Andy Young lhes disse que não tinham idade suficiente para serem presas, mas que podiam ir para a biblioteca.

– Vocês não vão ser presos lá – disse ele –, mas podem aprender alguma coisa.

E assim essas seis criancinhas participaram da passeata até a biblioteca na área branca da cidade, onde, duas semanas antes, tinham sido barradas à porta. Tímida, mas resolutamente, elas foram para a sala infantil e se sentaram, e logo estavam absortas em seus livros. À sua própria maneira, tinham produzido um sopro de liberdade.

As crianças perceberam o que estava em jogo nessa luta. Penso num adolescente cuja devoção do pai ao movimento se transformou em irritação quando este ficou sabendo que o filho havia pedido que o admitissem como manifestante. O pai proibiu o filho de participar.

– Papai – disse o rapaz –, não quero desobedecer-lhe, mas fiz o meu pedido. Se o senhor tentar me prender em casa, vou arranjar um jeito de fugir. Se acha que devo ser punido por isso, terei de aceitar a punição. Pois, veja o senhor, não estou fazendo isso apenas porque desejo ser livre, mas também porque quero a liberdade para o senhor e a mamãe, e quero que ela venha antes de sua morte.

O pai pensou de novo e deu ao filho sua bênção.

O movimento teve as bênçãos do calor e da empolgação de jovens como esse. E quando a juventude de Birmingham aderiu à passeata em grandes números, aconteceu uma coisa histórica. Pela primeira vez no movimento dos direitos civis, conseguimos concretizar o princípio de Gandhi: "Encham as cadeias."

Jim Bevel teve a inspiração de marcar um Dia "D", em que os jovens seriam presos em números históricos. Quando esse dia chegou, os jovens convergiram em ondas para a Igreja Batista da Rua 16. Juntos para o Dia "D", 2 de maio, mais de mil jovens participaram da manifestação e foram para a cadeia. Numa escola, o diretor ordenou que fechassem os portões para manter os alunos lá dentro. Os jovens escalaram os portões e correram para a liberdade. O vice-superintendente do sistema escolar ameaçou-os de expulsão, mas eles continuaram comparecendo, dia após dia. No auge da campanha, segundo estimativas conservadoras, chegou a haver 2.500 manifestantes presos ao mesmo tempo, em grande parte jovens.

Embora fossem sérios no que estavam fazendo, esses adolescentes tinham aquele humor maravilhoso que arma os desarmados em face do perigo. Chefiados por seus líderes, eles se deliciavam em confundir a polícia. Um pequeno grupo chamariz se reunia numa das saídas da igreja, fazendo os policiais fluírem para lá em seus carros e motos. Antes que estes pudessem entender o que estava acontecendo, outros grupos, em grandes números, se dirigiam a outras saídas e caminhavam, dois a dois, em direção a nosso destino no centro da cidade.

Muitos chegavam lá antes que a polícia pudesse confrontá-los e prendê-los. Eles cantavam enquanto marchavam e quando eram enfiados nos camburões. A polícia teve de desistir dos camburões e pedir que carros do escritório do xerife e ônibus escolares fossem colocados a seu serviço.

Observando esses jovens em Birmingham, não pude deixar de recordar um episódio ocorrido em Montgomery durante o boicote dos ônibus. Alguém perguntou a uma senhora idosa por que ela estava envolvida em nossa luta.

– Faço isso por meus filhos e netos – respondera ela.

Sete anos depois, os filhos e os netos estavam agindo por si mesmos.

"O orgulho e o poder da não violência"

Com as cadeias lotadas e o fulgor chamuscante da desaprovação concentrado em Birmingham, Bull Connor abandonou sua postura de não violência. O resultado foi uma aberração muito conhecida dos americanos e de povos de todo o mundo. Os jornais do dia 4 de maio mostravam retratos de mulheres prostradas e policiais sobre elas com seus cassetetes; de crianças marchando na direção dos focinhos sem proteção dos cães policiais; da força terrível do jato das mangueiras arrastando corpos pelas ruas.

> DECLARAÇÃO FEITA NA IGREJA BATISTA DA RUA 16
>
> A razão pela qual não posso seguir a antiga filosofia do olho por olho é que ela acaba deixando todo mundo cego. Alguém deve ter bom senso e alguém deve ter religião. Lembro-me de que, alguns anos atrás, meu irmão e eu íamos de carro de Atlanta para Chattanooga, no Tennessee. E por algum motivo os motoristas naquela noite eram muito descorteses ou se esqueciam de reduzir os faróis... E finalmente A.D. olhou para mim e disse: "Agora me cansei disso. Quando passar o próximo carro que se recusar a reduzir o farol eu também

> vou me recusar a reduzir o meu." Retruquei: "Espere aí, não faça isso. Alguém precisa ter bom senso nesta rodovia. Se ninguém tiver bom senso suficiente para reduzir os faróis, vamos acabar destruídos." E digo a mesma coisa em relação a nós aqui em Birmingham. Estamos rodando numa imensa rodovia rumo à cidade da Liberdade. Haverá trechos tortuosos. Haverá curvas e momentos difíceis, e seremos tentados a retaliar usando o mesmo tipo de força que nossos opositores vão usar. Mas eu vou lhes dizer: "Espere aí, Birmingham. Alguém deve ter bom senso aqui."
>
> 3 de maio de 1963

Esse foi o período de maior estresse para nós, e a coragem e a convicção daqueles estudantes e adultos fizeram dele o nosso melhor momento. Não retaliamos, mas não recuamos. Não demos vazão ao ódio. Uns poucos espectadores, que não tinham sido treinados na disciplina da não violência, reagiram à brutalidade policial atirando pedras e garrafas. Mas os manifestantes continuaram não violentos. Em face de sua determinação e bravura, a consciência moral da nação foi profundamente instigada e, por todo o país, nossa luta se tornou a luta dos americanos decentes de todas as raças e credos.

A indignação moral que se espalhava pelo país, a simpatia trazida pelas crianças, o envolvimento cada vez maior da comunidade negra – todos esses fatores se uniam para criar uma certa atmosfera em nosso movimento. Era um orgulho crescente e a convicção de que iríamos vencer. Era um otimismo ascendente que nos dava a impressão de que as implacáveis barreiras que se erguiam diante de nós tinham sido superadas e estavam começando a desmoronar. Fomos avisados, sob o maior sigilo, de que a estrutura empresarial branca estava enfraquecendo em função da publicidade adversa, da pressão de nosso boicote e de uma paralela debandada dos compradores brancos.

> DECLARAÇÃO NUMA ASSEMBLEIA
>
> Há entre nós os que escrevem a história. Há os que fazem a história. Há os que vivenciam a história. Não sei quantos historiadores temos em Birmingham esta noite. Não sei quantos de vocês seriam capazes de escrever um livro de história, mas certamente vocês estão fazendo a história e vivenciando a história. E vocês tornarão possível para os historiadores do futuro escrever um capítulo maravilhoso. Nunca na história desta nação tantas pessoas foram presas pela causa da liberdade e da dignidade humana.
>
> 5 de maio de 1963

Estranhamente, a massa dos cidadãos brancos de Birmingham não estava lutando contra nós. Esse foi um dos aspectos mais surpreendentes da cruzada de Birmingham. Mais ou menos um ano antes, se começássemos uma campanha como essa, o trabalho de Bull Connor teria sido feito por cidadãos brancos criminosamente furiosos. Agora, porém, a maioria mantinha uma política de acomodação. Não pretendo insinuar que eles fossem simpáticos à nossa causa ou que estivessem boicotando as lojas porque nós o fazíamos. Só estou sugerindo que era poderosamente simbólico da mudança de atitudes no Sul o fato de a maioria da população branca permanecer neutra durante nossa campanha. Essa neutralidade reforçou nossa percepção de que estávamos no caminho da vitória.

Numa dramática ocasião, até os homens de Bull Connor vacilaram. Era uma tarde de domingo em que várias centenas de negros de Birmingham resolveram realizar um encontro de oração perto da cadeia municipal. Reuniram-se na Igreja Batista dos Novos Peregrinos e começaram a passeata de forma ordeira. Bull Connor mandou levarem os cães policiais e as mangueiras de incêndio. Quando os manifestantes se aproximaram da divisa entre as áreas branca e negra da cidade, Connor ordenou que voltassem. O reverendo Charles Billups, que liderava a passeata, educadamente recusou. Enraivecido, Bull Connor virou-se para os seus homens e gritou:

– Droga. Liguem as mangueiras.

O que aconteceu nos trinta segundos seguintes foi um dos eventos mais fantásticos da história de Birmingham. Os homens de Bull Connor ficaram olhando os manifestantes. Estes, muitos de joelhos, preparados para não usar nada, exceto o poder de seus corpos e almas contra os cães policiais, os cassetetes e as mangueiras de Bull Connor, devolviam os olhares, imóveis e sem medo. Lentamente os negros se levantaram e começaram a avançar. Os homens de Connor, como que hipnotizados, recuaram, as mangueiras permanecendo inúteis em suas mãos enquanto centenas de negros passavam por eles, sem demais interferências, para realizar sua reunião de oração conforme planejado. Ali senti, pela primeira vez, o orgulho e o poder da não violência.

"O princípio do fim"

Embora a pressão sobre a comunidade empresarial de Birmingham fosse intensa, havia homens obstinados nesse meio que aparentemente prefeririam ver seus negócios falirem a se sentarem a uma mesa para negociar com nossas lideranças. Entretanto, quando a pressão nacional começou a se fazer sentir sobre a Casa Branca, com o ápice no escândalo do dia 3 de maio, o governo foi forçado a agir. No dia 4 de maio, o procurador-geral despachou com Burke Marshall, seu assessor-chefe para direitos civis, e Joseph F. Dolan, vice-procurador-geral-assistente, em busca de uma trégua nessa tensa situação racial. Embora Marshall não tivesse, em última instância, o poder de impor uma solução, tinha plena autoridade para representar o presidente nas negociações. Foi uma das primeiras vezes em que o governo federal assumiu um papel tão ativo em circunstâncias como essa.

DECLARAÇÃO NUMA ASSEMBLEIA EM BIRMINGHAM

Não se preocupem com seus filhos, eles vão ficar bem. Não os impeçam caso queiram ir para a cadeia. Pois eles estão fazendo um trabalho não apenas por si mesmos, mas por todos os Estados Unidos e toda a humanidade. Lemos em algum lugar: "Uma criança vai liderá-los." Lembrem-se de que houve outra criança com apenas doze anos de idade envolvida numa discussão em Jerusalém... Ela disse: "Devo tomar conta dos negócios de meu pai." Esses jovens estão cuidando dos negócios de seus pais. E estão escavando um túnel de esperança através da grande montanha do desespero... Nós vamos ver que eles serão bem tratados, não se preocupem... e vão continuar enchendo não apenas as cadeias desta área, mas, se necessário, de todo o estado do Alabama.

5 de maio de 1963

Devo confessar que, embora eu gostasse do fato de o governo estar finalmente tomando um passo decisivo, tive de início alguma apreensão quanto às intenções de Marshall. Tinha medo de que ele viesse a conclamar um período de "esfriamento" – pedir-nos que declarássemos uma trégua unilateral como condição para as negociações. Admiravelmente, Marshall não adotou tal posição. Em vez disso, fez um trabalho inestimável, abrindo canais de comunicação entre nossa liderança e as pessoas situadas no topo da estrutura de poder econômico. Após uma reunião com Marshall, disse um defensor ferrenho da segregação:

– Ele é um homem que ouve. Eu também tive de ouvi-lo, e acho que cresci um pouco.

Com Burke Marshall como catalisador, começamos a ter reuniões secretas com o Comitê de Cidadãos Seniores. Nessas sessões, de início desencorajadoras, estabelecemos as bases de um acordo que acabaria concretizando todas as nossas principais demandas.

Enquanto isso, porém, por vários dias a violência varreu as ruas de Birmingham. Acrescentou-se um carro blindado ao bizarro arsenal de Bull Connor. E alguns negros, sem treinamento nos métodos da não violência, mais uma vez reagiram com tijolos e garrafas. Num desses dias, quando a pressão das mangueiras de Connor era tão grande a ponto de tirar a casca das árvores, Fred Shuttlesworth foi atirado por um jato d'água contra a parede lateral de um prédio. Com ferimentos no peito, foi levado numa ambulância. Connor, quando soube disso, respondeu de forma característica:

– Preferia que ele fosse levado num carro funerário.

Felizmente, Shuttlesworth era resistente e, embora ainda com dores, voltou à mesa de conferências no dia seguinte.

Horrorizada com a destrutividade provocada por seus próprios atos, a polícia municipal pediu que tropas do estado fossem enviadas à área. Muitos líderes brancos agora percebiam que algo tinha de ser feito. Mas ainda havia alguns inflexíveis entre eles. Estava para ocorrer, porém, outro incidente que iria transformar os recalcitrantes em pessoas conscientes. No dia 7 de maio, terça-feira, o Comitê de Cidadãos Seniores tinha se reunido num prédio do centro para discutir nossas demandas. Nas primeiras horas do encontro, estavam tão intransigentes que Burke Marshall perdeu as esperanças de se chegar a um pacto. A atmosfera estava carregada de tensão e os ânimos, exaltados.

Nesse clima, esses 125 líderes empresariais fizeram uma pausa para o almoço. Ao saírem para a rua, tiveram uma visão extraordinária. Naquele dia, várias centenas de negros haviam organizado passeatas pela cidade. As cadeias estavam tão cheias que a polícia só pôde prender um punhado. Havia negros nas calçadas, nas ruas, de pé, sentados nos corredores das lojas do centro. Havia blocos inteiros de negros, um verdadeiro mar de rostos pretos. Não estavam cometendo nenhum tipo de violência, estavam apenas presentes e cantando. No centro de Birmingham ecoava a melodia das canções de liberdade.

Atônitos, esses empresários, figuras-chave de uma grande cidade, subitamente perceberam que não era possível parar o movimento. Ao voltarem – do almoço que não conseguiram ter –, um dos homens que tinham manifestado a mais ferrenha oposição pigarreou e disse:

– Sabem, estive pensando nisso tudo. Deveríamos ser capazes de formular alguma coisa.

Essa admissão assinalou o princípio do fim. Mais tarde, naquele mesmo dia, Burke Marshall nos informou que os representantes da comunidade comercial e industrial queriam reunir-se imediatamente com os líderes do movimento para formularmos um acordo. Após conversarmos com esses homens por cerca de três horas, ficamos convencidos de que estavam negociando honestamente. Com base nessa garantia, estabelecemos uma trégua de 24 horas a partir da manhã de quarta.

Naquele dia o presidente Kennedy dedicou toda a declaração de abertura de sua coletiva de imprensa à situação em Birmingham, enfatizando como era vital que os problemas fossem enfrentados e resolvidos corretamente e expressando a esperança de que agora existisse um diálogo entre os dois lados. Ainda durante a fala do presidente, a trégua foi brevemente ameaçada quando Ralph e eu fomos de súbito presos por uma acusação antiga. Alguns de meus companheiros, sentindo-se traídos, calçaram seus tênis e se prepararam para sair em passeata. Foram refreados, porém; logo saímos sob fiança e as negociações foram reiniciadas.

Depois de conversar durante toda a noite de quarta-feira, e praticamente o dia e a noite inteiros de quinta, chegamos a um acordo. Na sexta-feira, 10 de maio, esse acordo foi anunciado. Continha os seguintes compromissos:

1. A dessegregação de lanchonetes, salas de estar, salas de ginástica e bebedouros, em etapas planejadas, no prazo de noventa dias a partir da assinatura do acordo.
2. A promoção e contratação de negros em base não discriminatória pela comunidade industrial de Birmingham, incluindo balconistas e vendedores, no prazo de sessenta dias a partir da assinatura do acordo – e a imediata criação de uma comissão de líderes do comércio, da indústria e das profissões liberais a fim de implementar um programa para toda a área visando à aceleração da promoção e contratação de negros em categorias profissionais que até então lhes eram vedadas.

3. Cooperação oficial com os representantes jurídicos do movimento com vistas à soltura, sob fiança ou apalavramento pessoal, de todos os presos.
4. Por meio do Comitê de Cidadãos Seniores ou da Câmara de Comércio, as comunicações entre negros e brancos deveriam ser publicamente estabelecidas no prazo de duas semanas a partir da assinatura do acordo, a fim de evitar a necessidade de outros protestos e manifestações.

> Fico feliz em lhes relatar esta tarde que temos a promessa de que as muralhas da segregação vão ruir em Birmingham, e isso acontecerá em breve. Mas não deixem ninguém enganá-los. Essas muralhas não estão ruindo por acaso. Estão desmoronando e caindo porque nesta comunidade o número de pessoas dispostas a lutar pela liberdade e ir para a cadeia por isso é maior do que em qualquer outra cidade, em qualquer período, dos Estados Unidos da América.

"Uma resposta brutal ao pacto"

Nossos problemas não tinham terminado. A notícia de que um acordo de paz fora assinado em Birmingham foi divulgada instantaneamente para o mundo inteiro por mais de uma centena de correspondentes estrangeiros que cobriam a campanha naquele cenário apinhado. O fato foi manchete na imprensa nacional e anunciado pelas redes de televisão. As forças segregacionistas da cidade foram tomadas pela fúria. Prometeram represálias contra os empresários brancos que os haviam "traído" ao se renderem à causa da igualdade dos negros.

Na noite de sábado, elas deram sua resposta brutal ao pacto. Eu não tinha conseguido dormir mais que duas horas nas últimas quatro ou cinco noites. Estava a ponto de fechar os olhos para uma boa noite de sono quando recebi um telefonema. Após um encontro da Ku Klux Klan nos arredores da cidade, a casa de meu irmão, o reverendo A.D. King, fora atingida pela explosão de uma bomba. Na mesma noite foi plantada uma bomba nas imediações do motel Gaston, numa posição tal que sua explosão poderia matar ou ferir seriamente qualquer pessoa que estivesse no quarto 30 – o meu quarto. Evidentemente, os potenciais assassinos não sabiam que naquela noite eu estava em Atlanta.

O atentado foi bem cronometrado. Os bares da área negra fecham à meia-noite, e as bombas explodiram exatamente no momento em que alguns beberrões de sábado à noite saíam dos bares. Milhares de negros encheram as ruas. Wyatt Walker, meu irmão e outros tentaram convencê-los a voltar para suas casas, mas eles não estavam sob a disciplina do movimento e não se dispunham a ouvir conselhos de paz. A luta começou. Pedras eram jogadas nos policiais. Carros eram destruídos e incêndios começaram. Quem havia plantado as bombas *queria* que os negros iniciassem um tumulto. Eles queriam que o pacto fosse desfeito.

A polícia estadual e os "homens de contenção" do governador George Wallace fecharam a área negra e correram para lá com seus cães e pistolas. Espancaram vários negros inocentes; um de seus atos de cavalheirismo foi a agressão a cassetetes infligida à pequenina Ann Walker, esposa de Wyatt, quando ela estava para entrar no quarto do marido no motel Gaston, parcialmente destruído pela explosão. Mais tarde também se distinguiram ao agredir Wyatt quando este tentava voltar para casa de carro após visitar a mulher no hospital.

Nunca esquecerei o telefonema que recebi de meu irmão naquela noite violenta de sábado. A casa dele havia sido destruída. Várias pessoas tinham ficado feridas no motel. Escutei sua descrição do início do tumulto e da catástrofe nas ruas da cidade. Então, fazendo fundo à fala dele, ouvi, como se fosse uma torrente transbordante, uma bela canção. Com os pés plantados sobre os destroços, ameaçados pelo ódio e pela violência criminosa, os seguidores do movimento cantavam "We Shall Overcome". Fiquei maravilhado pelo fato de que num momento de tragédia como aquele o negro ainda pudesse se expressar com fé e esperança.

Na noite seguinte, um presidente profundamente mobilizado declarou à nação que o governo federal não permitiria que extremistas sabotassem um pacto justo e honesto. Ordenou que 3 mil homens das tropas federais tomassem posição perto de Birmingham e se preparou para transformar a Guarda Nacional do Alabama numa força federal. Essa ação decisiva imobilizou os arruaceiros.

Mas os segregacionistas intransigentes iriam tentar mais uma vez acabar com a paz. No dia 20 de maio, as manchetes anunciaram que mais de mil alunos que haviam participado das manifestações tinham sido suspensos ou expulsos pelo Conselho Municipal de Educação. Eu estava convencido de que essa era outra tentativa de levar a comunidade negra a uma ação imprudente e impulsiva. O complô poderia ter funcionado; havia algumas pessoas em nossas fileiras para as quais, sinceramente, todos os estudantes de Birmingham deveriam, em retaliação, deixar de frequentar a escola e recomeçar as manifestações.

Eu estava fora da cidade naquele momento, mas voltei rapidamente a Birmingham para persuadir nossos líderes de que não deveríamos cair na armadilha. Resolvemos levar o assunto aos tribunais e assim o fizemos, com os auspícios do Fundo Educacional e de Defesa Jurídica da NAACP. No dia 22 de maio, o juiz do tribunal federal regional daquela área sustentou a decisão do Conselho Municipal de Educação de Birmingham. Mas no mesmo dia o juiz Elbert P. Tuttle, do Quinto Tribunal Federal de Recursos, não apenas reverteu a decisão do juiz distrital, mas condenou veementemente o Conselho de Educação por esse ato. Numa época em que a nação estava tentando resolver o problema da evasão escolar, indicou a decisão do juiz Tuttle, era uma irresponsabilidade impedir o acesso desses jovens à escola em retaliação por terem se envolvido numa ação juridicamente legítima visando à obtenção de direitos constitucionais. Na noite em que essa decisão foi divulgada, fizemos uma grande assembleia. Foi um momento de júbilo, outra vitória nessa luta titânica.

No dia seguinte, num pós-escrito adequado, o Tribunal de Justiça do Alabama ordenou que "Bull" Connor e seus colegas de comissariado deixassem seus cargos de uma vez por todas.

Eu NÃO PODERIA CONCLUIR um relato dos eventos de Birmingham sem assinalar o enorme apoio moral e financeiro que recebemos do mundo inteiro durante as seis semanas de manifestações e nas semanas e meses seguintes. Embora estivéssemos tão preocupados com as crises do dia a dia da campanha a ponto de não termos tempo para enviar um pedido formal de ajuda financeira, cartas de apoio e doações que iam de centavos tirados de cofrinhos até cheques vultosos fluíam para o nosso sitiado posto de comando no motel Gaston e para a sede em Atlanta.

Um dos resultados mais gratificantes foi a inédita demonstração de unidade apresentada pela comunidade negra nacional em apoio a nossa cruzada. De todo o país vieram pastores, líderes dos direitos civis, atores, atletas de ponta e cidadãos comuns negros, prontos a se pronunciarem em nossas reuniões ou a se juntarem a nós na cadeia. O Fundo Educacional e de Defesa Jurídica da NAACP veio em nosso auxílio diversas vezes, tanto com dinheiro quanto com especialistas jurídicos talentosos. Muitos outros indivíduos e organizações deram contribuições inestimáveis em termos de tempo, dinheiro e apoio moral.

A assinatura do acordo foi o clímax de uma longa luta por justiça, liberdade e dignidade humana. Não chegara ainda o novo milênio, mas Birmingham tinha dado um novo e corajoso passo no rumo da igualdade.

Birmingham não foi, de modo algum, milagrosamente dessegregada. Ainda há resistência e violência. Os últimos esforços de luta de um governador segregacionista ainda manchavam as páginas dos atuais eventos e continua se fazendo necessário que um presidente atribulado invoque seus poderes supremos para que uma criança negra frequente a mesma escola de uma criança branca nesta cidade. Mas esses fatores servem apenas para enfatizar a verdade que até os segregacionistas reconhecem: o sistema que eles defendem está no leito de morte. O único imponderável é a questão do custo de seu funeral.

Quero acreditar que Birmingham se tornará um dia um modelo para as relações raciais no Sul. Quero acreditar que o radicalismo negativo de seu passado vai transformar-se no radicalismo positivo e utópico de seu futuro; que os pecados de ontem serão redimidos pelas realizações de um futuro brilhante. Tenho essa esperança porque uma vez, num dia de verão, um sonho se concretizou. A cidade de Birmingham encontrou sua consciência.

20. A marcha sobre Washington

Não pode haver dúvidas, mesmo nos recônditos das mentes mais preconceituosas, de que a Marcha sobre Washington de 28 de agosto foi a mais importante e comovente demonstração de liberdade e justiça em toda a história deste país.

---

11 de junho de 1963
O presidente Kennedy anuncia um novo projeto de lei de direitos civis

12 de junho
Medgar Evers, líder da NAACP, é assassinado

22 de junho
King reúne-se com Kennedy

28 de agosto
Discursa na Marcha sobre Washington por Emprego e Liberdade

No verão de 1963 um grande grito de liberdade ecoou pelo país. Foi um grito vindo dos corações de um povo que tinha sido muito paciente por um tempo longo demais. Era um grito que vinha do Norte e do Sul. Era um grito que chegava aos ouvidos de um presidente e o estimulava a assumir uma posição como estadista. Era um grito que atingia os salões do Congresso e levava as câmaras legislativas a uma retomada do Grande Debate. Era um grito que despertava as consciências de milhões de brancos americanos e os fazia examinarem a si mesmos e refletirem sobre a condição de 20 milhões de irmãos negros deserdados. Era um grito que tirava os homens de Deus de seus púlpitos, onde vinham pregando somente uma espécie dominical de amor, e os levava para as ruas a fim de praticarem a militância das segundas-feiras. Vinte milhões de negros fortes, militantes, em marcha, flanqueados por legiões de aliados brancos, eram voluntários de um exército dotado de uma vontade e de um propósito – a concretização de uma nova e gloriosa liberdade.

O grito nasceu em Birmingham. O contágio da vontade de ser livre, a difusão do vírus da vitória que se mostrou possível quando os negros se ergueram e marcharam juntos com o amor no coração no lugar do ódio, a fé no lugar do medo – um vírus que se espalhou de Birmingham para todo o país, quando o verão da insatisfação veemente prognosticou um glorioso outono de justiça racial. A revolução negra estava em curso.

Birmingham tinha deixado claro que a luta do negro podia ser vencida se a tirássemos das calçadas e das ruas e a levássemos às prefeituras e cadeias, e mesmo – se necessário – ao martírio heroico de um Medgar Evers. A revolução negra no Sul tinha crescido. Tinha amadurecido. Era corajosa. Era épica – e era, na tradição americana, uma saudação tardia à Declaração de Direitos, à Declaração de Independência, à Constituição e à Lei da Emancipação.*

O negro do Norte chegou à chocante compreensão de que a discriminação sutil e oculta praticada nessa região era tão perversa e humilhante quanto os pecados óbvios e escancarados cometidos no Sul. No Sul, o grito que se ouvia era por direitos públicos – a não discriminação em hotéis, motéis, escolas, parques. No Norte, era por avanços no âmbito privado – a eliminação da segregação escolar de fato, o fim da discriminação na moradia e no emprego. Em Chicago, Illinois, vieram à tona graves situações envolvendo o preconceito no âmbito habitacional.

Visto em perspectiva, o verão de 1963 foi histórico porque testemunhou a primeira ofensiva lançada por negros numa ampla frente. As revoltas de escravos no Sul pré-Guerra Civil, heroicas, mas espasmódicas, haviam se fundido, mais de um século depois, num ataque simultâneo e maciço contra a segregação. E as virtudes por tanto tempo consideradas propriedade

---

* Em inglês, Emancipation Act, equivalente à Abolição da Escravatura no Brasil. (N.T.)

exclusiva dos brancos do Sul – cavalheirismo, lealdade e orgulho – haviam passado para os manifestantes negros no calor das batalhas do verão.

Ao avaliarem os eventos do verão, alguns observadores tenderam a reduzir o valor das conquistas tratando os manifestantes como um fim em si mesmos. O heroísmo das passeatas, o drama do confronto se tornaram, na visão deles, a realização final. É verdade que esses elementos têm importância, mas ignorar os ganhos concretos e específicos do desmantelamento da estrutura segregacionista é como anunciar a beleza da chuva sem perceber que ela enriqueceu o solo. Um movimento social que apenas movimenta pessoas é uma revolta. Um movimento que transforma tanto pessoas quanto instituições é uma revolução.

O verão de 1963 foi uma revolução porque mudou a face dos Estados Unidos. A liberdade é contagiosa. A febre por ela provocada manifestou-se em quase mil cidades, e no momento em que atingiu esse pico milhares de lanchonetes, hotéis, parques e outros lugares públicos haviam se tornado integrados.

O som da explosão em Birmingham chegou a Washington, onde o governo Kennedy, o qual havia afirmado de forma clara que a legislação de direitos civis teria de ser adiada para o ano seguinte, rapidamente reorganizou suas prioridades e colocou um vigoroso projeto de lei sobre esse tema no topo do calendário do Congresso.

"Livres em 63"

O turbilhão de eventos do verão exigia um clímax adequado. O decano dos líderes negros, A. Philip Randolph, cujas contribuições em termos de imaginação e militância incansável haviam dramatizado por décadas a luta por direitos civis, mais uma vez forneceu uma resposta singularmente apropriada. Ele propôs uma Marcha sobre Washington para unir numa ação luminosa todas as forças daquela extensa frente.

Era preciso ter ousadia e coragem para abraçar essa ideia. A comunidade negra estava firmemente unida no que se referia à demanda por correção das injustiças, mas dividida em matéria de táticas. Havia demonstrado sua capacidade de se organizar habilmente em comunidades isoladas, mas não havia precedente para uma convocação de âmbito nacional e de tamanho gigantesco. Para complicar a situação, havia inúmeros profetas do caos que temiam que o menor incidente violento pudesse alienar o Congresso e destruir qualquer esperança de legislação. Mesmo que não houvesse distúrbios, eles receavam que um apoio inadequado da população negra viesse a revelar debilidades que deveriam permanecer ocultas.

O debate sobre a proposta polarizou claramente as posições. Os que tinham fé na capacidade, na resistência e na disciplina do negro deram boas-vindas ao desafio. Do outro lado estavam os amigos tímidos, confusos e incertos, juntamente com os que nunca tinham acreditado na capacidade do negro de organizar alguma coisa importante. A conclusão nunca foi motivo de dúvida, pois o ímpeto poderoso do verão revolucionário tinha varrido toda oposição.

O grito havia ecoado por todo o país. Chegou a Washington, a capital, em 28 de agosto, quando mais de 200 mil pessoas, negras e brancas, de todas as crenças, de todas as condições, se posicionaram juntas diante do memorial de Abraham Lincoln. Os inimigos da justiça racial não queriam que estivéssemos ali. Os inimigos da legislação de direitos civis nos haviam advertido para que não o fizéssemos. Havia previsões terríveis de grandes distúrbios e insinuações de retaliação no Sul.

Até alguns amigos de nossa causa tinham receios honestos sobre nossa ação. O presidente dos Estados Unidos expressou publicamente sua preocupação quanto à sensatez desse projeto, e deputados de estados em que, pelo menos na aparência, a liberalidade prevalecia amplamente sugeriram que essa marcha não teria efeito algum em seu processo deliberativo. O senso de propósito que contaminou os preparativos da marcha tinha uma qualidade infecciosa que obrigou os brancos liberais e os líderes de grandes organizações religiosas a perceber que ela estava chegando e não poderia ser impedida. Tal como um refrão crescente que promete explodir numa canção gloriosa, apoios e pedidos de participação começaram a chegar.

Da mesma forma como Birmingham tinha obrigado o presidente Kennedy a reverter totalmente suas prioridades com respeito à legislação, assim também o espírito por trás da marcha vindoura o transformou num forte aliado em sua execução. A transformação do presidente foi caracterizada por um simpático e generoso interesse não apenas em garantir a realização da marcha, mas na esperança de que ela viesse a ter um sólido impacto sobre o Congresso.

Washington é uma cidade de espetáculos. A cada quatro anos, grandiosas cerimônias de posse atraem os ricos e poderosos. Reis, primeiros-ministros, heróis e celebridades de todo tipo têm participado dessas comemorações por mais de 150 anos. Mas em toda a sua luminosa história Washington nunca viu um espetáculo do tamanho e da grandiosidade daquele que lá se realizou em 28 de agosto de 1963. Entre as cerca de 250 mil pessoas que acorreram à capital naquele dia, havia muitos dignitários e muitas celebridades, mas a emoção mais instigante veio da massa de pessoas comuns que se posicionaram com uma dignidade majestática como testemunhas de sua sincera determinação de alcançar a democracia durante suas vidas.

Elas vieram de quase todos os estados da União; usaram todas as formas de transporte; abriram mão do pagamento de um a três dias de salários mais o custo do transporte, o que para muitos significava um grande sacrifício financeiro. Estavam tranquilas e bem-humoradas, embora disciplinadas e pensativas. Aplaudiam seus líderes generosamente, mas os líderes, em seus corações, aplaudiam a plateia. Naquele dia, muitos oradores negros passaram a ter mais respeito pelo seu próprio povo por perceberem a força de sua dedicação. Aquela enorme multidão era o coração vivo, pulsante, de um movimento infinitamente nobre. Era um exército sem armas, mas não sem força. Era um exército para o qual ninguém tinha de ser recrutado. Era branco, negro e de todas as idades. Tinha simpatizantes de todos os credos, de todas as classes, de todas as profissões, de todos os partidos políticos, unidos por um único ideal. Era um exército em luta, mas ninguém podia ignorar que sua arma mais poderosa era o amor.

Um elemento importante da marcha foi a participação das igrejas brancas. Elas nunca tinham se envolvido de forma tão completa, direta e entusiástica. Um escritor observou que a marcha "aproximou mais as três principais religiões do país do que qualquer outro assunto na história desta nação em tempos de paz". Ouso dizer que nenhum fator entre aqueles que emergiram no verão de 1963 deu tanto ímpeto à revolução em curso e a seu objetivo de sensibilizar a consciência da nação quanto a decisão dos líderes religiosos deste país de desafiarem a tradição e se tornarem parte integrante da luta do negro por seus direitos.

Num contraste infeliz, o Conselho Nacional da Federação Americana do Trabalho e Congresso de Organizações Industriais (AFL-CIO, na sigla em inglês) recusou-se a apoiar a marcha e adotou uma posição de neutralidade. Uma série de sindicatos internacionais, contudo, declarou independentemente seu apoio e se fez presente em números substanciais. Além disso, centenas de sindicatos locais jogaram todo o seu peso na ação.

Tínhamos força porque éramos muitos, representando tantos outros. Tínhamos dignidade porque sabíamos que nossa causa era justa. Não tínhamos raiva, mas paixão – paixão pela liberdade. E assim lá estávamos nós, de frente para o sr. Lincoln e para nós mesmos, para nosso destino, para o futuro e para Deus.

Preparei uma parte de meu discurso em Nova York e a outra em Washington. Na noite do dia 27 cheguei a Washington por volta das dez horas e fui para o hotel. Pensava no que ia dizer, e isso me ocupou por mais ou menos uma hora. Depois comecei a preparar o esboço e creio que o concluí em torno da meia-noite. Só consegui terminar o texto completo depois das quatro da manhã do dia 28 de agosto.

Juntamente com outros oradores, o Comitê Nacional da Marcha sobre Washington me pediu que fornecesse aos assessores de imprensa um resumo ou trechos do discurso que pretendia fazer no final da tarde ou início da noite de 27 de agosto. Mas, como eu não havia concluído meu discurso na noite anterior à marcha, não forneci nenhuma parte do que tinha preparado até a manhã de 28 de agosto.

"Eu tenho um sonho"

Comecei lendo o discurso, e continuei lendo até determinado ponto. A resposta do público naquele dia foi maravilhosa e de repente me veio essa coisa. Em junho último, após uma reunião pacífica de milhares de pessoas pelas ruas do centro de Detroit, Michigan, eu tinha feito um discurso no Cobo Hall no qual usei a expressão "Eu tenho um sonho". Já tinha usado essa frase muitas vezes antes e senti que desejava usá-la ali. Não sei por quê. Não tinha pensado nisso antes do discurso. Usei a expressão e naquele momento deixei totalmente de lado o manuscrito, e não voltei a ele.

> Estou contente em me reunir com vocês no dia que ficará registrado como a maior demonstração pela liberdade na história de nossa nação.
>
> Cem anos atrás, um grande americano, sob cuja sombra simbólica nos encontramos, assinou a Proclamação de Emancipação. Esse importante decreto veio como um grande farol de esperança para milhões de escravos negros que tinham sido queimados nas chamas da injustiça intimidante. Ele veio como uma alvorada festiva para pôr fim à longa noite de seu cativeiro.
>
> Mas cem anos depois o negro ainda não está livre. Cem anos depois, a vida do negro ainda é tristemente deformada pelas algemas da segregação e pelas cadeias da discriminação. Cem anos depois, o negro vive em uma solitária ilha de pobreza em meio a um vasto oceano de prosperidade material. Cem anos depois, o negro ainda adoece nos cantos da sociedade americana e se encontra exilado em sua própria terra.
>
> Assim, viemos aqui hoje para dramatizar uma condição vergonhosa. De certo modo, viemos à capital de nossa nação para trocar um cheque. Quando os arquitetos de nossa república escreveram as magníficas palavras da Constituição e da Declaração de Independência, estavam assinando uma nota promissória da qual todo americano seria herdeiro. Essa nota era uma promessa de que todos os homens, sim, os homens negros e os homens brancos, teriam garantidos os direitos inalienáveis à "Vida, à Liberdade e à busca da Felicidade".

Hoje é óbvio que a América não resgatou essa promissória no que se refere a seus cidadãos negros. Em vez de honrar essa obrigação sagrada, a América deu ao povo negro um cheque inválido, um cheque que voltou com a marca da "insuficiência de fundos". Mas nós nos recusamos a acreditar que o banco da justiça esteja falido. Nós nos recusamos a acreditar que haja insuficiência de fundos nos grandes cofres de oportunidades desta nação. Assim, viemos descontar esse cheque, um cheque que nos dará o direito de reclamar os recursos da liberdade e a segurança da justiça.

Também viemos a este lugar bendito para que a América se lembre da impetuosa urgência deste momento. Este não é o momento de descansar no luxo da abstenção ou de ingerir o tranquilizante do gradualismo. Este é o momento de transformar em realidade as promessas de democracia. Este é o momento de ascender do vale desolado da segregação ao caminho iluminado da justiça racial. Este é o momento de erguer nossa nação das areias movediças da injustiça racial para a rocha sólida da fraternidade. Este é o momento de fazer da justiça uma realidade para todos os filhos de Deus.

Seria fatal para a nação negligenciar a urgência deste momento. Este verão sufocante da legítima insatisfação dos negros não passará até termos um outono renovador de liberdade e igualdade. Este ano de 1963 não é um fim, mas um começo. Os que acham que o negro precisava liberar sua energia e agora ficará satisfeito terão um violento despertar se a nação voltar às coisas de sempre.

Não haverá sossego nem tranquilidade neste país até que o negro tenha garantidos seus direitos de cidadania. Os redemoinhos da revolta continuarão a sacudir os alicerces de nossa nação até que nasça o dia ensolarado da justiça.

Mas há algo que eu tenho de dizer ao meu povo, postado no portal ensolarado que conduz ao palácio da justiça: no processo de conquista de nosso lugar legítimo, não devemos arcar com a culpa por ações ilegais. Não vamos satisfazer nossa sede de liberdade bebendo da xícara da amargura e do ódio. Temos sempre de conduzir nossa luta num alto nível de dignidade e disciplina. Não devemos permitir que nosso protesto criativo degenere em violência física. Precisamos cada vez mais ascender às alturas majestosas em que se dá o encontro da força física com a força da alma.

Nossa nova e maravilhosa militância que envolveu a comunidade negra não deve nos levar a uma desconfiança para com todas as pessoas brancas, pois muitos de nossos irmãos brancos, como se evidencia por sua presença aqui hoje, vieram a entender que o destino deles está ligado ao nosso. Eles vieram a perceber que a liberdade deles está indissoluvelmente ligada à nossa. Não podemos caminhar sozinhos. E ao caminharmos devemos fazer a promessa de que iremos sempre em frente. Nós não podemos retroceder.

Há os que perguntam aos devotos dos direitos civis: "Quando vocês ficarão satisfeitos?" Não poderemos estar satisfeitos enquanto o negro for vítima dos horrores indizíveis da brutalidade policial. Não poderemos estar satisfeitos enquanto nossos corpos, pesados com a fadiga da viagem, não puderem hospedar-se nos motéis das estradas e nos hotéis das cidades. Não poderemos estar satisfeitos enquanto a mobilidade básica de um negro for de um gueto menor para um maior. Não poderemos estar satisfeitos enquanto nossos filhos forem privados do respeito próprio e da dignidade por cartazes que dizem "Só para brancos". Não poderemos estar satisfeitos enquanto um negro do Mississippi não puder votar e um negro de Nova York acreditar que não tem motivo para votar. Não, não, nós não estamos nem estaremos satisfeitos até que a justiça flua como as águas e a virtude como uma poderosa correnteza.

Eu não esqueci que alguns de vocês vieram até aqui após grandes testes e atribulações. Alguns de vocês acabaram de sair das celas estreitas das cadeias. Alguns de vocês vieram de áreas onde a busca por liberdade os deixou marcados pela tormenta das perseguições e cambaleantes face aos ventos da brutalidade policial. Vocês têm sido os veteranos do sofrimento criativo. Continuem trabalhando com a fé de que o sofrimento imerecido traz a redenção.

Voltem para o Mississippi, voltem para o Alabama, voltem para a Carolina do Sul, voltem para a Geórgia, voltem para a Louisiana, voltem para as favelas e guetos de nossas cidades do Norte, sabendo que de alguma forma esta situação pode e vai mudar.

Não nos deixemos cair no vale da desesperança. Eu lhes digo agora, meus amigos, que embora enfrentemos as dificuldades atuais e futuras, eu ainda tenho um sonho. É um sonho profundamente arraigado no sonho americano.

Eu tenho um sonho de que um dia esta nação vai levantar-se e sustentar o verdadeiro significado de sua crença – consideramos como verdades evidentes por si mesmas que todos os homens são criados iguais.

Eu tenho um sonho de que, um dia, nas rubras colinas da Geórgia, os filhos de antigos escravos e os filhos de antigos senhores poderão sentar-se juntos à mesa da fraternidade.

Eu tenho um sonho de que, um dia, até mesmo o Mississippi, um estado que transpira com o calor da injustiça, que transpira com o calor da opressão, será transformado em um oásis de liberdade e justiça.

Eu tenho um sonho de que meus quatro filhos pequenos vão um dia viver em uma nação onde serão julgados não pela cor de sua pele, mas pelo conteúdo de seu caráter.

Hoje eu tenho um sonho!

Eu tenho um sonho de que um dia, no Alabama, com seus racistas malignos, com seu governador de cujos lábios gotejam palavras de oposição e negação, que nesse dia exatamente no Alabama garotinhos negros e garotinhas negras poderão dar as mãos a garotinhos brancos e garotinhas brancas como irmãs e irmãos.

Hoje eu tenho um sonho!

Eu tenho um sonho de que um dia todos os vales serão exaltados, todas as colinas e montanhas virão abaixo, os lugares ásperos serão aplainados e os tortuosos retificados, a glória do Senhor será revelada e toda a humanidade verá isso junta.

Essa é nossa esperança. Essa é a fé com que regressarei ao Sul. Com essa fé poderemos recortar da montanha do desespero uma pedra de esperança.

Com essa fé poderemos transformar as discórdias conflituosas de nossa nação em uma bela sinfonia de fraternidade. Com essa fé poderemos trabalhar juntos, rezar juntos, lutar juntos, ser presos juntos, defender a liberdade juntos, sabendo que um dia estaremos livres.

Esse será o dia, esse será o dia em que todos os filhos de Deus poderão cantar com um novo significado: "Meu país, doce terra de liberdade, a ti eu canto. Terra em que meus pais morreram, terra do orgulho dos Peregrinos, de todos os lados da montanha, que toque o sino da liberdade!" E para que a América seja uma grande nação, isso deve realizar-se.

E assim que soe a liberdade no magnífico topo das colinas de New Hampshire.

Que soe a liberdade nas grandes montanhas de Nova York.

Que soe a liberdade nos magníficos Alleghenies da Pensilvânia.

Que soe a liberdade nas montanhas cobertas de neve do Colorado.

Que soe a liberdade nas ladeiras recurvas da Califórnia.

Mas não só isso.

Que soe a liberdade na montanha de Pedra da Geórgia.

Que soe a liberdade na montanha Lookout do Tennessee.

Que soe a liberdade em todos os montículos e colinas do Mississippi, em todas as encostas, que soe a liberdade!

E quando isso acontecer, quando permitirmos que soe a liberdade, quando deixarmos que ela soe em todas as vilas e aldeias, em todos os estados e cidades, poderemos acelerar a chegada desse dia em que todos os filhos de Deus, homens negros e homens brancos, judeus e gentios, protestantes e católicos, poderão dar-se as mãos e cantar as palavras do velho *spiritual*: "Free at last, free at last. Thank God Almighty, we are free at last." [Livres afinal, livres afinal. Graças a Deus Todo-Poderoso, estamos livres afinal.]

SE ALGUÉM TINHA DÚVIDAS quanto ao grau de penetração das ações de verão na consciência da América branca, a resposta se evidenciou no tratamento dado à Marcha sobre Washington por todos os meios de comunicação. Normalmente as atividades dos negros só são objeto da atenção da imprensa quando podem resultar numa explosão perigosa ou têm alguma característica bizarra. A marcha foi a primeira operação organizada por negros tratada com respeito e com uma cobertura proporcional a sua importância. Os milhões que a assistiram pela televisão viram um evento histórico não apenas pelo tema, mas porque este estava sendo trazido para os seus lares.

Milhões de brancos americanos puderam ver pela primeira vez, durante um longo período, negros envolvidos numa atividade séria. Pela primeira vez, milhões puderam ouvir as palavras esclarecidas e responsáveis de oradores negros de todas as classes e profissões. O estereótipo do negro sofreu um duro golpe. Isso ficou evidente em alguns comentários que refletiam surpresa diante da dignidade, da organização e até dos trajes e do espírito cordial dos participantes. Se a imprensa estava esperando algo parecido com um *minstrel show*,* um tumulto ou uma exposição cômica de roupas bizarras e má educação, ficou desapontada. Muito se tem dito sobre um diálogo entre negros e brancos. Chegar verdadeiramente a isso requer que todos os meios de comunicação escancarem seus canais da mesma forma que fizeram naquele dia radiante de agosto.

Quando a televisão transmitiu a imagem desse encontro extraordinário através das fronteiras dos oceanos, todos os que acreditavam na capacidade de autoaperfeiçoamento do ser humano tiveram um momento de inspiração e de confiança no futuro da humanidade. E todos os americanos comprometidos puderam orgulhar-se de que uma experiência dinâmica de democracia realizada na capital do país estivesse sendo vista no mundo inteiro.

---

* Espetáculo de variedades em que atores, mesmo negros, atuavam com a cara pintada de preto. (N.T.)

21. A morte das ilusões

A desumanidade do homem não é perpetrada unicamente pelos atos rancorosos dos maus. Também o é pela inação prejudicial dos bons.

---

15 de setembro de 1963
Uma explosão de dinamite mata quatro garotas negras na escola dominical da Igreja Batista da Rua 16, em Birmingham

18 de setembro
Faz o discurso fúnebre de três das quatro meninas

19 de setembro
King e outros líderes dos direitos civis têm uma reunião com o presidente John F. Kennedy

22 de novembro
O presidente Kennedy é assassinado; é substituído por Lyndon B. Johnson

---

TERIA SIDO AGRADÁVEL dizer que Birmingham se aquietou após a tormenta e caminhava construtivamente para justificar as esperanças dos muitos que lhe queriam bem. Teria sido agradável, mas não seria verdadeiro. Após o cumprimento parcial e relutante de alguns termos do acordo, os viajantes noturnos do século XX tiveram de enfrentar outra rodada de violência. Numa pavorosa manhã de setembro, ela tirou as vidas de quatro meninas inocentes na Igreja Batista da Rua 16: Addie Mae Collins, Denise McNair, Carole Robertson e Cynthia Wesley. A polícia matou outra criança nas ruas e jovens brancos cheios de ódio culminaram o dia com o ultrajante assassinato de um garoto negro que andava inofensivamente de bicicleta.

Nunca vou esquecer a dor e a amargura que senti naquela terrível manhã de setembro. Lembro-me de uma mulher aos gritos pisando nos estilhaços de vidro:

– Meu Deus, nós não estamos a salvo nem na igreja?

Lembro-me de como a explosão atingiu o rosto de Jesus num vitral. Recordo que pensei: será que valia a pena? Haveria alguma esperança?

Em Birmingham, que acreditávamos ser uma cidade redimida, tinha havido uma crucificação. As crianças foram vítimas de uma brutalidade que ecoou pelo mundo. Onde estava Deus em meio à explosão daquelas bombas?

Em toda batalha por liberdade existem mártires cujas vidas são perdidas e cujo sacrifício endossa a promessa de liberdade. As meninas morreram em resultado da Santa Cruzada dos homens negros em busca da liberdade. Elas não eram líderes dos direitos civis, como Medgar Evers. Não eram cruzados da justiça, como William Moore – um carteiro de Baltimore morto a tiros quando tentava entregar a mensagem da democracia na cidadela da injustiça. Elas eram jovens, e até pouco tempo ainda comiam comida de bebê – e os bebês, como se diz, são a última notícia vinda do céu.

Portanto, as crianças são uma gloriosa promessa, e ninguém é capaz de dizer o que aquelas crianças poderiam se tornar – outra Mary Bethune ou Mahalia Jackson. Mas elas se tornaram a coisa mais gloriosa possível. Tornaram-se símbolos de nossa cruzada. Deram suas vidas para garantir nossa liberdade. Não o fizeram deliberadamente. Fizeram-no porque algo estranho, incompreensível para o homem, é traduzido na vontade de Deus, e hoje elas estão em casa com Ele.

"De modo que elas não morreram em vão"

Talvez a pobreza de consciência da maioria branca de Birmingham tenha tido a sua mais clara ilustração no funeral das crianças mártires. Nenhuma autoridade branca compareceu. Não se viam rostos de brancos, exceto por um número pateticamente reduzido de pastores corajosos. Naquele dia não foram enterradas apenas crianças, mas também a honra e a decência.

Nossa tradição, nossa fé, nossa lealdade foram confrontadas naquele dia ao contemplarmos os caixões com os corpos daquelas crianças. Alguns de nós não conseguíamos entender por que Deus havia permitido que a morte e a destruição se impusessem a quem não tinha feito mal a ninguém.

Esta tarde nos reunimos no silêncio deste santuário a fim de oferecer nosso último tributo de respeito a essas belas filhas de Deus. Elas entraram no palco da história apenas alguns anos atrás e no curto período em que tiveram o privilégio de atuar nesse palco mortal desempenharam seus papéis fantasticamente bem. Agora estão descendo as cortinas; elas caminham para a saída; o drama da vida terrena chega ao seu final. Agora elas estão voltando à mesma eternidade de onde vieram.

Essas crianças – puras, inocentes e belas – foram vítimas de um dos crimes mais perversos e odiosos jamais cometidos contra a humanidade.

Mas morreram com dignidade. São as martirizadas heroínas de uma santa cruzada pela liberdade e a dignidade humanas. Portanto, elas têm algo a nos dizer em sua morte. Têm algo a dizer a todos os ministros do evangelho que permaneceram em silêncio por trás da proteção segura dos vitrais. Têm algo a dizer a todos os políticos que alimentaram seus eleitores com o pão mofado do ódio e a carne azeda do racismo. Têm algo a dizer a um governo federal que se comprometeu com as práticas antidemocráticas dos dixiecratas* do Sul e com a flagrante hipocrisia dos republicanos direitistas do Norte. Têm algo a dizer a todos os negros que aceitam passivamente o sistema perverso da segregação e se mantêm alheios em meio a uma luta imensa por justiça. Elas dizem a cada um de nós, negros e brancos, que devemos substituir a cautela pela coragem. Elas nos dizem que devemos nos preocupar não apenas com quem as

---

* Referência a Dixieland, ou terra de Dixie, termo de origem discutida, que significa a região Sul dos Estados Unidos e evoca a Guerra de Secessão. (N.T.)

matou, mas com o sistema, o modo de vida e a filosofia que produziram os assassinos. Sua morte nos diz que devemos trabalhar de modo apaixonado e incansável para transformar em realidade o sonho americano.

De modo que elas não morreram em vão. Deus ainda tem uma forma de extrair o bem do mal. A história tem mostrado repetidas vezes que o sofrimento imerecido tem um poder redentor. O sangue inocente dessas garotinhas pode muito bem servir como a força redentora que trará uma nova luz a esta cidade sombria. As Sagradas Escrituras nos dizem: "Uma criança irá conduzi-los." A morte destas criancinhas pode conduzir todo o Sul do caminho imoral da desumanidade de um homem contra outro para a estrada eticamente correta da paz e da fraternidade. Essas mortes trágicas podem levar nossa nação a substituir a aristocracia da cor pela aristocracia do caráter. O sangue derramado por estas meninas inocentes pode obrigar todos os cidadãos de Birmingham a transformar o extremismo negativo de um passado sombrio no extremismo positivo de um futuro brilhante. Na verdade, este evento trágico pode forçar o Sul branco a se confrontar com sua consciência.

Assim, a despeito do caráter tenebroso deste momento, não devemos desesperar-nos. Não devemos nos tornar amargos nem cultivar o desejo de uma retaliação violenta. Não devemos perder a fé em nossos irmãos brancos. Temos de acreditar de algum modo que o mais desorientado dos brancos pode aprender a respeitar a dignidade e o valor de toda personalidade humana.

Peço agora para dirigir uma palavra a vocês, membros das famílias em luto. É quase impossível dizer alguma coisa capaz de consolá-los neste momento difícil e afastar as nuvens carregadas de decepção que flutuam nos céus de suas mentes. A morte vem para todos os indivíduos. Ela é espantosamente democrática. Não é uma aristocracia para umas poucas pessoas, mas uma democracia para todas elas. Morrem reis e mendigos, ricos e pobres, velhos e jovens. A morte vem para o inocente assim como para o culpado. Ela é o denominador comum irredutível de todos os homens.

Espero que possam encontrar algum consolo na afirmação do cristianismo de que a morte não é o fim. A morte não é um ponto-final que interrompa a grande sentença da vida, mas uma vírgula que acentua seu significado mais sublime. A morte não é um beco sem saída que conduza a raça humana a um estado de nulidade, mas uma porta aberta que leva o homem à vida eterna. Que essa fé ousada, que essa noção invencível sejam o poder que os sustente durante estes dias de provação.

"Cúmplices de assassinato"

Da mesma forma que a maioria dos cidadãos dos Estados Unidos, eu olhava para a Casa Branca em busca de um alívio nesse momento de crise. A Casa Branca não poderia restaurar as vidas dessas quatro crianças inocentes. Mas, na minha mente, no meu coração e na minha alma, havia o sonho e a esperança de que desse inacreditável horror viesse algo permanentemente bom. Quando o presidente convidou a mim e aos líderes do movimento de Birmingham para nos reunirmos com ele, esse sonho se tornou mais intenso e essa esperança, mais real.

> Estamos hoje reunidos com os senhores porque achamos que a situação de Birmingham é tão grave a ponto de ameaçar não somente a vida e a estabilidade dessa cidade e do Alabama, mas as de toda a nossa nação. O destino de nosso país está envolvido. Achamos que Birmingham chegou a um estado de desordem civil. Há muitas coisas que justificariam termos chegado a essa conclusão.
> O verdadeiro problema que enfrentamos é este: a comunidade negra está chegando a um ponto de ruptura e há muita frustração e confusão. E há o sentimento de estar só e sem proteção. Quando se anda pelas ruas, não se está seguro; quando se fica em casa, não se está seguro; quando se está na igreja, não se está seguro. E assim o negro sente que em todo lugar a que possa ir, se ficar parado, correrá o perigo de sofrer algum problema físico.
> Ora, isso apresenta um problema concreto para aqueles de nós que se encontram em posições de liderança, pois estamos pregando a filosofia e o método da não violência. Temos sido coerentes em defender a não vio-

lência. Mas somos cada vez mais confrontados pelo problema de pessoas entre nós dizerem: "Qual a utilidade disso?" E fica um pouco mais difícil sustentar a não violência. Estou convencido de que, se não se fizer alguma coisa para proporcionar ao negro um novo senso de esperança e proteção, haverá o perigo de enfrentarmos o pior distúrbio racial já visto neste país.

Quando saí da Casa Branca, eu o fiz com uma fé quase audaciosa de que, finalmente, algo positivo, algo definitivo, algo concreto poderia ser feito pela liderança desta nação para redimir uma comunidade que o terror havia transformado em lar. Eu me portei com o que foi para mim uma enorme moderação. Ao fazê-lo, contrariei os desejos daqueles que haviam marchado comigo nas perigosas campanhas pela liberdade. Eu estava certo de que meu silêncio e minha moderação foram incompreendidos por muitos que eram suficientemente leais para expressar suas dúvidas. Eu o fiz porque era bastante ingênuo para acreditar que iria surgir uma prova da boa vontade.

Tornou-se óbvio que era um erro. Isso começou a se evidenciar quando percebi que o prefeito que havia chorado na televisão não tinha tido sequer a decência de comparecer ou enviar um representante aos funerais das meninas assassinadas. Olhando em retrospecto, percebi que o próprio governo endossava o padrão da segregação realizando encontros separados – e fico imaginando se foram iguais – com as lideranças branca e de cor. Os mensageiros presidenciais pareciam acreditar que, ao se reunirem com brancos num momento e negros em outro, poderiam promover uma compreensão compensadora. Isso, sabíamos nós, eles não podiam fazer. Isso, o presidente certamente deve ter percebido, era impossível.

CARTA DE NATAL À FAMÍLIA DE DENISE MCNAIR

Prezados sr. e sra. McNair:
Aqui, em meio às festividades de Natal, meus pensamentos se voltaram para vocês. Este foi um ano difícil para mim. A chegada do Natal, quando os laços de família naturalmente se estreitam ainda mais,

torna a perda que vocês sofreram ainda mais dolorosa. No entanto há, juntamente com as memórias tristes, as memórias dos dias felizes em que Denise estava com vocês e com sua família.

Como sabem, muitos de nós estamos devotando nosso Natal como um memorial pelos grandes sacrifícios feitos este ano na Luta pela Liberdade. Sei que não há nada que possa compensar esse lugar vago em seu círculo familiar, mas quisemos compartilhar uma parte de nosso sacrifício este ano com vocês. Talvez haja alguma coisa cara a seu coração em que este presente possa cumprir um papel.

Sabíamos, quando fomos para Birmingham, que esse era o teste, a prova decisiva que diria se a Revolução Negra iria ter sucesso. Se as forças da reação que tentavam anular e invalidar todos os ganhos obtidos em Birmingham tivessem a possibilidade de triunfar, teríamos sido derrotados nessa batalha pela liberdade. Estávamos diante de uma situação extrema e teríamos de adotar soluções extremas.

Temo que, da Casa Branca à cínica administração municipal de Birmingham, a intenção e a intensidade do negro tenham sido incompreendidas. Assim devo noticiar a esta nação. Devo noticiar à Casa Branca. Devo noticiar à administração municipal de Birmingham. Devo noticiar à consciência do povo americano. No dia 28 de agosto, nós marchamos sobre nossa capital. Foi uma marcha pacífica; foi uma marcha calma; foi uma marcha tranquila. E temo que algumas pessoas, desde a Casa Branca, tenham interpretado mal a paz, a quietude e a tranquilidade dessa marcha. Devem ter acreditado que isso significava que a Revolução tinha chegado ao fim, que o fogo tinha se apagado, que essa militância maravilhosa tinha morrido. Não poderiam ter cometido um erro maior. Nossa paixão pela liberdade, nossa determinação de avançar com dignidade e justiça não se reduziram. Estamos mais certos do que nunca de que a não violência é o caminho. Que eles tragam suas bombas. Que nos sabotem com a perversidade que é colaborar com a segregação. Nós queremos ser livres.

"Assassinado por um clima moralmente inclemente"

Os negros, tragicamente, conhecem muito bem o assassinato político. Na vida dos líderes negros dos direitos civis, o estampido da bala na emboscada, o rugido da bomba muitas vezes quebraram o silêncio da noite. Eles substituíram o linchamento como arma política. Mais de uma década atrás, a morte repentina atingiu o sr. e a sra. Harry T. Moore, líderes da NAACP na Flórida. O reverendo George Lee de Belzoni, Mississippi, foi morto a tiros nas escadarias de um tribunal rural. As bombas multiplicaram-se. Mil novecentos e sessenta e três foi um ano de assassinatos. Medgar Evers em Jackson, Mississippi; William Moore no Alabama; seis crianças negras em Birmingham — e quem poderia duvidar de que esses também foram assassinatos políticos?

A omissão indesculpável de nossa sociedade tem sido a incapacidade de prender os assassinos. É uma avaliação dura, mas inegavelmente verdadeira, que a causa da indiferença foi a identidade das vítimas. Quase todos eram negros. E assim a praga se espalhou até atingir o mais eminente dos americanos, um presidente calorosamente amado e respeitado. As palavras que Jesus proferiu — "Aquilo que fazes ao mais humilde de meus filhos estás fazendo a mim" — foram mais que uma expressão figurada: foram literalmente uma profecia.

Por toda parte os homens ficaram assombrados e confusos com a notícia do assassinato do presidente Jack Kennedy. Vimos o 35º presidente de nossa nação ser abatido como um grande cedro. A perda pessoal foi profunda e esmagadora; a perda para o mundo foi insuportável. Ainda é difícil acreditar que alguém tão cheio de energia, vitalidade e vigor não esteja mais entre nós.

O presidente Kennedy era uma personalidade extremamente ambivalente. Houve, de fato, dois Kennedys. Um deles presidiu nos dois primeiros anos sob pressão da incerteza provocada por sua vitória apertada. Ele vacilou, tentando sentir a direção que sua liderança deveria tomar, ao mesmo tempo que mantinha e construía apoio para o seu governo. Entretanto, em 1963, um novo Kennedy emergiu. Ele havia descoberto que a opinião pública não tinha uma matriz rígida. O pensamento político americano não estava comprometido com o conservadorismo, o radicalismo ou a moderação. Era, acima de tudo, fluido. Como tal, seguia tendências e não linhas inflexíveis, e uma liderança positiva poderia conduzi-lo por canais construtivos.

O presidente Kennedy não era dado à expressão sentimental de suas emoções. Tinha, porém, uma profunda compreensão da dinâmica e da necessidade de justiça social. Seu trabalho pela harmonia internacional foi um esforço corajoso em escala mundial. Seu último discurso sobre relações raciais foi o apelo mais honesto, humano e profundo por compreensão e justiça feito por um presidente desde os primeiros dias da república. Unindo seu talento para a liderança com um programa de avanços sociais, quando morreu ele estava passando por uma transformação, de líder hesitante com objetivos incertos para uma figura forte com metas profundamente interessantes.

O epitáfio de John Kennedy revela que ele era um líder que não tinha medo da mudança. Chegou à presidência num dos períodos mais turbulentos e cataclísmicos da história da humanidade, um período em que os problemas mundiais eram gigantescos em sua abrangência e caóticos em seus detalhes. No cenário internacional, havia a sinistra ameaça de a humanidade ser lançada ao abismo do extermínio nuclear. No cenário doméstico, a nação colhia os frutos das terríveis injustiças cometidas contra os negros. John Kennedy enfrentou esses problemas com profundo interesse, um sopro de inteligência e um senso histórico aguçado. Teve a coragem de ser aliado dos direitos civis e intransigente defensor da paz. A causa indubitável da sincera comoção manifestada por tantos milhões de pessoas foi mais do que uma simples emoção. Ela revelou que o presidente Kennedy tinha se tornado um símbolo dos anseios populares por justiça, paz e bem-estar econômico.

Nossa nação deveria fazer um profundo exame de consciência em resultado do assassinato do presidente Kennedy. O tiro que veio daquele prédio de cinco andares não pode ser facilmente descartado como ato isolado de um louco. A honestidade nos impele a olhar além da mente perturbada que executou esse ato covarde. Embora a pergunta "Quem matou o presidente Kennedy?" seja relevante, a pergunta "O que o matou?" o é ainda mais.

Nosso falecido presidente foi assassinado por um clima moralmente inclemente. É um clima cheio das torrentes pesadas das acusações falsas, dos ventos fortes do ódio e das tempestades furiosas da violência.

É um clima em que os homens não podem desagradar sem serem desagradados e em que expressam sua discordância por meio da violência e do assassinato. É o mesmo clima que matou Medgar Evers no Mississippi e seis crianças inocentes em Birmingham, Alabama.

Assim, em certo sentido, somos todos participantes desse ato terrível que manchou a imagem de nossa nação. Com nosso silêncio, com nossa disposição de transigir nossos princípios, por nossa tentativa constante de curar o câncer da injustiça racial com o unguento do gradualismo, por nossa boa vontade em relação à aquisição e ao uso indiscriminado de armas, permitindo que as telas de nossos cinemas e TVs ensinem a nossos filhos que o herói é aquele que domina a arte de atirar e a técnica de matar, permitindo tudo isso, criamos uma atmosfera em que a violência e o ódio se tornaram passatempos populares.

Assim, em sua morte, o presidente Kennedy tem muito a dizer a cada um de nós. Ele tem algo a dizer a todo político que alimenta seu eleitorado com o pão azedo do racismo e a carne podre do ódio. Tem algo a dizer a todo sacerdote que observa as perversidades do racismo e permanece calado por trás da segurança dos vitrais. Tem algo a dizer aos devotos da extrema direita que despejam palavras venenosas contra a Suprema Corte e as Nações Unidas e rotulam de comunistas aqueles com os quais não concordam. Tem algo a dizer a uma filosofia comunista equivocada pela qual os homens aprenderiam que os fins justificam os meios e que a violência e a negação da liberdade básica são métodos justificáveis para se atingir o objetivo de uma sociedade sem classes.

Ele diz a todos nós que o vírus do ódio que se inseriu nas veias de nossa nação, se não for extirpado, levará inevitavelmente a nossa ruína moral e espiritual.

Assim, o epitáfio da vida de John Kennedy ilumina verdades profundas que nos desafiam a deixar de lado uma era de ódio e avançar com mais determinação para livrar nossa nação de todos os vestígios da segregação e da discriminação raciais.

O ASSASSINATO DO PRESIDENTE KENNEDY matou não apenas um homem, mas um conjunto de ilusões. Demoliu o mito de que o ódio e a violência podem ser confinados numa câmara hermeticamente fechada de modo a serem empregados apenas contra uns poucos. De súbito, revelou-se a verdade de que o ódio é contagioso; de que ele cresce e se espalha como uma doença; de que nenhuma sociedade é tão saudável que possa manter sua imunidade automaticamente. Se uma epidemia de varíola estivesse se alastrando pelo Sul, o presidente Kennedy teria sido aconselhado a evitar essa área. Havia uma praga afligindo o Sul, mas seus perigos não eram percebidos.

Todos nós estivemos envolvidos na morte de John Kennedy. Nós toleramos o ódio; toleramos a simulação doentia da violência em todas as esferas da vida; e toleramos a aplicação diferencial da lei, pela qual a vida de um homem só é sagrada se ele concorda com nossas opiniões. Isso pode explicar o enorme pesar que inundou o país em novembro último. Ficamos de luto por um homem que havia se tornado o orgulho da nação, mas também por nós mesmos, pois sabíamos que estávamos doentes.

22. St. Augustine

O projeto de lei que ora tramita no Congresso é o filho de uma tormenta, o produto do movimento mais turbulento que a nação já conheceu em tempos de paz.

---

9 de fevereiro de 1964
A violência segregacionista em St. Augustine, Flórida, leva o líder dos direitos civis Robert Hayling a convidar a SCLC a se juntar à luta

28 de maio
Depois de centenas de manifestantes serem presos em St. Augustine, King pede ajuda de fora

11 de junho
Depois de King ser preso em St. Augustine, forma-se uma comissão birracial

Junho
É lançado Why We Can't Wait

2 de julho
Comparece à assinatura da Lei dos Direitos Civis de 1964

NO FINAL DE 1963, algumas vozes céticas indagaram qual fora o progresso substancial atingido por meio das manifestações que tinham levado às ruas mais de um milhão de negros. No final de 1964, o clamor pessimista foi apaziguado pela música das grandes vitórias. Em conjunto, esses dois anos assinalaram uma virada histórica para o movimento dos direitos civis; nenhuma mudança comparável em relação ao negro havia ocorrido no século anterior. Agora, até os mais cínicos reconheciam que em Birmingham, assim como em Concord, o tiro que fora dado tinha sido ouvido em todo o mundo.

Com a disposição impetuosa que agora predominava entre os negros, as palavras "transigência" e "recuo" eram consideradas profanas e perniciosas. Nossa revolução era genuína porque nascida do mesmo ventre que sempre dá à luz sublevações sociais de massa – o ventre das condições intoleráveis e das situações insuportáveis. O negro estava determinado a se libertar. Seu grito de justiça tinha adquirido consistência, transformando-se numa força palpável e irresistível. Ele não estava disposto a retroceder nem a perder tempo.

O esteio do programa da SCLC ainda estava na área da ação direta não violenta. Nossa percepção era de que esse método, mais que qualquer outro, era a melhor forma de apresentar os problemas dos negros e as injustiças de nossa ordem social ao tribunal da opinião mundial, e de exigir ação.

"Quatrocentos anos de intolerância e ódio"

St. Augustine, na Flórida, uma bela cidade e a mais antiga de nosso país, era um cenário de sentimentos raivosos, violência ostentosa e a mais corrupta coalizão da oposição segregacionista fora do Mississippi. Era um bastião da Ku Klux Klan e da John Birch Society.* Lá a Klan fez sua última manifestação contra o movimento não violento. De todo o norte da Flórida, assim como da Geórgia e do Alabama, eles acorreram à Slave Market Plaza [Praça do Mercado de Escravos] em St. Augustine. Com tacos, cabos de machado e coronhadas, membros da Klan sequestraram e espancaram dois negros, deixando-os inconscientes.

A Flórida reagiu por preocupação com os negócios ligados ao turismo. Mas quando o governador Bryant percebeu que o preço a ser pago por uma boa imagem era a justiça, recorreu à tática do Velho Sul de tentar

---

* Organização norte-americana de extrema-direita.

reprimir os que lutavam por seus direitos constitucionais. Somente o juiz Bryan Simpson do tribunal federal regional, nomeado pelos republicanos, mostrou ser suficientemente livre do "sistema" para preservar os direitos dos negros de St. Augustine.

A SCLC foi para a cidade a pedido da unidade local que objetivava: 1. constituir uma comissão birracial; 2. a dessegregação dos lugares públicos; 3. a contratação de policiais, bombeiros e funcionários de escritório negros pelo município; 4. a retirada das acusações contra pessoas que protestavam pacificamente por seus direitos constitucionais.

St. Augustine era um campo de testes. Será que o extremo Sul poderia mudar? Será que os estados sulistas conseguiriam manter a lei e a ordem em face da mudança? Será que cidadãos locais, negros e brancos, poderiam trabalhar juntos para transformar a democracia em realidade por todo o país? Essas eram perguntas que o movimento não violento tentou responder com um sonante: "Sim – com a vontade de Deus!".

UMA VEZ EM ST. AUGUSTINE, a SCLC revelou uma pústula de ódio, violência e ignorância que espalhava seu veneno pela vida econômica e política da Flórida e que se infiltrava sutilmente na Casa Branca. Os 3.700 negros da cidade conduziam uma campanha heroica em meio à violência e à brutalidade selvagens toleradas e cometidas pela polícia. Enfrentamos algumas formas de ilegalidade e violência que nunca tínhamos enfrentado antes, mesmo em Birmingham. Noite após noite, os negros realizavam passeatas em meio a chuvas de tijolos, garrafas e insultos. Dia após dia, os negros confrontavam restaurantes, praias e a Slave Market Plaza, onde mostravam, discursando e cantando, sua determinação de serem livres.

Após vários meses de violência gritante, em que mais de três centenas de manifestantes liderados pela SCLC foram presos e uma infinidade de outros agredidos com correntes e outras armas por membros da Klan, conseguimos proclamar uma vitória relativa naquele sólido bastião da segregação e da discriminação.

Em combinação com o fundo de defesa jurídica local, começamos a preparar o caminho para a aceitação da lei dos direitos civis e para a sua aprovação urgente. Juntas, as estratégias jurídicas e de ação tinham nos oferecido um conjunto de precedentes para enfrentar comunidades intransigentes que permitiam que quadrilhas de justiceiros preservassem as tradições do Velho Sul.

Falamos com autoridades estaduais e federais com respeito à situação de St. Augustine. Após incansáveis esforços, conseguimos que o governador do estado convencesse quatro distintos cidadãos locais a participar de uma comissão birracial que discutiria formas de resolver os problemas de St. Augustine nesse âmbito. Para demonstrar boa-fé e assegurar que não estávamos interessados em destruir a cidade, como alguns equivocadamente imaginavam, concordamos em interromper as manifestações enquanto a comissão buscava estabelecer um acordo. Como diz o ditado, "toda jornada começa com o primeiro passo". Esse foi apenas o primeiro passo de uma longa jornada rumo à liberdade e à justiça em St. Augustine, mas foi um passo importante, pois pelo menos abriu os canais de comunicação – algo de que a cidade necessitava há muito tempo.

Quando saímos de St. Augustine, estávamos às vésperas da aprovação de uma legislação dos direitos civis que se tornaria uma lei nacional. A Lei dos Direitos Civis foi assinada pelo presidente Lyndon Johnson dois dias antes do 4 de Julho. Antes de irmos embora, os comerciantes de St. Augustine disseram que cumpririam a lei e ficamos muito satisfeitos. Isso representava algum avanço e eu disse a mim mesmo que talvez St. Augustine estivesse se reconciliando com sua consciência.

"Uma conquista legislativa de rara qualidade"

As duas casas do Congresso aprovaram uma afirmação monumental, histórica de fato, da verdade categórica proclamada por Jefferson de que "todos os homens são criados iguais". Recomendada e promovida inicialmente pelo presidente Kennedy, essa lei foi aprovada em função do apoio e da perseverança esmagadores de milhões de americanos, negros e brancos. Veio como um luminoso interlúdio na longa e por vezes turbulenta luta pelos direitos civis: o início de uma segunda proclamação de emancipação que fornecia uma base jurídica abrangente para a igualdade de oportunidades. Com a aprovação da lei, ficamos numa posição auspiciosa, um momento oportuno para o agradecimento a Deus e para a reconsagração, e não para a euforia e o afrouxamento. A lei nasceu do "sangue, suor, labuta e lágrimas" de uma série de parlamentares dos dois principais partidos, legiões de lobistas amadores e grandes manifestações de sentimento do povo comum. Seus defensores, negros e brancos, honraram a si mesmos ao lançarem as sementes do protesto e da persuasão política, obtendo essa gloriosa colheita legal. Além disso, pode-se considerar que a germinação da lei se iniciou com a revolta negra de 1963, ilustrada em Birmingham pelas mangueiras contra incêndio, pelos cães policiais e por milhares de manifestações "inegáveis"; com a militância de massa da majestosa Marcha sobre Washington; com o martírio de um presidente; com seu sucessor, um presidente gerado no Sul que manteve e reforçou o legado de Kennedy; e com as memórias dos mártires falecidos cujo sangue foi derramado para que a América pudesse alcançar a remissão dos pecados da segregação.

Eu tinha tido sorte o bastante para conhecer Lyndon Johnson durante seu mandato como vice-presidente. Ele não era então um aspirante à presidência e estava buscando o seu papel sob a liderança de um homem que não apenas tinha um mandato de quatro anos para cumprir, mas do qual se esperava confiantemente que viesse a cumprir outro mandato como chefe do executivo. Portanto, as questões essenciais eram fáceis de abordar, não sendo obscurecidas por considerações políticas.

Sua abordagem do problema dos direitos civis não era idêntica à minha – e eu não esperava mesmo que fosse. Mas sua cuidadosa objetividade, não obstante, evidentemente não era uma máscara por trás da qual se escondesse a indiferença. Seu envolvimento emocional e intelectual era autêntico e desprovido de adornos. Era visível que ele buscava uma solução para um problema que sabia ser uma grande deficiência na vida dos americanos. Saí reforçado em minha convicção de que abordar os brancos do Sul de forma indiferenciada seria um grave erro, muito fácil de ser cometido por líderes negros no calor da amargura. Mais tarde, era o vice-presidente Johnson que eu tinha em mente ao escrever na revista *The Nation* que o Sul branco estava dividido e que o progresso poderia ser acelerado colocando-se uma cunha entre os segregacionistas ferrenhos e os novos elementos brancos cujo amor à terra era mais forte do que o poder dos velhos hábitos e costumes.

As dimensões da liderança de Johnson ampliaram-se do âmbito regional para o nacional. Suas manifestações, públicas e privadas, indicavam que ele tinha uma compreensão abrangente dos problemas contemporâneos. Johnson percebia que a pobreza e o desemprego eram catástrofes graves e crescentes e estava consciente de que as pessoas mais seriamente atingidas por esse holocausto econômico eram os negros. Assim, estabeleceu o duplo objetivo de travar uma batalha contra a discriminação dentro da guerra contra a pobreza.

Eu não tinha dúvidas de que continuaria a haver divergências entre nós com respeito ao ritmo e ao planejamento tático exigidos para combater essa crise iminente. Mas também não duvidava de que o presidente estivesse abordando a solução com sinceridade, realismo e até então com sabedoria. Eu esperava que esse curso fosse direto e verdadeiro. Faria tudo a meu alcance para que assim fosse, concordando abertamente sempre que adequado e mostrando uma oposição determinada quando necessário.

Tive a sorte de estar ao lado do presidente Johnson quando ele assinou a lei. Certamente uma das coisas que vou guardar com o maior carinho é a caneta que ele usou nesse ato. Foi um grande momento. O legislativo tinha se juntado ao judiciário em sua longa linha de decisões contrárias à segregação imposta pelo Estado e ao gabinete do presidente com sua grande tradição de decretos presidenciais, incluindo a Proclamação da Emancipação por Lincoln, o decreto de Roosevelt proibindo a discriminação no emprego, a ordem de Truman acabando com a segregação nas unidades militares e o decreto de Kennedy banindo a discriminação nas moradias construídas com ajuda federal.

"A lei foi escrita primeiro nas ruas"

Será que os processos mais lentos da legislação e da aplicação da lei teriam obtido melhores resultados de forma menos dolorosa? As manifestações, como mostrou a experiência, são parte do processo de estimular a legislação e a aplicação da lei. O governo federal reage aos eventos com mais rapidez quando uma situação de conflito exige sua intervenção. Além disso, as manifestações têm um efeito criativo sobre o clima social e psicológico que não é igualado pelo processo legislativo. Os que vivem sob a humilhação corrosiva da intimidação cotidiana são imbuídos pelas manifestações de um senso de coragem e dignidade que reforça suas personalidades. Com as manifestações, os negros aprendem que a unidade e a militância têm mais força que as balas. Descobrem que as cicatrizes deixadas por punhos, cassetetes e bastões elétricos doem menos do que as cicatrizes da submissão. E os segregacionistas aprendem com as manifestações que negros ensinados a ter medo também podem aprender a ser corajosos. Finalmente, os milhões de americanos à margem desse debate aprendem que a desumanidade usa distintivo oficial e exerce o poder da lei em amplas áreas da nação democrática de que se orgulham.

O que foi que conseguimos especificamente em 1963-64? A Lei dos Direitos Civis de 1964 é importante até mesmo além de suas cláusulas de amplo alcance. É histórica porque sua aprovação foi gerada por uma enorme coalizão de forças brancas e negras. O Congresso foi despertado de um sono de cem anos para uma façanha legislativa de rara qualidade. A multiplicidade dos patrocinadores dessa aprovação explica por que capítulos da Lei dos Direitos Civis foram obedecidos tão prontamente até mesmo em alguns centros de intolerância do Sul.

Muitos esperavam que a Lei dos Direitos Civis tivesse o mesmo destino das decisões da Suprema Corte sobre a dessegregação nas escolas. Em particular, pensava-se que a questão dos lugares públicos encontraria uma enorme resistência. Mas esse pessimismo negligenciava um fator de suprema importância. A lei não foi um produto da caridade da América branca para com uma América negra passiva nem o resultado da liderança esclarecida do judiciário. A lei foi escrita primeiro nas ruas. O esforço épico de milhões de negros que em 1963 se manifestaram em centenas de cidades ganhou fortes aliados brancos para a causa. Em conjunto eles criaram uma "coalizão de consciência" que despertou um Congresso até então sonolento. A lei foi polida e refinada nos salões de mármore do Congresso, mas tinha em si as nítidas marcas de sua origem no alvoroço das assembleias e passeatas, e o vigor e o ímpeto de seu nascimento turbulento levaram consigo os votos e garantiram uma obediência substancial.

Juntamente com suas cláusulas, a nova lei estimulou e concentrou a atenção sobre as necessidades econômicas. Planejou-se um ataque à pobreza. A fusão de medidas econômicas com necessidades em termos de direitos civis, a ousadia de penetrar em todas as regiões do Velho Sul e o reforço do conjunto pelo voto negro maciço, tanto no Norte quanto no Sul, colocaram a luta pela liberdade num novo e elevado patamar.

23. O desafio do Mississippi

O futuro dos Estados Unidos da América pode muito bem ser determinado aqui, no Mississippi, pois é aqui que a Democracia enfrenta seu mais sério desafio. Podemos ter no Mississippi um governo que represente toda a população? Essa é a pergunta que deve ser respondida caso os Estados Unidos queiram continuar sendo a liderança moral do mundo livre.

---

21 de junho de 1964
Às vésperas da campanha do "Verão da Liberdade" no Mississippi, três militantes dos direitos civis são declarados desaparecidos depois de serem presos na cidade de Filadélfia, Mississipi

16 de julho
King afirma que a indicação do senador Barry Goldwater pelos republicanos vai ajudar os racistas

21 de julho
Chega ao Mississippi para colaborar na luta por direitos civis

4 de agosto
Os corpos dos militantes desaparecidos são encontrados

22 de agosto
Testemunha na Convenção Democrata em favor do Partido Democrata da Liberdade do Mississippi

---

EM 1964 o significado da chamada revolução negra se tornou claro para todos e obteve reconhecimento legislativo com a lei dos direitos civis. Mas imediatamente após a aprovação dessa lei, uma série de eventos chocou a nação, forçando-a à triste percepção de que a revolução prosseguiria inexoravelmente até que a escravidão total fosse substituída pela liberdade total.

Os novos eventos a que me referi foram a Convenção Republicana realizada em São Francisco, o perverso linchamento triplo no Mississippi e a irrupção de distúrbios em várias cidades do Norte.

O Partido Republicano baseou sua proposta e seu programa no racismo, na reação e no extremismo. Todas as pessoas de boa vontade assistiram alarmadas e preocupadas ao casamento frenético, realizado no Cow Palace,* da KKK com a direita radical. O "padrinho" dessa cerimônia foi um senador cujos histórico de votos, filosofia e programa eram um anátema de todas as conquistas obtidas com dificuldade na última década.

Foi ao mesmo tempo triste e desastroso que o Partido Republicano indicasse Barry Goldwater como candidato à presidência dos Estados Unidos. Em política externa o sr. Goldwater defendia um nacionalismo estreito, um isolacionismo paralisante e uma atitude beligerante que poderia fazer o mundo mergulhar no abismo sombrio do extermínio. Nos assuntos econômicos e sociais, o sr. Goldwater representava um conservadorismo quixotesco, totalmente fora de contato com as realidades do século XX. A questão da pobreza atraía a atenção de todos os cidadãos do país. O senador Goldwater não tinha nem o interesse nem a compreensão necessários para lidar com esse problema da maneira que esse momento histórico exigia. Quanto à urgente questão dos direitos civis, o sr. Goldwater representava uma filosofia moralmente indefensável e socialmente suicida. Embora não fosse ele próprio um racista, o sr. Goldwater articulou uma doutrina que dava assistência e conforto aos racistas. Sua candidatura e sua filosofia serviam de guarda-chuva para abrigar extremistas de todas as correntes. À luz desses fatos e em função de meu amor pelos Estados Unidos, eu não tinha alternativa senão exortar todos os negros, assim como os brancos de boa vontade, a votar contra o sr. Goldwater e retirar o apoio a todo candidato republicano que não se disassociasse publicamente do senador Goldwater e de sua filosofia.

---

* Arena de São Francisco onde se realizou a Convenção Republicana de 1964. (N.T.)

Embora eu viesse seguindo a orientação de não endossar candidatos a cargos políticos, senti que a perspectiva de o senador Goldwater se tornar presidente dos Estados Unidos ameaçava de tal maneira a saúde, a moral e a sobrevivência de nossa nação que eu não podia, em boa consciência, deixar de me posicionar contra aquilo que ele representava.

A comemoração da assinatura final da Lei dos Direitos Civis provocou perplexidade e irritação. O contentamento foi substituído pela preocupação profunda e assustadora devida ao fato de que as forças contrárias à libertação do negro pudessem ter indicado para o cargo mais importante do país uma pessoa que apertava abertamente as mãos racistas de Strom Thurmond.* Um frio gelado tocou os corações de 20 milhões de negros. Eles mal haviam saído das terras sombrias do Egito nas quais muitos de seus irmãos ainda viviam na servidão – sem direito à dignidade mais elementar. As forças voltadas a obstruir a rota da liberdade, a nos levar de volta para o Egito, pareciam tão poderosas, tão cheias de autoridade, tão determinadas.

"Os Novos Negros do Mississippi"

Um jovem negro bem-apessoado, trajando calça e camisa de manga curta, ergueu as sobrancelhas e disse ao chefe de polícia:

– Agora olhe aqui, chefe, não adianta tentar nos bater. Todos os que tinham medo dos brancos se mudaram para o Norte e é bom o senhor perceber que vai ser obrigado a tratar corretamente os que ficaram.

Esse comentário de Aaron Henry, de Clarksdale, Mississippi, foi típico dos Novos Negros daquele estado. E a despeito da ameaça de morte, das represálias econômicas e da intimidação permanente, eles estavam pressionando com energia em função do apelo altivo da liberdade.

O que era notável é que o negro do Mississippi tinha encontrado por si mesmo uma forma eficaz de lidar com seus problemas e organizado

---

* Político abertamente racista que por 48 anos representou a Carolina do Sul no Senado. Logo após sua morte, em 2003, revelou-se que tinha uma filha negra, a quem pagou os estudos e forneceu ajuda financeira ao longo dos anos. (N.T.)

esforços por todo o estado. Como parte do programa "pessoa a pessoa" da SCLC, vários membros de nossa equipe e eu tínhamos viajado em 1962 pela região fértil e por vezes depressiva do delta do Mississippi. Essa viagem me deu uma oportunidade de conversar pessoalmente com milhares de indivíduos. Conversei com eles em fazendas e em lojas dos vilarejos, em ruas e igrejas das cidades. Ouvi o relato de seus problemas, aprendi sobre seus medos, senti os anseios de suas esperanças.

Havia cenários inteiramente novos que jamais conseguirei tirar da memória. Uma de nossas primeiras paradas foi numa escola católica que incluía os cursos fundamental e secundário. Em cada uma das turmas a irmã encarregada perguntava:

— Aonde vocês vão esta noite?

As crianças respondiam em coro:

— À Igreja batista!

Estavam se referindo à igreja em que eu faria um discurso. Como era maravilhoso que a luta por liberdade e dignidade humana se sobrepusesse às afiliações de católicos e protestantes. Isso foi um pouco da esperança que percebi no delta do Mississippi. Mas também houve, é claro, a compaixão. Como era duro conhecer pessoas que trabalham apenas seis meses por ano e cuja renda média anual era de quinhentos a seiscentos dólares.

Juntamente com a exploração econômica que todo o estado do Mississippi impõe ao negro, havia o problema sempre presente da violência física. Ao passarmos pelas estradas poeirentas da região do delta, nossos companheiros contaram casos inacreditáveis de brutalidade policial e incidentes em que negros foram perversamente assassinados por turbas de brancos.

Apesar disso, havia um raio de esperança. Esse raio podia ser visto na nova determinação dos próprios negros de serem livres.

Sob a liderança de Bob Moses, uma equipe constituída por mais de mil estudantes brancos do Norte e por cidadãos negros locais havia instituído um programa de registro eleitoral e uma ação política que foi uma das tentativas mais criativas que já vi de transformar a vida opressiva do negro em todo aquele estado e possivelmente em toda a nação. Os negros do Mississippi tinham começado a aprender que só haveria mudança no estado policial brutal e sem lei se os negros reformassem a estrutura política da região. Eles tinham começado essa reforma em 1964 por meio do Partido Democrata da Liberdade.

A enormidade da tarefa era indiscutível. Seria preciso reunir as equipes de campo da SCLC, da NAACP, do Core (Congresso da Igualdade Racial), do SNCC e de algumas outras organizações apenas para trabalhar no delta. Entretanto, independentemente da dimensão e da dificuldade da tarefa, nós a iniciamos. Estimulamos nosso povo do Mississippi a se erguer às centenas e aos milhares e exigir sua liberdade – agora!

Por algum tempo nada havia me inspirado tanto como minha viagem pelo Mississippi, em julho de 1964, em apoio ao Partido Democrata da Liberdade daquele estado. Ali vivia um grande povo que tinha sobrevivido a uma existência semelhante à de um campo de concentração graças unicamente ao poder de suas almas. Eles não tinham dinheiro nem armas, muito poucos votavam e no entanto eram então o poder número um da nação, pois estavam organizados e mobilizados aos milhares com o objetivo de extirpar da vida nacional seu elemento racista mais violento.

Quando eu estava para visitar o Mississippi, contaram-me que uma espécie de grupo de guerrilha estava planejando me assassinar durante a visita. Aconselharam-me a cancelar a viagem, mas decidi que não tinha alternativa senão mantê-la, pois tinha um trabalho a fazer. Se eu ficasse o tempo todo preocupado com a morte, não conseguiria funcionar. Depois de um tempo, se sua vida está em perigo mais ou menos constante, você chega a um ponto em que aceita filosoficamente a possibilidade da morte.

Aterrissamos em Greenwood, o lar de Byron de la Beckwith, acusado do assassinato de Medgar Evers. De um lado do portão estava um grupo de brancos com expressão taciturna e do outro um grupo integrado e jovial. Dois anos antes isso não teria sido possível, já que os primeiros brancos a militarem pelos direitos civis foram presos por comerem num restaurante para negros.

Passamos cinco dias visitando Jackson, Vicksburg e Meridian. Andamos pelas ruas, pregamos diante de varandas, em assembleias ou salões de sinuca, e sempre os filhos de Deus acorriam aos milhares para aprender sobre liberdade. Fizemos uma escala em Filadélfia e visitamos a igreja incendiada em que, no mês de junho, Andrew Goodman, James Chaney e Michael Schwerner* realizavam pesquisas quando foram selvagemente assassinados.

Fiquei orgulhoso por estar entre ativistas do Conselho de Organizações Federadas e estudantes do Projeto Verão, por trabalhar com eles, por meio do Partido Democrata da Liberdade, para tornar realidade a democracia. Esses jovens constituíram um Corpo da Paz doméstico. Nossa nação tinha enviado voluntários do Corpo da Paz para nações subdesenvolvidas e nenhum deles vivenciara o tipo de brutalidade e selvageria que os militantes pelo registro eleitoral tinham sofrido no Mississippi.

Os incêndios das igrejas, as perseguições e os assassinatos nesse estado eram resultados diretos do fato de os cidadãos negros não poderem votar e participar elegendo autoridades públicas responsáveis que defenderiam os direitos de todas as pessoas. Milhares haviam tentado se registrar – a despeito da violência, das represálias econômicas e de outras formas de intimidação –, mas em 1963 havia apenas 1.636 negros registrados como eleitores em todo o estado.

O governo federal tinha de optar entre trabalhar pela gradual reforma política do Mississippi, por meio do processo civil e de instituições representativas como o Partido Democrata da Liberdade, e enviar tropas federais toda vez que surgisse uma questão constitucional. O Partido Democrata da Liberdade esperava unir todas as pessoas de boa vontade do Mississippi sob a plataforma e o programa do Partido Democrata Nacional. Pretendíamos enviar uma delegação a Atlantic City e solicitar que seus membros fossem reconhecidos. A nação precisava de pelo menos um partido que fosse livre do racismo, e o Partido Democrata Nacional poderia dar um passo importante nessa direção ao reconhecer o Partido Democrata pela Liberdade do Mississippi como delegação oficial do estado.

---

* Jovens envolvidos na campanha de registro de eleitores negros linchados por membros da Ku Klux Klan em 21 de junho de 1964. (N.T.)

"Um facho luminoso de esperança"

Todos esperavam que a Convenção Democrata fosse muito monótona e rotineira. Lyndon Johnson iria indicar pessoalmente seu companheiro de chapa e não havia temas considerados controversos o bastante para agitar a convenção. Mas todos subestimaram o Partido Democrata da Liberdade do Mississippi. O grupo de 68 negros daquele estado baixou sobre a convenção com uma demonstração de poder que o próprio Lyndon Johnson teve dificuldade de confrontar. Era o poder moral sobre a qual se construiu esta nação. Eles ignoraram deliberadamente as regras humanas da convenção e apelaram diretamente ao coração e à alma da América e de seu povo. O que vivenciamos em Atlantic City foi uma ilustração clássica do poder da não violência na arena política. Muitos americanos tomaram conhecimento dos fatos pela primeira vez quando o Partido Democrata da Liberdade do Mississippi apresentou o caso à nação e à Comissão de Credenciamento do Partido Democrata Nacional.

O povo do Mississippi sabia que vivia num estado policial. Sabia que a política era o caminho para educar seus filhos, proporcionar moradias e empregos para suas famílias e transformar literalmente todo o clima naquele estado. Essa era uma lição que todos os americanos precisavam aprender, especialmente aqueles de nós que fomos excluídos em função da cor.

> Senhoras e senhores da Comissão de Credenciamento, se vocês valorizam o futuro do governo democrata, não têm alternativa senão reconhecer, a plena voz e pelo voto, o Partido Democrata pela Liberdade do Mississippi.
>
> Esta não é de forma alguma uma ameaça. É o apelo moral mais urgente que lhes posso fazer. A questão não pode ser resolvida recorrendo-se a detalhes jurídicos ou acordos políticos aparentemente vantajosos, pois o que hoje parece vantajoso certamente se mostrará desastroso amanhã, a menos que se sustente sobre sólidos alicerces morais.
>
> Esta não é uma advertência moral vazia. A história dos homens e das nações tem provado que deixar de dar aos homens o direito de votar, de governar a si mesmos e de escolher seus representantes provoca um certo

caos na instituição social, econômica e política que permite o triunfo dessa injustiça.

E finalmente este não é um tema menor. O reconhecimento do Partido Democrata pela Liberdade do Mississippi assumiu um valor simbólico para os povos oprimidos do mundo. Reconhecer esta delegação se tornaria um símbolo da intenção deste país de proporcionar a liberdade e a democracia a todo o seu povo. Seria uma declaração de independência política para os cidadãos desprivilegiados, por tanto tempo impedidos de fazerem ouvir sua voz na discussão de seus próprios destinos. Seria um facho luminoso de esperança para todos os milhões de desprivilegiados desta terra, quer estejam no Mississippi e no Alabama, quer por trás da Cortina de Ferro, atolados no lamaçal do apartheid sul-africano ou em busca de liberdade em Cuba. O reconhecimento do Partido Democrata pela Liberdade do Mississippi iria dizer-lhes que em um lugar deste mundo há uma nação que se preocupa com a justiça, que vive numa democracia e que garante os direitos dos oprimidos.

O Partido Democrata pela Liberdade do Mississippi imediatamente se viu imerso no mundo da prática política. O forte apelo moral diante da Comissão de Credenciamento tinha de ser sustentado por apoio político. Os dias subsequentes consistiram em atrair um número suficiente de pessoas para a comissão a fim de submetermos ao plenário da convenção um relatório da minoria e então obtermos apoio de um número de estados suficiente para exigirmos uma votação por chamada que obrigaria cada estado a assumir posições abertamente. Em geral, a preferência da convenção era favorável ao Partido da Liberdade, mas o fato de Lyndon Johnson ter de concorrer contra Goldwater tornava todos cautelosos, para que o Sul inteiro não abandonasse o partido junto com o Mississippi.

Finalmente, emergiu um acordo que exigia que o partido formal fizesse um voto de lealdade e garantia à condição de delegado regular a dois representantes do Partido da Liberdade. Foi um passo importante. Não foi uma grande vitória, mas teve valor simbólico e envolveu o compromisso de altas autoridades partidárias de trabalharem com o Partido da Liberdade nos quatro anos seguintes para ganhar eleitores registrados e força política no Mississippi. Mas não havia acordo para aquelas pessoas que tinham arriscado suas vidas para chegar a esse ponto. Se eu fosse membro da delegação, provavelmente recomendaria que aceitassem a oferta em boa-fé e tentassem atuar para reforçar sua posição. Mas a vida no Mississippi já tinha envolvido acordos em demasia, e um número muito grande de acordos tinha vindo de Washington para que eles os levassem a sério; assim, seu ceticismo deve ser visto com compreensão.

Jamais nos esqueceremos de Aaron Henry e Fannie Lou Hamer. O testemunho de ambos educou uma nação e fez os agentes políticos se ajoelharem em penitência, pois a convenção decidiu nunca mais reconhecer uma delegação racialmente segregada. Mas o verdadeiro teste de sua mensagem seria se os negros das cidades do Norte iriam ou não ouvi-los e então registrar-se e votar.

"Aspectos promissores das eleições"

Em São Francisco, o Partido Republicano tinha dado um gigantesco passo atrás em relação à tradição de Lincoln, e os resultados da eleição ilustram fortemente como isso foi trágico para o sistema bipartidário americano. Os que preferiram dar as costas à maré da história sofreram uma derrota amarga e, nesse processo, degradaram a si mesmos e a seu partido de uma forma raramente vista no cenário político nacional. As forças da boa vontade e do progresso desferiram um duro golpe no fanatismo da direita e americanos tiveram de engolir seus preconceitos no interesse do progresso, da prosperidade e da paz mundial.

Um dos aspectos mais promissores da eleição é que a grande aliança de trabalhadores, militantes dos direitos civis, líderes religiosos e intelectuais obteve sua segunda vitória importante no período de um ano. Essa era a coalizão que precisava continuar crescendo em amplidão e profundidade para que pudéssemos superar os problemas que nos confrontavam.

O presidente Johnson teve a oportunidade de concluir o trabalho iniciado por Roosevelt e interrompido pela guerra. Nossa própria sobrevivência como nação dependia do êxito de várias reformas bastante radicais. A chave para o progresso ainda estava para ser encontrada nos estados em que o presidente Johnson perdeu para Goldwater. Até que se rompesse o bloco de poder sulista e as comissões de nosso Congresso se livrassem da dominação de racistas e reacionários de dentro do Partido Democrata, não poderíamos esperar o tipo de imaginação e criatividade exigido, nesse período da história, de nosso governo federal.

Os problemas da pobreza, da vida urbana, do desemprego, da educação, da moradia, da saúde e da flexibilidade em matéria de política externa dependiam de uma ação positiva e direta do governo federal. Mas enquanto homens como os senadores Eastland, Russell, Byrd e Ellender ocupassem posições de poder no Congresso, todo o avanço de nossa nação correria sério perigo, como demonstrara a possibilidade da eleição do senador Goldwater. A batalha estava longe de ter sido vencida. Só havia começado. O peso da reforma ainda recairia principalmente sobre o negro.

24. O Prêmio Nobel da Paz

Na vida ocorrem vez por outra aqueles momentos de realização indescritível que não podem ser plenamente explicados pelos símbolos que chamamos de palavras. Seu significado só pode ser articulado na linguagem inaudível do coração.

---

10 de dezembro de 1964
King recebe o Prêmio Nobel da Paz em Oslo

11 de dezembro
Faz palestra na Universidade de Oslo

27 de janeiro de 1965
Jantar integrado homenageia King em Atlanta

Após muitos meses de atividade exaustiva no movimento dos direitos civis, internei-me com relutância no hospital para descansar e realizar um check-up completo. Na manhã seguinte, fui acordado por um telefonema de minha mulher. Ela havia recebido uma ligação de uma rede de televisão de Nova York. Tinha sido anunciado em Oslo, Noruega, pelo Parlamento daquele país, que eu era o ganhador do Prêmio Nobel da Paz de 1964.

Tive dificuldade em abrir os olhos, sem saber ao certo se era apenas um sonho ou se tinha ouvido bem. Primeiro fiquei estupefato. Estava ciente de minha indicação para essa honraria, mas no calor das responsabilidades de um movimento como o nosso não se tem tempo para pensar em distinções, de modo que eu estava bastante despreparado psicologicamente.

Mas então percebi que não se tratava meramente do reconhecimento pela contribuição de um homem no palco da história. Era um tributo ao magnífico drama do movimento dos direitos civis e aos milhares de atores que tão bem haviam desempenhado seus papéis. Na verdade, essas "nobres" pessoas é que ganharam esse Prêmio Nobel.

"Um reconhecimento ao pessoal de terra"

Muitos amigos, membros de minha congregação, de minha equipe na Conferência da Liderança Cristã do Sul – e pessoas comuns de várias cidades – fizeram a mesma pergunta:

– Como é ganhar o Nobel da Paz, o prêmio mais cobiçado do mundo? O que isso significa para você?

Eu me sentia tão humildemente grato por ter sido escolhido para receber essa honrosa distinção que foi difícil elaborar em minha mente uma forma lúcida de expressar "o que isso significava para mim". Sentado em meu escritório na igreja, mergulhado num daqueles raros períodos de solidão e contemplação, encontrei a resposta.

Lembrei-me de que, alguns anos antes, estava sentado em meu assento num enorme jato no Aeroporto O'Hare, em Chicago. Em questão de momentos, o imenso avião iria decolar para Los Angeles. O alto-falante anunciou que haveria um atraso na partida. Havia alguma dificuldade mecânica que logo seria resolvida. Olhando pela janela, vi uma dúzia de homens se aproximando do aparelho. Vestiam macacões sujos de graxa. Reuniram-se em torno do avião e começaram a trabalhar. Alguém disse que era o pessoal de terra.

Durante todo o voo, tenho certeza de que havia no avião algumas pessoas que estavam gratas a nosso competente piloto. Outras estavam cientes da existência de um copiloto habilidoso. As aeromoças eram charmosas e gentis. Estou certo de que muitos passageiros tinham consciência da importância do piloto, do copiloto e das aeromoças. Mas, em minha mente, em primeiro lugar e acima de tudo estava a memória do pessoal de terra.

Jogando beisebol com Martin III em 1964.
(© 1986 – Flip Schulke. Reservados todos os direitos de reprodução e/ou armazenamento)

Brincando com Bernice, a filha mais nova.
(© 1986 – Flip Schulke. Reservados todos os direitos de reprodução e/ou armazenamento)

No almoço de domingo com a família, tendo acima a fotografia de Mahatma Gandhi.
(© 1986 – Flip Schulke. Reservados todos os direitos de reprodução e/ou armazenamento)

Com Dexter, o filho mais novo.
(© 1986 – Flip Schulke. Reservados todos os direitos de reprodução e/ou armazenamento)

"Fiz muita força para conter as lágrimas. Minhas emoções estavam a ponto de transbordar." Mostrando a medalha do Prêmio Nobel da Paz após a cerimônia em dezembro de 1964. (AP/Wide World)

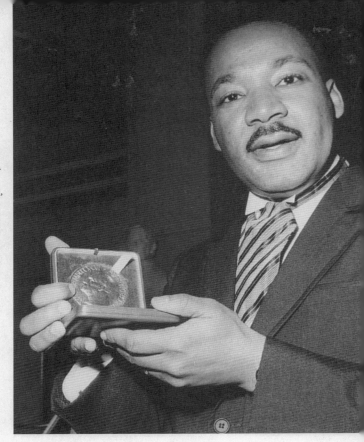

"Preferiria morrer nas estradas do Alabama a fazer um massacre em minha consciência." Marchando de Selma para Montgomery em 1965. (AP/Wide World)

"A segregação está em seu leito de morte no Alabama e a única incerteza é quanto ao custo que Wallace e os segregacionistas terão de pagar pelo funeral." Agredido quando tentava registrar-se no Hotel Albert, em Selma. (AP/Wide World)

"Três meses depois, o mesmo presidente que tinha me dito em seu gabinete ser impossível aprovar um projeto de lei de direitos civis estava na televisão defendendo a aprovação desse projeto no Congresso. O que aconteceu dois meses depois." Presidente Lyndon Johnson oferecendo a caneta com que assinou a Lei dos Direitos de Voto de 1965. (Fotos de Arquivo)

"Um jovem me disse: 'Vencemos!' E eu disse: 'Vencemos' como?'"
Falando a moradores de Watts depois dos distúrbios de 1965. (Corbis)

Com (*da direita para a esquerda*) Simone Signoret, Harry Belafonte, Yves Montand, professor Jacques Monod e Coretta King num comício pelos direitos civis em 1966. (Agência France Press/Fotos de Arquivo)

"Estou em Birmingham porque a injustiça está aqui."
Cumprindo sentença de cinco dias na cadeia, em 1967, por desacato
ao tribunal em resultado das manifestações de Birmingham em 1963. (Corbis)

Há muitos pilotos maravilhosos hoje em dia, traçando o curso, por vezes turbulento, por vezes suave, do progresso humano; pilotos como Roy Wilkins e Whitney Young e A. Philip Randolph. E no entanto, se não fosse pelo pessoal de terra, a luta por dignidade humana e justiça social não estaria em órbita.

Foi por isso que imaginei o Prêmio Nobel como uma honraria, uma recompensa, para o pessoal de terra: os 50 mil negros de Montgomery, Alabama, que vieram a descobrir que é melhor caminhar com dignidade do que andar de ônibus; os estudantes de toda esta nação que, ao se sentarem em restaurantes e lojas de departamentos, na verdade estavam se levantando em prol do verdadeiro sonho americano; os Viajantes da Liberdade, que sabiam que esta nação não pode ter a esperança de conquistar o espaço até que os corações de seus cidadãos tenham obtido sua paz interior; Medgar Evers, assassinado; os três mártires do Mississippi, assassinados; os americanos, brancos e de cor, que marcharam sobre Washington.

Em última análise, deve-se dizer que este Prêmio Nobel foi ganho por um movimento de grandes pessoas cujas disciplina, moderação consciente e majestosa coragem os conduziram a um curso não violento buscando estabelecer o reino da justiça e o domínio do amor nesta nossa nação: Herbert Lee, Fannie Lou Hamer, Medgar Evers, Chaney, Goodman e Schwerner, os milhares de crianças de Birmingham, Albany, St. Augustine e Savannah que aceitaram ser fisicamente agredidas e presas e descobriram que o poder da alma é maior que a força da violência. Esses milhares de desconhecidos trouxeram para este movimento o reconhecimento internacional que recebemos do Parlamento norueguês.

Membros do pessoal de terra não ganhariam o Prêmio Nobel da Paz. Seus nomes não entrariam para a história. Eles eram soldados desconhecidos na segunda grande Revolução Americana. No entanto, quando os anos se passarem e a luz radiante da verdade se concentrar nesta era maravilhosa que ora vivemos, os homens e mulheres saberão e as crianças irão aprender que temos uma terra melhor, um povo melhor, uma civilização mais nobre graças ao pessoal de terra que tornou possível que o jato voasse nos céus transparentes da fraternidade. No dia 10 de dezembro, em Oslo, eu receberia – em nome do pessoal de terra – um símbolo importante que, na verdade, não era para mim.

FIQUEI MUITO DESCONCERTADO, embora tremendamente satisfeito, com a viagem a Oslo para a entrega do Prêmio Nobel. A reação a nossa causa em Londres, Estocolmo e Paris, assim como em Oslo, foi muito além de minha imaginação. Essas grandes capitais mundiais viam o racismo em nosso país com horror e repulsa, mas também com certa dose de esperança de que os Estados Unidos pudessem resolver esse problema e apontar o caminho ao resto do mundo. Eu lhes garanti que era essa nossa intenção no movimento dos direitos civis e nas forças das igrejas e das comunidades trabalhadora e intelectual que se haviam comprometido com esse desafio.

O Prêmio Nobel da Paz colocava a luta pelos direitos civis numa nova dimensão. Ele nos lembrava enfaticamente que a maré da opinião pública mundial estava a nosso favor. Embora as pessoas de cor sejam uma minoria aqui na América, há bilhões de pessoas de cor que buscam nos Estados Unidos e em sua população negra a demonstração de que a cor não é obstáculo ou fardo no mundo moderno.

As nações do norte da Europa se alinharam orgulhosamente a nossa luta e desafiaram os mitos raciais em todo o mundo. Era a promessa de uma forte aliança internacional pela paz e a fraternidade no planeta. A Europa do Norte, a África e a América Latina mostraram sua disposição de confrontar o problema do racismo no plano mundial. Foi o ponto de partida para um mundo de paz. O negro também tinha de olhar para o exterior. A pobreza e a fome não eram peculiaridades do Harlem nem do delta do Mississippi. Índia, México, Congo e muitas outras nações enfrentavam essencialmente os mesmos problemas que nós.

DESDE O MOMENTO em que se anunciou que o Parlamento norueguês havia me escolhido como ganhador do Prêmio Nobel da Paz de 1964, começaram a chover convites para que eu me envolvesse em assuntos nacionais e internacionais. No caminho para Oslo, tive a oportunidade de discutir temas raciais com o lorde chanceler da Grã-Bretanha e membros do Parlamento britânico. Também participei da organização de um movimento para unir as pessoas de cor da área de Londres. Estas incluíam caribenhos, indianos, paquistaneses e africanos que, em conjunto, enfrentavam a injustiça racial na Grã-Bretanha.

> Em nossa luta por liberdade e justiça nos Estados Unidos, que também tem sido longa e árdua, temos um forte sentimento de identificação com os que estão envolvidos na luta, muito mais mortal, por liberdade na África do Sul. Agora sabemos como os africanos de lá, e seus amigos de outras raças, lutaram por meio século para obter sua liberdade por métodos não violentos. Nós homenageamos o chefe Lutuli por sua liderança e agora sabemos como essa não violência foi enfrentada por uma crescente violência do Estado, por uma repressão cada vez maior, culminando nos disparos em Sharpeville e tudo o que tem ocorrido desde então.
> Hoje em dia grandes líderes – Nelson Mandela e Robert Sobukwé – estão entre as centenas de homens apodrecendo na prisão da ilha Robben. Contra um Estado cruel e fortemente armado, que usa a tortura e formas sádicas de interrogatório para esmagar seres humanos – chegando a levar alguns deles a cometer o suicídio –, a oposição militante na África do Sul parece neste momento silenciada.
> É nessa situação, com a grande massa da população sul-africana privada de sua humanidade, de sua dignidade, de oportunidades, de todos os direitos humanos; é nessa situação, com muitos dos melhores e mais bravos sul-africanos cumprindo longas penas de prisão, e alguns já executados; é nessa situação que nós, nos Estados Unidos e na Grã-Bretanha, temos uma responsabilidade singular. Pois nós, com nossos investimentos, com o fracasso de nossos governos em agir de forma decisiva, é que somos culpados de sustentar a tirania sul-africana.
> Nossa responsabilidade apresenta-nos uma oportunidade única. Podemos aderir à única forma de ação não violenta capaz de promover a

liberdade e a justiça na África do Sul, a ação a que os líderes africanos têm apelado: um grande movimento por sanções econômicas.

"Recebo este prêmio com uma fé inabalável"

Essa foi, para a maioria de nós, a primeira viagem à Escandinávia, e esperávamos fazer muitos novos amigos. Achávamos que tínhamos muito a aprender com a tradição escandinava de socialismo democrático e com a maneira pela qual eles haviam superado muitos problemas sociais e econômicos que ainda infestavam nações bem mais poderosas e abastadas. Tanto na Noruega quanto na Suécia, cujas economias são literalmente sobrepujadas pelo volume de nossa riqueza e pela extensão de nossa tecnologia, não há favelas nem desemprego. Homens, mulheres e crianças usufruem há muito tempo de serviços médicos e educação gratuitos e de qualidade. Isso, em contraste com as medidas limitadas e hesitantes tomadas por nossa rica nação, me deixou profundamente perturbado.

Eu trouxe os cumprimentos de muitos americanos de boa vontade, negros e brancos, comprometidos com a luta por fraternidade e com a cruzada pela paz mundial. Em nome deles vim a Oslo receber o Prêmio Nobel da Paz. Foi de fato um privilégio recebê-lo em nome do movimento não violento, e em benefício dele me comprometi a usar todo o prêmio, de cerca de 54 mil dólares.

> Recebo hoje este prêmio com uma fé inabalável na América e uma fé audaciosa no futuro da humanidade. Recuso-me a aceitar a ideia de que o "é" da natureza atual do homem o torne moralmente incapaz de atingir o eterno "deve ser" que permanentemente o confronta. Recuso-me a aceitar a ideia de que o homem seja um destroço ou um dejeto no rio da vida que o cerca. Recuso-me a aceitar a visão de que a humanidade está tão tragicamente ligada à noite escura do racismo e da guerra que a aurora luminosa da paz e da fraternidade jamais possa tornar-se realidade. Acredito que mesmo em meio às explosões mortais e às balas perversas

de hoje ainda haja a esperança de um amanhã mais radioso. Creio que a justiça ferida, que jaz prostrada nas ruas inundadas de sangue de nossas nações, possa ser erguida da poeira da vergonha para reinar suprema entre os filhos do homem. Tenho a audácia de acreditar que pessoas de toda parte possam ter três refeições por dia para seus corpos, educação e cultura para suas mentes e dignidade, igualdade e liberdade para seus espíritos. Creio que aquilo que homens egocêntricos derrubaram homens altruístas possam reconstruir. Creio, ainda, que um dia a humanidade irá curvar-se diante do altar de Deus e ser coroada por seu triunfo sobre a guerra e a carnificina, e que a redentora boa vontade não violenta irá proclamar a lei da terra. Ainda creio que vamos triunfar. Essa fé pode nos dar coragem para enfrentar as incertezas do futuro. Ela dará novas forças a nossos pés cansados ao continuarmos avançando em direção à Cidade da Liberdade.

Hoje venho a Oslo como um depositário, inspirado e com uma renovada dedicação à humanidade. Recebo este prêmio em nome de todos os homens e mulheres amantes da paz e da fraternidade.

Fiz muita força para conter as lágrimas. Minhas emoções estavam a ponto de transbordar. O que quer que eu fosse devia a minha família e a todos aqueles que lutaram comigo. Mas minha maior dívida era para com minha mulher. Ela é que dava significado a minha vida. Tudo que eu podia prometer a ela, e àqueles milhões de pessoas, é que faria o possível para justificar a fé que ela e eles tinham em mim. Eu tentaria mais do que nunca fazer da minha vida algo de que ela e eles pudessem se orgulhar. Eu faria no âmbito privado o que sabia ser exigido por minha responsabilidade pública.

"E agora?"

O Prêmio Nobel da Paz foi uma grande honraria, mas não uma com a qual iniciássemos uma "era de satisfação" no movimento dos direitos civis. Voltamos de Oslo não com a cabeça nas nuvens, congratulando-nos pelas maravilhas do passado recente e tentados a declarar um feriado em nossa luta, mas com os pés firmemente plantados no chão, a convicção reforçada e a determinação galvanizada pelos sonhos de um amanhã mais grandioso e mais brilhante.

Ao receber o Prêmio Nobel da Paz de 1964, perguntei por que uma honraria dessas tinha sido atribuída a um movimento que continuava sitiado e envolvido numa luta sem tréguas; a um movimento que seguia em frente com um enorme desprezo pelo risco e pelo perigo; a um movimento que não havia conquistado a mesma paz e a mesma fraternidade que constituíam a essência do grande legado do conde Alfred Nobel.

Sugeri então que o prêmio não tinha sido dado meramente em reconhecimento pelas realizações do passado, mas também pelo reconhecimento, mais profundo, de que o modo não violento, o modo adotado pelo negro americano, era a resposta à questão fundamental de nossa época do ponto de vista político e moral: a necessidade de o homem superar a opressão e a violência sem recorrer à violência e à opressão.

Em quase todas as coletivas de imprensa realizadas depois que voltei de Oslo me perguntaram:

– E agora? Que direção vai tomar o movimento dos direitos civis?

Evidentemente, eu não podia falar em nome do movimento como um todo. Havia muitos pilotos; eu era apenas um deles, e a organização que eu presidia, a Conferência da Liderança Cristã do Sul, era antes de tudo uma organização sulista buscando soluções para os problemas peculiares dessa região.

PALESTRA NA UNIVERSIDADE DE OSLO

Chegou a hora de uma guerra mundial contra a pobreza. As nações abastadas devem usar os vastos recursos que a riqueza lhes proporciona para desenvolver os subdesenvolvidos, escolarizar os que não tiveram escola e alimentar os famintos. Em última instância, uma grande nação é uma nação solidária. Nenhum indivíduo ou nação pode ser grande se não se preocupa com "os menos afortunados". Está profundamente entranhada no tecido de nossa religião a convicção de que os homens são feitos à imagem de Deus e que são almas de infinito valor metafísico, herdeiros de um legado de dignidade e valor. Se percebemos isso como um fato de profundo valor moral, não podemos contentar-nos em ver homens famintos, homens afligidos pela fome e pela doença quando temos os meios para ajudá-los. As nações ricas devem todas dedicar-se a estabelecer uma ponte sobre o fosso que separa a minoria rica da maioria pobre.

11 de dezembro de 1964

Continuava a pressão para que a SCLC abrisse escritórios em várias cidades do Norte. Chegamos a uma decisão sobre isso após a "Turnê por Empregos e Liberdade" que percorreu dez cidades do Norte naquela primavera. Embora a principal base de operações da SCLC permanecesse no Sul, onde podíamos atacar com mais eficiência as raízes dos males raciais, passamos a nos envolver muito mais com os problemas do Norte urbano.

Em outro nível, eu agora tinha de dedicar muita atenção aos três problemas que considerava os maiores enfrentados pela humanidade: a injustiça racial em todo o mundo, a pobreza e a guerra. Embora cada um deles parecesse distinto e isolado, todos se interligavam no mesmo envoltório do destino humano.

A influência que eu pudesse ter em resultado da importância que o mundo atribui ao Prêmio Nobel da Paz teria de ser usada para levar a filosofia da não violência a todos os povos do planeta que enfrentassem o antigo problema da injustiça racial. Eu teria de convencê-los de alguma forma da eficácia dessa arma que corta sem ferir, dessa arma que enobrece o homem que a empunha.

Eu me vi pensando cada vez mais naquele que considero o segundo grande mal da humanidade: o mal da pobreza. Esse é um mal que existe tanto em Indiana quanto na Índia, tanto em Nova Orleans quanto em Nova Délhi.

Não seria possível concordarmos que realmente chegou a hora de uma guerra total à pobreza – não apenas na "Grande Sociedade" do presidente Johnson, mas em toda cidade e aldeia do mundo em que esse mal terrível exista? A pobreza – especialmente aquela que atinge cerca de 35 milhões de pessoas nos Estados Unidos – constitui um trágico déficit de vontade humana. Ao que parece, tiramos os pobres de nossas mentes e os excluímos do eixo de nossa sociedade. Permitimos que os pobres se tornassem invisíveis e passamos a ficar com raiva quando eles fazem sentir sua presença. Mas assim como a não violência expôs a monstruosidade da injustiça racial, devemos agora encontrar maneiras de expor e curar a doença da pobreza – não somente seus sintomas, mas suas causas básicas.

O terceiro grande mal que a humanidade enfrenta era algo que me preocupava profundamente. Era o mal da guerra. Em Oslo sugeri que a filosofia e a estratégia da não violência se transformassem imediatamente em objeto de estudo e de pesquisas sérias em todos os campos do conflito humano, incluindo as relações entre nações. Não era, acreditava eu, uma sugestão fantasiosa.

A paz mundial por meios não violentos não é absurda nem inatingível. Todos os outros métodos falharam. Assim precisamos recomeçar. A não violência é um bom ponto de partida. Aqueles de nós que acreditamos nesse método podem ser as vozes da razão, da sanidade e da compreensão em meio àquelas da violência, do ódio e da emoção. Podemos muito bem estabelecer um clima de paz a partir do qual se possa construir um sistema de paz.

Injustiça racial em qualquer lugar do mundo. Pobreza. Guerra. Quando o homem resolver esses três grandes problemas, terá igualado seu progresso moral ao seu progresso científico. E, o que é mais importante, terá aprendido a arte prática de viver em harmonia.

O Prêmio Nobel da Paz tinha produzido em mim uma fé ainda mais profunda de que o homem realmente iria portar-se à altura desse desafio e dar nova direção a uma era que caminhava depressa para um final adverso.

EM TODOS OS PAÍSES ESTRANGEIROS que visitei, pude perceber que a integridade dos Estados Unidos em todos os seus empreendimentos internacionais estava sendo medida pela escala da justiça racial. Isso se evidenciou trágica e dramaticamente quando aquela caricatura de ilegalidade e insensibilidade encenada em Meridian, Mississippi, foi tema das manchetes em Oslo exatamente no dia da cerimônia do Prêmio Nobel da Paz. No mesmo dia em que o movimento dos direitos civis era agraciado com essa honraria, um comissário federal do Mississippi retirou as acusações contra os dezenove homens detidos pelo FBI em função do assassinato brutal de três militantes da campanha pelo registro eleitoral ocorrido no verão anterior. Eu me convenci de que era preciso mobilizar a consciência nacional como um todo para enfrentar a trágica situação de violência, terror e fracasso gritante da justiça no Mississippi. Discutimos a possibilidade de um boicote nacional aos produtos daquele estado.

Além da proposta de boicote, contudo, havia a oportunidade mais imediata de o Congresso manifestar-se de uma forma que atacaria a raiz das injustiças no Mississippi – a negação total do direito de voto a seus cidadãos negros. No dia 4 de janeiro de 1965, uma segunda-feira, a Câmara dos Deputados teve a oportunidade de contestar o credenciamento de toda a bancada do Mississippi naquela casa. Sob os dispositivos da Lei de 23 de fevereiro de 1870, que readmitiu a representação do Mississippi no Congresso, foi estipulado que a principal condição para essa readmissão era que todos os cidadãos com 21 anos de idade ou mais, que residissem no estado há seis meses ou mais e que não fossem nem presidiários nem loucos, deveriam ter o direito de votar. O Mississippi vinha ignorando deliberada e permanentemente esse pacto solene com a nação por mais de cinquenta anos, mantendo assentos a que não tinha direito e indiferente ao Congresso. A consciência nacional, perturbada pela dupla tragédia da presença da violência e da ausência da lei, poderia ter se manifestado em apoio a esse desafio moral a uma bancada imoral.

DISCURSO NUM JANTAR COMEMORATIVO EM ATLANTA

Devo confessar que estou gostando de estar no topo desta montanha e que fico tentado a permanecer aqui e me dedicar a uma vida mais calma e serena. Mas algo lá dentro me lembra de que o vale me chama, apesar de todos os seus perigos, agonias e momentos de frustração. Devo voltar para o vale. Algo me diz que o maior teste para um homem não é como ele se posiciona nos momentos de conforto e comodidade, mas como se posiciona nos momentos de desafio e controvérsia. Assim, devo voltar para o vale – um vale cheio de turbas maldosas sedentas de sangue, mas ao mesmo tempo de garotinhos e garotinhas negros que crescem com as nuvens malignas da inferioridade se formando nos céus de suas pequenas mentes; um vale cheio de milhões de pessoas que, em função da privação econômica e do isolamento social, perderam a esperança e veem a vida como um longo e desolado corredor sem um cartaz que indique a porta de saída. Devo voltar para o vale – um vale literalmente cheio de milhares de negros do Alabama e do Mississippi que são brutalizados, intimidados e por vezes assassinados ao tentarem se registrar e votar. Devo voltar para o vale que se estende por todo o Sul e pelas grandes cidades do Norte – um vale cheio de milhões de irmãos brancos e negros asfixiados na jaula hermética da pobreza em meio a uma sociedade abastada.

27 de janeiro de 1965

25. Malcolm X

Ele era um orador eloquente em defesa de seu ponto de vista e ninguém pode honestamente duvidar que Malcolm X tinha uma grande preocupação pelos problemas que nós, como raça, enfrentamos. Embora nem sempre concordássemos em relação aos métodos para resolver os problemas raciais, sempre tive grande afeição por Malcolm e achei que ele tinha a grande habilidade de apontar a existência e a raiz do problema.

---

26 de março de 1964
Após uma coletiva de imprensa no Senado Federal, King tem um breve encontro com Malcolm X

5 de fevereiro de 1965
Coretta Scott King reúne-se com Malcolm X em Selma, Alabama

21 de fevereiro
Malcolm X é assassinado no Harlem

ENCONTREI MALCOLM X uma vez, em Washington, mas as circunstâncias não permitiram que conversasse com ele por mais que um minuto.

Ele é muito articulado, mas discordo totalmente de muitas de suas opiniões políticas e filosóficas – pelo menos o que entendo como sua posição atual. Não quero parecer farisaico ou absolutista, nem que pensem que sou o dono da única verdade, do único caminho. Sei que muitas vezes desejei que ele falasse menos de violência, pois a violência não vai resolver o problema. E, em sua litania de articular o desespero do negro sem oferecer uma alternativa positiva, criativa, acho que Malcolm tem prestado um grande desserviço a si mesmo e ao nosso povo. A oratória inflamada, demagógica, nos guetos negros, incitando nossa comunidade a se armar e se preparar para se envolver com a violência, como ele tem feito, nada pode produzir senão a dor.

No caso de uma revolução violenta, seríamos dolorosamente superados em números. E quando tudo estivesse terminado os negros enfrentariam as mesmas condições, a mesma pobreza e as mesmas privações – a única diferença sendo que sua amargura seria ainda mais intensa, seu desencanto ainda mais abjeto. Assim, em termos tanto morais quanto puramente práticos, o negro americano não tem uma alternativa racional à não violência.

Quando me atiraram ovos em Nova York, penso que isso foi realmente um resultado dos grupos nacionalistas negros. Eles tinham ouvido todas essas coisas sobre eu ser conciliador, falar de amor, que transferiram para mim toda a sua amargura em relação ao homem branco. Começaram a pensar que eu estava dizendo para amarem justamente a pessoa pela qual tinham essa atitude amarga. Na verdade, Malcolm X teve uma reunião no dia anterior e falou muito sobre mim. Informou que eu estaria lá no dia seguinte e disse:

– Vocês têm de ir lá e mostrar ao velho King o que pensam a respeito dele.

E falou muito sobre a não violência, criticando-a e afirmando que eu aprovava o fato de homens e mulheres negros serem mordidos por cães e atingidos por jatos d'água. Então acho que esse tipo de reação nasceu do fato de me descreverem como um educado Pai Tomás.

Sempre achei que eles nunca entenderam o que eu dizia. Não perceberam que há uma grande diferença entre não resistir ao mal e resistir a ele de forma não violenta. É claro que não estou dizendo para vocês se sentarem e aceitarem pacientemente a injustiça. Estou falando de uma força muito poderosa que o faz levantar-se com todo o vigor contra um sistema perverso e não ser um covarde. Você resiste, mas acaba percebendo que tática e moralmente é melhor ser não violento. Mesmo que não se queira enfrentar a questão moral, seria simplesmente impraticável para o negro pretender tornar violenta esta luta.

Mas creio que devemos entender que Malcolm X foi uma vítima do desespero gerado em função de uma sociedade que incute em muitos negros o senso de "ser ninguém". Tal como se condena a filosofia, o que eu fiz tantas vezes, deve-se ser igualmente vigoroso em condenar a existência permanente em nossa sociedade das condições de injustiça racial, depressão e desumanização do ser humano.

"Um produto do ódio e da violência"

O terrível pesadelo da violência e da contraviolência é uma das nódoas mais trágicas na história do negro neste país. De muitas maneiras, contudo, ele é típico do caráter confuso das agressões que vêm ocorrendo em função das condições frustrantes de nossa existência.

Quantas vezes as frustrações decorrentes de uma cidadania de segunda classe e de uma condição humilhante já produziram uma indignação cega que nos leva a nos agredirmos uns aos outros e a ignorarmos a verdadeira causa de nosso dilema? É tristemente irônico que aqueles que apontaram com tanta clareza para o mundo branco como a semente do mal agora gastem suas energias na destruição de si mesmos.

Malcolm X tornou-se uma figura pública como resultado, em parte, de um documentário para a TV intitulado *O ódio que o ódio produziu*. Esse título mostra de forma clara a natureza da vida e da morte de Malcolm. Ele foi evidentemente o produto do ódio e da violência investidos na frustrante existência do negro neste país. Ele, como tantos de nós, foi uma vítima do desespero que inevitavelmente deriva das condições de opressão, pobreza e injustiça que envolvem as massas de nossa raça. Mas em sua juventude não havia a esperança, não havia a pregação, não havia o ensinamento nem os movimentos da não violência. Ele era jovem demais para o Movimento Garveysta,* muito pobre para ser um comunista – pois os comunistas concentravam seu trabalho nos intelectuais e operários negros, sem perceberem que as massas negras não se relacionavam com esses setores –, e

---

* Referência ao movimento liderado pelo jamaicano Marcus Garvey, nas décadas de 1910 e 1920, que pretendia levar os negros americanos "de volta" à África. (N.T.)

no entanto possuía uma inteligência e um vigor naturais que exigiam um canal de escape e um meio de expressão. Voltou-se primeiro para o submundo, mas isso não satisfez a busca de significado que domina as mentes dos jovens. Fala em favor da profundidade e da integridade pessoais de Malcolm o fato de ele não ter se tornado um czar do submundo, mas ter se voltado repetidas vezes para a religião em busca de significado e destino. Malcolm ainda estava em processo de crescimento e transformação na época de seu assassinato brutal e sem sentido.

Eu estava na cadeia quando ele esteve em Selma, Alabama. Eu não podia impedir sua ida, mas minha filosofia era tão oposta à dele que eu nunca o teria convidado a ir a Selma num momento em que estávamos envolvidos numa manifestação não violenta. Isso não diz nada sobre o respeito pessoal que eu tinha por ele.

Durante sua visita a Selma, ele conversou longamente com minha mulher, Coretta, sobre suas lutas pessoais e expressou interesse em trabalhar mais próximo ao movimento não violento, mas ainda não era capaz de renunciar à violência e superar a amargura que a vida havia projetado sobre ele. Houve também indicações de um interesse pela política como forma de enfrentar os problemas do negro. Tudo isso eram sinais de um homem dedicado e zeloso em busca de um programa pelo qual pudesse canalizar os seus talentos.

Mas a história não permitiria isso. Um homem que viveu atormentado por ter consciência do estupro sofrido por sua avó e do assassinato de seu pai sob as condições da ordem social atual não aceita prontamente essa mesma ordem nem busca integrar-se a ela. E assim Malcolm foi forçado a viver e morrer como um estrangeiro, uma vítima da violência que o gerou e que ele cortejou durante sua breve, mas promissora vida.

O assassinato de Malcolm X foi uma terrível tragédia. Que possamos aprender com esse trágico pesadelo que a violência e o ódio só alimentam a violência e o ódio, e que a palavra de Jesus ainda se dirige a todos os Pedros em potencial:

– Guardai vossa espada.

Certamente continuaremos discordando, mas devemos discordar sem nos tornarmos violentamente discordantes. Vamos sofrer a tentação da amargura, mas devemos aprender que o ódio é um fardo pesado demais para um povo que caminha em direção a seu encontro com o destino.

O negro americano não pode correr o risco de destruir suas lideranças. Homens de talento são muito raros para serem destruídos pela inveja, pela ambição e pela rivalidade tribal antes de atingirem a maturidade plena. Da mesma forma que o assassinato de Patrice Lumumba no Congo, o assassinato de Malcolm X privou o mundo de um líder potencialmente grande. Eu podia não concordar com nenhum desses dois homens, mas conseguia ver neles uma capacidade de liderança que podia respeitar e que só estava começando a amadurecer em matéria de perspicácia e sabedoria.

Penso ser ainda mais triste que essa grande tragédia tenha ocorrido num momento em que Malcolm estava reavaliando seus pressupostos filosóficos e caminhando rumo a uma compreensão mais ampla do movimento não violento e a uma tolerância maior em relação aos brancos de maneira geral.

Acho que existe uma lição que todos podemos extrair disso: a violência é inviável e agora, mais do que antes, precisamos seguir o curso da não violência para atingir o reino da justiça e o domínio do amor em nossa sociedade, e o ódio e a violência devem ser atirados eternamente ao limbo se quisermos sobreviver.

Num sentido real, o crescimento do nacionalismo negro foi sintomático de um descontentamento e de uma frustração mais profundos que atingem muitos negros em função da permanência da discriminação racial. O nacionalismo negro foi uma saída para esse dilema. Baseou-se numa perspectiva fantasiosa e separatista que condenei pública e privadamente. Ela substituiu a tirania da supremacia branca pela tirania da supremacia negra. Sempre afirmei que nós, como raça, não devemos tentar passar de uma posição de desvantagem para uma posição de vantagem, mas criar um equilíbrio moral em nossa sociedade em que a democracia e a fraternidade sejam uma realidade para todos os homens.

26. Selma

Em 1965 a questão é o direito de voto e o lugar é Selma, Alabama. Em Selma, vemos o clássico padrão de privação de direitos típico das áreas do Cinturão Negro do Sul em que os negros são a maioria.

1º de fevereiro de 1965
King é preso com mais duzentas pessoas após a marcha pelo direito de voto em Selma, Alabama

26 de fevereiro
Jimmie Lee Jackson morre depois de ser baleado pela polícia durante manifestação em Marion, Alabama

7 de março
Manifestantes pelo direito de voto são agredidos na ponte Edmund Pettus

11 de março
O reverendo James Reeb morre após ser espancado por brancos racistas

25 de março
A marcha de Selma a Montgomery termina com um discurso de King; horas depois, membros da Klan matam Viola Gregg Liuzzo quando ela transportava manifestantes de volta a Selma

---

QUANDO EU ESTAVA VOLTANDO da Escandinávia, em dezembro de 1964, fiz uma escala para me encontrar com o presidente Johnson e conversamos sobre muitas coisas, até finalmente começarmos a falar sobre voto.

Ele disse:

— Martin, você tem razão quanto a isso. Vou acabar fazendo isso, mas não vou conseguir que um projeto de lei sobre o direito de voto consiga

tramitar no Congresso durante este período legislativo. – E acrescentou:
– Agora, tenho aqui outros projetos de lei que desejo aprovar por meio do programa da Grande Sociedade, e penso que no longo prazo eles vão ser de tanta ajuda para o negro quanto uma lei de direito de voto.

Retruquei:
– Bem, o senhor sabe, a reforma política é tão necessária quanto qualquer outra coisa se quisermos resolver todos esses outros problemas.
– Não vou conseguir aprová-la – disse ele – porque preciso dos votos da bancada sulista para aprovar esses outros projetos. E se eu apresentar um projeto de lei de direito de voto, eles vão bloquear todo o programa. Assim, não é a coisa mais prudente e politicamente adequada a fazer.

Fui embora dizendo simplesmente:
– Bem, temos de fazer apenas o melhor possível.

Saí do topo da montanha em Oslo e do topo da montanha na Casa Branca e duas semanas depois estava descendo para o vale em Selma, Alabama, ao lado de Ralph Abernathy e outros. Três meses depois, o mesmo presidente que tinha me dito em seu gabinete ser impossível aprovar um projeto de lei de direitos civis estava na televisão cantando, em tom amistoso, "We Shall Overcome" e defendendo a aprovação desse projeto no Congresso. O que aconteceu dois meses depois.

O presidente disse que nada podia ser feito. Mas nós iniciamos um movimento.

"O grotesco padrão de negação"

Selma, Alabama, era em 1965 o que Birmingham tinha sido em 1963. O direito de voto era a questão, substituindo os espaços públicos como grande preocupação de um povo faminto por um lugar ao sol e por uma voz sobre seu destino.

Em Selma, milhares de negros testemunhavam corajosamente as forças do mal que obstruíam nosso caminho em direção às decisivas urnas. Eles estavam desnudando para que toda a nação visse, para que o mundo conhecesse, a natureza da resistência segregacionista. O grotesco padrão de negação florescia com diferenças insignificantes em milhares de comunidades de Alabama, Louisiana, Mississippi e outras do Sul.

O padrão de negação dependia de quatro barreiras principais.

Em primeiro lugar estava o controle, ao estilo Gestapo, dos governos local e do condado por pessoas como o xerife Jim Clark, de Selma, e o xerife Rainey, de Filadélfia, Mississippi. Havia uma *mística* cuidadosamente cultivada por trás do poder e da brutalidade desses homens. O revólver, o cassetete e o bastão elétrico produziam o medo que constituía a principal barreira em relação ao voto – uma barreira erguida por 345 anos de exposição à psicologia e à brutalidade da escravidão e da segregação oficial. Era um medo enraizado nos sentimentos de inferioridade.

Em segundo lugar, posturas municipais tinham sido criadas para dificultar que os negros se movimentassem em conjunto. As chamadas posturas sobre manifestações e as leis locais que submetiam as reuniões públicas à vigilância e à perseguição por parte de agentes do governo eram usadas para impedir os negros de planejarem em conjunto uma ação contra a injustiça. Essas leis ignoravam e desafiavam deliberadamente a Primeira Emenda de nossa Constituição.

Depois de tantos anos de intimidação, a comunidade negra tinha aprendido que sua única salvação estava na ação conjunta. Quando um negro se levantava, era enxotado da cidade; se mil negros se levantassem em conjunto, a situação tenderia a ser drasticamente reconsiderada.

O terceiro elo na cadeia da escravidão era o ritmo lento do processo de registro e o número limitado de dias e horas em que a repartição ficava aberta. Dos 15 mil negros em condições de votar em Selma e no condado de Dallas que a incluía, menos de 350 estavam registrados. Esse era o motivo pelo qual o protesto contra as limitadas oportunidades de registro precisava continuar.

O quarto elo na cadeia da privação de direitos era o teste de alfabetização. Esse teste fora planejado para ser difícil e o Departamento de Justiça não tinha conseguido provar que em muitos condados ele não era aplicado com justiça.

Claramente, o cerne do problema do voto estava no fato de que a máquina destinada a garantir esse direito básico estava nas mãos de funcionários nomeados pelo estado, vinculados às mesmas pessoas que acreditavam que só manteriam o poder no Sul enquanto o negro fosse privado de direitos. Não importava quantas brechas fossem fechadas, quantas irregularidades fossem expostas, estava claro que o governo federal deveria tomar o controle dos estados ou estabelecer um mecanismo capaz de fiscalizá-lo com eficácia.

A miscelânea de reformas trazidas pelas leis de 1957, 1960 e 1964 tinha ajudado, mas a negação do sufrágio já durava muito tempo e aprofundava o sofrimento dos negros, obrigando-os a esperar o tempo exigido por procedimentos de aplicação que eram lentos e graduais. O que se precisava era da nova lei de direito de voto prometida para o período legislativo do Congresso de 1964.

Nosso Departamento de Ação Direta, sob a direção do reverendo James Bevel, decidiu então atacar o próprio cerne da estrutura política do estado do Alabama e de todo o Sul por meio de uma campanha pelo direito de voto. O planejamento do projeto de registro eleitoral em Selma começou por volta de 17 de dezembro de 1964, mas o projeto em si teve início em 2 de janeiro do ano seguinte. Nossa organização afiliada, a Liga dos Eleitores do condado de Dallas, convidou-nos a ajudar e participar do processo de estimular mais negros a se registrarem para votar. Planejamos organizar Viagens da Liberdade, jornadas de teste e desafio, para despertar pessoas de toda a comunidade. Decidimos que nos dias designados pelo condado e pelo estado para o registro de eleitores, realizaríamos assembleias na Igreja Metodista Episcopal Africana de Brown Chapel e caminharíamos juntos para o tribunal. Mais de 3 mil pessoas foram presas em Selma e Marion. Quanto a mim, fui preso num daqueles períodos em que tentávamos seguir em direção ao tribunal.

"Cadeia de Selma"

Quando o rei da Noruega participou da cerimônia em que recebi o Prêmio Nobel da Paz, certamente não imaginava que em menos de dois meses eu estaria na cadeia. Eles tinham pouco conhecimento dos assuntos inacabados no Sul. Ao prender centenas de negros, a cidade de Selma havia revelado à nação e ao mundo a persistente monstruosidade da segregação.

Quando foi aprovada a Lei dos Direitos Civis de 1964, muitos americanos decentes se encheram de satisfação por imaginarem que os dias de luta árdua haviam terminado. Mas, além da questão do voto, o simples fato de ser negro em Selma não era fácil. Quando os repórteres perguntaram ao xerife Clark se uma acusada era casada, ele respondeu:

— Ela é uma crioula e não tem direito ao título de senhora ou senhorita à frente do nome.

Assim eram os Estados Unidos em 1965. Estávamos presos simplesmente por não podermos tolerar essas condições para nós mesmos e para nossa nação. Havia a necessidade clara e urgente de uma nova e aperfeiçoada lei federal, assim como de medidas mais amplas para aplicá-la, a fim de que finalmente se eliminassem todos os obstáculos ao direito de voto.

> INSTRUÇÕES FORNECIDAS A PARTIR DA CADEIA DE
> SELMA PARA OS COMPANHEIROS DO MOVIMENTO
>
> Façam o seguinte para manter a atenção do país sobre Selma:
> 1. *Joe Lowery*: Faça uma ligação para o governador LeRoy Collins, da Flórida, e peça a ele que faça uma visita pessoal a Selma para conversar com as autoridades do município e do condado sobre aumentar a rapidez nos procedimentos de registro eleitoral, assim como o número de dias em que seja possível se registrar.
> 2. *Walter Fauntroy*: Tente implementar a sugestão de que uma delegação do Congresso venha realizar uma investigação. Se eles vierem, devem também aparecer numa assembleia.
> 3. *Lowery via Lee White*: Faça uma ligação pessoal ao presidente Johnson e peça-lhe que intervenha de alguma forma (enviando um emissário pessoal a Selma, envolvendo o Departamento de Justiça, fazendo um apelo às autoridades do condado e do município numa coletiva de imprensa).

4. *Chuck Jones*: Estimule os advogados a irem ao 5º Circuito se o juiz Thomas não expedir um mandado contra a continuação das detenções e o curto período de registro eleitoral.

5. *Bernard Lafayette*: Faça com que haja alguma atividade todos os dias nesta semana.

6. Considerem a possibilidade de uma passeata noturna até a cadeia municipal em protesto contra minha prisão. Façam outra passeata até o tribunal para deixar que Clark mostre sua verdadeira face.

7. Incluam todos os aspectos a fim de trazer professores para a passeata.

8. *Clarence Jones*: Providencie imediatamente o pagamento das fianças dos membros da equipe essenciais para a mobilização que estejam presos.

9. *Escritório de Atlanta*: Liguem para C.T. Vivian e peçam-lhe que retorne da Califórnia caso outro membro da equipe seja tirado de circulação.

12. O editor local de Selma enviou um telegrama ao presidente pedindo-lhe que uma comissão do Congresso seja enviada para cá a fim de estudar a situação da cidade. Deveríamos reforçar conjuntamente esse pedido. Temos que usar de todas as formas para não deixá-los assumir a ofensiva. Acho que estavam tentando passar a impressão de que eram ordeiros e de que Selma era uma boa comunidade por haver integrado os espaços públicos. Temos de insistir em que a questão é o voto e nisso Selma tem as mãos sujas. Não devemos ser suaves demais. Estamos na ofensiva. Não podemos permitir que Baker controle nosso movimento. Numa crise, precisamos de um senso dramático.

13. Ralph, ligue para Sammy Davis e peça a ele que promova um evento beneficente em Atlanta a fim de levantar dinheiro para o projeto do Alabama. Acho que todos esses companheiros reagem melhor quando estou preso ou enfrentando uma crise.

Fevereiro de 1965

Numa breve declaração que fiz à imprensa procurei interpretar o que estávamos tentando fazer:

Durante o último mês, centenas de cidadãos negros de Selma e do condado de Dallas têm tentado registrar-se como eleitores. Até o momento, apenas 57 conseguiram entrar na repartição de registro, enquanto 280 foram presos. Dos 57 que tentaram se registrar, nenhum teve notícia de que seu registro tenha sido realizado, e não há motivo para termos a esperança de que isso venha a ocorrer. O teste que se precisa fazer para obter o registro é tão difícil e ridículo que até o presidente da Suprema Corte, o juiz Warren, não conseguiu responder a algumas perguntas.

No ano passado, negros foram espancados pelo xerife Clark e seu bando, despedidos de seus empregos, afligidos pelo lento processo de registro eleitoral e pelo difícil teste de alfabetização, tudo porque tentaram votar.

Agora devemos pôr um fim a essas injustiças. Os homens bons desta nação não podem ficar sentados preguiçosamente enquanto o processo democrático é desafiado e prostituído no interesse dos racistas. Nossa nação declarou guerra ao totalitarismo em todo o mundo, e apelamos ao presidente Johnson, ao governador Wallace, à Suprema Corte e ao Congresso desta grande nação que declarem guerra à opressão e ao totalitarismo dentro das fronteiras de nosso país.

Se os negros pudessem votar, não haveria Jim Clarks, não haveria a pobreza opressiva que nos aflige. Nossos filhos não seriam prejudicados por estudarem em escolas segregadas e a comunidade como um todo poderia conviver em harmonia.

Esta é nossa intenção: declarar guerra aos malefícios da demagogia. Toda a comunidade estará junta neste protesto e não vamos descansar até que haja uma mudança no processo eleitoral e se estabeleça a democracia.

Quando saí da cadeia de Selma, no dia 5 de fevereiro, sexta-feira, disse que pegaria um voo para Washington. Na terça-feira à tarde tive uma reunião com o vice-presidente, Hubert H. Humphrey, na qualidade de diretor do recém-criado Conselho para a Igualdade de Oportunidades, e com o procurador-geral Nicholas Katzenbach. Meus colegas e eu deixamos clara para ambos nossa convicção de que todos os cidadãos devem ser livres para exercer seu direito e sua responsabilidade de votar sem protelações, embaraços, intimidação econômica ou brutalidade policial.

Eu assinalei que, embora nos últimos anos tivesse havido algum progresso em vários estados no que se referia ao registro eleitoral, em outros novas leis prejudiciais haviam sido instituídas desde 1957 exatamente para impedir o registro de negros. Numa recente coletiva de imprensa o presidente Johnson afirmou que outro problema era o "ritmo lento do registro de negros". O passo de tartaruga foi claramente ilustrado pelos terríveis eventos de Selma. A continuarmos nesse ritmo, levará mais cem anos para que todos os negros qualificados estejam registrados.

Havia muito mais negros na cadeia de Selma do que registrados como eleitores. Esse ritmo lento não era acidental, mas resultado de um padrão calculado e bem-definido que utilizava muitos artifícios e técnicas para manter o poder político dos brancos em diversas áreas do Sul. Declarei enfaticamente que o problema de garantir o direito de voto não seria resolvido por programas legislativos retalhados ou graduais. Precisávamos de um programa legislativo básico para garantir a implementação de procedimentos destinados a alcançar o registro de negros no Sul sem protelações nem embaraços. Expressei minha convicção de que os capítulos sobre voto das Leis dos Direitos Civis de 1957, 1960 e 1964 eram inadequados para garantir esse direito aos negros em muitas áreas-chave do Sul.

Revelei ao sr. Humphrey e ao procurador Katzenbach como estava satisfeito pelo fato de o Departamento de Justiça estar estudando um projeto de lei eleitoral que implementaria a seguinte declaração do presidente Johnson no discurso sobre o Estado da União: "Proponho eliminar todos os obstáculos restantes ao direito e à oportunidade de votar."

Pedi ao procurador-geral que conseguisse um mandado contra o processo envolvendo mais de 3 mil cidadãos negros de Selma, que do contrário enfrentariam anos de litígios judiciais caros e frustrantes até conseguirem exercitar seu garantido direito de voto. Além disso, como as leis existentes fossem inadequadas ou duvidosas no que se referia à realização desse objetivo de enorme importância, solicitei ao vice-presidente e ao procurador-geral que incluíssem no programa legislativo do governo novos procedimentos que dariam ao procurador-geral e a cidadãos comuns o poder de evitar a opressão e as protelações oriundas de processos espúrios movidos por tribunais estaduais.

Numa reunião com o presidente Johnson, o vice-presidente Humphrey, o procurador-geral Katzenbach e o governador LeRoy Collins, da Flórida, diretor do recém-criado Serviço de Relações com a Comunidade, exortei o governo a apresentar um projeto de lei do direito de voto que garantisse esse direito sem delongas nem embaraços.

"Eventos que levam ao confronto"

No curso de nossa luta para atingir o direito de voto para os negros em Selma, Alabama, relatou-se que havia um "sutil entendimento" entre mim, as autoridades estaduais do Alabama e o governo federal com o objetivo de evitar a marcha para Montgomery, marcada para o dia 9 de março, terça-feira.

Com base em reportagens sobre minha declaração em apoio à solicitação de um mandado contra autoridades estaduais, interpretaram em alguns círculos que eu estava trabalhando com o governo federal para sufocar a indignação de negros e sacerdotes brancos. Fiquei preocupado com essa distorção dos fatos e gostaria de deixar um esboço dos eventos que levaram ao confronto de manifestantes com a polícia estadual do Alabama na ponte Pettus, em Selma, e a nosso pacífico retorno posterior.

O objetivo das manifestações em Selma, como em toda parte, era dramatizar a existência da injustiça e promover a presença de seu oposto empregando métodos não violentos. Longos anos de experiência indicavam-nos que os negros poderiam alcançar esse objetivo quando quatro coisas ocorressem:

1. manifestantes não violentos saíssem às ruas para exercer seus direitos constitucionais;

2. racistas resistissem a eles com violência;
3. americanos de boa consciência exigissem, em nome da decência, a intervenção federal e uma nova legislação;
4. o governo, sob grande pressão, começasse a aplicar medidas de intervenção imediata e a apoiar a aprovação de leis corretivas.

O desenvolvimento desse processo nunca foi simples. Quando protestos não violentos eram confrontados pelas autoridades locais com provocações, intimidação e brutalidade, o governo federal primeiro pedia aos negros que desistissem e deixassem as ruas em vez de exercer pressão sobre aqueles que cometem esses atos criminosos. Sempre fomos compelidos a rejeitar terminantemente esses pedidos do governo federal e a confiar em nossos aliados, os milhões de americanos de todo o país, para pressionar o governo federal pedindo uma ação defensiva em nosso favor. Nossa posição sempre foi de que existem um lado certo e um lado errado nas questões da plena liberdade e da igualdade para milhões de negros americanos, e o governo federal não pode assumir uma posição de neutralidade em relação a isso.

Durante nossas campanhas de ação direta não violenta fomos advertidos, como mais uma vez ocorreu em Selma, de que a reação poderia ser violenta. Eis aí um dilema: evidentemente, sempre houve a possibilidade de que, em função da hostilidade a nossas manifestações, pudessem ocorrer atos ilegais. Nós percebemos que precisávamos agir com extrema cautela de modo que o programa de ação direta não fosse conduzido de uma forma que pudesse ser considerada provocativa ou um convite à violência. De acordo com isso, cada situação tinha de ser detalhadamente estudada: era preciso avaliar a força e a disposição de nossos adversários, e qualquer mudança em algum desses fatores iria afetar as minúcias de nossa estratégia. Apesar disso, teríamos de iniciar uma marcha sem saber quando ou onde ela iria realmente terminar.

DE QUE MODO essas considerações se aplicavam a nossos planos para a marcha de Selma a Montgomery?

Meus colegas e amigos estavam sempre preocupados com minha segurança pessoal e, à luz das recentes ameaças de morte, muitos deles me pediram que não participasse da marcha naquele domingo temendo que minha presença levasse a tentativas de assassinato. Entretanto, por uma questão de consciência, eu nem sempre podia concordar com os desejos de meus colegas e membros de minha equipe – nesse caso, tomei a decisão de liderar a marcha no domingo e estava preparado para isso a despeito de qualquer possível perigo em relação à minha pessoa.

Ao elaborar uma agenda, eu devia considerar as responsabilidades de minha igreja. Estando com tanta frequência fora do púlpito e sendo minha vida tão cheia de emergências, eu tinha estado fora por dois domingos consecutivos e sentia que tinha o dever para com os paroquianos de estar lá. Foi combinado que eu pegaria um voo fretado para Montgomery após o culto matinal e estaria à frente da marcha de Selma, falaria com um grupo durante três ou quatro horas e depois pegaria um voo fretado de volta a fim de estar disponível para o Serviço de Comunhão Dominical às sete e meia da noite.

Quando o governador Wallace proibiu a realização da marcha, a maioria de meus colegas e eu avaliamos que as tropas da polícia estadual enfrentariam o problema prendendo todos os participantes. Nunca imaginamos que eles usariam os métodos brutais a que de fato recorreram para reprimir a marcha. Concluí que se eu fosse preso seria impossível voltar para o culto noturno na Ebenezer a fim de administrar o batismo e a Ceia do Senhor. Em função dessa situação, minha equipe me pediu que ficasse em Atlanta e liderasse uma marcha na manhã de segunda. Concordei. Estava preparado para ir preso na segunda-feira, mas ao mesmo tempo teria me desincumbido de minhas responsabilidades com a igreja. Se soubesse que as tropas estaduais iriam usar o tipo de brutalidade que empregaram, teria me sentido compelido a deixar totalmente de lado meus deveres da igreja para liderar a marcha. Foi um daqueles fatos que nenhum de nós pôde prever. Achávamos que a polícia estadual, que tinha sido severamente criticada por suas terríveis ações de duas semanas antes até mesmo por jornais conservadores do Alabama, nunca mais se envolveria com esse tipo de violência.

Jamais esquecerei a agonia que se apossou de minha consciência por não estar lá quando soube dos atos covardes perpetrados contra manifestantes não violentos naquele domingo, 7 de março. Em resultado disso, senti que deveria liderar uma marcha na terça-feira seguinte e resolvi passar o dia anterior no trabalho de mobilização para o protesto.

A MARCHA DE 9 DE MARÇO, terça-feira, ilustrou o dilema que com frequência enfrentamos. Não tentar realizar outra marcha seria impensável, embora não fosse possível determinar antecipadamente se ela seria até Montgomery ou a algum ponto da cidade de Selma; a única certeza é que teríamos de realizá-la, de modo que o confronto com a injustiça tivesse lugar diante dos olhos de milhões de pessoas que estariam observando em todo o país.

A questão seguinte era se o confronto teria de ser violento; nesse ponto a responsabilidade de pesar todos os fatores e avaliar as consequências recaía fortemente sobre os líderes dos direitos civis. Ir em frente temerariamente pode ter consequências terríveis em termos de vidas humanas e também fazer amigos e colaboradores perderem a confiança se perceberem a presença da irresponsabilidade. Por outro lado, é ineficaz garantir que não haverá violência pelo recurso de não realizar passeatas nem marchas simbólicas para evitar o confronto direto.

Na terça-feira, 9 de março, o juiz Frank M. Johnson, do tribunal federal regional de Montgomery, expediu uma ordem proibindo que eu e a liderança local do movimento não violento pelo direito de voto marchássemos pacificamente até Montgomery. A expedição dessa ordem causou decepção e tristeza a todos nós. Senti que, em resultado dela, tínhamos ficado numa posição muito difícil. Achei que era como condenar um homem que foi assaltado pelo fato de ter sido assaltado. Foi uma das decisões mais dolorosas que já tomei – tentar, de um lado, fazer o que eu via como uma forma prática de controlar uma situação potencialmente explosiva e, ao mesmo tempo, não desafiar uma ordem de um tribunal federal. Tínhamos esperado que o judiciário federal no Alabama evitasse a interferência ilegal em nosso programa de expansão da participação eleitoral dos negros em todo o Sul.

Consultei meus advogados e assessores de confiança tanto em Selma quanto em outras partes do país e discutimos o curso de ação que se deveria assumir. Chegou a informação de que agentes da polícia estadual do Alabama, juntamente com membros do bando do xerife James Clark, estariam dispostos em grande número ao longo da rodovia 80 na entrada da ponte Pettus, em Selma. Refleti sobre o papel do judiciário federal como protetor dos direitos dos negros. Também considerei profundamente as centenas de sacerdotes e outras pessoas de boa vontade que tinham ido a Selma para serem testemunhas, junto comigo, da causa da liberdade, participando da planejada marcha para Montgomery. Levando tudo isso em consideração, decidi que nossos planos tinham de ser concretizados e que eu lideraria nossa marcha a um confronto com a injustiça para dar um testemunho a nossos conterrâneos e ao mundo de nossa determinação de votarmos e sermos livres.

Quando meus colegas e eu nos preparávamos espiritualmente para realizar essa tarefa, o diretor Collins, do Serviço de Relações com a Comunidade, e John Doar, procurador-geral-assistente em exercício, da Divisão de Direitos Civis, vieram se encontrar comigo para me dissuadir do curso de ação que havíamos penosamente decidido.

O diretor Collins afirmou e reafirmou o compromisso do presidente Johnson com a consumação da plena igualdade para todas as pessoas, independentemente de raça, cor ou credo, e com a garantia do direito de voto a todas as pessoas qualificadas para tal. Disse que a situação era explosiva e que a imagem de nossa nação ficaria chamuscada caso se repetissem os eventos do último domingo. Solicitou-nos enfaticamente que não realizássemos a marcha. Ouvi com atenção tanto o sr. Doar quanto o diretor Collins. Em determinado momento eu disse:

– Creio que em vez de nos pedir para cancelar a marcha, os senhores deveriam pedir aos policiais estaduais para não agirem com brutalidade caso realizemos essa manifestação, porque precisamos realizá-la.

Expliquei a eles, por uma questão de consciência, por que achava necessário buscar um confronto com a justiça na rodovia 80. Eu achava que tinha uma obrigação moral com o movimento, com a justiça, com nossa nação, com a saúde de nossa democracia e acima de tudo com a filosofia da não violência, de manter pacífica a marcha. Acreditava que, caso não o fizesse, as emoções reprimidas poderiam explodir numa violência retaliatória. O governador Collins percebeu nesse ponto que estávamos determinados a realizar a marcha e deixou a sala, dizendo que faria o que pudesse para evitar que as tropas estaduais fossem violentas.

Digo a vocês nesta manhã que eu preferiria morrer nas estradas do Alabama a fazer um massacre em minha consciência. Digo a vocês que, quando estamos em marcha, não entramos em pânico e nos lembramos de que devemos permanecer fiéis à não violência. Peço a cada um dos participantes: se não consegue ser não violento, não venha para cá. Se não pode aceitar golpes sem retaliar, não participe da marcha. Se pode aceitá-los em função de seu compromisso com a não violência, de alguma forma estará fazendo por esta nação algo capaz de salvá-la. Se puder aceitá-los, deixará a polícia estadual ensanguentada por suas próprias barbaridades. Se puder aceitá-los, fará uma coisa que vai transformar as condições aqui no Alabama.

Assim que iniciamos a marcha, o governador Collins correu em minha direção e disse que achava que tudo iria correr bem. Ele me deu um pedaço de papel contendo uma rota que, ao que presumi, o sr. Baker, diretor de segurança pública de Selma, queria que seguíssemos. Era a mesma rota que fora seguida no domingo anterior. A imprensa, relatando esse detalhe, deu a entender que o governador Collins e eu tínhamos nos sentado e elaborado algum compromisso. Não houve conversas nem acordo entre o governador Collins e eu além das discussões que já descrevi. Mantive minha posição de realizar a marcha apesar de muitos participantes estarem preocupados com a violação de um mandado judicial expedido por um dos melhores e mais fortes juízes do Sul. Eu achava que precisávamos realizar a marcha pelo menos até o ponto em que os policiais espancariam as pessoas, ainda que isso significasse a reiteração da violência, a prisão ou até a morte. Como um líder não violento, eu não podia defender a ruptura de uma barreira humana formada por policiais. Embora desejássemos desesperadamente seguir para Montgomery, sabíamos, antes de iniciar a marcha, que essa barreira humana montada na ponte Pettus tornaria impossível irmos além. Não é que não quiséssemos prosseguir até Montgomery, mas, em consideração a nosso compromisso com a ação não violenta, sabíamos que nessas condições não poderíamos continuar.

Tentamos encontrar um caminho intermediário. Marchamos até dar de cara com os policiais formando uma linha sólida, ombro a ombro, ao longo da rodovia 80. Não nos dispersamos até eles deixarem claro que usariam a força. Então nos retiramos porque percebemos que tínhamos marcado nossa posição, revelado a presença permanente da violência.

No DIA 11 DE MARÇO, recebi a chocante notícia da morte do reverendo James Reeb em função do ato brutal que o vitimara em Selma. Aqueles elementos que com frequência nos agrediam e faziam covardemente o seu trabalho à noite foram ao Walker's Café, seguiram os três clérigos e os espancaram brutalmente. Dois deles eram de Boston – o reverendo Miller e o reverendo Reeb – e o reverendo Clark Olson era de Berkeley, Califórnia.

> Esse assassinato, como tantos outros, é consequência direta do reinado do terror em algumas partes de nossa nação. Esse ataque espontâneo nas ruas de uma cidade do Alabama não pode ser considerado um incidente isolado num mar calmo de tolerância e compreensão. É, em vez disso, o resultado de uma moléstia maligna de nossa sociedade cuja origem é a tolerância em relação ao ódio e à violência organizados. Devemos todos confessar que o reverendo Reeb foi vítima de um clima moralmente inclemente – um clima repleto de torrentes de ódio e dos ventos sufocantes da violência. Ele foi morto por uma atmosfera de desumanidade no Alabama que tolerou a morte perversa de Jimmy Lee Jackson em Marion e os brutais espancamentos de domingo em Selma. Se a polícia não tivesse batido em pessoas não violentas e desarmadas buscando o direito de voto no domingo, é duvidoso que esse ato assassino tivesse ocorrido na terça-

feira. Trata-se de mais uma prova de que a segregação não conhece uma linha de cor. Ela tenta controlar o movimento e as mentes de brancos e negros. Quando não consegue dominar, mata aqueles que discordam.

"De Selma a Montgomery"

Assim que obtivemos, no dia 11 de março, a confirmação legal de nosso direito de realizar a marcha para Montgomery, a fase seguinte dependia de realizarmos com êxito nossa missão de solicitar ao governador que tomasse medidas decisivas para abolir as restrições ao direito de voto, o imposto eleitoral e a brutalidade policial. O presidente e o judiciário federal haviam se manifestado de modo afirmativo em relação à causa por que lutávamos. Todos os cidadãos precisavam dar seu testemunho pessoal. Não podíamos mais aguentar as injustiças que tínhamos sofrido do governador Wallace. Não podíamos mais ajustar-nos às perversidades que tínhamos enfrentado durante esses anos todos.

Deixamos bem claro que essa era uma marcha da boa vontade para estimular os cidadãos negros de Montgomery a usar a nova oportunidade que estava sendo oferecida pelo tribunal federal. Tínhamos o direito constitucional e legal de marchar de Selma a Montgomery. Estávamos dizendo com toda a seriedade que planejávamos caminhar até Montgomery, e tivemos muito trabalho e gastamos muito tempo planejando a rota, os pontos de parada, as tendas e onde seriam montadas. Achamos que seria um privilégio de que os cidadãos poderiam participar, desde que não obstruíssem o tráfego andando pelo meio da pista, e sim pelas laterais. Hosea Williams me contou que havia três pontes, mas que só poderíamos atravessá-las em fila única, e não em fileiras de dois ou três.

As coisas caminhavam lindamente. Havia pessoas chegando de todo o país. Suspeito que houvesse representantes de quase todos os estados da União, e naturalmente um grande número de pessoas do Alabama. Esperávamos, e planejávamos, ver o maior testemunho de liberdade já ocorrido nas escadarias da sede do governo em qualquer estado do Sul. E essa marcha como um todo acrescentava o drama à ofensiva total. Acho que vai entrar para a história americana da mesma forma que a Marcha do Sal entrou para a história da Índia.

Alguns de nós iniciamos o dia 21 de março saindo de Selma, Alabama. Passamos por vales desolados e monótonas colinas. Caminhamos por estradas sinuosas e descansamos nossos corpos sobre atalhos pedregosos. Os rostos de alguns de nós ficaram queimados pelos raios tórridos do sol. Alguns dormiram literalmente na lama. Estávamos encharcados pela chuva. Nossos corpos estavam cansados. Nossos pés doíam. Os milhares de peregrinos tinham marchado por uma rota que Sherman atravessara pela primeira vez uma centena de anos antes. Mas, em contraste com uma trilha de destruição e carnificina, eles irrigaram o barro vermelho do Alabama com uma inundação de lágrimas de alegria e amor, mesmo para os que zombavam e escarneciam à beira da estrada. Nenhum tiro foi disparado. Nenhuma pedra foi atirada. Nenhuma janela foi quebrada. Nenhuma pessoa foi agredida nem insultada. Essa foi certamente uma entrada triunfante no "Berço da Confederação". E uma entrada destinada a pôr um fim à oligarquia racista de uma vez por todas.

Foi com grande otimismo que entramos em Montgomery no dia 25 de março. O cheiro da vitória estava no ar. O direito de voto emergia como uma certeza para as próximas semanas. Cinquenta mil cruzados não violentos de todos os condados do Alabama e praticamente todos os estados da União reuniam-se em Montgomery numa tarde fresca de primavera para apresentar uma petição ao governador Wallace.

"Quanto tempo? Não muito"

E assim me coloco diante de vocês nesta tarde com a convicção de que a segregação está em seu leito de morte no Alabama e a única incerteza é quanto ao custo que Wallace e os segregacionistas terão de pagar pelo funeral.

Toda a nossa campanha no Alabama tem se concentrado no direito de voto. Ao focalizarmos hoje a atenção do país e do mundo na flagrante negação desse direito, estamos expondo a verdadeira origem, a raiz causal da segregação racial nas terras do Sul.

A ameaça do livre exercício do voto tanto pelos negros quanto pelas massas de brancos resultou no estabelecimento de uma sociedade segregada. Estabeleceu-se uma separação entre os ricos do Sul e os brancos pobres; entre as igrejas sulistas e a cristandade; entre as mentes do Sul e o pensamento honesto; e entre os negros e todas as coisas.

Tivemos um longo caminho a partir do momento em que aquele simulacro de justiça foi perpetrado contra as mentes dos americanos. Hoje quero dizer à cidade de Selma, quero dizer ao estado do Alabama, quero dizer ao povo americano e às nações do mundo: não estamos dispostos a recuar. Estamos em movimento agora. Sim, estamos em movimento e nenhuma onda de racismo poderá interromper-nos.

Estamos em movimento agora. Incendiar nossas igrejas não vai nos deter. Estamos em movimento agora. Explodir nossos lares não vai nos dissuadir. Estamos em movimento agora. Espancar e matar nossos clérigos e nossos jovens não vai nos desviar. Estamos em movimento agora. A prisão e a soltura de assassinos conhecidos não vão nos desencorajar. Estamos em movimento agora.

Tal como uma ideia cujo momento chegou, nem mesmo o deslocamento de exércitos poderosos é capaz de interromper-nos. Estamos caminhando na terra da liberdade.

Vamos, portanto, continuar nosso triunfo e marchar rumo à realização do sonho americano. Vamos marchar sobre as moradias segregadas até que todo gueto de depressão social e econômica se dissolva e negros e brancos vivam lado a lado em casas decentes, seguras e salubres.

Vamos marchar sobre as escolas segregadas até que todos os vestígios da educação segregada e inferior se tornem coisa do passado e negros e brancos estudem lado a lado no contexto socialmente revigorante da sala de aula.

Vamos marchar sobre a pobreza até que nenhum pai ou mãe americano tenha de pular uma refeição para que seus filhos possam comer. Marchar sobre a pobreza até que não haja um único homem faminto andando pelas ruas de nossas cidades em busca de empregos inexistentes.

Vamos marchar sobre as urnas, marchar sobre as urnas até que os engodos raciais desapareçam da arena política. Vamos marchar sobre as urnas até que os Wallaces desta nação se afastem tremendo e em silêncio.

Vamos marchar sobre as urnas, marchar sobre as urnas até que possamos enviar para as câmaras municipais, para as assembleias estaduais e para o Congresso dos Estados Unidos homens que não terão medo de fazer justiça, amar a compaixão e se apresentar humildemente diante de seu Deus. Vamos marchar sobre as urnas até que por todo o Alabama os filhos de Deus possam caminhar sobre a terra com honra e decência.

Para todos nós, hoje, a batalha está em nossas mãos. O caminho que temos pela frente não é totalmente suave. Não há amplas rodovias que nos levem fácil e inevitavelmente a soluções rápidas. Temos de ir em frente.

Meu povo, meu povo, escute! A batalha está em nossas mãos. A batalha está em nossas mãos no Mississippi e no Alabama e em todo este país.

Assim, quando formos embora na tarde de hoje, devemos ir mais do que nunca comprometidos com a luta e comprometidos com a não violência. Devo admitir-lhes que ainda temos dificuldades pela frente. Ainda estamos numa época de sofrimento em muitos condados do Cinturão Negro do Alabama, em muitas áreas do Mississippi, em muitas áreas da Louisiana.

Devo admitir-lhes que ainda há celas de cadeias esperando por nós, momentos difíceis e sombrios. Prosseguiremos na fé de que a não violência e seu poder transformaram um passado sinistro num futuro radioso. Nós conseguiremos transformar todas essas condições.

Nosso objetivo não deve ser derrotar ou humilhar o homem branco, mas ganhar sua amizade e compreensão. Temos de perceber que o fim que buscamos é uma sociedade em paz consigo mesma, uma sociedade capaz de conviver com sua consciência. Esse dia não será do homem branco nem do homem negro. Será o dia do homem como homem.

Sei o que vocês estão perguntando hoje: "Quanto tempo vai demorar?" Eu vim dizer a vocês aqui esta tarde que, independentemente das dificuldades deste momento, independentemente da frustração desta hora, não vai demorar, pois a verdade esmagada sobre o solo vai se erguer novamente.

Quanto tempo? Não muito, porque nenhuma mentira pode viver para sempre.

Quanto tempo? Não muito, porque você colhe aquilo que semeia.

Quanto tempo? Não muito, porque o arco do universo moral é longo, mas se inclina no sentido da justiça.

Quanto tempo? Não muito, porque meus olhos viram a glória da vinda do Senhor, extirpando a safra que nutria as vinhas da ira. Ele lançou o relâmpago fatal de sua terrível e rápida espada. Sua verdade está marchando.

Ele soou as trombetas que jamais convocarão à retirada. Ele está erguendo os corações dos homens diante do local de Seu julgamento. Ó, seja rápida, minha alma, em responder a Ele. Fiquem exultantes, meus pés. Nosso Deus está marchando.

Com os trens lotados e os ônibus embarcados para seus destinos, com a multidão inspirada retornando a seus lares para organizar a fase final da atividade política que concluiria a revolução tão eloquentemente proclamada pela palavra e pela presença daquela massa em Montgomery, o cheiro de vitória no ar deu lugar ao odor da morte. Fomos advertidos de que essa não era uma marcha para a capital de uma nação civilizada, como fora a Marcha sobre Washington. Estávamos marchando por um pântano de pobreza, ignorância, sadismo e ódio racial.

Fomos advertidos de que a única razão de essa marcha ser possível era a presença de milhares de soldados e delegados federais, e também de um tribunal federal. Fomos advertidos de que esses soldados logo voltariam para casa e que depois teríamos de renovar nossas tentativas de organizar o próprio condado em que a sra. Viola Liuzzo fora morta. Se eles haviam matado uma mulher branca pelo fato de ela defender o direito de voto dos negros, o que fariam aos negros que tentassem se registrar e votar?

Certamente não deveria ser necessário que outros de nós morressem ou fossem presos e espancados nas mãos de sádicos selvagens usando uniforme. O projeto eleitoral do Alabama havia mostrado um compromisso total com a não violência, e no entanto as pessoas estavam começando a falar cada vez mais em se armar. As pessoas que seguiam às margens do movimento, que raramente participavam das sessões de treinamento da não violência, estavam ficando cada vez mais amargas e inquietas. Mas não podíamos permitir sequer que a ideia ou o espírito da violência se insinuasse em nosso movimento.

QUANDO MARCHÁVAMOS de Selma para Montgomery, lembro-me de que tivemos as mais magníficas expressões de movimento ecumênico que já vi. Protestantes, católicos e judeus juntaram-se lindamente para expressar as injustiças e indignidades que os negros enfrentavam no estado do Alabama e em todo o Sul no que se referia à questão do direito de voto. Vi assumindo posições responsáveis muitos clérigos que alguns anos atrás não se manifestavam dessa forma. A marcha deu uma nova relevância ao evangelho. Selma provocou um segundo grande despertar da Igreja nos Estados Unidos. Por muito tempo ficando de lado e dando apoio tácito à luta por direitos civis, a Igreja finalmente marchava em frente como um exército poderoso e se colocava ao lado dos filhos de Deus em desespero.

Os bravos ativistas não violentos que compunham nossas fileiras tinham produzido uma coalizão de consciência nacional naquele degradado trecho de estrada entre Selma e Montgomery. O despertar da Igreja também trouxe uma nova vitalidade ao movimento trabalhista, assim como a intelectuais de todo o país. Um fato pouco conhecido é que quarenta dos principais historiadores dos Estados Unidos participaram da marcha para Montgomery.

Ainda dá para ouvir o pisar dos pés e lembrar os olhos brilhando, cheios de determinação e esperança, que diziam com eloquência *"Nós temos de ser livres"*, um som que ecoou por toda esta nação e, sim, por todo o mundo. Minha mente ainda se lembra com nitidez do caráter ecumênico do clero, das forças combinadas de sindicatos, entidades de direitos civis e comunidade acadêmica que juntaram fileiras e disseram, em essência: "Sua causa é moralmente correta e nós estamos com vocês até o fim."

Após a marcha para Montgomery, houve um atraso no aeroporto e vários milhares de manifestantes tiveram de esperar mais de cinco horas amontoados nas cadeiras, no chão e nas escadas do prédio em que funciona o terminal. Eu fiquei com eles e, ao ver brancos e negros, freiras e padres, donas de casa e empregados de lojas transbordando de vitalidade e desfrutando de uma rara camaradagem, soube que estava vendo um microcosmo da humanidade no futuro naquele momento de fraternidade genuína e luminosa.

"Selma nos deu uma lei eleitoral"

Em seu discurso à sessão conjunta do Congresso de 15 de março de 1965, o presidente Johnson fez uma das declarações mais eloquentes, inequívocas e apaixonadas em defesa dos direitos humanos já feitas por um presidente americano. Ele revelou uma surpreendente compreensão da profundidade e dimensão do problema da justiça racial. Seu tom e seu estilo foram de sinceridade. Ele louvou corretamente a coragem do negro em despertar a consciência nacional. Declarou que o governo federal devia garantir por lei a todos os negros seus plenos direitos de cidadão. Ao assinar a medida, o presidente anunciou:

— O dia de hoje é para a liberdade um triunfo tão magnífico quanto qualquer vitória obtida num campo de batalha. Hoje nós quebramos os últimos elos importantes de antigos e terríveis grilhões.

Ficamos felizes em saber que nossa luta em Selma havia atraído a atenção do país para a ampla questão do direito de voto. Era estimulante constatar que tínhamos o apoio do presidente na busca de um alívio imediato para os problemas que oprimiam os deserdados de nossa nação.

Quando a SCLC foi a Selma, em janeiro de 1965, tinha objetivos limitados. Buscava primeiramente corrigir erros existentes naquela pequena cidade. Mas nossos adversários nos receberam com uma brutalidade tamanha que ampliaram essas questões para uma escala nacional. O irônico e esplêndido resultado do pequeno projeto de Selma foi nada menos que a Lei do Direito de Voto de 1965. Pela ajuda que o governador Wallace e o xerife Clark nos prestaram em relação a nossos objetivos legislativos, a SCLC agradeceu-lhes calorosamente.

Em conclusão, Selma nos trouxe uma lei eleitoral e também a grande aliança dos filhos da luz nesta nação, além de possibilitar mudanças em nossa vida política e econômica até então impensáveis. Acompanhando o presidente Johnson, a SCLC viu a Lei do Direito de Voto de 1965 como "uma das leis mais monumentais na história da liberdade nos Estados Unidos". Tínhamos uma lei federal que poderia ser usada, e que nós usaríamos. Onde ela não fosse suficiente, tínhamos nossa tradição de luta e o método da ação direta não violenta, e eles também seriam usados.

NÃO DEVEMOS IDENTIFICAR este grande movimento apenas pela carnificina e pela brutalidade. Certamente não poderemos jamais esquecer os que deram suas vidas nesta luta e os que sofreram na cadeia, mas permitam-nos assinalar em especial os sacrifícios de Jimmy Lee Jackson, do reverendo James Reeb e da sra. Viola Liuzzo como os mártires da fé. Cidades que foram cidadelas do status quo tornaram-se, contra a sua vontade, os locais de nascimento de uma importante lei federal. Montgomery levou às Leis dos Direitos Civis de 1957 e 1960; Birmingham inspirou a Lei dos Direitos Civis de 1964; e Selma produziu a Lei do Direito de Voto de 1965.

Quando o presidente Johnson declarou que Selma, Alabama, é acompanhada na história americana por Lexington, Concord e Appomatox, ele estava homenageando não apenas nossos negros mobilizados, mas a grande maioria de nossa nação, negra e branca. A vitória em Selma agora está sendo escrita no Congresso. Dentro de pouco tempo mais de um milhão de negros serão novos eleitores – e, psicologicamente, novas pessoas. Selma é um momento fulgurante na consciência humana. Se o pior na vida americana estava à espreita nas ruas escuras de Selma, o melhor dos instintos democráticos americanos se ergueu por todo o país para sobrepujá-lo.

27. Watts

Tão logo começamos a perceber que nosso caminho estava clareando no Sul, o choque e o horror dos distúrbios no Norte explodiram diante de nossos olhos e nós vimos que os problemas do negro iam muito além da pura e simples segregação racial. A catástrofe de Los Angeles foi resultado de tensões que fervem e ressoam por todo o país e, na verdade, por todo o mundo.

11-15 de agosto de 1965
A violência generalizada em Los Angeles resulta na morte de mais de trinta pessoas

17 de agosto
King chega a Los Angeles a convite de grupos locais

QUANDO CHEGAMOS ao bairro de Watts, em Los Angeles, tudo parecia calmo, mas ainda se podia perceber a raivosa hostilidade que tinha irrompido com força vulcânica alguns dias antes. O que tinha sido um inferno de fogo e fumaça algumas noites antes agora era um território ocupado. Homens da Guarda Nacional, em grupos de três ou quatro, estavam postados em cada esquina. Pessoas, negras e brancas, ziguezagueavam pelos restos carbonizados do distrito comercial de Watts.

Fui aconselhado a não ir. Disseram-nos que as pessoas não estavam dispostas a ouvir falar de não violência. Tinha havido sérias ameaças a todos os líderes negros e muitos estavam com medo de se aventurarem naquela área. Mas eu já tinha estado em Watts em muitas ocasiões e recebido as mais generosas aclamações. Um dos encontros mais receptivos e entusiásticos que já vi foi o que tivemos em Watts durante a campanha "Vamos lá votar" [Get-Out-the-Vote], em 1964. Assim, apesar das advertências, eu estava determinado a ouvir em primeira mão das pessoas envolvidas o relato do que tinha sido o tumulto.

> Deixem-me dizer, em primeiro lugar, que deploro profundamente os eventos ocorridos em Los Angeles nestes últimos e trágicos dias. Creio e tenho dito em muitas ocasiões que a violência não é a resposta para o conflito social, quer venha de brancos no Alabama, quer de negros em Los Angeles. A violência é ainda mais lamentável neste período à luz dos enormes sacrifícios não violentos que pessoas negras e brancas têm enfrentado para trazer justiça a todos os homens.
>
> Mas é igualmente claro, como o presidente Johnson assinalou ontem, que é tarefa de todos os americanos "corrigir os erros de que brotam essa violência e essa desordem". As reações criminosas que levaram aos trágicos surtos de violência em Los Angeles são ambientais e não raciais. A privação econômica, o isolamento racial, a moradia inadequada e o desespero geral de milhares de negros reunidos em guetos do Norte e do Oeste são as sementes adequadas que deram origem a essas trágicas expressões de violência. Por ação ou omissão, nenhum de nós neste grande país fez o suficiente para eliminar a injustiça. Portanto, humildemente sugiro que todos nós reconheçamos nossa parcela de responsabilidade pela angústia destes últimos dias.

"O despertar de um povo desprivilegiado"

Depois de ir a Watts e conversar com centenas de pessoas de todas as esferas da vida, era minha opinião que os distúrbios nasceram das profundezas do desespero de um povo que não via como sair de seu dilema econômico.

Havia sérias dúvidas de que a comunidade branca estivesse de alguma forma interessada. Havia também uma enorme desilusão e um ressentimento em relação à classe média negra e à liderança por ela produzida.

Essa brecha que se abria cada vez mais era um fator importante que levava a um sentimento da parte dos negros aprisionados no gueto de que estavam sozinhos em sua luta e deviam recorrer a qualquer método disponível a fim de atrair as atenções para a sua situação.

O movimento não violento do Sul pouco significava para eles, pois estávamos lutando por direitos que eles teoricamente já tinham; portanto, eu acreditava que aquilo que estava ocorrendo em Los Angeles tinha um grave significado em termos nacionais. O que testemunhamos no bairro de Watts foi o início do despertar de um povo desprivilegiado numa sociedade que tinha sido ultrapassada pelo progresso das décadas anteriores. Eu minimizaria a relevância racial e destacaria o fato de que se tratava de explosões de descontentamento da parte dos "sem nada" em meio a uma sociedade abastada.

A questão da brutalidade policial avultava como de grande importância. A menor descortesia da parte de um agente da lei significava a privação da dignidade que muitos moradores de Watts tinham ido buscar no Oeste. Fosse ou não verdade, o negro do gueto estava convencido de que suas relações com a polícia lhe negavam a dignidade e o respeito a que ele tinha direito como cidadão e como ser humano. Isso produzia uma atitude sombria, hostil, que resultou numa espiral de ódio tanto da parte do policial quanto do negro. Essa complexa reação geral frequentemente era acoplada ao medo de ambas as partes. Na hostilidade que pairava sobre o gueto, cada encontro entre um negro e a polícia era potencialmente explosivo.

Um caminhão dos bombeiros perdido em sua rota, um conflito durante uma prisão, uma palavra dura entre o dono de uma loja e um cliente – o menor incidente pode desencadear um distúrbio numa comunidade, mas os eventos convergem de forma tão cataclísmica que com frequência a situação parece resultar de uma tentativa organizada de insurreição. Esse foi o termo usado pelo prefeito Sam Yorty – uma insurreição insuflada por um grupo de criminosos organizados.

Receio que essa tenha sido uma explicação muito superficial. Duas forças distintas e separadas estavam operando em Los Angeles. Uma era constituída de elementos criminosos calejados incapazes de refrear com apelos à razão ou à disciplina. Era um grupo menor em relação ao número de pessoas envolvidas sem relação com o crime. A maioria dos participantes não era composta de criminosos. Tenho certeza de que a maioria das mais de 4 mil pessoas presas em Los Angeles estava indo para a cadeia pela primeira vez. Eram os desorganizados, os frustrados e os oprimidos. A pilhagem que faziam era uma forma de protesto social. Esquecidos pela sociedade, sentindo-se ridicularizados pela riqueza que os cercava, mas efetivamente impedidos de alcançá-la, exibiam um comportamento hostil como forma de se aliviar e obter atenção.

O objetivo das pessoas com quem conversei era, coerentemente, trabalho e dignidade. Era como se as falas tivessem sido ensaiadas, mas em toda esquina o tema era o mesmo. A menos que se pudesse arranjar trabalho para os desempregados e subempregados, enfrentaríamos continuamente a possibilidade desse tipo de revolta a cada choque com a autoridade policial. Num momento em que as aspirações do negro estavam num pico, suas reais condições de emprego, educação e moradia estavam piorando. O problema maior para esse setor da sociedade é a estabilidade econômica. Todos os outros avanços em matéria de educação, vida familiar e condição moral da comunidade dependiam da capacidade das massas de negros de ganhar a vida nesta nossa sociedade abastada.

Há no Sul uma espécie de pobreza compartilhada de negros e brancos. No Norte, a vida dos brancos, a apenas alguns passos de distância, é ornamentada pelo consumo conspícuo. Até a televisão se torna incendiária quando mostra as casas dos ricos e uma multiplicidade de produtos de consumo a pessoas dolorosamente pobres, vivendo em lares miseráveis. Nesses termos, Los Angeles podia ter previsto a ocorrência de distúrbios por ser o símbolo luminoso de uma vida luxuosa para os brancos. Watts fica mais perto dali, e no entanto mais longe, do que qualquer outra comunidade negra do país. A pilhagem em Watts foi uma forma de protesto social muito comum em todos os tempos como um gesto dramático e destrutivo dos pobres contra os símbolos de suas privações.

ENCONTRO EM WATTS

Eu estava em Watts durante os distúrbios. Um jovem me disse – e também a Andy Young, Bayard Rustin e Bernard Lee, que estavam comigo: "Vencemos!" E eu disse: "'Vencemos' como? Trinta e tantas pessoas morreram – todas negras, exceto duas. Vocês destruíram a vocês mesmos. 'Vencemos' como?" E ele respondeu: "Fizemos com que eles prestassem atenção em nós."

Quando as pessoas não têm direito a voz, seu temperamento se torna explosivo como o de uma criança a quem não se dá atenção. E os distúrbios refletem o temperamento explosivo de um povo rejeitado e sem voz.

Julho de 1967

O sentimento dos desordeiros de Watts era de alegria, não de vergonha. Estavam completamente cegos à destruição de propriedades que tinham deixado atrás de si. Estavam destruindo uma cadeia física e emocional; tinham afirmado a si mesmos contra um sistema que silenciosamente os esmagava no esquecimento, e agora eram "alguém". Como disse um jovem:

– Sabemos que os distúrbios não são a resposta, mas estivemos sofrendo aqui embaixo por um longo período e ninguém se importava. Agora pelo menos eles sabem que estamos aqui. Um distúrbio pode não ser *o* caminho, mas é *um* caminho.

Essa era a nova disposição nacionalista que empolgava um bom número de habitantes do gueto. Ela rejeitava a aliança com liberais brancos como forma de se chegar à mudança social. Ela afirmava o fato de que o homem negro está sozinho na defesa de seus interesses, pois na verdade ninguém mais dá a mínima.

De modo bastante surpreendente, e a despeito das inflamadas afirmações em contrário, não se tratava de multidões assassinas. Eram destrutivas em relação à propriedade, mas, com todos os relatos sobre milhares de indivíduos violentos à solta, muito poucas pessoas foram mortas, e quase todas pela polícia. Certamente, se a intenção da turba fosse matar, muitas outras vidas teriam sido perdidas.

O que eu enfatizo é que, apesar de toda a hostilidade que alguns negros sentem, e do caráter violento e destrutivo que seu temperamento pode temporariamente assumir, essa não era uma condição fechada e irreversível. O povo de Watts era hostil à não violência, mas quando realmente fomos até ele e enfatizamos os perigos do ódio e da violência, algumas pessoas aplaudiram. Apenas alguns minutos antes o ar estava denso de tensão, mas quando lhes trouxemos à lembrança o reverendo James Reeb e Viola Liuzzo, os mártires da campanha de Selma, eles se alegraram com a ideia de que brancos podem colaborar, e de fato colaboram, em nossa luta por empregos e dignidade.

Mas que ninguém pense que esta é uma defesa dos distúrbios. O rastro da destruição de propriedades em que tantos negros estavam empregados e tantos outros eram abastecidos de bens de consumo foi uma das visões mais trágicas que já presenciei. Só perdia para a ideia de 37 pessoas morrendo em vão numa explosão descontrolada de devastação e morte. Uma perda, em termos de vidas humanas, maior do que a que tínhamos sofrido em dez anos de ação direta não violenta que produziram as revolucionárias mudanças sociais no Sul.

A violência serve apenas para aumentar a resistência do branco reacionário e aliviar a culpa do branco liberal, o que pode motivá-lo a agir, e assim mantém as condições inalteradas e inflamadas. A reação à violência se faz sentir muito além das fronteiras da comunidade em que ocorre. Brancos estão se armando em Selma e em todo o Alabama na expectativa de que os distúrbios se espalhem pelo Sul. Nesse tipo de clima, um negro desordeiro bêbado pode apertar o botão do pânico capaz de resultar no assassinato de muitos negros inocentes.

Entretanto a mera condenação da violência é algo vazio sem a compreensão da violência cotidiana que nossa sociedade inflige a muitos de seus membros. A violência da pobreza e da humilhação fere tão intensamente quanto a de um cassetete. Trata-se de uma situação que exige uma liderança hábil e criativa, da qual não vi evidências em Los Angeles. O que realmente encontramos foi a intransigência e a ignorância cegas das enormes forças sociais que lá operavam. E enquanto essa atitude obstinada fosse mantida pelas autoridades responsáveis, eu só conseguia ver a situação piorando.

"Uma crise para o movimento não violento"

Los Angeles poderia ter tido a expectativa de um holocausto quando suas autoridades enredaram a ajuda federal na manipulação política, a taxa de desemprego dos negros ficou acima dos níveis atingidos na depressão da década de 1920 e a densidade populacional de Watts se tornou a pior do país. Em 1964 a Califórnia derrubou a lei estadual que proibia a discriminação racial na área da moradia. Foi o primeiro grande estado do país a revogar conquistas que os negros tinham obtido numa época em que o progresso era visível e substancial em outros lugares, especialmente no Sul. Com essa lei irresponsável, a Califórnia votou pela manutenção dos guetos. A atrocidade de alguns atos pode ser encoberta pelo ritual jurídico, mas a virulência é sentida amargamente por suas vítimas. Quando tudo acaba entrando nos anais da sociologia; quando filósofos, políticos e pastores já deram seu veredito, devemos voltar ao fato de que uma pessoa participa basicamente desta sociedade como uma entidade econômica. No fundo não somos poetas, atletas ou artistas; nossa existência é centrada no fato de sermos consumidores, pois na vida precisamos antes de tudo de comida e de um lugar para nos abrigarmos. Essa é uma confissão difícil para um pastor e um fenômeno contra o qual continuo a me rebelar, mas permanece o fato de que o "consumo" de bens e serviços é a razão de ser da ampla maioria dos americanos. Quando pessoas são excluídas por algum motivo do círculo de consumo, o resultado é o descontentamento e a inquietação.

Watts não foi uma crise apenas para Los Angeles e as cidades do Norte de nosso país: foi uma crise para o movimento não violento. Tentei desesperadamente manter uma atmosfera não violenta em que nossa nação pudesse suportar o extraordinário período de transformação social com que nos confrontamos, mas isso dependia principalmente de obter progresso e vitórias tangíveis para que aqueles de nós que pregavam a razão e o amor pudessem manter sua liderança. A causa, porém, não estava perdida. A despeito dos bolsões de hostilidade em áreas de gueto como Watts, ainda havia uma enorme aceitação da ideia de não violência.

EU ESTAVA EM CONTATO com a Casa Branca sobre o assunto e pedi ao presidente que fizesse tudo a seu alcance para romper o impasse que impedia que o programa de combate à pobreza entrasse em Los Angeles. Também pedi que os esforços do governo fossem intensamente ampliados no que se referia à obtenção do pleno emprego para os pobres negros e brancos de nosso país. O presidente era sensível a esse problema e estava preparado para nos proporcionar o tipo de liderança e visão de que necessitávamos nesse período turbulento.

No final das contas, minha ida a Watts foi de uma imensa ajuda para mim pessoalmente. Eu rezava para que de alguma forma a liderança e a habilidade emergissem nas repartições públicas, na imprensa, na comunidade econômica, na liderança negra e no povo de Watts a fim de se evitar um novo conflito. Um conflito assim só traria a carnificina e a vergonha à imagem de nossa nação perante o mundo.

28. A campanha de Chicago

É razoável acreditar que se os problemas de Chicago, a segunda maior cidade do país, puderem ser resolvidos, eles poderão ser resolvidos em qualquer outro lugar.

---

26 de julho de 1965
King lidera a marcha à prefeitura de Chicago e discursa num comício patrocinado pelo Conselho de Coordenação das Organizações Comunitárias de Chicago (CCCO, na sigla em inglês)

7 de janeiro de 1966
Anuncia o início da Campanha de Chicago

10 de julho
No comício do "Domingo da Liberdade", realizado no Soldiers Field, lança a campanha para fazer de Chicago uma "cidade aberta" em matéria de moradia

12-14 de julho
Distúrbios raciais no West Side de Chicago resultam em dois mortos e destruição generalizada

5 de agosto
Brancos raivosos atacam a marcha pelos direitos civis na zona sudoeste de Chicago

26 de agosto
Assina um "Acordo de Cúpula" com o prefeito R. Daley e outros líderes de Chicago

---

No começo do verão de 1965, recebemos convites de líderes da cidade de Chicago para nos juntarmos a eles em sua luta pela educação integrada de qualidade. Víamos esse movimento com interesse e membros da equipe da Conferência da Liderança Cristã do Sul vinham mantendo uma comunicação constante com seus líderes. Como resultado de reuniões entre membros de minha equipe e líderes dos direitos civis de Chicago, resolvi aceitar o convite para passar alguns dias naquela cidade a partir de 24 de julho.

Mais tarde naquele ano, depois de uma cuidadosa deliberação com minha equipe, a SCLC resolveu iniciar um esforço concentrado para criar no Norte um movimento não violento vibrante e abrangente. Nossos esforços teriam como alvo os males sociais que infestavam Chicago – a patologia do gueto, potencialmente explosiva, que vitimava o negro do Norte.

Minha preocupação com o bem-estar dos negros do Norte não era menor do que a que eu tinha pelos negros do Sul, e minha consciência ditava que eu devia dedicar a sua causa tantos recursos pessoais e organizacionais quanto fosse humanamente possível. Nosso objetivo básico era provocar a derrota incondicional das forças devotadas à criação e manutenção das favelas e, em última instância, transformá-las numa responsabilidade da comunidade como um todo. Chicago não era a única cidade que apresentava o problema das favelas, mas certamente sabíamos que lá as condições dessas comunidades eram o protótipo daquelas consideradas as principais responsáveis pelo problema racial do Norte urbano.

"Derrubando a infame muralha da segregação"

Nós trabalhávamos com o Conselho de Coordenação das Organizações Comunitárias, uma coalizão de grupos de direitos civis organizada por Al Raby, um ex-professor da rede pública de Chicago. Nosso foco principal seria a questão escolar – a luta por uma educação integrada de qualidade que vinha se travando naquela cidade por mais de cinco anos. Isso não queria dizer que devêssemos ficar só nisso, pois era dolorosamente claro que a questão escolar era apenas sintomática de um sistema que relegava milhares de negros à privação econômica e espiritual.

A única solução para se derrubar a infame muralha da segregação em Chicago residia em sermos capazes de mobilizar tanto a comunidade negra quanto a branca num grande movimento não violento cujo objetivo fosse nada menos que transformar o gueto negro, com sua cara feia, numa comunidade de amor e justiça. Essencialmente, isso significava tirar futuras gerações de prédios dilapidados, abrindo as portas das oportunidades de emprego a todas as pessoas, independentemente de sua cor, e disponibilizar os recursos de todas as instituições sociais para que elas pudessem ser incorporadas à corrente principal da vida americana.

Não podíamos mais nos dar ao luxo de isolar um grande segmento de nossa sociedade na prisão de um gueto e ter a expectativa de que seus guardas, espiritualmente deficientes, aceitassem as responsabilidades sociais excepcionais de uma nação que é líder no mundo. Birmingham, Alabama, que já foi a cidade mais segregada do Sul, tinha sido nossa cidade-alvo na questão do espaço público, e o movimento não violento que lá organizamos deu origem à Lei dos Direitos Civis de 1964. Selma, Alabama, fora nossa cidade-piloto para a Lei do Direito de Voto de 1965, e eu acreditava que Chicago, considerada uma das cidades mais segregadas do país, pudesse se tornar a metrópole em que um movimento não violento importante despertaria a consciência desta nação para enfrentar de modo realista o problema dos guetos do Norte.

Não tínhamos a ilusão de que pudéssemos tocar sozinhos essa tarefa gigantesca; assim, nossa equipe avançada da SCLC, chefiada pelo reverendo James Bevel, estabeleceu a infraestrutura para o nosso movimento. Nós acreditávamos que seria criada uma convergência de muitas forças – religiosas, cívicas, políticas e acadêmicas – com a finalidade de exigir uma solução para os problemas de Chicago.

Não era necessária uma avaliação profunda para determinar quais males deveriam ser eliminados de nossa sociedade. Quaisquer esforços no sentido de estender e prolongar o sofrimento dos negros aprisionados no gueto seriam uma tentativa flagrante de perpetuar uma crise social capaz de explodir diante de nós e de atingir a própria alma desta nação. Nesse sentido, não fui eu nem a SCLC quem decidiu ir para o Norte – foram as condições deploráveis e a consciência de estar fazendo bem à causa que nos estimularam.

"Lawndale era realmente uma ilha de pobreza"

Durante o ano de 1966 vivi e trabalhei em Chicago. Já fazia muito tempo que o movimento dos direitos civis era orientado para a classe média, sem atingir os níveis de base de nossas comunidades. Então pensei que o grande desafio do movimento era mudar-se para essas áreas a fim de organizar e identificar-se com os moradores e especialmente com os jovens do gueto. Essa foi uma das razões pelas quais percebi que, ao me mudar para Chicago, deveria morar no próprio coração do gueto. Eu não apenas vivenciaria o que meus irmãos e irmãs vivenciavam em termos de condições de vida, mas poderia conviver com eles.

Numa cidade grande como Chicago é difícil fazer alguma coisa da noite para o dia, mas eu achava que todas as organizações de direitos civis tinham de trabalhar mais para organizar os níveis de base de nossas comunidades. Nelas os problemas da pobreza e do desespero são mais do que um exercício acadêmico. O telefone tocava o dia todo com relatos das formas mais drásticas de desumanidade que um homem pode cometer contra outro, e eu me vi travando uma batalha cotidiana contra a depressão e a desesperança que o coração de nossas cidades bombeia na corrente sanguínea espiritual de nossas vidas. Lembro-me de um bebê atacado por ratos numa favela de Chicago. Lembro-me de um jovem negro assassinado por uma gangue em Cicero, onde procurava emprego.

A favela de Lawndale era realmente uma ilha de pobreza em meio a um oceano de fartura. Chicago ostentava a maior renda per capita de todas as cidades do planeta, mas você não acreditaria nisso se olhasse pelas janelas de meu apartamento na favela de Lawndale. De lá se viam apenas centenas de crianças brincando nas ruas. Via-se a luz da inteligência brilhando em seus belos olhos negros. E aí se via a imensa alegria delas simplesmente porque alguém havia parado para dizer olá, pois elas viviam num mundo em que até os pais muitas vezes eram forçados a ignorá-las. Espremidos pela pressão econômica, tanto suas mães quanto seus pais tinham de trabalhar; na verdade, com muita frequência o pai tinha dois empregos, um de manhã e outro à noite. Com as longas distâncias que os pais e mães do gueto tinham de percorrer para o trabalho e a exaustão emocional provocada pela luta diária para sobreviver num mundo hostil, sobrava-lhes muito pouco tempo ou energia para atender às necessidades emocionais de seus filhos em crescimento.

Logo se começava a perceber os efeitos dessa privação emocional e ambiental. As roupas das crianças eram insuficientes para protegê-las do vento de Chicago e um olhar mais atento revelava o muco nos cantos de seus olhos brilhantes, e você se lembrava de que vitaminas e vacinas antigripais eram um luxo a que elas não podiam se dar. Os "narizes ranhosos" das crianças do gueto eram um símbolo poderoso da negligência médica numa sociedade que havia dominado quase todas as doenças das quais elas muito cedo iriam morrer. Havia algo de errado numa sociedade que deixava isso acontecer.

Meus vizinhos pagavam um aluguel mais caro na asquerosa favela de Lawndale do que aquele que os brancos pagavam por modernos apartamentos no subúrbio. A situação era mais ou menos a mesma no que se referia aos bens de consumo, aos preços dos imóveis e a uma variedade de outros serviços. Essa exploração era possível porque muitos moradores do gueto não tinham um meio de transporte próprio. Era um círculo vicioso. Você não conseguia um emprego devido a seu baixo nível educacional, e era forçado a depender da previdência social para alimentar os filhos. Em Chicago, porém, se você recebesse ajuda pública não podia ser proprietário, nem mesmo de um carro, de modo que era condenado aos empregos e às lojas mais próximos de casa. Uma vez confinado nessa comunidade isolada, você não participa mais de uma economia livre, mas é submetido à fixação de preços e à roubalheira a granel de muitos comerciantes da área.

Finalmente, quando um homem conseguia atravessar esse labirinto de desvantagens e colocar apenas um pé fora da selva da pobreza e da exploração, era submetido aos caprichos dos gigantes econômicos e políticos da cidade, os quais se apresentavam impessoalmente para esmagar a florzinha do sucesso que mal tinha começado a brotar.

É UM AXIOMA PSICOLÓGICO que frustração gera agressão. Sem dúvida, o gueto do Norte prejudicava diariamente seus habitantes. O West Side de Chicago, com sua concentração de favelas, pobres e jovens, representava de forma grotescamente exagerada a opressão que negros de todas as classes sentiam dentro do gueto.

O gueto do Norte tinha se transformado numa espécie de área colonial. A colônia era impotente porque todas as decisões importantes que afetavam a comunidade vinham de fora. Muitos de seus habitantes chegavam a ter sua vida diária dominada pelo agente da previdência e pelo policial. Os lucros obtidos por senhorios e comerciantes eram retirados e raramente reinvestidos. A única coisa positiva que a sociedade mais ampla via na favela era o fato de ela ser uma fonte de mão de obra excedente barata em tempos de prosperidade econômica. Fora isso, seus habitantes eram responsabilizados por sua própria condição de vítimas.

"Uma panela de pressão emocional"

Esse tipo de frustração diária era uma violência contra os habitantes da favela. A única preocupação de nossa sociedade era que as agressões assim geradas não transbordassem. Portanto, a sociedade mais ampla havia estimulado a hostilidade que ela mesma havia criado entre os moradores da favela a se voltar para dentro – a se manifestar por meio de agressões uns contra os outros ou pela autodestruição e a apatia. A sociedade mais ampla estava disposta a deixar que as frustrações nascidas da violência racista se internalizassem e consumissem suas vítimas. O terror da América só se expressava quando a agressão se voltava para fora, quando o gueto e seus controles não podiam mais conter sua destrutividade. Em muitas semanas, o número de jovens negros assassinados em lutas de gangues era igual ao dos que eram mortos nos distúrbios. E no entanto não se via uma expressão de horror de âmbito municipal.

Nossos próprios filhos moravam conosco em Lawndale e não demorou muito para que percebêssemos a mudança no comportamento deles. Seu humor variava e algumas vezes eles revertiam a um comportamento quase infantil. Durante o verão, percebi que o congestionado apartamento em que morávamos estava para produzir uma explosão emocional em minha própria família. Era muito quente, muito cheio, muito desprovido de formas criativas de recreação. Simplesmente não havia espaço suficiente nas redondezas para drenar a energia da infância sem cair em ruas movimentadas, tomadas pelo tráfego. E eu entendi uma vez mais as condições que fazem do gueto uma panela de pressão emocional.

Em todos os discursos que fiz nos Estados Unidos diante de variadas plateias, incluindo alguns com a presença de brancos hostis, a única vez em que fui vaiado foi numa noite durante nossa assembleia semanal regular, por alguns jovens raivosos de nosso movimento. Fui para casa naquela noite com um sentimento horrível. Egoisticamente, pensei em meus sofrimentos e sacrifícios nos últimos doze anos. Por que eles vaiariam uma pessoa tão próxima deles? Mas deitado, sem conseguir dormir, comecei a pensar e finalmente recuperei a consciência, e concluí que não podia ter menos do que paciência e compreensão para com esses jovens.

Por doze anos eu, e outros como eu, tínhamos mantido nossas gloriosas promessas de progresso. Eu tinha pregado sobre meu sonho. Tinha dado palestras para eles sobre o dia, não muito distante, em que ganhariam a liberdade, "todos, aqui e agora". Eu os exortava a terem fé no país e na sociedade branca. Suas esperanças se frustraram. Eles vaiavam porque sentiam que não tínhamos sido capazes de cumprir nossas promessas e porque os havíamos exortado a ter fé em pessoas que tantas vezes provaram ser inconfiáveis. Eram hostis porque estavam assistindo à transformação do sonho que tinham aceitado tão prontamente num frustrante pesadelo.

Quando fomos pela primeira vez para Chicago, havia os que diziam que o movimento não violento não iria funcionar no Norte, que os problemas eram complicados demais, que eram muito diferentes dos do Sul, e assim por diante. Minha resposta era que a não violência podia funcionar no Norte.

Não é hora de nos darmos ao luxo de nos retrair nem de tomar o remédio tranquilizante do gradualismo. Agora é hora de concretizar as promessas da democracia, de abrir as portas da oportunidade a todos os filhos de Deus. Agora é hora de pôr um fim à longa e desolada noite da favelização. Agora é hora de termos um confronto entre as forças que resistem à mudança e as forças que a exigem. Agora é hora de deixar a justiça rolar como água e a virtude como uma corrente poderosa.

Também estamos aqui hoje para afirmar que não vamos mais ficar sentados de modo preguiçoso numa privação excruciante esperando que outros nos proporcionem a liberdade. Estaríamos tristemente equivocados se imaginássemos a liberdade como um prato farto que o governo federal e o homem branco vão nos entregar numa bandeja de prata enquanto o negro entra apenas com o apetite. A liberdade nunca é voluntariamente oferecida pelo opressor. Deve ser exigida pelo oprimido.

"Recorrendo à violência contra a opressão"

A responsabilidade pela explosão social de julho de 1966 recai inteiramente sobre os ombros dos funcionários eleitos cuja visão social míope fora turvada ainda mais pela conveniência política em lugar do compromisso de melhorar as condições de vida e da determinação de erradicar as favelas e as forças que criam e mantêm essas comunidades. Deve ser lembrado que a verdadeira paz não é a ausência de tensão, mas a presença da justiça. A justiça não estava presente no West Side de Chicago nem, no que nos interessa, em outras comunidades faveladas.

Distúrbios nascem de condições intoleráveis. Revoltas violentas são geradas por condições repugnantes, e não há nada mais perigoso do que construir uma sociedade com um amplo segmento da população achando que não ganha nada com isso, que não tem nada a perder. Para o jovem vítima das favelas, esta sociedade tem alternativas tão limitadas para a sua vida que a expressão de sua masculinidade se reduz à capacidade de se defender fisicamente. Não admira que a ele pareça lógico destruir, recorrendo à violência contra a opressão. Essa é a única maneira pela qual imagina obter reconhecimento.

Depois dos distúrbios daquele verão em Chicago, fiquei fortemente desencorajado. Mas tínhamos treinado um grupo de cerca de 2 mil devotos disciplinados da não violência que se dispunham a serem agredidos sem retaliar. Começamos tratando de privilégios constitucionais, com passeatas diante de escritórios de imobiliárias em comunidades totalmente brancas. E essa força não violenta, disciplinada e determinada criou tamanha crise na cidade de Chicago que a prefeitura teve de fazer alguma coisa para mudar as condições. Não tínhamos coquetéis-molotovs, não tínhamos tijolos, não tínhamos armas de fogo, tínhamos apenas o poder de nossos corpos e de nossas almas. Havia poder ali, e isso foi mais uma vez demonstrado.

Lembro-me de que, quando os distúrbios irromperam naquele verão, alguns líderes de gangues e seus camaradas estavam lá fora estimulando a revolta. Eu tentei falar com eles, mas não consegui chegar aonde estavam. Então foi enviada a Guarda Nacional e naquela noite eu disse:

– Ora, por que vocês não estão lá fora esta noite? Agora o que vocês têm de fazer é juntar-se a nós e deixar-nos construir um movimento que a Guarda Nacional não possa interromper. É isso que precisamos fazer. Eu continuo com a não violência porque venho tentando usá-la há muito tempo. Vi como foi grande a distância que ela nos ajudou a percorrer. E não vou lhe dar as costas agora.

NA ESTEIRA DOS DISTÚRBIOS houve tentativas organizadas de desacreditar o movimento não violento. Manchetes assustadoras anunciavam conspirações paramilitares – apenas para o procurador-geral dos Estados Unidos anunciar que tais alegações eram totalmente infundadas. De modo mais sério, houve uma tentativa organizada de colocar a responsabilidade pelos distúrbios no Movimento pela Liberdade de Chicago, não violento, e sobre a minha pessoa. Ambas as manobras foram tentativas de contornar a questão fundamental da subjugação racial. Representavam a falta de disposição de fazer algo mais do que recolocar a tampa no pote e a recusa a promover mudanças estruturais fundamentais exigidas para corrigir nossos equívocos raciais.

O Movimento pela Liberdade de Chicago não seria desencorajado por essas falsas acusações. Não iríamos desviar nossas energias para uma introspecção sem sentido. O melhor remédio que tínhamos a oferecer com respeito aos distúrbios era prosseguir com nosso programa não violento de forma ainda mais vigorosa. Nós intensificamos nossos planos de ação direta não violenta para fazer de Chicago uma cidade aberta e justa.

"Protestos contra a discriminação habitacional"

No meio do verão de 1966 o furúnculo do racismo nortista estourou e espalhou seus venenos pelas ruas de Chicago, quando milhares de manifestantes negros e brancos começaram a organizar protestos contra a discriminação habitacional. Quando realizamos manifestações em torno da questão da discriminação nesse setor, fomos confrontados por uma enorme violência ao marcharmos em passeata por determinadas áreas. Sofremos nesse processo de tentar dramatizar a questão por meio de passeatas em áreas exclusivamente brancas em que o acesso às casas nos era negado e os corretores imobiliários não nos permitiam ver as listas de imóveis disponíveis.

Garrafas e tijolos eram atirados sobre nós, muitas vezes nos espancaram. Algumas das pessoas que tinham sofrido brutalidades em Selma e que haviam estado presentes nas cerimônias do Capitólio de Montgomery conduziram os manifestantes pelos subúrbios de Chicago em meio a uma chuva de pedras e garrafas, automóveis em chamas e o clamor da zombaria de milhares de pessoas, muitas delas agitando bandeiras nazistas. Suásticas floresciam nos parques de Chicago como sementes espúrias. Nossos manifestantes foram recebidos por uma chuva de tijolos, garrafas e bombinhas. O "poder branco" deu o tom dos apupos, entrecortados pelas mais perversas obscenidades – mais frequentemente dirigidas aos padres e freiras católicos participantes das passeatas. Estive em muitas manifestações em todo o Sul, mas posso dizer que nunca vi, nem mesmo no Mississippi, turbas tão hostis e cheias de ódio como as que vi em Chicago.

Quando fizemos as primeiras passeatas pela questão da moradia, muitos de nossos amigos brancos liberais gritavam horrorizados e apreensivos:

– Vocês estão criando ódio e hostilidade nas comunidades brancas em que estão realizando as passeatas. Só estão alimentando o ressentimento dos brancos.

Eles não conseguiam perceber que o ódio e as hostilidades já estavam presentes de forma latente ou inconsciente. O que nossas passeatas fizeram foi apenas trazê-los à superfície.

> Que lógica insana é essa de condenar o homem que foi assaltado porque o fato de ele ter dinheiro provocou o ato maligno do assalto? A sociedade deve condenar o assaltante, nunca o assaltado. Que lógica insana é essa de condenar Sócrates porque sua investigação filosófica provocou o ato maligno de fazê-lo beber cicuta? Que lógica insana é essa de condenar Jesus Cristo porque seu amor a Deus e à Verdade provocou o ato maligno de sua crucificação? Devemos condenar aqueles que estão perpetuando a violência e não os indivíduos que se envolvem na busca de seus direitos constitucionais.

> Nós éramos os clínicos sociais revelando a existência de um câncer terrível. Nós não o causamos. Esse câncer não estava em estado terminal, mas nos estágios iniciais, e podia ser curado se o enfrentássemos. Não éramos apenas os clínicos sociais, no sentido físico, mas também os psiquiatras sociais, trazendo à superfície coisas que estavam somente no subconsciente. Aquelas pessoas provavelmente tinham há muito tempo uma hostilidade latente em relação ao negro. Enquanto a luta ocorria lá embaixo no Alabama e no Mississippi, elas podiam olhar de longe e pensar e falar sobre como as pessoas são terríveis. Ao descobrirem que a fraternidade teria de ser uma realidade em Chicago, e que essa fraternidade se estendia até a porta ao lado, esses sentimentos latentes vieram à tona.

Dia após dia durante as passeatas de Chicago, nunca vi ninguém reagir com violência. Houve muita provocação, não apenas brancos arruaceiros gritando nas calçadas, mas também grupos de militantes negros falando sobre operações de guerrilha. Havia líderes e membros de gangues marchando conosco. Lembro-me de estar caminhando ao lado de membros dos Blackstone Rangers enquanto garrafas voavam das calçadas e seus narizes eram quebrados e sangue escorria dos ferimentos; e os vi ir em frente sem retaliar, nenhum deles, com violência. Estou convencido de que mesmo temperamentos violentos podem ser canalizados pela disciplina não violenta se puderem agir de modo construtivo e expressar, por meio de um canal eficaz, sua legítima cólera.

Em agosto, depois de passar alguns dias no Mississippi participando da convenção da Conferência da Liderança Cristã do Sul, eu estava de volta a Chicago. O Conselho dos Corretores de Imóveis da Junta Imobiliária da Cidade de Chicago apresentou algumas declarações a respeito da disposição de fazer coisas que nunca tinham sido feitas. Queríamos ver se estavam falando sério. Um encontro realizado em 17 de agosto durou quase dez horas. Foi uma reunião proveitosa, mas não obtivemos o suficiente para interromper as manifestações, de modo que elas continuaram.

Quero apenas advertir a prefeitura de que seria um ato de loucura, em meio à busca de uma solução negociada para este problema, tentar obter uma ordem judicial, pois, se eles não sabem, somos veteranos em matéria de ir para a cadeia. E para nós as celas das cadeias não são masmorras da vergonha, mas refúgios da liberdade e da dignidade humana. Fui preso no Alabama, fui preso na Flórida, fui preso na Geórgia, fui preso no Mississippi, fui preso na Virgínia e estou preparado para ser preso em Chicago. Tudo o que estou dizendo, meus amigos, é muito simples: neste movimento nós cantamos uma canção, "Ain't Gonna Let Nobody Turn Me 'Round" [Não vou deixar ninguém mudar minha direção].

Tínhamos negociações quase que 24 horas por dia e conseguimos elaborar o que provavelmente se destacaria como a vitória mais significativa e de mais longo alcance já obtida numa comunidade do Norte com respeito à questão da discriminação na área da habitação. Pela primeira vez na cidade de Chicago, e provavelmente em qualquer cidade, toda a estrutura de poder foi obrigada pela força do movimento não violento a se sentar e negociar e capitular, fazendo concessões que nunca tinham sido feitas. Nossas passeatas não violentas realizadas no verão em Chicago produziram um acordo sobre a questão da habitação que, se implementado, teria sido o passo mais vigoroso já dado em qualquer cidade deste país em relação a esse problema.

"Um esforço para acabar com as favelas"

Quando juntamos forças com o Conselho de Coordenação das Organizações Comunitárias, delineamos um esforço para acabar com as favelas. Víamos as favelas e a favelização como mais do que um problema de habitações dilapidadas e inadequadas. Nós as percebíamos como o produto final do colonialismo doméstico: moradias e escolas de favela, desemprego e subemprego, educação segregada e inadequada, dependência em relação à previdência social e servidão política. Como não havia um único ataque capaz de dar conta desse enorme problema, estabelecemos uma série de projetos simultâneos voltados para cada uma de suas facetas. Dois programas importantes foram desenvolvidos com esse objetivo.

Tivemos uma campanha vigorosa e turbulenta para fazer de Chicago uma cidade aberta. Sabíamos que, apesar do maravilhoso acordo, no papel, sobre o fim da discriminação na habitação que obtivemos em Chicago, isso não iria tornar-se realidade dentro de um ou dois anos. Sabíamos que levaria tempo para que a cidade realmente se abrisse e, nesse processo, não podíamos esquecer aqueles que viviam nas comunidades dos guetos.

Ao mesmo tempo, era necessário tornar os bairros negros mais agradáveis para os que permanecessem. As associações de inquilinos, criadas no modelo das organizações trabalhistas, tornaram-se os agentes de negociação coletiva entre proprietários e moradores. Esse programa teve um sucesso notável. Em menos de um ano, foram formadas associações desse tipo em três das piores áreas de favela e gueto da cidade. Os contratos de negociação coletiva também incluíam medidas como congelamentos de aluguel e estabilidade, serviços diários de zeladoria e higienização e consertos imediatos de instalações que ameaçassem a saúde e a segurança. Doze outras associações menores brotaram em várias comunidades da cidade. Todas se reuniam regularmente, constituindo uma federação informal.

Outra fase da luta contra a discriminação na habitação foi dedicada à reforma de alguns bairros. O aspecto singular desse programa estava no fato de que os prédios reformados seriam transferidos para cooperativas habitacionais organizadas em cada um dos bairros. Os moradores ganhavam, assim, sua tão necessária voz no gerenciamento e na administração das propriedades. Era com essas medidas que esperávamos romper o círculo do derrotismo e da servidão psicológica que marcavam a mentalidade favelizada, obtendo uma renovação tanto humana quanto habitacional.

O programa mais espetacularmente bem-sucedido em Chicago foi a Operação Cesta de Pão. Sua proposta era muito simples, porém poderosa: "Se você respeita meu dinheiro, deve respeitar minha pessoa." O fundamento filosófico da Operação Cesta de Pão era a crença de que muitas empresas varejistas e companhias produtoras de bens de consumo empobreciam o gueto ao venderem para os negros sem devolverem à comunidade uma parte de seus lucros mediante práticas de contratação igualitárias. Para inverter esse padrão, comissões da Operação Cesta de Pão selecionavam uma indústria-alvo, depois obtinham as estatísticas de emprego de determinadas companhias desse setor. Se a proporção de empregados negros fosse insatisfatória ou se eles estivessem confinados a trabalhos servis, a empresa era abordada para negociar uma prática empregatícia mais equitativa. Quando necessário, pressionava-se por meio de campanhas de compras seletivas organizadas pelos clérigos em suas congregações e pelo movimento. Eles diziam apenas:

– Não vamos mais gastar nosso dinheiro onde não nos ofereçam empregos sólidos.

Em 1967, a Operação Cesta de Pão da SCLC estava funcionando em cerca de uma dúzia de cidades e os resultados eram notáveis. Em Chicago, ela concluiu negociações com três grandes indústrias: as de leite e de refrigerantes e as redes de armazéns. Quatro das empresas envolvidas só assinaram acordos razoáveis após breves campanhas de restrição às compras. Sete outras conseguiram fazer as mudanças solicitadas à mesa de negociações, sem necessidade de boicote. Outras duas, após fornecerem aos sacerdotes suas informações sobre emprego, receberam cartas com recomendações sobre práticas saudáveis em termos de igualdade no trabalho. Os resultados líquidos foram cerca de oitocentos novos e melhores empregos para trabalhadores negros, significando um acréscimo de mais de 7 milhões de dólares na renda anual das famílias negras. Juntamente com a reivindicação de novas oportunidades de trabalho, solicitamos que as empresas que tivessem lojas no gueto depositassem a renda obtida nesses estabelecimentos em bancos de propriedade de negros e que produtos de empresas de negros fossem colocados nas prateleiras de todas as suas lojas.

"Uma relação especial e singular com os judeus"

Quando estávamos desenvolvendo nosso trabalho em Chicago, tivemos numerosos boicotes ao aluguel no West Side, e infelizmente, na maioria dos casos, as pessoas contra as quais realizávamos esses boicotes eram senhorios judeus. Houve uma época em que o West Side de Chicago foi um gueto judeu, e quando a comunidade judaica começou a se mudar para outras áreas, manteve suas propriedades, juntamente com todos os problemas vinculados à condição de senhorio.

Morávamos num apartamento de favela de propriedade de um judeu e uma série de outros, e precisávamos fazer um boicote ao aluguel. Pagávamos 94 dólares por quatro cômodos decadentes e surrados, e durante nossas passeatas contra a discriminação habitacional por Gage Park e outros lugares, descobrimos que os brancos alugavam apartamentos de cinco cômodos novos, higiênicos e confortáveis por apenas 78 dólares ao mês. Pagávamos uma sobretaxa de 20%.

O negro acaba pagando um imposto em função de sua cor, e ocorreram situações nas quais os negros realmente confrontaram os judeus como senhorios ou comerciantes. As declarações irracionais que foram feitas são resultado desses confrontos.

O PEQUENO GRAU DE ANTISSEMITISMO do negro é substancialmente um fenômeno relacionado aos guetos do Norte; quase não existe no Sul. O negro urbano tem uma relação especial e singular com os judeus. Ele os encontra em dois diferentes papéis. De um lado, os judeus estão entre seus mais comprometidos e generosos parceiros na luta por direitos civis. De outro, ele os encontra diariamente como seus exploradores mais diretos na qualidade de senhorios de cortiços e comerciantes trapaceiros. Alguns judeus se identificaram voluntariamente com o movimento pela liberdade, motivados por seu compromisso religioso e cultural com a justiça. Outros, envolvidos no comércio nos guetos, são remanescentes de comunidades mais antigas. Muitos guetos negros foram anteriormente bairros judeus; alguns comerciantes e senhorios permaneceram enquanto ocorriam mudanças demográficas. Eles operam com a ética dos donos de empresas marginais, e não com a ética judaica, mas alguns negros maltratados por eles não percebem essa distinção. Esses negros, cheios de frustração e ódio irracional, imitam epítetos racistas. Imprudentemente, contribuem para o veneno social que atinge a si mesmos e a seu próprio povo.

Seria um erro trágico e imoral confundir a massa dos negros com o número muito pequeno que sucumbiu aos slogans baratos e desonestos, da mesma forma que seria um erro grave identificar todos os judeus com os poucos que exploram os negros sob seu domínio econômico.

Os negros não podem imaginar irracionalmente que os judeus honráveis refreiem os poucos que são gananciosos; não têm como discipliná-los nem reprimi-los. Não podemos esperar que compartilhem nosso desprezo e desdém. Dos negros não se pode esperar que refreiem e eliminem os poucos que são antissemitas. Podemos, contudo, mostrar que nos opomos a eles, e já o fizemos de formas concretas. Não houve um único exemplo de antissemitismo articulado por negros que não tenha sido condenado por praticamente todos os nossos líderes com o apoio da esmagadora maioria. Eu mesmo já o ataquei na comunidade negra, pois isso é errado. Vou continuar me opondo a ele, pois é imoral e autodestrutivo.

"Um ano de inícios e de transição"

Em março de 1967 anunciamos a retomada de minhas atividades regulares em Chicago numa agenda semelhante à que cumprira entre janeiro e novembro do ano anterior. Tive uma breve interrupção de minhas atividades em nosso programa de ação por direitos civis a fim de escrever um livro sobre os problemas e o avanço do movimento nos últimos anos. Passei os meses de janeiro e fevereiro finalizando a obra, intitulada *Where Do We Go from Here: Chaos or Community?*. Em março reuni-me com Al Raby e outros líderes destacados e comprometidos dos direitos civis para avaliar o progresso de nossos vários programas em curso e estabelecer planos para a próxima fase de nossa luta para acabar com as favelas.

Estava claro para mim que os órgãos municipais tinham sido apáticos no que se referia ao compromisso estabelecido no pacto de eliminação da discriminação habitacional. Tive de expressar nossa crescente desilusão com as ações de interferência negativa de órgãos como a Autoridade Habitacional de Chicago, o Departamento de Reforma Urbana e a Comissão de Relações Humanas. Parecia que, para todos os fins e propósitos, os órgãos públicos haviam renegado o acordo e de fato dado crédito aos apóstolos da desordem social que proclamavam que o acordo sobre a questão habitacional era uma impostura e um monte de falsas promessas. A inação dos órgãos municipais não era apenas uma afronta ao Movimento pela Liberdade de Chicago ou um convite à retaliação dos negros, mas também outro estímulo ao descontentamento e ao desespero que vicejam nas comunidades negras. Por mais de um mês, durante as passeatas, disseram-nos que deveríamos participar das mesas de negociação, que o acordo e o entendimento eram as únicas maneiras de resolver os múltiplos e complexos problemas colocados pela questão da discriminação habitacional. Nós fomos lá, sentamo-nos, negociamos. Conseguimos chegar a um acordo e sete meses depois descobrimos que grande parte do apoio obtido havia sido retirado.

Eu não podia dizer que tudo estava perdido. Havia muitas pessoas decentes, respeitadas e sinceras no Conselho de Lideranças que não tinham perdido a fé. Supliquei a todas as pessoas responsáveis e sensíveis que examinassem cuidadosamente os fatos e se esforçassem por recuperar o espírito de justiça que havia quando começamos. Não era tarde demais, mesmo com os insucessos recentes, para renovar o esforço e dar os primeiros passos em direção aos objetivos assumidos em agosto último. O fim da discriminação habitacional tinha de se tornar mais do que um pedaço de papel insignificante. Precisava transformar-se em realidade para que essa cidade fosse salva. Nossos corações e mentes estavam abertos a uma reavaliação de fato honesta e à determinação de ir em frente, mas também estávamos dispostos a expor esse mal. Eu tinha chegado à conclusão de que seria necessário realizar grandes manifestações para enfrentar o problema.

Em retrospecto, vemos o ano de 1966 como o início de uma transição. Para aqueles de nós que fomos da Geórgia, do Mississippi e do Alabama para Chicago, foi um ano de aprendizado fundamental. Nossa organização, construída em conjunto com uma liderança local altamente capaz, vivenciou avanços espasmódicos, recuos e progresso positivo. Vimo-nos confrontados com as duras realidades de um sistema social mais resistente à mudança, de diversas formas, do que o Sul rural.

Embora não tivéssemos ilusões sobre Chicago, descobrimos com toda a franqueza que o trabalho era maior do que até nós imaginávamos. E no entanto, para contrabalançar, acreditávamos que a combinação de nossa organização com as amplas forças da justiça de Chicago tinha produzido a base para as mudanças.

Penso agora em alguns adolescentes de Chicago. Eles têm apelidos como "Tex", "Pueblo", "Goat" e "Teddy". Eles vêm das favelas dos negros. Desprezados pela sociedade, viviam e lutavam orgulhosamente por gangues de rua como os Senhores do Vício, os Santos Romanos e os Rangers.

Conheci esses rapazes e ouvi suas histórias em discussões que tivemos em noites longas e frias no apartamento de favela que aluguei no gueto do West Side de Chicago.

Fiquei chocado com o veneno que despejavam sobre o mundo. Por vezes compartilhei seu desespero e senti, desencorajado, que esses jovens americanos jamais poderiam abraçar o conceito da não violência como instrumento eficaz e poderoso de reforma social. Durante suas existências, rapazes como esses haviam identificado a vida como um manicômio de violência e degradação. Alguns deles nunca tinham tido a experiência de uma vida familiar significativa. Alguns tinham ficha policial. Alguns haviam abandonado as escolas das favelas, incrivelmente ruins, depois tinham sido privados de um trabalho decente, depois tinham ido para as ruas.

Mas este ano eles brindaram a todos nós com a dádiva da não violência, que é de fato a dádiva do amor. O Movimento pela Liberdade tentou levar uma mensagem aos rapazes como Tex. Primeiro explicamos que a violência pode ser reprimida pela autoridade armada e pelo trabalho da polícia, que a força física não pode resolver os problemas sociais básicos. Depois garantimos que poderíamos lhes provar, pelo exemplo, que a não violência funciona.

O jovem morador da favela tem bons motivos para suspeitar de promessas. Mas esses jovens de Chicago concordaram no inverno passado em dar uma chance à não violência. E então vieram os dias acentuadamente longos, tensos e quentes do verão de 1966, e o que foi o primeiro teste para muitos jovens de Chicago: a Marcha da Liberdade através do Mississippi. Membros de gangues compareceram em grande número.

Aqueles de nós envolvidos havia muito tempo no movimento estavam apreensivos quanto ao comportamento dos rapazes. Antes de a marcha chegar ao fim, eles foram atacados com gás lacrimogêneo. Foram chamados a proteger mulheres e crianças sem nenhuma arma senão os próprios corpos. Para eles, seria uma forma estranha e possivelmente sem sentido de responder à violência.

Mas eles reagiram esplendidamente! Aprenderam no Mississippi, e depois voltaram para ensinar em Chicago, a bela lição de agir contra o mal renunciando à força.

29. Poder Negro

Os negros ainda podem continuar no caminho da não violência e da amizade inter-racial se a América branca os tratar com a honesta determinação de livrar a sociedade da desigualdade e da desumanidade.

---

6 de junho de 1966
James Meredith, que entrou para a Universidade do Mississippi em 1962, é ferido por um atirador durante a "Marcha contra o Medo", voltada a estimular o voto negro naquele estado; King e outros líderes dos direitos civis concordam em continuar a marcha

16 de junho
Stokely Carmichael desencadeia uma controvérsia ao usar o slogan "Poder Negro" (*"Black Power"*)

— JAMES MEREDITH foi baleado!

Eram cerca das três horas da tarde de uma segunda-feira em junho de 1966 e eu estava presidindo a reunião regular da equipe da Conferência da Liderança Cristã do Sul em nossa sede em Atlanta. Quando soubemos que Meredith tinha levado um tiro pelas costas apenas um dia depois de ter iniciado sua Marcha pela Liberdade através do Mississippi, baixou sobre a sala um momentâneo silêncio de raiva e desalento. O horror que sentimos foi potencializado pelo fato de as primeiras notícias anunciarem que Meredith estava morto. Logo se rompeu o silêncio e de todos os cantos da sala vieram expressões de indignação. O tema da reunião foi esquecido em função do choque dessa última evidência de que a vida do negro ainda não tem valor em muitas partes de seu próprio país.

Quando por fim se restaurou a ordem, nossa equipe imediatamente concordou que a marcha precisava continuar. Afinal de contas, raciocinamos, Meredith tinha iniciado sua longa jornada como um peregrino contra o medo. Será que interromper a marcha não iria intensificar os temores dos negros oprimidos e excluídos do Mississippi? Não seria isso um revés para todo o movimento dos direitos civis e um desastre para a disciplina da não violência?

Depois de vários telefonemas entre Atlanta e Memphis, ficamos sabendo que os relatos iniciais sobre a morte de Meredith eram falsos e que ele iria se recuperar. Essa notícia trouxe alívio, mas não alterou nosso sentimento de que o movimento dos direitos civis tinha a obrigação moral de prosseguir no curso iniciado por Meredith.

Na manhã seguinte viajei para Memphis juntamente com vários membros de minha equipe. Floyd McKissick, diretor nacional do Core, veio de avião de Nova York e se juntou a nós no voo de Atlanta a Memphis. Depois de aterrissarmos fomos diretamente ao Hospital Municipal para fazer uma visita a Meredith. Ficamos felizes ao encontrá-lo bem. Depois de expressarmos nossa solidariedade e gratidão por seu testemunho de coragem, Floyd e eu manifestamos a convicção de que a marcha deveria prosseguir para demonstrar à nação e ao mundo que os negros nunca mais seriam intimidados pelo terror da violência extremista branca. Percebendo que Meredith com frequência estava sozinho e provavelmente gostaria de continuar a marcha sem um grande grupo de pessoas, achamos que seria necessária uma grande dose de persuasão para convencê-lo de que o assunto envolvia o movimento dos direitos civis como um todo. Felizmente, ele logo percebeu isso e concordou que deveríamos prosseguir sem ele. Passamos algum tempo discutindo o caráter e a logística da marcha e concordamos em consultá-lo diariamente sobre cada decisão.

Quando nos preparávamos para sair, a enfermeira veio à porta e disse:
– Sr. Meredith, há um sr. Carmichael na recepção querendo falar com o senhor e com o sr. King. Devo permitir que ele entre?

Meredith consentiu. Stokely Carmichael entrou no quarto com seu companheiro Cleveland Sellers e imediatamente apertou a mão de Meredith. Expressou sua preocupação e admiração e trouxe mensagens de solidariedade de seus colegas do Comitê de Coordenação dos Estudantes Não Violentos. Após uma breve conversa, todos nós concordamos que James precisava descansar um pouco e não deveríamos importuná-lo com outros assuntos. Saímos do quarto garantindo-lhe que conduziríamos a marcha no mesmo espírito dele e procuraríamos mais do que nunca expor o racismo perverso que impregnava o Mississippi e despertar um novo senso de dignidade e determinação em todos os negros que habitavam aquele bastião da desumanidade.

Numa breve conferência, Floyd, Stokely e eu decidimos que a marcha seria patrocinada conjuntamente pelo Core, o SNCC e a SCLC, com a compreensão de que outras organizações de direitos civis seriam convidadas a aderir. Também resolvemos que faríamos um apelo nacional em busca de apoio e participação.

Uma hora depois, após distribuir tarefas à equipe e estabelecer como sede a igreja do reverendo James Lawson, em Memphis, um grupo nosso se acomodou em quatro automóveis e foi até o local desolado da rodovia 51 em que James Meredith tinha sido baleado no dia anterior. E assim começou o segundo estágio da Marcha pela Liberdade no Mississippi iniciada por Meredith.

"Decepção produz desespero e desespero produz rancor"

Ao caminharmos pela estrada sinuosa sob um calor sufocante, conversamos muito e várias questões foram levantadas.

— Eu não estou mais nessa de não violência — gritou um dos ativistas mais jovens.

— Se um desses malditos caipiras brancos do Mississippi tocar em mim, vou quebrar a cara dele — gritou outro.

Mais tarde surgiu uma discussão sobre a composição da marcha.

— Esta deveria ser uma marcha só de negros — disse um militante. — Não precisamos mais desses impostores e liberais brancos invadindo nosso movimento. Essa marcha é nossa.

Durante a tarde, paramos por um instante para cantar "We Shall Overcome". As vozes soaram com todo o tradicional fervor, a explosão de alegria e a força benigna que sempre caracterizaram o canto dessa nobre canção. Mas quando chegamos à estrofe que fala de "negros e brancos juntos", as vozes de alguns manifestantes se emudeceram. Mais tarde lhes perguntei por que tinham se recusado a cantar aquele verso. A resposta foi:

– Este é um novo dia, nós não cantamos mais esse trecho. Na verdade, essa canção como um todo deve ser descartada. Em vez de "We Shall Overcome" [Nós vamos triunfar] deveríamos cantar "We Shall Overrun" [Nós vamos invadir].

Ao ouvir esses comentários, as palavras soavam a meus ouvidos como uma música estranha de uma terra distante. Eu não estava acostumado a ouvir o som de um rancor como esse. Acho que não deveria surpreender-me. Deveria saber que, numa atmosfera em que falsas promessas são realidades de cada dia, em que sonhos adiados são fatos de cada noite, em que atos de violência impune cometidos contra negros são um modo de vida, a não violência acabaria sendo seriamente questionada. Eu deveria me lembrar de que decepção produz desespero e desespero produz rancor, e que a única coisa certa em relação ao rancor é a sua cegueira. O rancor não tem capacidade de estabelecer distinção entre alguns e *todos*. Quando alguns membros do grupo dominante, particularmente os que estão no poder, são racistas em suas atitudes e práticas, o rancor acusa o grupo inteiro.

Ao final daquele primeiro dia de marcha, voltamos todos para Memphis e passamos a noite num motel negro, já que ainda não tínhamos conseguido as tendas que serviriam de abrigo nas noites seguintes de nossa jornada. A discussão continuou no motel. Eu resolvi que pediria pacientemente a meus irmãos que se mantivessem fiéis ao glorioso princípio de nosso movimento. Comecei defendendo a não violência. Isso estimulou imediatamente alguns de nossos amigos dos Diáconos pela Defesa, os quais contestaram que a autodefesa era essencial e que, portanto, a não violência não deveria ser um pré-requisito para a participação na marcha. Nisso tiveram o apoio de alguns ativistas do Core e do SNCC.

Tentei deixar claro que, além de me opor à violência por questão de princípio, eu não conseguia imaginar algo mais ilógico e desastroso do que algum de nós, em função de uma avaliação equivocada, provocar um confronto no Mississippi. Nós não tínhamos nem os recursos nem as técnicas que nos possibilitassem vencer. Além do mais, afirmei, muitos brancos do Mississippi, a partir do governo, teriam um prazer insuperável em nos ver recorrendo à violência a fim de usarem isso como desculpa para aniquilar um grande número de negros dentro e fora da marcha. Finalmente, sustentei que o debate sobre a questão da autodefesa era desnecessário, uma vez que poucas pessoas haviam sugerido que os negros, individualmente, não se defendessem quando atacados. A questão não era se alguém deveria ou não usar uma arma quando sua casa fosse atacada, mas se era taticamente aconselhável usar uma arma durante uma manifestação organizada. Se eles arriassem a bandeira da não violência, disse eu, a injustiça no Mississippi não seria exposta e as questões morais seriam obscurecidas.

Depois se levantou a questão da participação de brancos. Stokely Carmichael afirmou que a inclusão de brancos na marcha seria minimizada e que o principal apelo seria à participação de negros. Outros no quarto concordaram. Ao ouvir a fala de Stokely, pensei nos anos em que havíamos trabalhado juntos em comunidades por todo o Sul e em como tínhamos recebido e aceitado com alegria no movimento nossos aliados brancos. O que teria sido responsável por essa mudança na filosofia de Stokely?

Eu supunha que grande parte dessa mudança tinha raízes psicológicas na experiência do SNCC no Mississippi durante o verão de 1964, quando um grande número de estudantes do Norte fora ajudar naquele estado racialmente dividido. O que os militantes do SNCC tinham visto eram jovens brancos mais articulados, poderosos e autoconfiantes indo trabalhar com os negros mais pobres – e simplesmente os sobrepujando. É provável que naquele verão Stokely e outros membros do SNCC tenham concluído, de forma inconsciente, que isso não era bom para os negros, já que aumentava seu senso próprio de inadequação. Evidentemente, a resposta a esse dilema era não desistir, não concluir que negros tinham de trabalhar com negros a fim de adquirir uma percepção de sua própria relevância. A resposta só poderia ser encontrada no desafio e na experimentação permanentes, assim como no perseverante companheirismo.

Tal como a vida, a compreensão racial não é algo que se encontre, mas algo que devemos criar. O que encontramos ao entrar nessas planícies mortais é a existência, mas a existência é a matéria-prima a partir da qual se deve criar a vida. Uma vida feliz e produtiva não é algo que se encontre, é algo que se faz. E da mesma forma a capacidade de negros e brancos trabalharem juntos, de compreenderem uns aos outros, não será encontrada pronta; deve ser criada através do contato.

Seguindo essa orientação, implorei a todos os que estavam naquela sala que percebessem a integridade moral de se fazer uma marcha totalmente inter-racial. O que deve se alistar em nosso movimento, disse eu, são as consciências, e não meramente grupos raciais. Relembrei os devotados brancos que haviam sofrido, sangrado e morrido pela causa da justiça racial e sugeri que rejeitar agora a participação de brancos seria um vergonhoso repúdio a tudo aquilo pelo que eles tinham se sacrificado.

Finalmente, eu disse que o formidável antagonista que agora enfrentávamos exigia mais unidade do que nunca e que eu faria todo o possível para manter essa unidade, mas não poderia, em boa consciência, concordar em dar continuidade ao meu envolvimento pessoal e ao da SCLC na marcha caso não se afirmasse publicamente que ela se baseava na não violência e na participação de negros e brancos. Após alguns minutos de discussão, Floyd e Stokely concordaram que poderíamos permanecer unidos em torno desses princípios no que dizia respeito à marcha. Na manhã seguinte, demos uma coletiva de imprensa afirmando que a marcha era não violenta e que os brancos eram bem-vindos.

> Ora, tenho dito sempre, e continuo dizendo, que nenhum indivíduo de nosso movimento pode mudar o Mississippi. Nenhuma organização de nosso movimento pode fazer sozinha o trabalho que deve ser feito lá. Sempre sustentei que, se todos nós nos unirmos, poderemos mudar a face do Mississippi. Não é hora de conflitos organizacionais, não é hora de batalhas de egos sobre quem vai ser o líder. Todos nós somos líderes

na luta neste estado. Para mudar o Mississippi, percebam vocês, temos de estar juntos. Não estamos enfrentando uma força com pouco poder. Estamos lidando com dinastias políticas poderosas e de certo modo temos de ter a disposição de ser o Davi da Verdade contra o Golias da injustiça. E nós podemos mudar este estado. E eu creio firmemente que, se nos mantivermos unidos assim, nós vamos conseguir.

"Poder Negro!"

Enquanto o dia avançava, os debates e discussões prosseguiram, mas foram geralmente colocados em segundo plano pelo enorme entusiasmo gerado pela grande massa que aparecia para nos saudar em cada cidade. Estávamos caminhando havia cerca de dez dias quando passamos por Grenada, a caminho de Greenwood. Stokely não escondia sua crescente ansiedade de chegar a Greenwood. Esse era um território do SNCC, no sentido de que essa organização havia trabalhado lá corajosamente naquele verão turbulento de 1964.

Ao nos aproximarmos da cidade, grandes grupos de amigos, antigos e novos, vinham nos dar boas-vindas. Numa enorme assembleia realizada num parque da cidade naquela noite, Stokely subiu ao palanque e, depois de estimular a plateia com um forte ataque à justiça do Mississippi, proclamou:

– O que precisamos é de um poder negro.

Willie Ricks, o inflamado orador do SNCC, pulou no palanque e gritou:

– O que vocês querem?

A massa respondeu:

– Poder Negro.

Repetidamente, Ricks perguntava, aos gritos, "O que vocês querem?", e a resposta "Poder Negro" era cada vez mais alta, até chegar a um nível de excitação extremo.

Assim, Greenwood se tornou o local de nascimento do slogan Poder Negro no movimento dos direitos civis. A expressão tinha sido empregada muito antes por Richard Wright e outros, mas nunca até aquela noite fora usada como slogan no movimento dos direitos civis. Para pessoas há tanto tempo esmagadas pelo poder branco e que haviam sido ensinadas que a palavra negro* era degradante, esse slogan tinha um apelo imediato.

Logo de início, porém, tive reservas em relação ao seu uso. Eu tinha um sentimento profundo de que a escolha das palavras desse slogan fora infeliz. Além disso, achava que ele provocaria uma divisão nas fileiras dos manifestantes. Por um dia ou dois houve uma competição feroz entre os que defendiam o slogan Poder Negro e os que preferiam Liberdade Agora. Oradores de ambos os lados buscavam desesperadamente levar a multidão a gritar seu slogan o mais alto possível.

Ora, existe uma espécie de poder negro concreto, real, no qual acredito. Não acredito em separatismo negro, não acredito num poder negro que tenha implicações racistas, mas, certamente, se poder negro significa a acumulação de poder político e econômico a fim de atingir nossos objetivos justos e legítimos, então todos nós acreditamos nisso. E creio que todos os brancos de boa vontade acreditam nisso.

> Nós somos 10% da população deste país e seria tolo de minha parte vir aqui e lhes dizer que vamos conquistar nossa liberdade por nós mesmos. Terá de haver uma coalizão de consciências e não vamos libertar-nos nem aqui no Mississippi nem em parte alguma dos Estados Unidos até que haja uma empatia comprometida da parte dos brancos deste país e que eles venham a perceber, juntamente conosco, que a segregação os desonra tanto quanto aos negros. Seria equivocado se eu os fizesse imaginar que seríamos capazes de ganhar com uma campanha violenta. É absurdo sequer pensar nisso. No instante em que começarmos, vamos acabar fazendo com que muitas pessoas sejam mortas sem necessidade. Ora, eu mesmo estou disposto a morrer. Muitas outras pessoas comprometidas

---

* Em inglês, *black*. King estabelece aqui um contraste entre *negro*, termo então predominante, e *black*, palavra que começaria a ser mais usada pelo movimento e pela sociedade norte-americana em geral, que não tem correspondente em português. (N.T.)

estão dispostas a morrer. Se você acredita firmemente em alguma coisa, se acredita nela realmente, se acredita do fundo de seu coração, você se dispõe a morrer por ela, mas não vou defender um método que provoque mortes desnecessárias.

Percebendo essa crescente divisão em nossas fileiras, pedi a Stokely e a Floyd McKissick que se juntassem a mim para discutirmos com franqueza esse problema. Nós nos reunimos na manhã seguinte, juntamente com membros de nossas respectivas equipes, numa pequena casa paroquial católica na cidadezinha de Yazoo. Por cinco longas horas, exortei o grupo a abandonar o slogan Poder Negro. Sustentei que um líder tem de se preocupar com os problemas de ordem semântica. Cada palavra, disse eu, tem um significado denotativo – seu sentido explícito e reconhecido – e um significado conotativo – seu sentido sugestivo. Embora o conceito de poder negro legítimo possa fazer sentido do ponto de vista denotativo, o slogan "Poder Negro" carregava conotações erradas. Mencionei as implicações da violência que a imprensa já havia associado à expressão. E prossegui dizendo que algumas declarações temerárias da parte de alguns manifestantes apenas reforçavam essa impressão.

Stokely respondeu afirmando que a questão da violência *versus* não violência era irrelevante. A verdadeira questão era a necessidade de os negros consolidarem seus recursos políticos e econômicos para atingirem o poder.

– O poder – disse ele – é a única coisa que se respeita neste mundo, e devemos obtê-lo a qualquer custo.

Depois ele olhou para mim diretamente no olho e disse:

– Martin, você sabe tão bem quanto eu que praticamente todos os outros grupos étnicos deste país têm exatamente isso. Os judeus, os irlandeses e os italianos conseguiram isso, por que nós não podemos?

– É exatamente essa a questão – respondi. – Ninguém jamais ouviu os judeus entoando o slogan do poder judaico, mas eles têm poder. Mediante a unidade, a determinação e o empenho do grupo, eles o obtiveram. O mesmo vale para irlandeses e italianos. Nenhum desses grupos usou um slogan sobre poder irlandês ou italiano, mas eles deram duro para obtê-lo.

É exatamente o que devemos fazer – afirmei. – Devemos usar todos os meios criativos para acumular poder econômico e político. Esse é o tipo de poder legítimo de que precisamos. Devemos trabalhar para construir o orgulho racial e refutar a noção de que negro seja mau e feio. Mas isso deve vir mediante um programa, não apenas um slogan.

Stokely e Floyd insistiram em que o slogan em si era importante.

– Como você pode estimular as pessoas a se unirem em torno de um programa sem um slogan que sirva como um grito de mobilização? O movimento dos trabalhadores não tem slogans? No movimento pela liberdade não tivemos sempre slogans? O que precisamos é de um novo slogan que contenha a palavra "negro".

Admiti o fato de que precisávamos de slogans. Mas por que adotar um que poderia confundir nossos aliados, isolar a comunidade negra e dar a muitos brancos preconceituosos, que de outro modo poderiam envergonhar-se de seu sentimento antinegro, uma desculpa pronta para se autojustificarem?

Durante a prolongada discussão, Floyd e Stokely permaneceram irredutíveis e este concluiu dizendo, com franqueza:

– Martin, decidi deliberadamente levantar essa questão na marcha a fim de lhe proporcionar um fórum nacional e forçá-lo a tomar posição a favor do Poder Negro.

Eu ri.

– Já foi usado antes – disse eu a Stokely. – Uma vez mais não vai doer.

O encontro terminou com os membros da equipe da SCLC ainda concordando comigo que o slogan era infeliz e só iria desviar a atenção dos males do Mississippi, enquanto a maioria dos membros das equipes do Core e do SNCC se juntou a Stokely e Floyd na insistência de que ele tinha de ser projetado nacionalmente. Numa tentativa final de manter a unidade, sugeri que não entoássemos nem "Poder Negro" nem "Liberdade Agora" durante o resto da marcha. Dessa forma, nem as pessoas nem a imprensa ficariam confusas com o aparente conflito e os membros das equipes não pareceriam estar em desacordo. Todos concordaram com esse compromisso.

"Um grito de decepção"

Mas embora o slogan não fosse vocalizado, a imprensa manteve aceso o debate. As reportagens agora focalizavam não as injustiças do Mississippi, mas a evidente divisão ideológica no movimento dos direitos civis. Todo movimento revolucionário tem seus picos de atividade unificada e seus vales de debate e confusão interna. Esse debate poderia muito bem ter sido pouco mais que uma diferença interna de opiniões, mas a imprensa adora o que é sensacional e não podia permitir que esse tema permanecesse no domínio privado do movimento. Em cada drama tem de haver antagonistas e protagonistas, e se não houver um antagonista à disposição a imprensa vai descobri-lo e fabricá-lo.

Assim, Poder Negro agora faz parte da nomenclatura da comunidade nacional. É irritante para alguns, dinâmico para outros; repugnante para alguns, estimulante para outros; destrutivo para alguns, útil para outros. Como Poder Negro tem diferentes significados para diferentes pessoas e, sendo essencialmente um conceito emocional, pode significar coisas diferentes para a mesma pessoa em diferentes ocasiões, é impossível atribuir seu significado essencial a um único indivíduo ou organização. Deve-se olhar além dos estilos pessoais, dos floreios verbais e da histeria da mídia para avaliar honestamente seus valores, suas vantagens e suas desvantagens.

Primeiramente, é necessário compreender que Poder Negro é um grito de decepção. O slogan Poder Negro não nasceu pronto da cabeça de algum Zeus filosófico. Nasceu das feridas do desespero e da decepção. Foi um grito de sofrimento diário e dor persistente. Por séculos o negro tem sido aprisionado pelos tentáculos do poder branco. Muitos negros perderam a fé na maioria branca porque o poder branco, detentor do controle total, deixou-os de mãos vazias. Assim, na realidade, o apelo ao Poder Negro é uma reação ao fracasso do poder branco.

Muitos dos jovens que hoje proclamam o Poder Negro eram, não faz muito tempo, devotos da cooperação entre brancos e negros e da ação direta não violenta. Com grande sacrifício e dedicação, e com uma intensa fé no futuro, eles trabalharam corajosamente nas áreas rurais do Sul; com idealismo, aceitaram ataques sem retaliar; com dignidade, permitiram que os atirassem em celas sujas e malcheirosas; com um majestático desdém pelo risco e pelo perigo, confrontaram de modo não violento os Jim Clarks e Bull Connors do Sul e expuseram a moléstia do racismo no corpo político. Se eles são hoje os filhos raivosos da América, essa raiva não é congênita. É uma reação ao sentimento de que uma solução real está desesperadamente distante em função das incoerências, da resistência e da pusilanimidade dos que detêm o poder. Se Stokely Carmichael agora diz que a não violência é irrelevante, é porque ele, como um dedicado veterano de muitas batalhas, viu com os próprios olhos a mais brutal violência contra militantes negros e brancos dos direitos civis, e a viu ficar impune.

A frustração deles é alimentada ainda mais pelo fato de que, mesmo quando negros e brancos morrem juntos pela causa da justiça, a morte de uma pessoa branca atrai mais atenção e interesse do que a morte de uma pessoa negra. Stokeley e seus colegas do SNCC estavam conosco no Alabama quando mataram Jimmy Lee Jackson, um bravo jovem negro, e quando James Reeb, um devotado sacerdote unitarista branco, foi mortalmente derrubado por um golpe de bastão. Eles lembraram como o presidente Johnson enviou flores à gentil sra. Reeb, e em seu eloquente discurso "We Shall Overcome" fez uma pausa para mencionar que uma pessoa, James Reeb, já tinha morrido na luta. Por algum motivo o presidente se esqueceu de mencionar Jimmy, que morreu primeiro. Os pais e a irmã de Jimmy não receberam flores do presidente. Os estudantes sentiram isso profundamente. Não que considerassem menos trágica a morte de James Reeb, mas porque sentiam que não mencionar Jimmy Jackson só reforçava a impressão de que para a América branca a vida de um negro é insignificante e irrelevante.

"Da impotência ao poder criativo e positivo"

Em segundo lugar, em seu sentido amplo e positivo, Poder Negro foi um apelo aos negros a que acumulassem a força política e econômica necessária para atingirem seus objetivos legítimos. Ninguém podia negar que o negro estivesse altamente necessitado desse tipo legítimo de poder. Com efeito, um dos grandes problemas que o negro enfrentava era sua falta de poder. Das velhas *plantations* do Sul aos guetos mais recentes do Norte, o negro estava confinado a uma vida caracterizada pela falta de voz e de poder. Privado do direito de tomar decisões relativas a sua vida e destino, foi submetido às decisões autoritárias e por vezes extravagantes da estrutura de poder branca. A *plantation* e o gueto foram criados pelos detentores do poder tanto para confinar os que não tinham poder quanto para perpetuar sua impotência. O problema de transformar o gueto era, portanto, um problema de poder – um confronto entre as forças que exigiam mudanças e aquelas dedicadas à preservação do status quo.

O poder, adequadamente compreendido, é a capacidade de atingir um propósito. É força exigida para provocar mudanças sociais, políticas ou econômicas. Nesse sentido, o poder não é somente desejável, mas necessário, a fim de implementar as demandas por amor e justiça. Um dos maiores problemas da história é que os conceitos de amor e poder são geralmente contrastados como se fossem oposições polares. O amor é identificado com a resignação ao poder e este com a negação do amor. O que se precisa é da percepção de que o poder sem amor é imprudente e abusivo, enquanto o amor sem poder é sentimental e anêmico. O poder, em sua melhor acepção, é o amor implementando as demandas da justiça. A justiça, em sua melhor acepção, é o amor corrigindo tudo que se coloque contra ele.

Não há nada essencialmente errado no que se refere ao poder. O problema é que nos Estados Unidos o poder é desigualmente distribuído. No passado isso levou os negros americanos a perseguir seus objetivos por meio do amor e da persuasão moral desprovidos do poder e os brancos deste país a perseguir os seus por meio do poder desprovido do amor e da consciência. Isso levou alguns extremistas a advogar para os negros o mesmo poder destrutivo e sem consciência que eles corretamente abominavam nos brancos. É precisamente essa colisão do poder imoral com a moral sem poder que constitui a principal crise de nossos tempos.

> ## "A NECESSIDADE DE UMA SEGREGAÇÃO TEMPORÁRIA"
>
> Há alguns pontos em que percebo a necessidade de uma segregação temporária para chegarmos a uma sociedade integrada. Posso apontar alguns casos. Eu vi isso no Sul, em escolas que estavam sendo integradas, e vi isso quando a Associação de Professores estava sendo integrada. Frequentemente, quando ocorre essa fusão, o negro é integrado sem poder... Não queremos ser integrados *fora* do poder; queremos ser integrados *dentro* dele.
>
> E é por isso que considero absolutamente necessário ver a integração em termos políticos, ver que existem algumas situações em que a separação pode servir temporariamente como estação intermediária no caminho que leva ao nosso objetivo final, que eu creio ser a única resposta, em última análise, ao problema de uma sociedade verdadeiramente integrada.
>
> 25 de março de 1968

Em sua luta por justiça racial, o negro deve buscar transformar sua condição de impotência em poder criativo e positivo. Na medida em que o Poder Negro defendeu o desenvolvimento da consciência e da força políticas na comunidade negra, a eleição de negros para postos-chave e o uso do voto em bloco para liberalizar o clima político e concretizar nossas justas aspirações por liberdade e dignidade humana, ele foi um apelo positivo e legítimo à ação.

O Poder Negro também foi um apelo à combinação de recursos financeiros para alcançar a segurança econômica. Embora a principal resposta ao dilema econômico dos negros tenha sido um enorme programa federal para todos os pobres segundo o caminho proposto pelo Orçamento da Liberdade de A. Philip Randolph, uma espécie de Plano Marshall para os necessitados, havia algo que o próprio negro poderia fazer para se livrar dos grilhões da pobreza.

Finalmente, o Poder Negro foi um apelo psicológico à bravura. Por muitos anos o negro foi ensinado que não era ninguém, que sua cor era um signo de sua depravação biológica, que seu ser tinha a marca indelével da inferioridade, que toda a sua história foi conspurcada pela impureza da inferioridade. Muito poucas pessoas percebem como a escravidão e a segregação racial feriram a alma e o espírito do homem negro. Todo o negócio sujo da escravidão teve como base a premissa de que o negro era uma coisa a ser usada, não uma pessoa a ser respeitada. O slogan Poder Negro partiu da premissa de que os negros seriam escravos a menos que houvesse um novo poder para contrabalançar a força dos homens que ainda estão determinados a ser senhores em vez de irmãos.

O Poder Negro foi uma reação psicológica à doutrinação igualmente psicológica que levou à criação do escravo perfeito. Embora essa reação tenha levado a respostas negativas e irrealistas e frequentemente provocado palavras e ações destemperadas, não se deve desprezar o valor positivo de se apelar ao negro para que assuma um novo senso de bravura, um sentimento profundo de orgulho racial e uma nova valorização de sua herança. O negro tinha de abraçar uma nova compreensão de sua dignidade e de seu valor. Tinha de enfrentar um sistema que ainda o oprimia e desenvolver um senso inequívoco e grandioso de seu próprio valor. Não podia mais ter vergonha de ser negro.

Não é fácil a tarefa de despertar a bravura de um povo que por tantos séculos fora ensinado que não era ninguém. Até a semântica conspira para fazer com que tudo que é negro pareça feio e degradante. No *Thesaurus* de Roget há cerca de 120 sinônimos para "negritude" e pelo menos sessenta deles são ofensivos – palavras como "nódoa", "fuligem", "tisna", "demônio" e "infame". Há 134 sinônimos para "brancura", e todos são positivos, expressos em palavras como "pureza", "limpeza", "castidade" e "inocência". Uma mentira branca é melhor que uma mentira negra. O membro mais degenerado de uma família é a "ovelha negra", não a "ovelha branca".

Os livros de história, que têm ignorado quase que totalmente a contribuição do negro à história americana, serviram apenas para intensificar o senso de inadequação do negro e reforçar a doutrina anacrônica da supremacia branca. Um número muito grande de negros e brancos não sabe que o primeiro americano a dar seu sangue na revolução que libertou este país da opressão britânica foi um marinheiro negro de nome

Crispus Attucks. Negros e brancos são quase totalmente cegos ao fato de ter sido um médico negro, o dr. Daniel Hale Williams, o primeiro a realizar com sucesso uma operação de coração nos Estados Unidos. Outro médico negro, o dr. Charles Drew, foi amplamente responsável pelo desenvolvimento de um método para extrair o plasma sanguíneo e armazená-lo em grande escala, processo que salvou milhares de vidas na Segunda Guerra Mundial e tornou possível muitos avanços importantes na medicina do pós-guerra. Os livros de história praticamente desprezaram os muitos cientistas e inventores negros que enriqueceram a vida americana. Embora alguns se refiram a George Washington Carver, cuja pesquisa sobre produtos agrícolas ajudou a recuperar a economia sulista quando o trono do Rei Algodão começou a oscilar, eles ignoram a contribuição de Norbert Rillieux, cuja invenção de um tanque de evaporação revolucionou o processo de refino do açúcar. Quantas pessoas sabem que a multimilionária United Shoe Machine Company nasceu de uma máquina de costura de pespontos inventada no século passado por um negro da Guiana Holandesa, Jan Matzeliger; ou que Granville T. Woods, um especialista em motores elétricos, cujas muitas patentes aceleraram o crescimento e o aperfeiçoamento das ferrovias no início deste século, era um negro?

Até a contribuição dos negros à música americana é por vezes desprezada de formas surpreendentes. Em 1965 meu filho mais velho e minha filha ingressaram numa escola integrada de Atlanta. Alguns meses depois minha mulher e eu fomos convidados a assistir a um programa intitulado "A música que engrandeceu a América". Com o passar da noite, ouvimos canções folclóricas e melodias dos vários grupos que para cá imigraram. Estávamos certos de que o programa terminaria com o que há de mais original na música americana, o *spiritual* negro. Mas estávamos enganados. Em vez disso, todos os alunos, incluindo nossos filhos, terminaram o programa cantando "Dixie".*

---

* Canção que fala das benesses da escravidão, considerada um hino informal dos confederados durante a Guerra de Secessão. (N.T.)

Ao nos levantarmos para ir embora, minha mulher e eu olhamos um para o outro com um misto de indignação e surpresa. Todos os alunos, negros e brancos, todos os pais presentes naquela noite e todos os membros do corpo docente haviam sido afligidos por mais uma expressão da tendência da América de ignorar o negro, invisibilizando-o e tornando insignificantes suas contribuições. Naquela noite eu chorei por dentro. Chorei por meus filhos e por todas as crianças negras às quais se negou o direito ao conhecimento de sua herança; chorei por todas as crianças brancas que, por meio da deseducação cotidiana, aprendem que o negro é uma entidade irrelevante na sociedade americana; chorei por todos os pais e professores brancos que são forçados a menosprezar o fato de que a riqueza do progresso cultural e tecnológico dos Estados Unidos é resultado de uma multiplicidade de contribuições convergentes.

"Um slogan que não pode ser implementado num programa"

Não obstante, a despeito dos aspectos positivos do Poder Negro, compatíveis com o que tínhamos buscado realizar no movimento dos direitos civis sem esse slogan, seus valores negativos, creio eu, impediram que ele tivesse substância e conteúdo para se tornar a estratégia básica do movimento.

Por sob toda a satisfação proporcionada por um slogan agradável, Poder Negro era uma filosofia niilista nascida da convicção de que o negro não pode vencer. Era, no fundo, a visão de que a sociedade americana é tão irremediavelmente corrupta e enredada no mal que não há possibilidade de salvação a partir de dentro. Embora esse pensamento seja compreensível como reação a uma estrutura de poder branca que nunca se comprometeu totalmente com a verdadeira igualdade para o negro, e uma mentalidade intransigente que buscou fechar todas as portas e janelas para se proteger dos ventos da mudança, ele portava consigo as raízes de sua própria ruína.

Antes deste século, praticamente todas as revoluções basearam-se na esperança e no ódio. A esperança manifestava-se na crescente expectativa de liberdade e justiça. O que foi novo no movimento de Mahatma Gandhi, na Índia, foi ele ter feito uma revolução com base na esperança e no amor, na esperança e na não violência. Essa mesma e nova ênfase caracterizou o movimento dos direitos civis em nosso país desde o boicote dos ônibus em Montgomery em 1956 até as manifestações de Selma em 1965. Nós mantínhamos a esperança enquanto transformávamos o ódio das revoluções tradicionais num poder positivo não violento. Enquanto essa esperança se concretizou, poucos questionavam a não violência. Mas quando as esperanças foram frustradas, quando as pessoas vieram a perceber que, apesar do progresso, suas condições ainda eram insustentáveis, quando olhavam para fora e viam mais pobreza, mais segregação escolar e mais favelas, o desespero começou a se infiltrar.

Mas uma revolução, embora nascida do desespero, não pode ser sustentada por ele por muito tempo. Essa foi a principal contradição do movimento do Poder Negro. Ele afirmava ser o ramo mais revolucionário da revolução social que está ocorrendo nos Estados Unidos. Mas rejeitava a única coisa que mantém aceso o fogo das revoluções: a chama sempre presente da esperança. Quando morre a esperança, a revolução degenera num receptáculo confuso de gestos fúteis e evanescentes. O negro não pode confiar seu destino a uma filosofia que se nutre unicamente do desespero, a um slogan que não pode ser implementado num programa.

Tomando xícaras de café em minha casa em Atlanta e em meu apartamento em Chicago, eu muitas vezes falava tarde da noite e até as primeiras horas da manhã com defensores do Poder Negro que argumentavam de maneira apaixonada sobre a validade da violência e dos distúrbios. Não citavam Gandhi nem Tolstoi. Sua Bíblia era *Os condenados da terra*, de Frantz Fanon. Esse psiquiatra negro da Martinica que foi para a Argélia, onde trabalhou para a Frente de Libertação Nacional em sua luta contra os franceses, argumentou em seu livro – muito bem escrito, a propósito, com muitos *insights* perspicazes – que a violência é um método psicologicamente saudável e taticamente eficaz para o oprimido. E assim, imaginando fazerem parte da ampla companhia dos "condenados da terra", jovens negros americanos envolvidos no movimento do Poder Negro com frequência citavam a crença de Fanon de que a violência é a única coisa que trará a libertação.

O fato simples, inexorável, era que nenhuma tentativa do negro americano de derrotar seu opressor pela violência iria funcionar. Não precisávamos que o presidente Johnson nos dissesse isso ao lembrar aos negros envolvidos nos distúrbios que seus oponentes os superavam, do ponto de vista numérico, numa proporção de dez para um. Os corajosos esforços de nossos irmãos insurrecionistas, como Denmark Vesey e Nat Turner,* devem ser para nós lembranças eternas de que a rebelião violenta está condenada no nascedouro. Qualquer um que lidere uma rebelião violenta deve se dispor a fazer uma avaliação honesta com respeito às possíveis baixas de uma minoria da população confrontando uma maioria rica e bem-armada, com uma direita fanática que se deliciaria em exterminar milhares de negros, homens, mulheres e crianças.

Ocasionalmente, alguns negros afirmavam que o distúrbio de Watts em 1965 e outros ocorridos em diversas cidades representavam uma ação efetiva pelos direitos civis. Mas os que expressavam essa visão sempre terminavam tropeçando nas palavras quando indagados sobre os ganhos concretos obtidos em resultado dela. Na melhor das hipóteses, os distúrbios produziram um pouco mais de verbas para os programas de combate à pobreza, distribuídas por autoridades amedrontadas, e alguns chafarizes para refrescar as crianças dos guetos. Em nenhum lugar eles produziram qualquer melhoramento concreto como o fizeram as manifestações de protesto organizadas.

Quando se tenta extrair dos advogados da violência quais as ações que poderiam ser eficazes, as respostas são flagrantemente ilógicas. Às vezes eles falam em derrubar governos racistas em estados e municípios. Não conseguem perceber que nenhuma revolução interna jamais teve sucesso em derrubar um governo pela violência a menos que esse governo já tivesse perdido a confiança e o controle efetivo de suas forças armadas. Qualquer pessoa em sã consciência sabe que isso não vai acontecer nos Estados Unidos.

---

* Líderes das maiores revoltas de escravos da história dos Estados Unidos. (N.T.)

A não violência é poder, mas é o uso bom e correto do poder. Construtivamente, pode salvar tanto o homem branco quanto o negro. A segregação racial é sustentada por temores irracionais como os da perda de privilégios econômicos, mudança de status social, casamento misto e adaptação a novas situações. Durante noites insones e dias exaustivos, um número grande de pessoas brancas lutou diligentemente para combater esses medos. Preferindo o caminho da fuga, alguns tentam ignorar questões de relações raciais e fecham suas mentes aos problemas envolvidos. Outros, confiando em manobras jurídicas, pregam a resistência em massa. Outros, ainda, esperam abafar seus temores engajando-se em atos de crueldade e violência contra seus irmãos negros. Mas como são fúteis todos esses antídotos! Em vez de eliminarem o medo, eles instilam temores mais profundos e patológicos. O homem branco, por esforço próprio, pela educação e pela boa vontade, sondando sua consciência e confrontando o fato da integração, pode fazer muito para se libertar desses temores paralisantes. Mas para dominar o medo ele também depende da energia gerada pelo negro em relação a ele. Somente aderindo à não violência – que também significa amor em seu sentido mais poderoso e impositivo – é que o medo da comunidade branca será mitigado.

"Um verdadeiro líder não é quem está em busca de consenso"

As pessoas me têm dito:
– Como a violência é o novo clamor, não haveria o perigo de você perder o contato com o povo do gueto e ficar fora de sintonia se não mudar suas opiniões sobre a não violência?

Minha resposta é sempre a mesma. Embora eu esteja convencido de que a ampla maioria dos negros rejeita a violência, mesmo que eles não rejeitassem eu não estaria interessado em ser um líder do consenso. Recuso-me a determinar o que está certo a partir de uma pesquisa Gallup sobre as tendências do momento. Imagino ter havido líderes na Alemanha que sinceramente se opunham àquilo que Hitler estava fazendo com os judeus.

Mas eles pegaram sua pesquisa e descobriram que o antissemitismo era a tendência predominante. Para "ficarem sintonizados com sua época", para se manterem "atualizados", submeteram-se a uma das maiores ignomínias que a história já conheceu.

Em última instância, um verdadeiro líder não é quem está em busca do consenso, mas quem o modela. Se cada negro dos Estados Unidos recorresse à violência, eu preferiria ser a única voz pregando que esse é o caminho errado. Talvez isso pareça arrogante, mas a intenção não é essa. É apenas minha forma de dizer que prefiro ser um homem de convicções do que um homem da conformidade. Ocasionalmente, desenvolvemos em nossas vidas uma convicção tão preciosa e significativa que a sustentaremos até o fim. Foi isso que encontrei na não violência.

> Não consigo me convencer da ideia de que Deus tenha desejado que eu odiasse. Estou cansado da violência, já vi muito dela. Vi muito ódio nos rostos de tantos xerifes no Sul. E não vou permitir que meu opressor determine o método que devo usar. Nossos opressores têm usado a violência. Nossos opressores têm usado o ódio. Nossos opressores têm usado rifles e revólveres. Não vou me rebaixar ao nível deles. Quero atingir um nível mais elevado. Temos um poder que não se pode encontrar nos coquetéis-molotovs.

Um dos maiores paradoxos do movimento do Poder Negro era que ele falava incessantemente em não imitar os valores da sociedade branca, mas, ao defender a violência, estava imitando o pior, o mais brutal, o mais incivilizado valor da vida americana. Os negros americanos não foram assassinos em massa. Eles não mataram crianças na escola dominical nem enforcaram brancos em árvores como estranhos frutos. Eles não foram os perpetradores encapuzados da violência, linchando seres humanos à vontade e sufocando-os por capricho.

Estou interessado em que os negros atinjam o pleno status de cidadãos e seres humanos aqui nos Estados Unidos. Mas também me preocupo com nossa probidade moral e com a saúde de nossas almas. Portanto, devo me opor a qualquer tentativa de ganharmos nossa liberdade pelos métodos da malícia, do ódio e da violência que têm caracterizado nossos opressores. O ódio fere tanto quem odeia quanto quem é odiado. Como um câncer sem tratamento, o ódio corrói a personalidade e devora sua unidade vital. Muitos de nossos conflitos interiores têm raiz no ódio. É por isso que o psiquiatra diz "Ame ou pereça". O ódio é um peso grande demais para se carregar.

A humanidade está à espera de algo diferente de uma cega imitação do passado. Se realmente queremos avançar um pouco mais, se queremos recomeçar e realmente produzir um novo homem, devemos começar afastando a espécie humana da longa e desolada noite da violência. Não é possível que o novo homem de que o mundo necessita seja o homem não violento? Longfellow disse: "Neste mundo, um homem deve ser uma bigorna ou um martelo." Devemos ser os martelos moldando uma nova sociedade em vez das bigornas moldadas pela antiga. Isso não apenas nos transformará em novos homens, mas nos dará um novo tipo de poder. Não será o poder segundo lorde Acton, que tende a corromper, nem o poder absoluto, que corrompe de forma absoluta. Será o poder impregnado do amor e da justiça, que vai transformar o passado de sombras num futuro radioso e erguer-nos da debilidade do desespero à vitalidade da esperança. Um mundo sombrio, desesperado, confuso e doente do pecado está à espera desse novo tipo de homem e dessa nova forma de poder.

30. Além do Vietnã

Hoje em dia os jovens da América estão lutando, morrendo e matando nas selvas asiáticas numa guerra cujos propósitos são tão ambíguos que a nação como um todo está mergulhada na discordância. Dizem-lhes que estão se sacrificando pela democracia, mas o regime de Saigon, aliado deles, é um arremedo de democracia, enquanto o soldado negro americano nunca vivenciou esse regime.

---

12 de agosto de 1965
King pede uma interrupção dos bombardeios no Vietnã do Norte para estimular uma solução negociada para o conflito

10 de janeiro de 1966
Defende o direito do senador estadual pela Geórgia, Julian Bond, de se opor à guerra

29 de maio
Pede uma interrupção dos bombardeios numa entrevista ao programa de televisão *Face of the Nation*

4 de abril de 1967
Faz o primeiro discurso público contra a guerra na Igreja Riverside de Nova York

---

DURANTE TODA A MINHA VIDA adulta deplorei a violência e a guerra como instrumentos capazes de proporcionar soluções para os problemas da humanidade. Estou firmemente comprometido com o poder criativo da não violência como força capaz de propiciar a conquista de uma paz e de uma fraternidade permanentes e significativas. Como sacerdote, ganhador do Prêmio Nobel, líder dos direitos civis, negro, pai e acima de tudo americano, tenho pelejado com minha consciência.

Apesar disso – certo ou errado –, no verão e no outono de 1965, depois de o presidente Johnson declarar-se disposto a negociar, acreditei que era essencial para todos os americanos evitar publicamente o debate sobre o motivo de estarmos travando uma guerra nas terras longínquas do Vietnã. Eu acreditava que o problema fundamental que confrontava os americanos era como sair rapidamente e sem mais derramamento de sangue do campo de batalha para a mesa de negociações. As questões da culpabilidade e da moral, embora importantes, tinham de ser subordinadas para não nos dispersarmos nem nos dividirmos. A enérgica declaração do presidente, declarando-se disposto a negociar, a falar de paz e assim acabar com a morte e a destruição, tinha de ser aceita, honrada e implementada.

Aceitando essa premissa, minhas declarações públicas, embora condenando todo tipo de militarismo, foram dirigidas sobretudo à mecânica para se chegar à imediata cessação das hostilidades. Não fiz passeata, não fiz manifestação, não promovi assembleias. Apresentei meu apelo diretamente em encontros com o presidente e, a convite dele, com nosso embaixador na ONU, Arthur Goldberg. No encontro com o embaixador Goldberg, realizado em setembro de 1965, afirmei que nossos esforços para atingir a paz por meio de negociações poderia ser acelerado se houvesse a concordância em negociar diretamente com a Frente de Libertação Nacional, a admissão da China Vermelha como membro da ONU e a interrupção dos bombardeios no Vietnã do Norte.

Por algum tempo, sabendo que minha mulher compartilha minha paixão pela paz, resolvi que deixaria para ela assumir posições e organizar encontros sobre essa questão, permitindo que eu me concentrasse nos direitos civis. Mas à medida que os dias de esperança iam se transformando em meses de decepção, dei início à penosa tarefa de avaliar as palavras do governo prometendo a paz em relação a suas ações mortíferas e cada vez mais intensas. Dúvidas corroeram-me a consciência. Apreensivo, mas ainda confiante, víamos recuos na busca pela paz e avanços na busca de vantagens militares.

Alguns de meus amigos de ambas as raças e outros que não se consideram amigos meus expressaram sua desaprovação por eu estar manifestando minha preocupação com a guerra no Vietnã. Em colunas e editoriais de jornais, tanto na imprensa negra quanto na grande imprensa, insinuou-se que Martin Luther King estava "saindo do seu nicho". Fui censurado até mesmo por colegas da liderança do movimento dos direitos civis, membros do Congresso e irmãos de luta por não me "ater à questão dos direitos civis".

Fiquei muito angustiado com todo esse problema. Saí de cena durante dois meses para fazer uma série de coisas, mas basicamente para escrever um livro. Tive oportunidade de refletir, meditar e pensar. Refleti sobre os direitos civis, sobre a situação mundial e sobre os Estados Unidos.

Algo me dizia: "Martin, você tem que se posicionar sobre isso. Não importa o que signifique." Eu não me apressei a fazer isso. Não tomei uma decisão imediata. Tive minhas próprias vacilações e me perguntei se devia ou não fazê-lo.

Ao atravessar esse período, uma noite peguei e li um artigo intitulado "As crianças do Vietnã". Depois de ler esse artigo, disse a mim mesmo: "Nunca mais ficarei calado sobre um problema que está destruindo a alma de nossa nação, assim como milhares e milhares de criancinhas no Vietnã." Cheguei à conclusão de que existe um momento em nossas vidas em que devemos decidir falar por nós mesmos; ninguém pode falar por você.

"Eu era um orador corajoso, mas um ator discreto"

Em fevereiro de 1967, o fio delgado que me prendia ameaçou romper-se quando nosso governo rejeitou a proposta direta de paz – transmitida por nada menos que o líder oficial da União Soviética – que consistia em interrompermos os bombardeios no Vietnã do Norte, não no Vietnã como um todo, em troca da plena ocupação dos assentos numa mesa de negociações. Nós a rejeitamos exigindo uma compensação militar.

Olhando em retrospecto, reconheço que minha fé não morreu assim subitamente; isso veio como uma vazante de maré. Ao rever os eventos, vi uma metódica construção do mal, um acúmulo de desumanidades, cada uma das quais suficiente por si mesma para fazer os homens se esconderem de vergonha. O que era doloroso, mas verdadeiro, é que meu país só falava de paz, mas se inclinava pela vitória militar. Dentro da luva da paz estava o punho cerrado da guerra. Fui tomado pela vergonha e pela culpa, como de fato devia ter ocorrido a todo alemão quando seu governo usava o poder militar para submeter outras nações. Certo ou errado, eu tinha me permitido permanecer por muito tempo como um observador silencioso. Na melhor das hipóteses, eu era um orador corajoso, mas um ator discreto, enquanto se montava um engodo.

Tantas vezes eu tinha criticado aqueles que, por silêncio ou inação, toleravam e assim colaboravam com as perversidades da injustiça racial. Eu não tinha dito, repetidas vezes, que o observador silencioso deveria ser responsabilizado pelas brutalidades cometidas pelos Bull Connors ou pelos assassinatos de crianças inocentes numa igreja em Birmingham? Eu não tinha me comprometido com o princípio de que desviar o olhar do mal é, na verdade, aceitá-lo? Os que cometem linchamentos, apertam o gatilho, apontam o bastão eletrônico ou abrem as mangueiras estão agindo em nome do silêncio. Eu precisava, portanto, me manifestar se quisesse apagar minha assinatura das bombas que estavam caindo sobre o Vietnã do Norte e o do Sul, das latas de napalm. Tinha chegado a hora – na verdade, ela já tinha passado – de eu rejeitar e me desvincular daqueles que, em nome da paz, queimam, mutilam e matam.

Mais do que isso, eu tinha de sair dos púlpitos e palanques. Precisava retornar às ruas para mobilizar os homens a se reunirem e solicitarem, no espírito de nossa própria história revolucionária, o fim imediato dessa carnificina sangrenta, imoral e obscena – por uma causa que está a exigir uma solução antes que a própria espécie humana seja condenada. Eu não podia fazer menos que isso pela salvação de minha alma.

Eu tinha vivido e trabalhado em guetos de todo o país e viajado dezenas de milhares de quilômetros por mês visitando grande número de comunidades negras no Norte e no Sul. Minha experiência pessoal direta com negros de todos os setores da vida convenceu-me de que havia um desencanto profundo e generalizado em relação à guerra no Vietnã – primeiro porque eles eram contra a guerra em si, depois porque achavam que ela tinha provocado uma redução alarmante e significativa no que se refere ao interesse e à atenção ao progresso na área dos direitos civis. Eu já tinha essas opiniões havia muito tempo, mas negros de muitas cidades me pediram que articulasse sua preocupação e frustração. Eles achavam que os direitos civis estavam a caminho de se tornar um problema desprezado e esquecido muito antes de ser parcialmente resolvido.

A grande tragédia era que nosso governo havia declarado uma guerra à pobreza, mas só tinha financiado uma escaramuça. E isso produziu um enorme desespero. Produziu muito cinismo e insatisfação na comunidade negra. Eu tinha morado em guetos de Chicago e Cleveland, e conhecia a dor, o cinismo e a insatisfação. E o fato é que toda cidade de nosso país estava sentada sobre um potencial barril de pólvora.

Enquanto eu me movimentava para fugir à traição de meus próprios silêncios e falar a partir dos ardores de meu próprio coração – apelando a uma repulsa radical à destruição do Vietnã –, muitas pessoas me questionaram sobre a prudência de minha decisão. No cerne da preocupação delas, essa dúvida tem frequentemente se apresentado alto e bom som:

– Por que está falando sobre a guerra, sr. King? Por que está se unindo às vozes da dissidência? Paz e direitos humanos não combinam – diziam eles.

E quando eu os ouço, embora muitas vezes compreenda a fonte de suas preocupações, fico apesar disso muito entristecido pelo fato de essas perguntas significarem que seus formuladores não me conhecem, como não conhecem meu compromisso nem minha vocação. Parecem esquecer que, antes de ser um líder dos direitos civis, eu atendi a um chamado, e quando Deus fala, é impossível não profetizar. Eu respondi a um chamado que deixou sobre mim o espírito do Senhor e me fez dedicar-me à pregação do evangelho. E durante os primeiros dias de meu ministério, eu li o apóstolo Paulo dizendo: "Não vos conformeis a este mundo, mas transformai-vos, renovando vossa maneira de pensar e julgar." Resolvi então que iria dizer a verdade tal como Deus a havia revelado a mim. Não importava quantas pessoas fossem discordar de minhas palavras, decidi que iria dizer a verdade.

Creio que o caminho da Igreja Batista da Avenida Dexter – a igreja de Montgomery, Alabama, em que comecei meu pastorado – leva claramente a este santuário na noite de hoje.

Existe… uma conexão muito óbvia e até simples entre a guerra no Vietnã e a luta que eu e outros temos travado neste país. Poucos anos atrás houve nessa luta um momento de luz. Parecia haver realmente uma promessa de esperança para os pobres – negros e brancos – por meio do programa de combate à pobreza. Havia experiências, esperanças, recomeços. Aí veio a escalada no Vietnã e eu vi esse programa ser interrompido e dilapidado como se fosse um brinquedo político de uma sociedade enlouquecida pela guerra. E fiquei consciente de que os Estados Unidos jamais investiriam as verbas ou energias necessárias à reabilitação dos pobres enquanto aventuras como a do Vietnã continuassem a drenar homens, talentos e dinheiro como um tubo de sucção destrutivo e demoníaco. Assim, fiquei cada vez mais compelido a ver a guerra como um inimigo dos pobres e a atacá-la como tal.

Talvez um reconhecimento mais trágico da realidade tenha ocorrido quando começou a ficar claro para mim que a guerra estava fazendo mais do que devastar as esperanças dos pobres deste país. Ela estava enviando seus filhos e irmãos e maridos para lutar e morrer em proporções extraordinariamente altas em comparação com o restante da população. Estávamos pegando os jovens negros prejudicados por nossa sociedade e os enviando a um lugar situado a 13 mil quilômetros de distância para garantir liberdades no Sudeste Asiático que eles não tinham no sudoeste da Geórgia ou a leste do Harlem. Assim, temos sido repetidamente confrontados pela cruel ironia de ver rapazes negros e brancos nas telas da TV matando e morrendo juntos por uma nação que tem sido incapaz de fazer com que se sentem juntos nas mesmas escolas. E assim os vemos exibindo uma solidariedade brutal ao queimarem as cabanas de uma aldeia pobre, mas percebemos que dificilmente morariam no mesmo quarteirão em Chicago. Eu não poderia silenciar em face dessa manipulação cruel dos pobres...

Ao caminhar entre jovens desesperados, rejeitados e raivosos, tenho dito a eles que rifles e coquetéis-molotovs não podem resolver seus problemas. Tenho tentado oferecer-lhes minha mais profunda compaixão, mantendo ao mesmo tempo a convicção de que a mudança social chega de modo mais significativo mediante a ação não violenta. Mas eles perguntavam, e o faziam corretamente:

– E a questão do Vietnã?

Eles perguntavam se nossa própria nação não estava usando doses maciças de violência para resolver seus problemas e produzir as mudanças que desejava. Suas perguntas faziam sentido e eu sabia que nunca poderia elevar a voz contra a violência sofrida nos guetos pelos oprimidos sem primeiro ter falado claramente sobre o grande produtor de violência no mundo de hoje: meu próprio governo. Pelo bem daqueles rapazes, pelo bem desse governo, pelo bem das centenas de milhares de pessoas que tremem em função da violência que praticamos, não posso permanecer em silêncio.

Ora, deveria ser luminosamente claro que nenhuma pessoa que tenha alguma preocupação com a integridade da vida nos Estados Unidos nos dias de hoje pode ignorar a atual guerra. Se a alma da América ficar totalmente envenenada, parte da autópsia deve apontar "Vietnã". Ela não pode ser salva enquanto destruir as mais profundas esperanças dos homens de todo o mundo. Assim é que aqueles de nós que já estão tomados pela determinação de que "a América será" são conduzidos pelo caminho do protesto e da dissensão, trabalhando pela saúde de nossa terra.

Como se não bastasse o peso de tal compromisso para com a vida e a saúde dos Estados Unidos, outra carga de responsabilidade foi colocada sobre os meus ombros em 1964; e não posso esquecer que o Prêmio Nobel da Paz foi também uma missão, a de trabalhar mais do que antes pela fraternidade humana. Esse é um apelo que me leva além das fidelidades nacionais.

Mas mesmo que ele não estivesse presente, eu teria de conviver com o significado de meu compromisso com o ministério de Jesus Cristo. Para mim, a relação entre esse ministério e a construção da paz é tão óbvia que por vezes me espanto com aqueles que perguntam por que estou falando contra a guerra. Será possível que não saibam que a Boa-Nova era dirigida a todos os homens – a comunistas e capitalistas, a seus filhos e aos nossos, ao negro e ao branco, ao revolucionário e ao conservador? Teriam esquecido que o ministério deve obediência àquele que amava tanto seus inimigos que acabou morrendo por eles? Que posso dizer então ao vietcongue ou a Castro ou a Mao como fiel ministro dele? Posso ameaçá-los com a morte ou não devo compartilhar minha vida com eles?

Finalmente, ao tentar explicar a vocês e a mim mesmo o caminho que traz de Montgomery a este lugar, eu teria oferecido tudo que é mais valioso se simplesmente dissesse que tenho de ser fiel a minha convicção de que compartilho com todos os homens o apelo a serem filhos do Deus vivo. Além do apelo da raça, da nação ou do credo está a vocação de ser filho e irmão. Como creio que o Pai está profundamente preocupado em especial com Seus filhos sofredores, desesperados e excluídos, venho aqui esta noite para falar deles. Acredito ser isso ao mesmo tempo o privilégio e o ônus de todos nós que nos consideramos vinculados por devoções e fidelidades mais amplas e profundas que o nacionalismo e que vão além dos objetivos e posições autodefinidos da nação. Somos convocados a falar pelo pobre, pelo que não tem voz, pelas vítimas de nossa nação, por aqueles que ela chama de "inimigos", pois nenhum documento produzido por mãos humanas pode tornar esses humanos menos ou mais irmãos nossos.

A guerra no Vietnã não é mais que um sintoma de uma moléstia muito mais profunda que aflige o espírito americano, e se ignorarmos essa importante realidade acabaremos organizando comissões de clérigos e leigos comprometidos pela próxima geração. Eles vão se preocupar com a Guatemala e com o Peru. Vão se preocupar com a Tailândia e o Camboja. Vão se preocupar com Moçambique e com a África do Sul.

Nós estaremos marchando por esses e uma dúzia de outros nomes e comparecendo a intermináveis assembleias a menos que haja uma mudança importante e profunda na vida e nas diretrizes americanas. Assim, esses pensamentos nos levam além do Vietnã, mas não além de nosso apelo como filhos do Deus vivo.

Em 1957, um sensível funcionário americano servindo no exterior disse que lhe parecia que nossa nação estava do lado errado de uma revolução mundial. Nos últimos dez anos temos assistido à emergência de um padrão de repressão que agora justifica a presença de conselheiros militares americanos na Venezuela. Essa necessidade de manter a estabilidade social em função de nossos investimentos é responsável pela ação contrarrevolucionária das forças americanas na Guatemala. Ela nos diz por que helicópteros americanos são usados contra guerrilheiros no Camboja e por que napalm e boinas-azuis americanos já estão em ação contra os rebeldes no Peru.

É com essa atividade em mente que as palavras do falecido John F. Kennedy retornam para nos assombrar. Cinco anos atrás ele disse: "Os que tornam impossível a revolução pacífica tornam inevitável a revolução violenta." Cada vez mais, por escolha ou acidente, é esse o papel que nossa nação tem assumido: o papel dos que tornam impossível a revolução pacífica ao se recusarem a abrir mão dos privilégios e dos prazeres provenientes dos imensos lucros dos investimentos no exterior. Estou convencido de que, para assumirmos o lado certo da revolução mundial, nós como nação devemos passar por uma radical revolução de valores. Devemos passar rapidamente de uma sociedade orientada para coisas para uma sociedade orientada para pessoas. Quando máquinas e computadores, motivos ligados ao lucro e direitos de propriedade são considerados mais importantes do que pessoas, os trigêmeos gigantes do racismo, do materialismo extremo e do militarismo não podem ser vencidos.

Uma verdadeira revolução de valores logo nos fará questionar a equidade e a justiça de muitas de nossas políticas passadas e presentes. Por um lado, somos chamados a desempenhar o papel do Bom Samaritano à beira das estradas da vida, mas esse será apenas um primeiro ato. Um dia chegaremos a ver que toda a estrada de Jericó deve ser transformada de modo que homens e mulheres não sejam constantemente agredidos e roubados ao fazerem sua jornada pela estrada da vida. A verdadeira compaixão é mais do que jogar uma moeda para um mendigo. Ela consegue ver que uma casa que produz mendigos precisa ser reformada.

Uma verdadeira revolução de valores logo olhará com apreensão o contraste entre pobreza e riqueza. Com virtuosa indignação, olhará através dos mares e verá indivíduos capitalistas do Ocidente investindo altas somas na Ásia, na África e na América do Sul, apenas para obter lucro, sem nenhuma preocupação com o progresso social dos países, e dirá: "Isso não é justo." Verá nossa aliança com a aristocracia rural da América do Sul e dirá: "Isso não é justo." A arrogância do Ocidente de achar que tem tudo a ensinar aos outros e nada a aprender com eles não é justa.

Uma verdadeira revolução de valores vai impor as mãos sobre a ordem mundial e dizer com referência à guerra: "Essa forma de resolver diferenças não é justa." Esse negócio de matar seres humanos com napalm, de encher os lares de nossa nação de órfãos e viúvas, de injetar as drogas venenosas do ódio nas veias de pessoas normalmente humanas, de enviar de volta de campos de batalha sombrios e sangrentos homens fisicamente incapacitados e psicologicamente perturbados não pode conciliar-se com nossa sabedoria, nossa justiça e nosso amor. Uma nação que continua, ano após ano, a gastar mais dinheiro com a defesa militar do que com programas de promoção social está próxima da morte espiritual.

Os Estados Unidos, a nação mais rica e poderosa do mundo, podem muito bem liderar essa revolução de valores. Não há nada a não ser um trágico desejo de morte que nos impeça de reordenar nossas prioridades, de modo que o anseio de paz assuma precedência sobre o anseio de guerra. Não há nada que nos impeça de moldar um recalcitrante status quo com mãos mutiladas até transformá-lo numa fraternidade...

Estes são tempos revolucionários. Por todo o globo os homens se revoltam contra antigos sistemas de exploração e opressão, e das feridas de um mundo frágil estão nascendo novos sistemas de justiça e igualdade. As pessoas descamisadas e descalças da terra estão se rebelando como nunca antes. Pessoas que permaneciam na escuridão já viram um clarão enorme. Nós do Ocidente devemos apoiar essas revoluções.

É um fato triste que, por causa do conforto, da complacência, de um medo mórbido do comunismo e de nossa tendência a nos ajustarmos à injustiça, as nações do Ocidente que desencadearam grande parte do espírito revolucionário do mundo moderno agora se tornam as maiores antirrevolucionárias. Isso levou muitas pessoas a imaginar que somente o marxismo tem um espírito revolucionário. Assim, o comunismo é o julgamento de nosso fracasso em tornar real a democracia e prosseguir com a revolução que havíamos iniciado. Nossa única esperança hoje em dia está em nossa habilidade de recuperar o espírito revolucionário e ir em frente num mundo por vezes hostil declarando uma eterna aversão à pobreza, ao racismo e ao militarismo. Com esse poderoso comprometimento, vamos desafiar corajosamente o status quo e os costumes injustos, dessa forma acelerando a chegada do dia em que "todos os vales serão exaltados, todas as colinas e montanhas virão abaixo, os lugares ásperos serão aplainados e os tortuosos retificados".

Uma verdadeira revolução de valores significa, em última análise, que nossas lealdades devem tornar-se ecumênicas em vez de exclusivas. Cada nação deve agora desenvolver uma imensa lealdade à espécie humana como um todo a fim de preservar o melhor de cada uma de suas sociedades...

Devemos passar da indecisão à ação. Devemos encontrar novas formas de defender a paz no Vietnã e a justiça em todo o mundo em desenvolvimento, um mundo que chega às nossas portas. Se não agirmos, seremos certamente arrastados pelos longos, sombrios e vergonhosos corredores do tempo reservados aos que têm poder sem compaixão, força sem moral e resistência sem visão.

Vamos agora começar. Vamos agora voltar a nos dedicar à luta longa e amarga, embora bela, por um novo mundo. Esse é o chamado dos filhos de Deus, e nossos irmãos esperam avidamente por nossa resposta. Deveríamos dizer que as disparidades são grandes demais? Deveríamos contar-lhes que a luta é muito dura? Será que nossa mensagem deve ser de que as forças da vida na América militam contra sua ascensão à plena condição de homens e que enviamos nossas mais profundas condolências? Ou haverá uma nova mensagem – de aspiração, de esperança, de solidariedade em relação a seus anseios, de compromisso com sua causa, a despeito do custo? A escolha é nossa e, embora pudéssemos preferir que fosse de outra forma, devemos fazer essa escolha neste momento crucial da história humana.

Quando tomei posição pela primeira vez contra a guerra no Vietnã, quase todos os jornais do país me criticaram. Foi um período de baixa na minha vida. Era difícil para mim abrir um jornal. Não eram apenas os brancos, mas os negros também. Mas então eu me lembrei de um jornalista que um dia se aproximou de mim e disse:

– Dr. King, o senhor não acha que agora terá de mudar de posição pelo fato de tantas pessoas o estarem criticando? E pessoas que o respeitavam vão perder o respeito pelo senhor. E pelo que entendi o senhor vai prejudicar o orçamento da Conferência da Liderança Cristã do Sul; algumas pessoas já retiraram seu apoio. E o senhor não acha que deve caminhar agora mais de acordo com a política do governo?

Foi uma boa pergunta, pois ele estava me indagando se eu iria refletir sobre o que acontece comigo ou o que acontece com a verdade e a justiça nesta situação.

Sobre algumas posições, a Covardia pergunta "É seguro?", a Conveniência pergunta "É político?" e a Vaidade se apresenta e pergunta "É popular?". Mas a Consciência pergunta "Está certo?". E chega um momento em que devemos assumir uma posição que não é segura, nem política, nem popular, mas devemos fazê-lo porque a Consciência nos diz que é certo.

A melhor medida de um homem não é como ele se posiciona em momentos de conveniência, mas onde ele se situa em momentos de desafio, de grande crise e de controvérsia. E foi aí que resolvi arriscar minha sorte no dia de hoje. E é por isso que eu queria prosseguir com isto, pois penso que é onde a SCLC deveria estar. Deve haver outros que preferem seguir um caminho diferente, mas quando assumi a cruz reconheci seu significado. Não é algo em que você simplesmente ponha suas mãos. Não é algo que você use. A cruz é algo que você carrega e sobre a qual acaba morrendo. A cruz pode significar a morte de sua popularidade. Pode significar a morte de sua ponte com a Casa Branca. Pode significar a morte da verba de uma fundação. Pode cortar um pouco o seu orçamento, mas pegue sua cruz e simplesmente a carregue. E foi essa a maneira como resolvi agir. Venha o que vier, agora não importa.

Um mito sobre minhas opiniões a respeito da guerra me atribui a defesa da fusão do movimento dos direitos civis com o movimento pacifista, fazendo com que me criticassem por esse "grave erro tático". Não tenho essa opinião. Numa resolução formal pública, minha organização, a SCLC, e eu declaramos explicitamente que não tínhamos a intenção de desviar nem reduzir nossas atividades na área de direitos civis, e apresentamos um esboço de amplos programas para o futuro tanto no Sul quanto em Chicago.

Fiquei triste pelo fato de o corpo diretor da NAACP, organização coirmã de direitos civis, colaborar para a perpetuação desse mito sobre minhas opiniões. Eles contestaram e repudiaram uma proposição inexistente. A SCLC e eu expressamos nossa visão sobre a guerra e chamamos a atenção para seus efeitos danosos aos programas de direitos civis, fato que acreditávamos incontroverso e que, portanto, teria de ser obrigatoriamente mencionado no interesse da luta pela igualdade. Eu desafiei a NAACP e outros críticos de minha opinião a se posicionarem francamente sobre o caráter justo ou injusto dessa guerra em vez de saírem por aí criando problemas inexistentes.

Sou um clérigo e também um líder dos direitos civis, e as raízes morais de nossa política de guerra não são desimportantes para mim. Não creio que nosso país possa ser um líder da justiça, da igualdade e da democracia se ficar enredado no papel autoatribuído de polícia mundial. Por toda a minha carreira no movimento dos direitos civis, tenho me preocupado com a justiça para todas as pessoas. Por exemplo, creio firmemente que devemos acabar com a pobreza não só entre os negros, mas entre os brancos também. Da mesma forma, sempre insisti na justiça para o mundo inteiro, pois a justiça é indivisível. E a injustiça, onde quer que aconteça, é uma ameaça à justiça em toda parte. Não vou me omitir quando vejo uma guerra injusta sendo travada, mas isso de forma alguma diminui minha atividade na área de direitos civis, tal como ocorre diariamente com milhões de pessoas negras e brancas.

Essa guerra prejudicou o destino do mundo inteiro. Ela rasgou a Convenção de Genebra, afetou seriamente as Nações Unidas, exacerbou o ódio entre os continentes e, pior ainda, entre as raças. Ela frustrou nosso desenvolvimento doméstico, dizendo a nossos cidadãos desprivilegiados que colocamos nossas insaciáveis demandas militares acima de suas necessidades mais críticas; contribuiu enormemente para as forças da reação nos Estados Unidos e reforçou o complexo industrial-militar sobre o qual até mesmo o presidente Eisenhower nos advertira solenemente; praticamente destruiu o Vietnã e deixou milhares de jovens vietnamitas e americanos aleijados e mutilados; e expôs o mundo todo aos riscos de uma guerra nuclear.

"TÃO PRECIOSA QUE SOU CAPAZ DE MORRER POR ELA"

Eu lhes digo, esta manhã, que se vocês nunca encontraram alguma coisa tão cara e preciosa que seriam capaz de morrer por ela, então não estão preparados para viver. Vocês podem ter 38 anos de idade, como é o meu caso, e um dia lhes aparece uma excelente oportunidade exigindo que se posicionem a respeito de um grande princípio, de um grande problema, de uma grande causa. E vocês se recusam a isso por ter medo. Vocês se recusam a isso porque desejam viver mais. Vocês têm medo de perder o emprego ou de ser criticados ou de perder a popularidade ou de que alguém lhes dê uma facada ou um tiro ou jogue uma bomba em sua casa. E assim vocês se recusam a assumir uma posição. Bem, vocês podem ir em frente e viver até os noventa, mas estarão tão mortos aos 38 quanto estariam nessa idade. E o fim da respiração em sua vida será apenas o anúncio atrasado da morte anterior de seu espírito. Vocês morreram quando se recusaram a defender o que é certo. Morreram quando se recusaram a defender a justiça.

Nunca pensem que estão sozinhos. Sejam presos se necessário, mas nunca o serão sozinhos. Tomem posição em favor do que é certo, e talvez o mundo não os compreenda e os critique. Mas nunca estarão sozinhos, pois em algum lugar eu li que quem está com Deus é maioria. E Deus tem uma forma de transformar a minoria em maioria. Caminhem com Ele esta manhã, creiam nele e façam o que é certo, e Ele estará com vocês até a consumação dos tempos. Sim, eu vi a luz do relâmpago. Eu ouvi o retumbar do trovão. Sim, eu vi as ondas do pecado se chocando, tentando conquistar minha alma, mas ouvi a voz de Jesus dizendo que eu devia continuar lutando. Ele prometeu que jamais me deixaria só. Não, só jamais. Não, só jamais.

De um sermão na Ebenezer, 5 de novembro de 1967

O governo Johnson se mostrou surpreendentemente desprovido de diplomacia, e quando a diplomacia criativa entra em declínio o militarismo irracional cresce. O presidente Kennedy era um homem dotado de suficiente grandeza para admitir seus erros – como o fez após o incidente da baía dos Porcos. Mas Johnson pareceu incapaz de fazer esse tipo de gesto diplomático em relação ao Vietnã. Mesmo quando podia obter prontamente o apoio popular para acabar com os bombardeios naquele país, ele persistiu. Mas as bombas lançadas no Vietnã também explodiram em nosso país; elas destruíram as esperanças e possibilidades de uma América decente.

Eu segui a política de ser totalmente honesto com o presidente Johnson quando ele me consultou sobre direitos civis. Fui à Casa Branca a seu convite. Deixei bem claro para ele por que tinha tomado uma posição contra a guerra no Vietnã. Tive com ele uma longa conversa ao telefone sobre isso e deixei claro que iria reafirmar minha posição contrária. Eu não estava concentrando isso no presidente Johnson. Achava que havia uma culpa coletiva. Quatro presidentes contribuíram de alguma forma na construção do caminho que levou à guerra no Vietnã. Assim não vou colocar tudo na conta do presidente Johnson. Meu interesse era que puséssemos um fim a essa guerra pavorosa e libertássemos nossas almas.

Não há uma única autoridade deste país que possa ir a qualquer lugar do mundo sem que lhe atirem ovos e pedras. É porque assumimos uma espécie de arrogância do poder. Ignoramos os imperativos da justiça e da moral. E não sei quanto a vocês, mas eu gostaria de dar um testemunho mais positivo sobre isso. Gostaria de estar na idade do alistamento militar. Gostaria de não ter minha isenção pastoral. Digo-lhes esta manhã que eu não lutaria na Guerra do Vietnã. Preferiria ser preso. E digo ao governo federal ou a qualquer pessoa: não podem fazer comigo o que fizeram ao dr. Spock e a William Sloan Coffin, meu bom amigo, capelão de Yale. Eles também podem tentar me condenar, pois vou continuar dizendo aos jovens que, se sentirem em seus corações que essa guerra é errada, injusta e objetável, não se envolvam nela. Sigam o caminho de Jesus Cristo.

31. A Campanha pelos Pobres

Entramos numa era em que somos chamados a levantar certas questões básicas para a sociedade como um todo. Ainda somos chamados a ajudar o mendigo que se vê na miséria e na agonia da estrada da vida. Mas um dia devemos indagar por que um edifício que produz mendigos não é reestruturado e renovado. É nesse ponto que estamos agora.

22 de maio de 1967
Numa reunião da equipe da SCLC, King exige uma redistribuição radical do poder político e econômico

4 de dezembro
Lança a Campanha pelos Pobres

18 de março de 1968
Em Memphis, dirige-se a trabalhadores de limpeza urbana em situação de greve

28 de março
Lidera passeata em Memphis interrompida com violência

EM NOVEMBRO DE 1967, a equipe da Conferência da Liderança Cristã do Sul realizou um dos encontros mais importantes que já organizamos. Tivemos intensas discussões e análises de nosso trabalho e dos desafios que nos confrontavam, a nós e à nação. No final, tomamos uma decisão: a SCLC iria liderar marchas a Washington em favor dos pobres e deserdados desta nação, na primavera de 1968, para exigir que o governo americano atenda suas queixas e garanta ao menos empregos ou renda para todos.

Tínhamos aprendido com a dura e amarga experiência de nosso movimento que o governo não se movimentava para corrigir um problema envolvendo raça a menos que fosse confrontado de forma direta e expressiva. Foi necessária uma Selma para que o direito fundamental de voto fosse incluído nos estatutos federais. Foi necessária uma Birmingham para que o governo abrisse as portas dos espaços públicos a todos os seres humanos. Agora precisávamos de um novo tipo de Selma ou Birmingham para enfatizar a condição econômica do negro e forçar o governo a agir.

Iríamos a Washington e exigiríamos ser ouvidos, e lá permaneceríamos até que a América respondesse. Se isso significasse a repressão de nosso movimento pela força, iríamos confrontá-la, pois já tínhamos feito isso antes. Se significasse sermos depreciados ou ridicularizados, nós o aceitaríamos, pois isso era o que se oferecia aos pobres deste país. Se significasse sermos presos, nós o aceitaríamos, pois milhões de pobres já eram prisioneiros da exploração e da discriminação. Mas esperávamos, cada vez mais confiantes, que nossa campanha em Washington fosse objeto de compreensão solidária em toda a nação, seguida de uma enorme onda de manifestações não violentas na capital e de protestos simultâneos em outros lugares. Em suma, cobraríamos do governo reformas específicas e pretendíamos empreender ações de militância não violenta até que o governo se mexesse em relação à pobreza.

Pretendíamos canalizar a raiva e a frustração latentes dos negros num movimento eficaz, militante e não violento, de enormes proporções, em Washington e outras áreas. Similarmente, estaríamos apelando a uma grande massa de jovens desencantados com esta sociedade materialista e pedindo-lhes que se juntassem a nós em nosso novo movimento em Washington. Também buscávamos a participação de representantes dos milhões de pobres não negros – índios, mexicano-americanos, porto-riquenhos, apalachianos* e outros. E aceitávamos a ajuda de todos os americanos de boa vontade.

---

* Habitantes da região dos Montes Apalaches, caracterizados pela pobreza e pelo atraso. (N.T.)

E assim resolvemos ir a Washington e usar todos os meios legítimos de protesto não violento que fossem necessários para colocar nossa nação e nosso governo num novo curso de reforma social, econômica e política. Em última análise, a SCLC decidiu ir a Washington porque, se não agíssemos, estaríamos abdicando de nossas responsabilidades como organização comprometida com a liberdade e com a não violência. Nós estávamos mantendo esse compromisso, e convocamos a América a nos acompanhar em nossa campanha em Washington. Dessa maneira, poderíamos atuar criativamente contra o desespero e a indiferença que com tanta frequência imobilizavam nossa nação durante os meses frios do inverno e a sacudiam profundamente no calor do verão.

"Novas táticas que não contam com a boa vontade do governo"

A política do governo federal é jogar roleta-russa com os distúrbios, e ele está preparado para se aventurar em mais um verão de desastres. Apesar de dois verões consecutivos de violência, nenhuma das causas básicas dos distúrbios foi corrigida. Toda a miséria que atiçou as chamas do ódio e da rebelião permanece intocada. Com desemprego, moradias intoleráveis e educação discriminatória, um flagelo dos guetos negros, o Congresso e o governo ainda tentam remendar as coisas com medidas frias e triviais.

Alguns anos atrás, porém, houve um progresso discernível, embora limitado, obtido por meio da não violência. A cada ano o negro ia ganhando uma nova autoconfiança, saudável e vibrante. É indiscutível o fato de que a tática da não violência, que então havia dominado o pensamento do movimento dos direitos civis, não tem, nos últimos dois anos, desempenhado seu papel transformador. A não violência era uma doutrina criativa no Sul porque colocava em xeque os segregacionistas hidrófobos ansiosos por uma oportunidade de esmagar fisicamente os negros. A ação direta não violenta possibilitou ao negro tomar as ruas num protesto ativo, mas amordaçou as armas do opressor porque nem ele era capaz de atirar à luz do dia em homens, mulheres e crianças desarmados. É por esse motivo que houve menor perda de vidas em dez anos de protestos no Sul do que em dez dias de distúrbios no Norte.

Concordo com a Comissão Nacional Consultiva sobre Desordens Públicas criada pelo presidente quando diz que nossa nação está se dividindo em duas sociedades hostis e o principal elemento destrutivo é o racismo branco. Precisamos, acima de tudo, de meios efetivos de obrigar o Congresso a agir com determinação – mas meios que não envolvam o uso da violência.

Chegou a hora de um retorno aos grandes protestos não violentos. Nesse sentido, estamos planejando uma série de manifestações para esta primavera e este verão, começando em Washington, DC. Elas terão a participação de negros e brancos e seu objetivo será beneficiar os pobres de ambas as raças.

"UM TESTEMUNHO DE ESPERANÇA"

A nação esperou que o homem negro explodisse em fúria para despertar em si uma preocupação pelo menos parcial. Confrontada agora com os problemas inter-relacionados da guerra, da inflação, da decadência urbana, da reação branca e do clima de violência, ela se vê então *forçada* a se preocupar com as questões da pobreza e das relações raciais, para as quais está tragicamente despreparada. O que antes poderia ser uma série de problemas distintos agora se funde numa crise social de complexidade quase atordoante.

Não me entristece que negros americanos estejam se rebelando; isso não era apenas inevitável, mas também eminentemente desejável. Sem essa magnífica efervescência entre os negros, as velhas evasivas e procrastinações iriam prosseguir indefinidamente. Os negros fecharam a porta a um passado de deprimente passividade. Excetuando-se o período da Reconstrução, jamais em sua longa história em solo americano eles lutaram com tanta criatividade e coragem por sua liberdade. Estes são os anos luminosos de nossa emergência; embora dolorosos, não se pode evitá-los.

1968

"Encontrar uma forma de pressioná-los"

Sabemos de nossa experiência passada que o presidente e o Congresso não fariam coisa alguma até desenvolvermos um movimento em torno do qual as pessoas de boa vontade pudessem encontrar uma forma de pressioná-los, pois isso realmente significaria romper a coalizão no Congresso. Este era ainda um Congresso basicamente sulista, dominado pela coalizão e pelos interesses agrários. Nele havia sulistas presidindo comissões, e enquanto pudessem eles seriam obstáculos ao progresso. Tinham um número suficiente de republicanos do Norte e do Meio-Oeste para acompanhá-los.

Isso de fato significava tornar o movimento bastante poderoso, enfático e moralmente atraente para que as pessoas de boa vontade – religiosos, sindicalistas, intelectuais, estudantes, os próprios pobres – começassem a pressionar os congressistas até que eles não conseguissem mais evitar nossas demandas.

Nossa ideia era enfatizar o problema econômico dos pobres como um todo. Achávamos que havia muita coisa que precisávamos fazer para sensibilizar o Congresso. As primeiras manifestações seriam voltadas sobretudo para fins educativos – educar a nação sobre a natureza do problema e seus aspectos cruciais, as condições trágicas que enfrentávamos nos guetos. Depois disso, se não tivéssemos obtido uma resposta do Congresso, ampliaríamos o movimento. E éramos suficientemente honestos para reconhecer que não obteríamos resultados imediatos do Congresso, conscientes de sua natureza recalcitrante em relação a esse assunto e sabendo que tantos recursos e energias estavam sendo empregados no Vietnã e não para resolver a situação doméstica. De modo que não tínhamos quaisquer ilusões quanto a mobilizar o Congresso em duas ou três semanas. Mas realmente achávamos que, começando por Washington, concentrando nosso esforço no Congresso e nos ministérios, poderíamos fazer um trabalho realmente educativo.

Chamamos nossa manifestação de campanha por emprego e renda porque achávamos que a questão econômica era a mais crucial que os negros, e os pobres em geral, enfrentavam. Havia uma literal depressão na comunidade negra. Quando se tem desemprego em massa nessa comunidade, fala-se de um problema social; quando isso ocorre na comunidade branca, trata-se de uma depressão.

Começaríamos a atividade em torno de Washington, mas, quando ela se iniciasse, algumas pessoas falariam com Washington. Algumas iriam para lá montadas em mulas. Outras em charretes puxadas igualmente por mulas. E teríamos um comboio de mulas, todas dirigindo-se a Washington, de modo que contaríamos com forças vindas do Sul – o Mississippi juntando-se ao Alabama, o Alabama juntando-se à Geórgia, a Geórgia juntando-se à Carolina do Sul, a Carolina do Sul juntando-se à Carolina do Norte e à Virgínia, e de lá direto para Washington. Outras forças viriam de Chicago, Detroit, Cleveland e Milwaukee, outras ainda de Boston, Nova York, Filadélfia, Baltimore – todas dirigindo-se a Washington.

Nós levaríamos os problemas dos pobres à sede do governo da nação mais rica da história humana. Se esse poder se recusasse a reconhecer seu débito para com os pobres, deixaria de cumprir sua promessa de garantir "vida, liberdade e a busca da felicidade" a seus cidadãos. Se esta sociedade fracassar, temo que muito em breve venhamos a ouvir que o racismo é uma doença fatal.

O povo americano está infectado pelo racismo – esse é o perigo. Paradoxalmente, também está infectado por ideais democráticos – ou seja, pela esperança. Embora agindo errado, tem o potencial de fazer o certo. Mas não vai dispor de um milênio para fazer as mudanças. Tampouco tem a opção de prosseguir no velho caminho. O futuro que lhe pedem para inaugurar não é tão intragável a ponto de justificar as perversidades que sitiam a nação. Acabar com a pobreza, extirpar o preconceito, libertar uma consciência atormentada, construir um futuro de justiça, equidade e criatividade – tudo isso é digno do ideal americano.

Nós temos, mediante a ação de massa não violenta, uma oportunidade de evitar um desastre nacional e de criar um novo espírito de harmonia racial e de classe. Podemos escrever outro capítulo luminoso, do ponto de vista moral, na história americana. Todos nós estamos sendo julgados neste momento tormentoso, mas o tempo ainda nos permite abordar o futuro com a consciência tranquila.

> Temos o poder de mudar este país e de dar um novo tipo de vitalidade à religião de Jesus Cristo. E podemos fazer com que esses rapazes e moças que perderam a fé na Igreja percebam que Jesus era um homem sério exatamente porque lidava com a essência do humano em meio ao fulgor do Divino e se preocupava com os problemas do homem. Ele se preocupava com o pão; inaugurou e iniciou muito tempo atrás a Operação Cesta de Pão. Iniciou o primeiro movimento de sit-in. O maior revolucionário que a história conheceu. E quando as pessoas nos disserem, ao nos posicionarmos, que nos inspiramos nisso ou naquilo, voltem e lhes digam de onde vem nossa inspiração.
>
> Li *O capital* e o *Manifesto comunista* anos atrás, quando era aluno de faculdade. E muitos movimentos revolucionários do mundo nasceram em resultado daquilo que Marx discutiu.
>
> A grande tragédia é que a cristandade não conseguiu ver que ela tinha a prerrogativa revolucionária. Não é preciso recorrer a Marx para aprender a ser um revolucionário. Eu não me inspirei em Karl Marx; inspirei-me num homem chamado Jesus, um santo galileu que se dizia consagrado a curar os desesperados. Ele estava consagrado a enfrentar os problemas dos pobres. E é daí que tiramos nossa inspiração. E nós começamos nossa jornada num momento em que temos uma mensagem para o mundo, e podemos mudar esse mundo e mudar esta nação.

"Um grande movimento em Memphis"

Durante uma semana de março de 1968, eu fiz mais ou menos 35 discursos. Comecei na quinta-feira em Grosse Point, Michigan. Tive de fazer quatro deles na sexta-feira em Detroit. Sábado fui para Los Angeles, onde discursei cinco vezes. Depois, no domingo, preguei em três igrejas de Los Angeles. E de lá peguei um avião para Memphis.

RESOLUÇÕES

Estou simplesmente dizendo esta manhã que vocês deveriam determinar que nunca estarão tão seguros em suas mentes ou suas vidas a ponto de esquecerem os nossos irmãos menores... Em certo sentido, todos nós somos os irmãos menores, mas há alguns que são menores que os menores. Tento transmitir isso a meus filhos todas as manhãs, bem cedo, quando tenho a oportunidade. Ao nos sentarmos à mesa, como fizemos esta manhã para as preces matinais, não pude fazer minha oração sem dizer: "Deus, ajude-nos, ao nos sentarmos aqui a esta mesa, a percebermos que existem aqueles que têm menos sorte do que nós. E permita que nunca os esqueçamos, não importa onde estivermos." E disse a meus filhinhos: "Vou trabalhar e fazer tudo que me seja possível para garantir que vocês tenham uma boa educação. Não quero que vocês jamais esqueçam que há milhões de filhos de Deus que não têm nem poderão ter uma boa educação, e não quero que vocês achem que são melhores do que eles. Pois vocês nunca serão o que devem ser até que eles sejam o que devem ser."

De um sermão em 7 de janeiro de 1968

Ao chegar a Memphis, eu me virei e disse a Ralph Abernathy:
– Eles realmente têm um grande movimento aqui nesta cidade.
O tema era a recusa da prefeitura a ser justa e honesta no trato com seus servidores públicos, que por acaso trabalhavam na limpeza urbana. Estavam em greve 1.300 funcionários desse setor, e a prefeitura não estava sendo justa com eles. Eles estavam se manifestando a respeito de coisas que precisavam ser objeto de manifestações por todo o país. Estavam mostrando que podemos ser leais uns aos outros, que estamos todos ligados pelos uniformes de um único destino e que se um negro sofre, se uma pessoa negra está caída, então todos estamos caídos. Os negros que "têm" devem dar as mãos aos que "não têm". E armados de seus cheques de viagem solidários, eles devem

incursionar àquele outro país em que seu irmão é objeto de rejeição, sofrimento e exploração. Um dia nossa sociedade vai respeitar o trabalhador da limpeza urbana se quiser sobreviver, pois a pessoa que recolhe nosso lixo é, em última análise, tão importante quanto o médico, pois, se não fizer o seu trabalho, as doenças se alastram. Todo trabalho é digno.

Agora me permitam dizer uma palavra àqueles de vocês que estão em greve. Vocês já estão parados há alguns dias, mas não se desesperem. Nada que valha a pena é ganho sem sacrifício. O que vocês devem fazer é permanecer unidos, afirmar a todos nesta comunidade que vão aguentar até o fim, até que todas as demandas tenham sido atendidas, e dizer: "Não vamos deixar ninguém nos passar a perna." Que em toda parte se saiba que, juntamente com salários e todas as outras garantias pelas quais estão lutando, vocês também o fazem pelo direito de se organizarem e de serem reconhecidos.

Todos nós podemos ganhar mais unidos do que isolados. E essa é a forma de se ganhar poder. Poder é a capacidade de atingir um objetivo, poder é a capacidade de produzir mudança, e precisamos de poder. E desejo que vocês se atenham a isso de modo que consigam forçar o prefeito Loeb e outros a dizerem "sim", ainda que queiram dizer "não".

Mas a outra coisa é que nada é ganho sem pressão. Não deixem ninguém aconselhá-los a voltar para o trabalho dizendo, com paternalismo: "Ora, vocês são meus empregados e vou fazer a coisa certa para vocês. É só voltarem ao trabalho." Não voltem ao trabalho enquanto suas demandas não forem atendidas. Nunca se esqueçam de que a liberdade não é algo que seja dado voluntariamente pelo opressor. É algo que deve ser exigido pelo oprimido. A liberdade não é um prato suntuoso que a estrutura de poder e as forças brancas responsáveis pelas diretrizes políticas sirvam voluntariamente numa bandeja de prata enquanto o negro entra apenas com o apetite. Para alcançarmos a igualdade, para conseguirmos salários adequados, teremos de lutar por eles...

Vocês sabem que Jesus nos lembrou um dia, numa parábola magnífica, que um homem foi para o inferno porque não enxergava os pobres. Seu nome era Dives. E havia um homem chamado Lázaro que vinha diariamente a sua porta em busca das necessidades básicas da vida e Dives não fazia nada a respeito. E ele terminou indo para o inferno. Não há nada nessa parábola que diga que Dives foi para o inferno por ser rico. Jesus nunca fez uma acusação universal à riqueza. É verdade que um dia um jovem rico se aproximou dele falando de vida eterna e Ele o aconselhou a vender tudo, mas nesse caso Jesus estava prescrevendo uma cirurgia individual e não estabelecendo um diagnóstico universal. Se você continuar e ler a parábola em todas as suas dimensões e simbolismos, vai lembrar uma conversa que houve entre o céu e o inferno. E do outro lado da ligação de longa distância entre o céu e o inferno estava Abraão conversando com Dives, no inferno. Não era um milionário no inferno conversando com um pobre no céu, mas um pequeno milionário no inferno falando com um multimilionário no céu. Dives não foi para o inferno por ser rico. Sua riqueza era a oportunidade que teve de superar o abismo que o separava de seu irmão Lázaro. Dives foi para o inferno por ter permitido que Lázaro se tornasse invisível. Dives foi para o inferno por ter permitido que os meios pelos quais vivia superassem os fins. Dives foi para o inferno por ter preferido manifestar sua objeção de consciência à guerra contra a pobreza.

E eu venho aqui dizer que os Estados Unidos também irão para o inferno se não usarem sua riqueza. Se este país não usar os vastos recursos de sua riqueza para acabar com a pobreza e tornar possível a todos os filhos de Deus terem suas necessidades básicas atendidas, ele irá para o inferno. Vou ouvir a América dizer, por meio de seus historiadores, nos anos e gerações vindouros: "Construímos prédios gigantescos que beijam os céus. Construímos pontes imensas para transpor os mares. Com nossas espaçonaves, fomos capazes de abrir rodovias pela estratosfera. Com nossos submarinos, pudemos penetrar nas profundezas oceânicas." Parece que consigo ouvir o Deus do universo dizendo: "Mesmo tendo feito tudo isso, eu tive fome e vocês não me alimentaram. Eu estava nu e vocês não me cobriram. Os filhos de meus filhos e filhas precisavam de segurança econômica e vocês não a forneceram. Por isso vocês não podem entrar no reino da grandeza." Essa pode muito bem ser a acusação à América. E a mesma voz diz em Memphis ao prefeito, à estrutura de poder: "O que você faz ao mais humilde de meus filhos está fazendo a mim."

... Tendo de viver diariamente sob a ameaça da morte, por vezes me sinto desestimulado. Tendo de aguentar tantos insultos e críticas, inclusive de meu próprio povo, por vezes me sinto desestimulado. Tendo de ir tão frequentemente para a cama frustrado, com os ventos gélidos da adversidade chegando para me abalar, por vezes me sinto desestimulado e acho que meu trabalho tem sido em vão.

Mas então o Espírito Santo reanima outra vez a minha alma. Em Gileade, há um bálsamo para recuperar os feridos. Se acreditarmos nisso, construiremos uma nova Memphis. E produziremos o dia em que todos os vales serão exaltados, todas as colinas e montanhas virão abaixo, os lugares ásperos serão aplainados e os tortuosos retificados, a glória do Senhor será revelada e toda a humanidade verá isso junta.

32. Sonhos irrealizados

---

3 de abril de 1968
Faz o discurso de encerramento no Templo Bispo Charles J. Mason, em Memphis

4 de abril
É assassinado no motel Lorraine

CREIO QUE UMA das maiores agonias da vida é estarmos constantemente tentando terminar o que é interminável. Recebemos a ordem de fazer isso. E assim nós, como Davi, nos vemos tantas vezes obrigados a encarar o fato de nossos sonhos não se realizarem.

A vida é uma história contínua de sonhos destruídos. Mahatma Gandhi atuou anos e anos pela independência de seu povo. Mas ele teve de encarar o fato de ser assassinado e morrer de coração partido, pois a nação que desejava unir acabou sendo dividida entre a Índia e o Paquistão em resultado do conflito entre hindus e muçulmanos.

Woodrow Wilson teve o sonho de criar a Liga das Nações, mas morreu antes de a promessa se cumprir.

O apóstolo Paulo falou um dia sobre o sonho de ir para a Espanha. Seu maior sonho era ir para a Espanha, levar para lá o evangelho. Paulo nunca chegou à Espanha. Acabou numa prisão em Roma. Assim é a vida.

Tantos de nossos antepassados cantavam a liberdade. E sonhavam com o dia em que poderiam deixar para trás o seio da escravidão, a longa noite da injustiça. E cantavam pequenas canções: "Ninguém conhece os problemas que eu vi, ninguém a não ser Jesus." Eles pensavam num dia melhor ao sonharem os seus sonhos. E diziam: "Fico feliz porque os problemas não perduram para sempre. Dentro em breve, dentro em breve, vou me livrar do enorme peso que carrego." E eles cantavam essas canções por causa de um sonho poderoso. Mas tantos morreram sem que seu sonho se realizasse.

E cada um de vocês está, de alguma forma, construindo uma espécie de templo. A luta está sempre aí. Algumas vezes ela desestimula. Algumas vezes ela causa muita desilusão. Alguns de nós estamos tentando construir um templo de paz. Falamos contra a guerra, protestamos, mas é como se nossas cabeças estivessem batendo numa parede de concreto. Não parece importar. E com a mesma frequência com que se põe a construir o templo da paz você se vê sozinho, desestimulado, desnorteado.

Bem, assim é a vida. E o que me deixa feliz é poder ouvir uma voz gritando através do tempo, dizendo: "Pode não vir hoje nem amanhã, mas é bom que esteja no seu coração. É bom que você esteja tentando." Você pode não chegar a vê-lo. O sonho pode não se realizar, mas é bom que você tenha o desejo de transformá-lo em realidade. É bom que esteja no seu coração.

AGORA ME PERMITAM apresentar uma outra questão. Sempre que começam a construir um templo criativo, qualquer que seja ele, vocês têm de enfrentar o fato de haver uma tensão no coração do universo entre o bem e o mal. O hinduísmo se refere a isso como uma luta entre ilusão e realidade. A filosofia platônica se referia a isso como uma tensão entre corpo e alma. O zoroastrismo, uma religião antiga, se referia a isso como uma tensão entre o deus da luz e o deus das sombras. O judaísmo e o cristianismo tradicionais referem-se a isso como uma tensão entre Deus e Satã. Qualquer que seja o nome que você lhe dê, há uma luta no universo entre o bem e o mal.

Ora, essa luta não está estruturada apenas nas forças externas do universo, ela está estruturada em nossas próprias vidas. Os psicólogos tentam trabalhar com isso à sua própria maneira, e assim afirmam várias coisas. Sigmund Freud costumava dizer que essa tensão se dá entre o que chamava de id e de superego. Alguns de nós sentimos que é uma tensão entre Deus e o homem. E em cada um de nós há uma guerra em curso. É uma guerra civil. Não importa quem você é, não importa onde mora, há uma guerra civil em curso em sua vida. E toda vez que você se dispõe a ser bom, uma coisa o pressiona, dizendo-lhe para ser mau. Isso está acontecendo agora na sua vida. Sempre que se dispõe a amar, algo fica pressionando, tentando fazê-lo odiar. Sempre que se dispõe a ser gentil e dizer coisas boas sobre as pessoas, algo o pressiona a ser ciumento, invejoso e a espalhar boatos maldosos sobre elas. Há uma guerra civil em curso. Há uma esquizofrenia, como os psicólogos ou psiquiatras a chamariam, em curso dentro de todos nós. E há momentos em que todos nós sabemos, de alguma forma, que há em nós um Médico e um Monstro. E acabamos tendo de proclamar, juntamente com Ovídio, o poeta romano: "Eu vejo e aprovo o melhor, mas sigo o pior." Acabamos tendo de concordar com Platão quando ele diz que a personalidade humana é como uma charrete com dois cavalos teimosos, cada qual querendo seguir numa direção diferente. Ou às vezes temos até de acabar nos juntando a santo Agostinho quando ele afirma, em suas *Confissões*: "Senhor, dai-me a castidade, mas não ainda." Acabamos proclamando juntamente com o apóstolo Paulo: "Não faço o bem que quero, mas o mal que não quero." Ou acabamos tendo de afirmar, juntamente com Goethe, que "há em mim matéria-prima suficiente para produzir tanto um cavalheiro quanto um velhaco". Há uma tensão no coração da natureza humana. E sempre que nos dispomos a sonhar nossos sonhos ou construir nossos templos, devemos ser honestos o bastante para reconhecê-lo.

Em última análise, Deus não nos julga por incidentes ou erros isolados que possamos cometer, mas pela propensão geral de nossas vidas. Em última análise, Deus sabe que seus filhos são fracos e frágeis. Em última análise, o que Deus exige é que nosso coração esteja certo.

E A PERGUNTA QUE quero fazer a vocês: seu coração está certo? Se não está, vocês devem consertá-lo hoje; peçam a Deus para consertá-lo. Que alguém seja capaz de dizer sobre vocês: "Ele pode não ter alcançado o máximo, pode não ter realizado seus sonhos, mas tentou." Não é maravilhoso que alguém diga isso sobre vocês? "Ele tentou ser um bom homem. Tentou ser um homem justo. Tentou ser um homem honesto. Seu coração estava no lugar certo." E posso ouvir uma voz dizendo, proclamando pela eternidade: "Eu o aceito. Você é receptáculo de minha graça porque ela estava no seu coração. E é muito bom que ela estivesse lá."

Não sei sobre vocês, mas posso dar meu testemunho. Vocês não precisam sair dizendo que Martin Luther King é um santo. Ah, não. Quero que vocês saibam esta manhã que sou um pecador da mesma forma que todos os filhos de Deus. Mas quero ser um bom homem. E quero um dia ouvir uma voz me dizer: "Eu o aceito e abençoo porque você tentou. Que bom que isso estivesse no seu coração."

"Cheguei ao topo da montanha"

E, vocês sabem, se eu estivesse no começo dos tempos e com a possibilidade de ter uma espécie de visão geral e panorâmica de toda a história humana até agora, e o Todo-Poderoso me perguntasse: "Martin Luther King, em que era você gostaria de viver?", eu faria uma viagem mental ao Egito e veria os filhos de Deus em sua magnífica jornada das masmorras sombrias daquele país, através do mar Vermelho e do deserto, até a Terra Prometida. E, apesar dessa magnificência, eu não iria ficar ali.

Eu prosseguiria até a Grécia e conduziria minha mente até o monte Olimpo. E veria Platão, Aristóteles, Sócrates, Eurípides e Aristófanes reunidos em torno do Partenon, e acompanharia sua discussão das grandes e eternas questões da realidade. Mas não iria ficar ali.

Eu prosseguiria até o grande apogeu do Império Romano e acompanharia o desenvolvimento dos fatos por meio de vários líderes e imperadores. Mas não iria ficar ali.

Eu chegaria à era da Renascença e obteria uma visão geral de tudo o que esse período proporcionou à vida estética e cultural do homem. Mas não iria ficar ali.

Eu iria ao lugar onde o homem cujo nome inspirou o meu tinha seu habitat e observaria Martinho Lutero apresentando suas 95 teses às portas da igreja em Wittenberg. Mas não iria ficar ali.

Eu chegaria a 1863 e veria um presidente vacilante chamado Abraham Lincoln finalmente chegar à conclusão de que tinha de assinar a Proclamação de Emancipação. Mas não iria ficar ali.

Eu iria até mesmo ao início da década de 1930 e veria um homem enfrentando os problemas da falência desta nação e proclamando com eloquência que "não temos nada a temer senão a nós mesmos". Mas eu não iria ficar ali.

Estranhamente, eu recorreria ao Todo-Poderoso e diria: "Se o Senhor me permitir viver apenas alguns anos na segunda metade do século XX, ficarei feliz."

Ora, essa é uma declaração estranha de se fazer, pois o mundo está uma bagunça. A nação está doente; nossa terra está cheia de problemas, há confusão por toda parte. É uma declaração estranha. Mas sei, de algum modo, que só quando está suficientemente escuro é que se podem ver as estrelas. E eu vejo Deus operando neste período do século XX. Algo está acontecendo em nosso mundo. As massas populares estão se rebelando. E onde quer que elas se reúnam hoje em dia, seja em Johanesburgo, na África do Sul, em Nairóbi, no Quênia, em Acra, em Gana, em Nova York, em Atlanta, na Geórgia, em Jackson, no Mississippi, ou em Memphis, no Tennessee, o clamor é sempre o mesmo: "Nós queremos ser livres."

E outro motivo pelo qual sou feliz por viver neste período é que fomos levados a um ponto em que teremos de enfrentar os problemas com os quais os homens têm tido de lidar através da história. A sobrevivência exige que os enfrentemos. Há muito tempo os homens têm falado sobre guerra e paz. Mas agora não podem mais falar apenas. Não se trata mais de uma escolha entre violência e não violência neste mundo, mas entre não violência e inexistência. É nesse ponto que hoje nos encontramos.

E também no que se refere à revolução dos direitos humanos, se algo não for feito, e não for feito logo, para tirar os povos de cor de todo o mundo de seus longos anos de pobreza, sofrimento e desprezo, o mundo inteiro estará condenado. Ora, fico muito feliz por Deus me haver permitido viver neste período para ver o que está acontecendo. E fico feliz por ele me permitir estar em Memphis.

Posso lembrar-me, posso lembrar-me de quando os negros ficavam por aí, como Ralph tantas vezes tem dito, preocupando-se com futilidades e rindo sem que lhes fizessem cócegas. Mas essa época acabou. Agora falamos sério e estamos determinados a garantir nosso lugar de direito neste mundo de Deus. E é disso que se trata. Não estamos envolvidos em nenhum protesto negativo nem em discussões negativas com ninguém. O que dizemos é que estamos determinados a ser homens. Estamos determinados a ser pessoas. Estamos dizendo, estamos dizendo que somos filhos de Deus. E, se somos filhos de Deus, não temos de viver como se fôssemos forçados a isso.

Ora, que significa tudo isso neste grande período da história? Significa que temos de permanecer unidos. Temos de permanecer unidos e manter a unidade. Como vocês sabem, sempre que o faraó queria prolongar o período de escravidão no Egito, tinha para isso uma fórmula favorita. Qual era ela? Ele mantinha os escravos brigando entre si. Mas sempre que os escravos se unem, algo acontece na corte do faraó, e ele não pode manter os escravos no cativeiro. Quando os escravos se unem, é o começo de sua libertação. Vamos manter, então, a unidade.

Não vamos deixar que nenhum bastão nos bloqueie. Em nosso movimento não violento, somos mestres em desarmar as forças policiais; eles não sabem o que fazer. Já os vi tantas vezes. Lembro que em Birmingham, Alabama, quando travávamos nossa majestosa luta, saíamos dia após dia da Igreja Batista da Rua 16. Caminhávamos às centenas e Bull Connor mandava soltarem os cachorros, e eles vinham. Mas nós enfrentávamos os cães cantando. "Não vou deixar ninguém me desafiar", dizia então Bull Connor. "Abram as mangueiras." Mas, como disse a vocês na outra noite, Bull Connor não conhecia a história. Ele conhecia um tipo de física que de alguma forma não tinha relação com a transfísica que nós conhecíamos. Nós conhecíamos a água. Se fôssemos batistas ou de alguma outra denominação, teríamos passado pela imersão. Se fôssemos metodistas ou de algumas outras religiões, teríamos sido aspergidos – mas conhecíamos a água. Isso não podia nos bloquear.

E continuamos enfrentando os cães, e os encarando; e continuamos enfrentando as mangueiras, e as encarando. E continuamos cantando: "Sobre minha cabeça, vejo a liberdade no ar." E então éramos jogados nos camburões e por vezes amontoados como sardinha em lata. E eles nos jogavam lá dentro e o velho Bull dizia: "Levem eles embora." E eles o faziam e nós seguíamos no camburão cantando: "Nós vamos vencer." E várias vezes éramos presos e víamos os carcereiros nos olhando pelas janelas, sensibilizados por nossas preces, por nossas palavras e por nossas canções. E havia ali um poder ao qual Bull Connor não conseguia adaptar-se, e assim acabamos transformando-o num alvo e ganhamos a luta em Birmingham.

Temos de nos dedicar a essa luta até o fim. Nada seria mais trágico do que parar neste ponto em Memphis. Precisamos ir até o fim. Quando fazemos nossa marcha, vocês precisam estar lá. Se isso significar abandonar o trabalho, abandonar a escola, estejam lá. Preocupem-se com seu irmão. Vocês podem não estar em greve, mas ou nos erguemos juntos ou vamos cair juntos. Temos de desenvolver uma espécie de altruísmo de risco.

Um dia um homem aproximou-se de Jesus e lhe fez algumas perguntas sobre questões fundamentais de nossa existência. Num certo ponto o homem quis confundir Jesus e mostrar que sabia mais do que ele, deixando-o desconcertado. Essa pergunta poderia facilmente conduzir a um debate filosófico e teológico. Mas Jesus de imediato tirou a pergunta do espaço vazio e a situou numa perigosa curva entre Jerusalém e Jericó. E falou sobre um homem que havia caído no meio de ladrões. Vocês se lembram de que um levita e um sacerdote passaram pelo outro lado – não pararam para ajudá-lo. Por fim, um homem de outra raça se aproximou. Ele desceu de sua montaria, decidido a não se compadecer indiretamente. Mas foi até o homem necessitado, administrou-lhe os primeiros socorros e o ajudou. Jesus terminou dizendo que esse era o homem bom, esse era o grande homem, pois tivera a capacidade de projetar o "eu" no "tu" e de se preocupar com seu irmão.

Ora, vocês sabem, usamos muito nossa imaginação para tentar determinar por que motivo o sacerdote e o levita não pararam. Por vezes dizemos que estavam ocupados dirigindo-se a um encontro na igreja, uma reunião eclesiástica, e precisavam chegar logo a Jerusalém para não se atrasar. Outras vezes especulamos que havia uma lei religiosa pela qual uma pessoa que estivesse envolvida em cerimônias religiosas não deveria tocar no corpo de um ser humano nas 24 horas anteriores. E de vez em quando começamos a imaginar se talvez eles não estivessem indo para Jerusalém ou, ao contrário, para Jericó, a fim de organizar uma Associação para o Melhoramento da Estrada de Jericó. É uma possibilidade. Talvez eles achassem que era melhor enfrentar o problema a partir de sua raiz causal em vez de se deter em seus efeitos individuais.

Mas vou contar a vocês o que minha imaginação me diz. É possível que aqueles homens estivessem com medo. Vejam vocês, a estrada de Jericó é perigosa. Lembro-me de quando a sra. King e eu fomos pela primeira vez a Jerusalém. Alugamos um carro e fomos de Jerusalém a Jericó. Assim que pegamos a estrada eu disse a minha esposa: "Eu entendo por que Jesus usou esse cenário em sua parábola." É uma estrada cheia de curvas e meandros, realmente propícia a uma emboscada. Você sai de Jerusalém, que está a 360 quilômetros, ou melhor, 360 metros acima do nível do mar. E no momento em que chega a Jericó, quinze ou vinte minutos depois, está a cerca de 660 metros acima do nível do mar. É uma estrada perigosa. No tempo de Jesus ela era conhecida como "Passagem Sangrenta". E, vocês sabem, é possível que o sacerdote e o levita vissem o homem no chão e imaginassem se os ladrões ainda estavam por perto. Ou é possível que achassem que aquele homem estava apenas fingindo. E que estivesse agindo como se tivesse sido roubado e ferido a fim de atraí-los para um assalto rápido e fácil. E assim a primeira pergunta que o sacerdote fez, a primeira pergunta que o levita fez, foi: "Se eu parar para ajudar esse homem, o que vai acontecer comigo?"

Mas então chegou o Bom Samaritano e inverteu a pergunta: "Se eu não parar para ajudar esse homem, o que vai acontecer com ele?"

Essa é a pergunta que está diante de vocês esta noite. Não "Se eu parar para ajudar os coletores de lixo, o que vai acontecer com meu emprego?". Não "Se eu parar para ajudar os coletores de lixo, o que vai acontecer com todas as horas que eu geralmente passo em meu escritório todo dia e toda semana como pastor?". A pergunta não é "Se eu parar para ajudar esse homem necessitado, o que vai acontecer comigo?", mas "Se eu não parar para ajudar os coletores de lixo, o que vai acontecer com eles?". Essa é a pergunta.

Esta noite vamos nos associar a eles com a maior disposição. Vamos nos posicionar com a maior determinação. E vamos avançar nestes dias importantes, nestes dias desafiadores, para fazer deste país o que ele deveria ser. Temos a oportunidade de fazer dos Estados Unidos uma nação melhor. E quero agradecer a Deus, uma vez mais, por me permitir estar aqui com vocês.

Vocês sabem, muitos anos atrás eu estava em Nova York autografando o primeiro livro que escrevi. E ali sentado autografando livros, uma mulher negra com uma doença mental aproximou-se de mim. A única pergunta que ouvi dela foi: "Você é Martin Luther King?" Eu estava olhando para baixo, escrevendo, e respondi: "Sim."

No minuto seguinte senti algo me atingindo no peito. Antes que pudesse entender o que estava acontecendo, fui esfaqueado por essa mulher insana. Fui levado às pressas para o hospital do Harlem. Era uma tarde escura de sábado. E aquela lâmina tinha atravessado minha pele e, pelo que os raios X revelaram, chegado bem perto da aorta, a principal artéria. Se esta for perfurada, você se afoga no próprio sangue, é o seu fim. Saiu no *New York Times* no dia seguinte que, se eu tivesse apenas espirrado, teria morrido.

Bem, cerca de quatro dias depois, eles me permitiram, depois da operação, depois de abrirem meu peito e tirarem a lâmina, passear pelo hospital em cadeira de rodas. Permitiram-me ler parte de minha correspondência, cartas vindas de todos os estados e de todo o mundo. Li algumas delas, mas de uma jamais vou esquecer. Tinha recebido uma carta do presidente e do vice-presidente, mas esqueci o teor daqueles telegramas. Recebi uma visita e uma carta do governador de Nova York, porém esqueci o teor daquela carta.

Mas houve outra carta enviada por uma garota muito novinha que era aluna da Escola Secundária de White Plains. Eu olhei para a carta e nunca vou esquecê-la. Dizia simplesmente: "Caro dr. King: sou aluna da nona série da escola secundária de White Plains. Embora isso não devesse importar, sou uma menina branca. Li no jornal sobre seu infortúnio e sofrimento. E li que, se tivesse espirrado, o senhor teria morrido. Estou escrevendo simplesmente para dizer que estou feliz por isso não ter acontecido."

Quero dizer que também me sinto muito feliz por não ter espirrado. Porque, se tivesse, não estaria por aqui em 1960, quando estudantes de todo o Sul começaram a ocupar lanchonetes. E eu sabia que, ao se sentarem, eles estavam levantando-se pelo que há de melhor no Sonho Americano e levando toda a nação de volta àqueles grandes reservatórios de democracia abertos pelos pais fundadores na Declaração de Independência e na Constituição.

Se eu tivesse espirrado, não estaria por aqui em 1961, quando decidimos fazer uma viagem pela liberdade e pelo fim da segregação nos ônibus interestaduais.

Se eu tivesse espirrado, não estaria por aqui em 1962, quando negros de Albany, Geórgia, resolveram que não iriam mais se curvar. E quando homens e mulheres resolvem assumir essa postura, vão chegar a algum lugar, pois não se pode montar nas costas de uma pessoa se ela não estiver curvada.

Se eu tivesse espirrado, não estaria por aqui em 1963, quando negros de Birmingham, Alabama, despertaram a consciência desta nação e produziram a Lei dos Direitos Civis.

Se eu tivesse espirrado, não teria tido a chance de, em agosto daquele ano, tentar contar a este país um sonho que eu havia tido.

Se eu tivesse espirrado, não teria podido estar em Selma, Alabama, para ver o grande movimento que aconteceu lá.

Se eu tivesse espirrado, não teria estado em Memphis para ver uma comunidade reunida em torno desses irmãos e irmãs que estão sofrendo. Fico muito feliz por não ter espirrado.

Saí de Atlanta na manhã de hoje e ao chegarmos ao avião – havia seis de nós – o piloto disse pelo alto-falante: "Pedimos desculpas pelo atraso, mas temos conosco o dr. Martin Luther King. E para garantir que todas as bagagens fossem verificadas e que nada de errado ocorresse neste avião, tivemos de checar tudo com cuidado. E o avião foi protegido e vigiado a noite toda."

E então partimos para Memphis. E alguns começaram a falar das ameaças que havia ou do que poderia acontecer comigo em função de nossos irmãos brancos doentes.

Bem, não sei o que vai acontecer comigo agora; temos dias difíceis pela frente. Mas para mim realmente não importa, porque eu cheguei ao topo da montanha. E não me importo. Como todo mundo, eu gostaria de ter uma longa vida – a longevidade tem sua importância. Mas não estou preocupado com isso agora. Quero apenas fazer a vontade de Deus. E Ele me permitiu subir ao topo da montanha. E de lá de cima eu vi a Terra Prometida. Posso não chegar lá com vocês. Mas quero que saibam esta noite que nós, como um povo, chegaremos à Terra Prometida. E estou feliz esta noite. Não me preocupo com coisa alguma. Não tenho medo de homem algum. Meus olhos viram a glória da vinda do Senhor.

"O mestre de uma banda pela dignidade"

Creio que de vez em quando todos nós pensamos realisticamente no dia em que seremos vitimados pelo que é o denominador comum final da vida – aquilo a que chamamos de morte. Todos nós pensamos nisso. E de vez em quando eu penso em minha morte e em meu funeral. Não penso nisso num sentido mórbido. De vez em quando me pergunto: "O que é que eu gostaria que fosse dito?" E deixo a palavra com vocês esta manhã.

Gostaria que nesse dia alguém mencionasse que Martin Luther King tentou dedicar sua vida a serviço dos outros.

Gostaria que nesse dia alguém dissesse que Martin Luther King tentou amar alguém.

Quero que digam nesse dia que tentei acertar em relação à guerra.

Quero que possam dizer nesse dia que realmente tentei alimentar os famintos.

E quero que possam dizer nesse dia que de fato tentei, em minha vida, vestir os que estavam desnudos.

Quero que digam nesse dia que de fato tentei, em minha vida, visitar os que estavam presos.

Quero que digam que tentei amar e servir à humanidade.

Sim, se quiserem dizer que fui o mestre de uma banda, digam que o fui pela justiça. Digam que fui o mestre de uma banda pela paz. O mestre de uma banda pela dignidade. E todas as coisas superficiais terão pouca importância. Não terei dinheiro para deixar de herança. Não terei as coisas finas e luxuosas da vida para deixar como legado. Mas só quero deixar de herança uma vida de dedicação. E isso é tudo que eu queria dizer.

Se puder ajudar alguém com minha passagem, se puder estimular alguém com uma palavra ou canção, se puder mostrar a alguém que está viajando no caminho errado, então minha vida não terá sido em vão. Se puder cumprir meu dever como cristão, se puder trazer a salvação a um mundo já criado, se puder difundir a mensagem como o mestre a ensinou, então minha vida não terá sido em vão.

Sobre o organizador

Clayborne Carson é historiador da Universidade Stanford e diretor-fundador do Martin Luther King Jr. Research and Education Institute. Consagrado autor e organizador de vários livros sobre a luta pelos direitos civis, dedicou a maior parte de sua carreira profissional ao estudo da vida e da obra de Martin Luther King e dos movimentos que inspirou.

Carson esteve presente, ainda estudante, ao famoso discurso de King no Memorial Lincoln por ocasião da Marcha sobre Washington por Trabalho e Liberdade, em 1963. Pouco mais de duas décadas depois, em 1985, foi escolhido por Coretta Scott King, viúva de Martin e responsável por seu espólio, para organizar e publicar os textos e documentos do líder norte-americano.

Como diretor do King Papers Project, Carson editou, além desta Autobiografia, *The Papers of Martin Luther King, Jr.*; *A Knock at Midnight*; *The Martin Luther King, Jr. Encyclopedia* e *Um apelo à consciência: Os melhores discursos de Martin Luther King*, este último publicado pela Zahar.

Agradecimentos de Coretta Scott King

É com grande prazer que vejo as palavras de meu marido na forma de uma autobiografia. Durante o Movimento dos Direitos Civis, uma série de editores e organizações jornalísticas mostrou notável coragem em apresentar ao público as opiniões de Martin. Sem esses veículos da mídia, as peças fragmentadas que compõem sua autobiografia não teriam sido transmitidas à posteridade. Daí minha gratidão para com HarperCollins, William Morrow, Pocket Books, Henry Holt, Pitman, University of California Press, Harper & Row, Random House, New American Library, Kennedy Presidential Library, *Albany Herald*, *Atlanta Journal*, *Christian Century*, *Ebony*, *Hindustan Times*, *Jet*, *Look*, *Massachusetts Review*, *McCall's*, *Montgomery Adviser*, *Nashville Tennessean*, *The Nation*, *New York Amsterdam News*, *New York Post*, *New York Times*, *Playboy*, *Progressive*, *Redbook*, *Saturday Review*, *Southern Courier*, *TIME*, ABC, BBC, CBC, *The Merv Griffin Show*, NBC e WAII-TV, assim como a tantos outros, demasiado numerosos para serem mencionados.

A Intellectual Properties Management (IPM) fez grandes esforços para identificar a fonte original do material que aparece nesta autobiografia, assim como para obter a necessária permissão. Mas, como ocorre com qualquer empreendimento, erros podem acontecer. Caso observem algum descuido, por favor, contatem a IPM, de modo a que o crédito adequado possa constar em edições vindouras.

CORETTA SCOTT KING,
setembro de 1998

Agradecimentos do organizador

A *Autobiografia de Martin Luther King* é um produto de discussões que envolveram a mim e a família King. Em 1992 apresentei à família várias ideias para aumentar a compreensão pública sobre a vida e o pensamento de Martin Luther King. Como diretor do King Papers Project eu estava consciente da enorme quantidade de documentos existentes com referência a ele, mas também sabia que estavam disponíveis sobretudo a intelectuais capazes de viajar até os locais onde ficavam os arquivos. Embora a edição em quatorze volumes de *The Papers of Martin Luther King, Jr.*, de responsabilidade do King Project , pretenda ser uma forma de tornar esses documentos disponíveis de modo mais amplo, esse esforço de longo prazo levará muitos anos para ser concluído. Planejada para ser uma base essencial de futuros estudos sobre King e sua época, a edição comentada de seus textos e declarações públicas, elaborada pelo projeto, tem atraído com mais frequência a atenção de pesquisadores que de leitores comuns, e muitas das revelações importantes surgidas da pesquisa do King Project não são muito conhecidas fora da comunidade constituída por seus próprios pesquisadores. Isso estimulou a família King a se unir a mim no desenvolvimento de formas inovadoras e popularmente acessíveis de apresentar os achados do projeto.

O primeiro resultado dessas discussões foi a realização de um docudrama, *Passages of Martin Luther King*. Com a ajuda do dr. Victor Leo Walker, professor de teatro de Stanford, e do pesquisador júnior Heather Williams, estudei formas de contar a história da vida de King por meio de suas próprias palavras e das palavras daqueles que melhor o conheciam. Depois de várias leituras dramatizadas em Stanford, *Passages* foi produzido pelo departamento de teatro de Stanford em abril de 1993. Edições revistas foram apresentadas como leituras dramatizadas no Dartmouth College e na Universidade de Washington em janeiro de 1996 e 1998, respectivamente. Sou grato pelas contribuições de todos os indivíduos que participaram dessas apresentações, as quais aumentaram minha familiaridade com as fontes documentais referentes a King e forneceram a base deste abrangente relato autobiográfico.

Logo depois de Dexter King se tornar presidente e CEO do King Center, em 1995, descobri que tínhamos um interesse comum em facilitar a disseminação das ideias de seu pai por meio de diversas mídias. Junto com Philip Jones, presidente e CEO da Intellectual Properties Management (IPM) e administrador do espólio literário de seu pai, o sr. King estabeleceu uma parceria com a Warner Books que resultará numa divulgação mais ampla de suas ideias e realizações. Gostei muito da oportunidade de trabalhar de perto com Dexter e Philip para atingir nossos objetivos comuns, incluindo a publicação deste livro. Em todos os estágios do desenvolvimento deste trabalho, seu apoio e aconselhamento foram essenciais e estiveram sempre disponíveis. Sua energia e seu entusiasmo foram contagiantes.

Minha agente literária, Sandra Dijkstra, ofereceu um estímulo permanente a este projeto desde a sua concepção. Sua perícia, bem como a de sua competente equipe, tornou possível que eu me concentrasse na pesquisa enquanto eles tratavam de assuntos financeiros e contratuais. Gostei especialmente da oportunidade de trabalhar com uma antiga aluna minha, Rebecca Lowen, que agora faz parte da Agência Literária Dijkstra.

Mesmo antes da assinatura do contrato referente ao livro, eu me envolvi profundamente na tarefa de procurar as fontes textuais para a autobiografia em meio a centenas de milhares de documentos relacionados a King. Minha assistente de pesquisa inicial foi Jennifer Marcus, uma pesquisadora dedicada e talentosa que ajudou a produzir a autobiografia e continuou envolvida no projeto durante a maior parte de sua carreira na graduação em Stanford.

Quando concordei formalmente em produzir a autobiografia em pouco mais de um ano, Randy Gellerman Mont-Reynaud se tornou a principal responsável pela pesquisa que resultou neste livro. Randy examinou milhares de documentos e relacionou centenas de gravações de áudio a fim de identificar textos para possível inclusão, e depois reuniu esses textos numa narrativa cronológica preliminar. Ela trouxe a essa tarefa difícil e assustadora uma energia e um entusiasmo consideráveis – qualidades essenciais a qualquer esforço desse quilate.

Esta autobiografia deve sua realização ao amplo envolvimento de vários membros da equipe do King Project. Em particular, Susan Carson, arquivista e editora administrativa, compartilhou seu conhecimento ímpar dos mais de 20 mil documentos catalogados na base de dados do projeto. Durante os estágios finais da preparação do manuscrito, ela e o pesquisador Erin Wood deram valiosas sugestões de revisão, supervisionaram o esforço de localizar outros documentos pertinentes e conferiram a precisão do manuscrito.

Outros membros da equipe do King Project também possibilitaram a publicação deste livro. Quero agradecer especialmente a Adrienne Clay, Kerry Taylor e

Agradecimentos do organizador

Elizabeth Baez, que, apesar de outras demandas referentes à edição do documentário do projeto, apresentaram-se como voluntárias para ler capítulos e sugerir aperfeiçoamentos considerados necessários. Minha assistente Vicki Brooks também contribuiu fazendo a revisão tipográfica dos capítulos e trazendo algum grau de organização para o meu escritório. Barbara Ifejika se ofereceu como voluntária para ajudar nos estágios finais de preparação do manuscrito.

Estudantes pesquisadores de graduação e pós-graduação contribuíram de várias maneiras para este trabalho. Os seguintes indivíduos deram contribuições importantes por meio do programa de estágio de verão das Bolsas de Pesquisa Martin Luther King: Tenisha Armstrong (Universidade da Califórnia em Santa Cruz), Brandi Brimmer (Universidade da Califórnia em Los Angeles), Joy Clinkscales (American University), Andrew Davidson (Universidade Cornell), Jualian Davis (Universidade Brown), Rashann Duvall (Universidade Yale), Patrick Guarasci (Macalester College), Lisa Marley (Universidade Brown) e Maria-Theresa Robinson (Spelman College). Entre os alunos de Stanford que trabalharam na produção deste volume estão Stephanie Baca-Delancey, Joe Crespino, Elsa Cruz-Pearson, Nancy Farghalli, Hanan Hardy, Shaw-San Liu, Naila Moseley, Megan Thompkins e Ali Zaidi.

Também agradeço a ajuda de Jeff Shram, Gail Westergard e Christopher Carson.

Várias outras pessoas ofereceram comentários valiosos sobre versões anteriores deste manuscrito. Meu editor na Warner Books, Rick Horgan, deu sugestões úteis e discretas em várias etapas da preparação do manuscrito. Agradeço as críticas construtivas de Candace Falk, da Universidade da Califórnia em Berkeley, e de Michael Honey, da Universidade de Washington, em Tacoma, das quais me beneficiei. Sou especialmente grato a Coretta Scott King pela disposição de ler este manuscrito com o cuidado esmerado e a compreensão sensível que só ela poderia oferecer.

Finalmente, sou grato pelo fato memorável de Martin Luther King ter tido a presciência de criar e deixar como legado os documentos autobiográficos nos quais se baseia este livro.

Notas sobre as fontes

Abreviações de Coleções e Arquivos

ABSP, DHU Arthur B. Spingarn Papers, Universidade Howard, Washington, D.C.
AC, InU-N Audiotape Collection, Universidade de Indiana, Campus Regional Noroeste, Gary, Indiana
ACA-ARC, LNT American Committee on Africa Papers, Centro de Pesquisa Amistad, Universidade Tulane, Nova Orleans, Louisiana
AFSCR, AFSCA American Friends Service Committee Records, Arquivos AFSC, Filadélfia, Pensilvânia
CB, CtY Chester Bowles Collection, Universidade Yale, New Haven, Connecticut
CSKC, INP Coretta Scott King Collection (propriedade privada)
DABCC, INP Dexter Avenue King Memorial Baptist Church Collection (propriedade privada)
DCST, AB Dallas County Sheriff's Department Surveillance Tape, Biblioteca Pública de Birmingham, Birmingham, Alabama
DHSTR, WHi Donald H. Smith Tape Recordings, Sociedade Histórica Estadual, Madison, Wisconsin
DJG, INP David J. Garrow Collection (propriedade privada)
EMBC, INP Etta Moten Barnett Collection (propriedade privada)
HG, GAMK Hazel Gregory Papers, Martin Luther King, Jr. Center for Nonviolent Change, Inc., Atlanta, Geórgia
JFKP, MWalk John F. Kennedy Miscellaneous Papers, Biblioteca John F. Kennedy, Waltham, Massachusetts
JWWP, DHU Julius Waties Waring Papers, Universidade Howard, Washington, D.C.
MLKP, MBU Martin Luther King, Jr. Papers, 1954-1968, Universidade de Boston, Boston, Massachusetts
MLKEC, INP Martin Luther King Estate Collection (propriedade privada)
MLKJP, GAMK Martin Luther King, Jr. Papers, 1954-1968, King Center, Atlanta, Geórgia
MMFR, INP Montgomery to Memphis Film Research Files (propriedade privada)
MVC, TMM Mississippi Valley Collection, Universidade Estadual de Memphis, Memphis, Tennessee
NAACPP, DLC National Association for the Advancement of Colored People Papers, Library of Congress, Washington,. D.C.
NBCC, NNNBC National Broadcasting Company, Inc., Collection, Biblioteca NBC, Nova York, Nova York

NF, GEU *Newsweek* File, Emory University Special Collections, Atlanta, Geórgia
OGCP, MBU Office of General Council Papers, Universidade de Boston, Boston, Massachusetts
PHBC, INP Paul H. Brown Collection (propriedade privada)
SAVFC, WHi Social Action Vertical File, Sociedade Histórica Estadual, Madison, Wisconsin
SCLCT, INP Southern Christian Leadership Conference Tapes (propriedade privada)
TWUC, NNU-T Transport Workers Union Collection, Biblioteca Tamiment, Universidade de Nova York, Nova York, Nova York
UPWP, WHi United Packinghouse Workers Union Papers, Sociedade Histórica Estadual, Madison, Wisconsin
WAR, INP William A. Robinson Miscellaneous Papers (propriedade privada)

1. Primeiros anos (p.13-25)

Principais fontes

"An Autobiography of Religious Development", nov 1950, in Clayborne Carson, Ralph E. Luker e Penny A. Russell, (orgs.), *The Papers of Martin Luther King, Jr.*, vol.I: *Called to Serve, January 1929-June 1951* (Berkeley: University of California Press, 1992), p.359-63.

Stride Toward Freedom: The Montgomery Story (Nova York: Harper and Row, 1958), cap.1: "Family in Siege", rascunho de *Stride Toward Freedom* (MLKP, MBU).

Outras fontes

"Facing the Challenge of the New Age", discurso na reunião da NAACP do Dia da Emancipação, Atlanta, 1º jan 1957 (PHBC, INP).

"Why Jesus Called a Man a Fool", sermão na Igreja Batista Missionária de Mount Pisgah, Chicago, 27 ago 1967, in Clayborne Carson e Peter Holloran, (orgs.), *A Knock at Midnight: Inspiration from the Great Sermons of Reverend Martin Luther King, Jr.* (Nova York: IPM/Warner Books, 1998), p.145-64.

Entrevista a Edward T. Ladd sobre *Profile*, WAII-TV, Universidade Emory, Atlanta, 12 abr 1964 (MLKEC, INP).

Entrevista a John Freeman no programa *Face to Face*, da BBC, Londres, Inglaterra, 24 out 1961 (MLKJP, GAMK).

Entrevista concedida a Alex Haley, *Playboy*, n.12 (jan 1965), p.65-8, 70-4, 76-8.

Declaração sobre a Marcha de Meredith, Grenada, Mississippi, 16 jun 1966 (MLKJP, GAMK).

Cit. in Ted Poston, "Fighting Pastor", *New York Post*, 10 abr 1957.

Cartas a Alberta Williams King, 11 e 18 jun 1944; Martin Luther King, pai, 15 jun 1944, *Papers I*, p.112-6.

2. Morehouse College (p.26-30)

Principal fonte

"An Autobiography of Religious Development".

Outras fontes

Stride Toward Freedom, p.91, 145.
"A Legacy of Creative Protest", *Massachusetts Review* 4 (set 1962), p.43.
"Martin Luther King Explains Nonviolent Resistance", in William Katz, *The Negro in American History* (Nova York: Pitman, 1967), p.511-3.
"May 17-11 Years Later", *New York Amsterdam News*, 22 maio 1965.
Entrevista a Edward T. Ladd.
Entrevista a John Freeman.
Cit. in Ted Poston, "Fighting Pastor" e "The Boycott and the 'New Dawn'", *New York Post*, 13 maio 1956.
Cit. in William Peters, "'Our Weapon Is Love'", *Redbook*, n.107 (ago 1956), p.42-3, 71-3.
Cit. in L.D. Reddick, *Crusader without Violence* (Nova York: Harper and Brothers, 1959), p.74.
"Kick Up Dust", carta ao editor, *Atlanta Constitution*, 6 ago 1946, *Papers I*, p.121.

3. O seminário Crozer (p.31-45)

Principais fontes

Stride Toward Freedom, cap.6.
"Pilgrimage to Nonviolence", *Christian Century* 77 (13 abr 1960), p.439-41; "How My Mind Has Changed", rascunho do artigo publicado no *Christian Century* (MLKP, MBU).
Strength to Love (Nova York: Harper and Row, 1963), cap.17.

Outras fontes

"Autobiopraphy of Religious Development".
"Preaching Ministry", 1949 (?), trabalho de curso submetido ao Seminário Teológico Crozer, Chester, Pensilvânia (CSKC, INP).
"How Modern Christians Should Think of Man", 1949-50, *Papers I*, p.273-9.
"His Influence Speaks to World Conscience", *Hindustan Times*, 30 jan 1958.
"The Theology of Reinhold Niebuhr", 1954 (?), in Clayborne Carson, Ralph E. Luker, Penny A. Russell e Peter Holloran, (orgs.), *The Papers of Martin Luther King, Jr.*, vol.II: *Rediscovering Precious Values, July 1951-November 1955* (Berkeley: University of California Press, 1994), p.269-79.

Fragmento do requerimento de admissão à Universidade de Boston, dez 1950 (?), *Papers I*, p.390.
Carta a Sankey L. Blanton, jan 1951, *Papers I*, p.3391.
Carta a Alberta Williams King, out 1948, *Papers I*, p.161.
Cit. in Peters, "'Our Weapon Is Love'".
"The Significant Contributions of Jeremiah to Religious Thought", nov 1948, *Papers I*, p.181-94.
"A Conception and Impression of Religion Drawn from Dr. Edgar S. Brightman's Book Entitled 'A Philosophy of Religion'", 28 mar 1951, *Papers I*, p.407-16.

4. Universidade de Boston (p.46-50)

Principal fonte

Stride Toward Freedom, cap.6.

Outras fontes

"Rediscovering Lost Values", sermão na Segunda Igreja Batista, Detroit, Michigan, 28 fev 1954, *Papers II*, p.248-56.
Coletiva de imprensa sobre doação de documentos à Universidade de Boston, Boston, Massachusetts, 11 set 1964 (OGCP, MBU).
Carta a George W. Davis, 1º dez 1953, *Papers II*, p.223-4.
Resumo de "A Comparison of the Conception of God in the Thinking of Paul Tillich and Henry Nelson Wieman", 15 abr 1955, *Papers II*, p.545-8.
"Memories of Housing Bias in Boston", *Boston Globe*, 23 abr 1965.

5. Coretta (p.51-7)

Principais fontes

Stride Toward Freedom, cap.1, e "Family in Siege", rascunho não publicado.
Coretta Scott King, *My Life with Martin Luther King, Jr.* (Nova York: Henry Holt, 1969, ver. 1993), cap.3.
Entrevista a Edward T. Ladd.
Entrevista a Arnold Michaelis, *Martin Luther King, Jr.: A Personal Portrait* (videoteipe), dez 1966 (MLKEC, INP).

Outras fontes

"Remarks in Acceptance of the NAACP Spingarn Medal", Detroit, Michigan, 28 jun 1957 (ABSP, DHU).
Entrevista a Martin Agronsky, programa *Look Here*, NBC, Montgomery, 27 out 1957 (NBCC, NNNBC).

Entrevista a John Freeman.
Cit. in Poston, "Fighting Pastor".
Carta a Coretta Scott King, Atlanta, 18 jul 1952, e carta a Coretta Scott King, Boston, 23 jul 1954 (CSKC, INP).

6. Igreja Batista da Avenida Dexter (p.58-68)

Principal fonte

Stride Toward Freedom, cap.1 e 2, e "Montgomery Before the Protest", rascunho não publicado de *Stride Toward Freedom* (MLKP, MBU).

Outras fontes

"Recommendations to the Dexter Avenue Baptist Church for the Fiscal Year 1954-55", 5 set 1954, *Papers II*, p.287-94.
Discurso à Congregação da Igreja Batista da Avenida Dexter, Montgomery, 2 maio 1954 (CSKC, INP).
"The Three Dimensions of a Complete Life", sermão na Igreja Batista da Avenida Dexter, Montgomery, 24 jan 1954 (CSKC, INP)
"Looking Beyond Your Circumstances", sermão na Igreja Batista da Avenida Dexter, Montgomery, 18 set 1955 (CSKC, INP).
Carta a Francis E. Stewart, 26 jul 1954, *Papers II*, p.280-1.
Carta a Walter R. McCall, 19 out 1954, *Papers II*, p.301-2.
Carta aos membros da Igreja Batista Ebenezer, 6 nov 1954, *Papers II*, p.313-14.
Carta a Howard Thurman, 31 out 1955, *Papers II*, p.583-4.
Carta a John Thomas Porter, 18 nov 1955, *Papers II*, p.590.
Carta a L. Harold DeWolf, 4 jan 1957 (MLKP, MBU).
Carta a Edward H. Whitaker, 30 nov 1955, *Papers II*, p.593.
Cit. in Poston, "The Boycott and the 'New Dawn'".
Cit. in "My Life with Martin Luther King, Jr.", entrevista com Coretta Scott King, programa de rádio da SCLC, dez 1969 (SCLCT, INP).

7. Começa o movimento em Montgomery (p.69-83)

Principais fontes

Stride Toward Freedom, cap.1 e 2, e "The Decisive Arrest", rascunho não publicado de *Stride Toward Freedom*, maio 1958 (MLKP, MBU).
"The Montgomery Story", discurso na 47ª Convenção Anual da NAACP, São Francisco, Califórnia, 27 jun 1956, in Clayborne Carson, Stewart Burns, Susan Carson, Peter

Holloran e Dana. L.H. Powell, (orgs.), *The Papers of Martin Luther King, Jr.*, vol.III: *Birth of a New Age, December 1955-December 1956* (Berkeley: University of California Press, 1997), p.299-310.

Outras fontes

Discurso na Assembleia da Associação para o Progresso de Montgomery realizado na Igreja Batista da Rua Holt, 5 dez 1955, *Papers III*, p.71-9.
"Facing the Challenge of a New Age", discurso no Primeiro Instituto para a Não Violência e a Mudança Social, Atlanta, 3 dez 1956, *Papers III*, p.451-63.
Cit. in Poston, "Fighting Pastor".

8. A violência de homens desesperados (p.84-106)

Principal fonte

Stride Toward Freedom, cap.5, 7 e 8; e "Family in Siege", rascunho.

Outras fontes

"Walk for Freedom", maio 1956, *Papers III*, p.277-80.
"Why Jesus Called a Man a Fool".
"A Testament of Hope", *Playboy*, n.16 (jan 1969), p.175.
"Nonviolence: The Only Road to Freedom", *Ebony* n.21 (out 1966), p.27-30.
Notas sobre o Encontro do Conselho Executivo do MIA, por Donald T. Ferron, 30 jan 1956; e notas sobre a Assembleia do MIA realizada na Primeira Igreja Batista, por Willie Mae Lee, 30 jan 1956, *Papers III*, p.109-12, 113-14.
Entrevista a Martin Agronsky.
Cit. in Joe Azbell, "Blast Rocks Residence of Bus Boycott Leader", *Montgomery Advertiser*, Montgomery, 31 jan 1956, *Papers III*, p.114-5.
Cit. in Wayne Phillips, "Negroes Pledge to Keep Boycott", *New York Times*, 24 fev 1956, *Papers III*, p.135-6.

9. Enfim a dessegregação (p.107-26)

Principal fonte

Stride Toward Freedom, cap.8 e 9; "Family in Siege", rascunho não publicado; e "The Violence of Desperate Men", rascunho não publicado (MLKP, MBU).

Outras fontes

Declaração sobre o fim do boicote dos ônibus, Montgomery, 20 dez 1956, *Papers III*, p.485-7.

"Montgomery Sparked a Revolution", *Southern Courier*, 11-12 dez 1965.
"Reactions to Conviction", *Papers III*, p.198-9.
"A Knock at Midnight", in *Strength to Love*, cap.6.
"The Montgomery Story".
 Carta a Lillian Eugenia Smith, 24 maio 1956, *Papers III*, p.273-4.
 Carta a Sylvester S. Robinson, 3 out 1956, *Papers III*, p.391-3.
 Entrevista a Joe Azbell, Montgomery, 23 mar 1956, *Papers III*, p.202-3.
"Desegregation and the Future", discurso proferido no almoço anual da Comissão Nacional para as Escolas Rurais, Nova York, 15 dez 1956, *Papers III*, p.472-3.
 Cit. in L.D. Reddick, *Crusader Without Violence*.

10. A luta se expande (p.127-38)

Principal fonte

Stride Toward Freedom, cap.9-11.

Outras fontes

"Conquering Self-Centeredness", sermão na Igreja Batista da Avenida Dexter, Montgomery, 11 ago 1957 (MLKJP, GAMK).
"The Future of Integration", discurso à United Packinghouse Workers of America, AFL-CIO, Chicago, 2 out 1957 (UPWP, WHi).
"Facing the Challenge of a New Age", 3 dez 1956.
"Facing the Challenge of a New Age", 1º jan 1957.
"Give Us the Ballot", discurso na Peregrinação de Prece pela Liberdade, Washington, D.C., 17 maio 1957 (MLKJP, GAMK).
"South-Wide Conference to Draft Final Plans for a Voting Rights Campaign", press release, Montgomery, 30 out 1957 (UPWP, WHi).
 Carta a O. Clay Maxwell, 20 nov 1958 (MLKP, MBU).
 Carta a Frank J. Gregory, 7 maio 1957 (MLKJP, GAMK).
 Carta a Dwight D. Eisenhower, 5 nov 1957 (NAACPP, DLC).
 Carta a Fannie E. Scott, 28 jan 1957 (MLKP, MBU).
 Telegrama a Coretta Scott King, Nova Orleans, 14 fev 1957 (CSKC, INP).
 Entrevista a Mike Wallace, "Does Desegregation Equal Integration?", *New York Post*, 11 jul 1958.
 Entrevista a Mike Wallace, "Self-Portrait of a Symbol: Martin Luther King", *New York Post*, 15 fev 1961.
 Entrevista a Martin Agronsky.
"The Consequences of Fame", *New York Post*, 14 abr 1957.
 Cit. in Poston, "Where Does He Go from Here?", *New York Post*, 14 abr 1957.

11. O nascimento de uma nova nação (p.139-44)

Principais fontes

"The Birth of a New Nation", sermão na Igreja Batista da Avenida Dexter, Montgomery, 7 abr 1957 (MLKEC, INP).
Entrevista a Etta Moten Barnett, Acra, Gana, 6 mar 1957 (EMBC, INP).

Outras fontes

"Concerning Southern Civil Rights", discurso na reunião do Partido pela Liberdade do Mississippi, Jackson, Mississippi, 25 jul 1964 (MMFR, INP).
Why We Can't Wait (Nova York: New American Library, 1964), p.21.
Relatório Anual, Igreja Batista da Avenida Dexter, Montgomery, 1º nov 1956-31 out 1957 (DABCC, INP).

12. Encontro com a morte (p.145-48)

Principais fontes

Why We Can't Wait, p.17.
"I've Been to the Mountaintop", discurso no Templo Batista Bispo Charles J. Mason, Memphis, Tennessee, 3 abr 1968 (MLKJP, GAMK).
"Advice for Living", *Ebony*, n.14 (dez 1958), p.159.

Outras fontes

Relatório Anual, Igreja Batista da Avenida Dexter, Montgomery, 1º nov 1957-30 nov 1958 (DABCC, INP).
Carta à assembleia da Associação para o Progresso de Montgomery, 6 out 1958 (HG, GAMK).
Entrevista sobre a tentativa de assassinato cometida por Izola Curry, Nova York, 30 set 1958 (MMFR, INP).
Declaração feita no Hospital do Harlem, Nova York, 30 set 1958 (MLKP, MBU).
Declaração sobre o retorno a Montgomery, Montgomery, 24 out 1958 (MLKJP, GAMK).

13. Peregrinação pela não violência (p.149-64)

Principais fontes

"My Trip to the Land of Gandhi", *Ebony*, n.20 (jul 1959), p.84-6.
"Sermon on Mahatma Gandhi", Igreja Batista da Avenida Dexter, Montgomery, 22 mar 1959 (MLKJP, GAMK).

"A Walk Through the Holy Land", sermão na Igreja Batista da Avenida Dexter, Montgomery, 29 mar 1959 (MLKJP, GAMK).
"The Death of Evil upon the Seashore", in *Strength to Love*, cap.8.

Outras fontes

"Remaining Awake Through a Great Revolution", sermão na Catedral Nacional, Washington, D.C., 31 mar 1968 (MLKJP, GAMK).
"The American Dream", discurso na Universidade Lincoln, Pensilvânia, 6 jun 1961 (MLKP, MBU).
"The American Dream", sermão na Igreja Batista Ebenezer, Atlanta, 4 jul 1965 (MLKEC, INP).
"Equality Now: The President Has the Power", *Nation*, n.192 (4 fev 1961), p.91-5.
Declaração ao deixar a Índia, Nova Délhi, 9 mar 1959 (MLKP, MBU).
Citado no Diário de Viagem de James Bristol, 10 mar 1959 (AFSCR, AFSCA).
"Pilgrimage to Nonviolence".
Carta a G. Ramachandran, 19 maio 1959 (MLKP, MBU).
Why We Can't Wait, p.135.

14. O movimento dos sit-ins (p.165-73)

Principais fontes

"The Burning Truth in the South", *Progressive*, n.24 (maio 1960), p.8-10.
Discurso Anual no Quarto Aniversário da Associação para o Progresso de Montgomery, 3 dez 1959 (MLKJP, GAMK).
"Foreword", in William Kunstler, (org.), *Deep in My Heart* (Nova York: William Morrow, 1966), p.21-6.

Outras fontes

"The Time for Freedom Has Come", *New York Times Magazine*, 10 set 1961. Copyright © 1961 New York Times Co. Reproduzido com permissão.
"A Creative Protest", discurso em Durham, Carolina do Norte, 16 fev 1960 (DJG, INP).
Why We Can't Wait, cap.2.
Declaração à Marcha da Juventude pela Integração nas Escolas, Washington, D.C., 18 abr 1959 (MLKJP, GAMK).
Declaração à imprensa na abertura da Conferência da Liderança Jovem, Raleigh, Carolina do Norte, 15 abr 1960 (MLKP, MBU).
Mensagem de despedida à Congregação da Igreja Batista da Avenida Dexter, 29 nov 1959 (MLKJP, GAMK).
Carta a Allan Knight Chalmers, 18 abr 1960 (MLKP, MBU).
Carta a James W. Shaeffer, 4 dez 1959 (MLKP, MBU).

Carta formal aos apoiadores, jun 1960 (MLKP, MBU).
Carta a William Herbert Gray, 6 abr 1960 (MLKP, MBU).
Cit. in "King Accepts Atlanta Job; Leaving City", *Montgomery Advertiser*, 30 nov 1959.

15. Prisão em Atlanta e política presidencial (p.174-84)

Principal fonte

Entrevista a Berl I. Bernhard para a Biblioteca Presidencial John F. Kennedy, Atlanta, 9 mar 1964 (MLKJP, GAMK).

Outras fontes

Why We Can't Wait, p.147.
"Por que escolhemos a cadeia em vez da fiança": declaração ao juiz depois das prisões efetuadas no Rich's, Atlanta, 19 out 1960 (CSKC, INP).
"Out on Bond", *Atlanta Journal*, 28 out 1960.
Carta a Irl G. Whitchurch, 6 ago 1959 (MLKP, MBU).
Carta a Chester Bowles, 24 jun 1960 (CB, CtY).
Carta à sra. Frank Skeller, 30 jan 1961 (MLKP, MBU).
Cit. in Andrew Young, *An Easy Burden* (Nova York: HarperCollins, 1996), p.175.

16. O Movimento de Albany (p.185-206-)

Principais fontes

Diário da cadeia de Albany, 10-11 jul, 27 jul-10 ago 1962 (CSCK, INP).
"Why It's Albany", *New York Amsterdam News*, 18 ago 1962.
"Fumbling on the New Frontier", *Nation*, n.194 (3 mar 1962), p.190-3.
"Albany, Georgia – Tensions in the South", rascunho de artigo para a *New York Times Magazine*, 20 ago 1962 (MLKJP, GAMK).
Why We Can't Wait, cap.1 e 2.
Discurso ao District 65 – AFL-CIO no Laurels Country Club, Monticello, Nova York, 8 set 1962 (MLKJP, GAMK).

Outras fontes

Carta a Earl Mazo, 2 set 1958 (MLKP, MBU).
De uma carta aos apoiadores, 19 dez 1961 (JWWP, DHU).
"America's Great Crisis", discurso na Convenção do Sindicato dos Trabalhadores em Transportes, Nova York, 5 out 1961 (TWUC, NNU-T).
"Solid Wall of Segregation Cracks at Albany", *SCLC Newsletter*, mar 1963 (MLKJP, GAMK).

Cit. in Vic Smith, "Peace Prevails", *Albany Herald*, 18 dez 1961.
"Turning Point of Civil Rights", *New York Amsterdam News*, 3 fev 1962.
"A Message from Jail", *New York Amsterdam News*, 14 jul 1962.
"The Case Against Tokenism", *New York Times Magazine*, 5 ago 1962. Copyright © 1962 New York Times Co. Reproduzido com permissão.
"Terrible Cost of the Ballot", *New York Amsterdam News*, 1º set 1962 (MLKJP, GAMK).
Declaração ao sair da cadeia, Albany, Geórgia, 13 jul 1962 (MLKJP, GAMK).
Discurso e resposta a perguntas no National Press Club, Washington, D.C., 19 jul 1962 (MLKP, MBU).
Declaração sobre a Violência em Albany, com W.G. Anderson, 25 jul 1962 (CSKC, INP).
Telegrama a John F. Kennedy, 2 ago 1962 (JFKP, MWalK).
Telegrama a John F. Kennedy, 11 set 1962 (JFKP, MWalK).
Entrevista a Alex Haley.
Cit. in *Time*, 3 jan 1964, p.15.
"Interview, Man of the Year", *Time*, n.83 (3 jan 1964), p.13-6, 25-7.

17. A campanha de Birmingham (p.207-25)

Principal fonte

Why We Can't Wait, cap. 3 e 4, e rascunho de *Why We Can't Wait* (MLKP, MBU).

Outras fontes

Declaração sobre mandado judicial, 11 abr 1963, in Alan F. Westin e Barry Mahoney, *The Trial of Martin Luther King* (Nova York: Crowell, 1974), p.79.
"Most Abused Man in Nation", *New York Amsterdam News*, 31 mar 1962.
Discurso em assembleia na Igreja Batista de St. Luke, Birmingham, 5 maio 1963 (MLKJP, GAMK).
Discurso em assembleia, Yazoo, Mississippi, 21 jun 1966 (MLKJP, GAMK).
Telegrama a John F. Kennedy, 16 abr 1963 (JFKP, MWalk).

18. Carta da cadeia de Birmingham (p.226-46)

Principal fonte

Why We Can't Wait, cap.5.

Outras fontes

Discurso e coletiva de imprensa na Igreja Batista de St. John, Gary, Indiana, 1º jul 1966 (AC, InU-N).

19. Liberdade agora! (p.247-61)

Principal fonte

Why We Can't Wait, capítulo 6.

Outras fontes

Declaração à Igreja Batista da Rua 16, Birmingham, 3 maio 1963 (DCST, AB).
Declaração à assembleia na Igreja Batista de St. Luke.
Declaração à assembleia, Birmingham, 10 maio 1963 (MLKEC, INP).
"What a Mother Should Tell Her Child", sermão na Igreja Batista Ebenezer, Atlanta, 12 maio 1963 (MLKJP, GAMK).
Entrevista a Kenneth B. Clark, in *King, Malcolm, Baldwin: Three Interviews by Kenneth B. Clark* (Middletown, Connecticut, 1963), p.27.
Entrevista a Alex Haley.
Press Conference USA, entrevista gravada em vídeo, Washington, D.C., 5 jul 1963 (DJG, INP).

20. A marcha sobre Washington (p.262-73)

Principais fontes

Why We Can't Wait, cap.7, e "A Summer of Discontent", rascunho de Why We Can't Wait, set 1963.
Discurso na Marcha sobre Washington por Emprego e Liberdade, Washington, D.C., 28 ago 1963 (SCLCT, INP).

Outras fontes

Entrevista a Donald H. Smith, Atlanta, 29 nov 1963 (DHSTR, WHi).
Declaração juramentada, Martin Luther King, Jr. *versus* Mister Maestro, Inc. e Twentieth Century Fox Record Corporation, Tribunal Regional Federal, Distrito de Nova York, 16 dez 1963 (MLKEC, INP).

21. A morte das ilusões (p.274-84)

Principais fontes

Why We Can't Wait, cap.8.
"Epitaph and Challenge", *SCLC Newsletter*, nov-dez 1963.
"Eulogy for the Martyred Children", Birmingham, 18 set 1963 (MLKJP, GAMK).
Encontro com John F. Kennedy e líderes dos direitos civis, gravação em áudio, Washington, D.C., 19 set 1963 (JFKP, MWalK).

Outras fontes

Discurso na Sétima Convenção Anual da SCLC, Virginia Union, Richmond, 27 set 1963 (MLKJP, GAMK).
Entrevista a Alex Haley.
Discurso sobre Três das Crianças Mortas na Igreja Batista da Rua 16, Birmingham, 18 set 1963 (MLKJP, GAMK).
Notas manuscritas sobre o assassinato de John F. Kennedy, nov 1963 (MLKJP, GAMK).
"What Killed JFK?", *New York Amsterdam News*, 21 dez 1963.
Carta de Natal à família de Denise McNair, dez 1963 (MLKJP, GAMK).

22. St. Augustine (p.285-92)

Principais fontes

Why We Can't Wait, cap.8.
"Let Justice Roll Down", *Nation*, n.200 (15 mar 1965), p.269-74. Copyright © 1965. Reproduzido com permissão.
"St. Augustine, Florida, 400 Years of Bigotry and Hate", *SCLC Newsletter*, jun 1964.
Declaração sobre St. Augustine, Atlanta, 17 jun 1964 (MLKJP, GAMK).
Discurso na Oitava Convenção Anual da SCLC, Savannah, Geórgia, 1º out 1964 (SAVFC, WHi).
Assinatura da Lei dos Direitos Civis de 1964, Atlanta, 2 jul 1964 (MLKJP, GAMK).

Outras fontes

"Hammer of Civil Rights", *Nation*, n.198 (9 mar 1964), p.230-4.
Declaração sobre Goldwater e St. Augustine, entrevista à ABC, St. Augustine, Flórida, 16 jul 1964 (MLKJP, GAMK).
"Quest for Peace and Justice", palestra na entrega do Prêmio Nobel, Universidade de Oslo, Oslo, Noruega, 11 dez 1964 (MLKJP, GAMK).

23. O desafio do Mississippi (p.293-302)

Principais fontes

Declaração em apoio ao Partido Democrata da Liberdade, Jackson, Mississippi, 22 jul 1964 (MLKJP, GAMK).
Discurso na Oitava Convenção Anual da SCLC.
Discurso na Associação de Cientistas Políticos do Sul, 13 nov 1964 (MLKJP, GAMK).
"Ready in Mississippi", *New York Amsterdam News*, 29 ago 1964.
"Pathos and Hope", *New York Amsterdam News*, 3 mar 1962.
"People to People", *New York Amsterdam News*, set 1964.

Outras fontes

"Passage of 1964 Civil Rights Act", 2 jul 1964.
Declaração à Comissão de Credenciamento, Comitê Nacional Democrata, Atlantic City, Nova Jersey, 22 ago 1964 (MLKJP, GAMK).

24. O Prêmio Nobel da Paz (p.303-14)

Principais fontes

"Mighty Army of Love", *New York Amsterdam News*, 7 nov 1964.
"What the Nobel Prize Means to Me", *New York Amsterdam News*, 28 nov 1964.
Discurso de Agradecimento na Cerimônia de Entrega do Prêmio Nobel da Paz, Oslo, Noruega, 10 dez 1964 (MLKJP, GAMK).
Declaração sobre o Dinheiro do Prêmio Nobel da Paz, Oslo, Noruega, 17 dez 1964 (MLKJP, GAMK).
"Dreams of Brighter Tomorrows", *Ebony*, n.20 (mar 1965), p.43.

Outras fontes

"Quest for Peace and Justice".
Discurso sobre a Independência da África do Sul, Londres, Inglaterra, 7 dez 1964 (ACA-ARC, LNT).
Discurso sobre o Prêmio Nobel da Paz, Forneby, Noruega, 9 dez 1964 (MLKJP, GAMK).
Discurso de Agradecimento na Cerimônia de Entrega da Medalha da Cidade de Nova York, Nova York, 17 dez 1964 (MLKJP, GAMK).
"The Nobel Prize", *Liberation* (jan 1965), p.28-9.
"Struggle for Racial Justice", discurso em jantar de reconhecimento, Atlanta, 27 jan 1965 (NF, GEU).
"After the Nobel Ceremony, A Tender Moment Is Shared", *Ebony*, n.20 (mar 1965), p.38.

25. Malcolm X (p.315-19)

Principais fontes

Entrevista a Alex Haley.
"The Nightmare of Violence", *New York Amsterdam News*, 25 fev 1965.
Coletiva de imprensa sobre a morte de Malcolm X, a nação do islã e a violência, Los Angeles, 24 fev 1965 (MLKJP, GAMK).

Outras fontes

Telegrama a Betty Shabazz, 26 fev 1965 (MLKJP, GAMK).
Carta a Edward D. Ball, 14 dez 1961 (MLKP, MBU).
Transcrição, testemunho em *Williams versus Wallace*, 11 mar 1965 (MLKJP, GAMK).
Entrevista a Robert Penn Warren, in *Who Speaks for the Negro?*, Robert Penn Warren, (org.) (Nova York: Random House, 1965), p.203-21.

26. Selma (p.320-42)

Principais fontes

"Movement to Washington", discurso no Programa de Treinamento de Lideranças Pastorais da SCLC, Miami, 23 fev 1968 (MLKEC, INP).
"Selma – The Shame and the Promise", *Industrial Unions Department Agenda* 1 (mar 1965), p.18-21.
"Civil Rights No. 1 – The Right to Vote", *New York Times Magazine*, 14 mar 1965, p.26. Copyright © 1965 New York Times Co. Reproduzido com permissão.
Transcrição, testemunho em *Williams versus Wallace*.
Encontro agendado com Hubert Humphrey, press release, Washington, D.C., 7 fev 1965 (MLKJP, GAMK).
"Behind the Selma March", *Saturday Review*, n.48 (3 abr 1965), p.16-7.
"After the March – An Open Letter to the American People", Atlanta, 1º abr 1965 (MLKJP,.GAMK).
Discurso na Nona Convenção Anual da SCLC, Birmingham, Alabama, 11 ago 1965 (MLKJP, GAMK).

Outras fontes

Discurso na reunião anterior à Marcha de Selma, Alabama, 1º fev 1965 (MLKJP, GAMK).
"A Letter from Selma: Martin Luther King from a Selma, Alabama Jail", *New York Times*, 5 fev 1965. Copyright © 1965 New York Times Co. Reproduzido com permissão.
Instruções da cadeia de Selma aos companheiros do movimento, fev 1965 (MLKJP, GAMK).
"Let Justice Roll Down", *The Nation*, 15 mar 1965.
Declaração sobre o espancamento brutal de três pastores brancos, 10 mar 1965 (MLKJP, GAMK).
Rascunho manuscrito de declaração referente à morte de James Reeb, 11 mar 1965 (MLKJP, GAMK).
Declaração anunciando a permissão judicial para realizar a marcha a Selma, Montgomery, 16 mar 1965 (MLKJP, GAMK).
Declaração referente ao discurso de Lyndon Baines Johnson sobre a situação em Selma, 16 mar 1965 (MLKJP, GAMK).

Entrevista em Selma, Alabama, 24 mar 1965 (MMFR, INP).
Discurso em St. Jude, Montgomery, 24 mar 1965 (MLKJP, GAMK).
Discurso na Marcha de Selma a Montgomery, 25 mar 1965 (MLKJP, GAMK).
Discurso e coletiva de imprensa na Igreja Batista de St. John, Gary, Indiana, 1º jul 1966.
Where Do We Go from Here: Chaos or Community? (Nova York: Harper and Row, 1967), p.1-2.
Carta formal aos apoiadores, jun 1965 (WAR, INP).

27. Watts (p.343-50)

Principais fontes

"A Cry of Hate or a Cry for Help?", rascunho para um número especial da *New York Times Magazine* (MLKJP, GAMK).
Declaração na chegada a Los Angeles, 17 ago 1965 (MLKJP, GAMK).
"Feeling Alone in the Struggle", *New York Amsterdam News*, 28 ago 1965.

Outras fontes

"A Christian Movement in a Revolutionary Age", Rochester, Nova York, 28 set 1965 (CSKC, INP).
"Beyond the Los Angeles Riots, Next Stop: The North", *Saturday Review*, n.48 (13 nov 1965), p.33-5.
"The Crisis in Civil Rights", Chicago, jul 1967 (MLKJP, GAMK).

28. A campanha de Chicago (p.351-69)

Principais fontes

"Why Chicago Is the Target", *New York Amsterdam News*, 11 set 1965.
Where Do We Go From Here.
"The Good Samaritan", sermão na Igreja Batista Ebenezer, Atlanta, 28 ago 1966 (MLKJP, GAMK).
"One Year Later in Chicago", rascunho manuscrito, fev 1967 (SCLCT, GAMK).
Cit. in *Federal Role in Urban Affairs Hearings*, testemunho diante da Subcomissão de Reorganização do Executivo, Comissão de Operações Governamentais, Senado dos EUA, 15 dez 1966.

Outras fontes

Declaração à imprensa, Chicago, jul 1965 (MLKJP, GAMK).
O Plano Chicago, press release, Atlanta, 7 jan 1966 (MLKJP, GAMK).
Discurso durante o Encontro da Liberdade no Soldiers Field, Chicago, 10 jul 1966 (MLKJP, GAMK).

Declaração sobre os distúrbios do West Side, 17 jul 1966 (MLKJP, GAMK).
"Why I Must March", discurso, Chicago, 18 ago 1966 (MLKEC, INP).
Declaração sobre a não violência, Grenada, Mississippi, 19 set 1966 (MLKJP, GAMK).
"A Gift of Love", *McCalls*, n.94 (dez 1966)p.146-7.
Discurso de abertura, Conferência Nacional sobre Novas Políticas, 31 ago 1967 (MLKJP, GAMK).
Coletiva de imprensa, Igreja Batista da Liberdade, Chicago, 24 mar 1967 (MLKJP, GAMK).
"What Are Your New Year's Resolutions?", sermão na Igreja Batista Ebenezer, Atlanta, 7 jan 1968 (MLKJP, GAMK).
Entrevista a Merv Griffin, *Merv Griffin Show*, 6 jul 1967 (MLKEC, INP).
"Conversation with Martin Luther King", in James M. Washington, (org.), *Testament of Hope* (São Francisco: Harper and Row, 1986; 1991), p.657-79.
Cit. in Flip Schulke, *King Remembered*.

29. Poder Negro (p.370-91)

Principal fonte

Where Do We Go from Here, cap.2.

Outras fontes

Discurso durante a Marcha de Meredith, West Marks, Mississippi, 12 jun 1966 (MLKJP, GAMK).
Discurso durante assembleia, Yazoo, Mississippi, 21 jun 1966 (MLKJP, GAMK).
"It's Not Enough to Condemn Black Power", anúncio assinado no *New York Times*, 26 jul 1966.
Declaração sobre o Poder Político Negro, Grenada, Mississippi, 16 jun 1966 (MLKJP, GAMK).
"Conversation with Martin Luther King".

30. Além do Vietnã (p.392-407)

Principais fontes

"Journey of Conscience", rascunho de discurso, 1967 (CSKC, INP).
"Beyond Vietnam", discurso na Igreja Riverside, Nova York, 4 abr 1967 (MLKJP, GAMK).
Coletiva de imprensa em Los Angeles, 12 abr 1967 (DJG, INP).
"To Chart Our Course of the Future", discurso no retiro da equipe da SCLC no Penn Center, Frogmore, Carolina do Sul, 22 maio 1967 (MLKJP, GAMK).
Discurso no Programa de Treinamento de Lideranças Pastorais da SCLC.

Outras fontes

"My Dream – Peace: God's Man's Business", *New York Amsterdam News*, 1º jan 1966.
Coletiva de imprensa, Los Angeles, Califórnia, 12 abr 1967.
"Why I Am Opposed to the War in Vietnam", sermão na Igreja Batista Ebenezer, Atlanta, 30 abr 1967 (MLKJP, GAMK).
"To Serve the Present Age", sermão na Igreja Batista de Victory, Los Angeles, 25 jun 1967 (MLKEC, INP).
Coletiva de imprensa sobre distúrbios, Igreja Batista Ebenezer, Atlanta, 24 jul 1967 (MLKJP, GAMK).
Discurso de abertura, Conferência Nacional sobre Novas Políticas.
The Trumpet of Conscience (São Francisco: Harper and Row, 1967), p.37.
Sermão na Igreja Batista Ebenezer, Atlanta, 5 nov 1967 (MLKEC, INP).
"What Are Your New Year's Resolutions?", sermão na Igreja Batista Ebenezer, Atlanta, 7 jan 1968 (MLKEC, INP).
"A Testament of Hope", *Playboy*, n.16 (jan 1969), p.175.

31. A Campanha pelos Pobres (p.408-18)

Principais fontes

Declaração sobre a Campanha de Washington, Atlanta, 4 dez 1967 (MLKJP, GAMK).
"Showdown for Non-Violence", *Look*, n.32 (16 abr 1968), p.23-5.
"Movement to Washington".
Discurso em Memphis, Tennessee, 18 mar 1968 (MVC, TMM e MLKJP, GAMK).

Outras fontes

Discurso no retiro da equipe da SCLC, Penn Center, 22 maio 1967.
"What Are Your New Year's Resolutions?".
Discurso em assembleia, Waycross, Geórgia, 22 mar 1968 (MLKJP, GAMK).
"A Testament of Hope", *Playboy*.

32. Sonhos irrealizados (p.419-30)

Principais fontes

"Unfulfilled Dreams", sermão na Igreja Batista Ebenezer, Atlanta, 3 mar 1968, in *A Knock at Midnight*, p.191-200.
"I've Been to the Mountaintop".
"The Drum Major Instinct", sermão na Igreja Batista Ebenezer, Atlanta, 4 fev 1968, in *A Knock at Midnight*, p.184-6.

Índice remissivo

13ª Emenda, 23, 208
14ª Emenda, 23, 208
15ª Emenda, 23, 208

Abernathy, Juanita, 128, 190
Abernathy, Ralph, 12, 70, 75, 76, 77, 82, 85, 92, 98, 102, 108, 111, 119, 123, 212, 216, 247, 257, 321, 325, 415, 424
    bomba explode em sua casa, 127-8
    e a campanha em Birmingham, 220-3
    e o Movimento em Albany, 185, 190-2, 194, 196, 199-202
Abraão (patriarca hebreu), 417
Acton, lorde, 391
AFL-CIO (American Federation of Labor and Congress of Industrial Organizations, ou Federação Americana do Trabalho e Congresso de Organizações Industriais), Conselho Nacional da, 267
África:
    lutas de libertação na, 168
África do Sul, 300, 307, 399
Agostinho, santo, 233, 421
Alabama:
    condado de Dallas, 322, 323, 326
    Lei de Disposição dos Alunos, 215
    segregação no, 336-9
    Suprema Corte, 260
    ver também Birmingham, Montgomery, Selma
Alemanha, 133, 235, 389, 395
Alexander, T.M., 110, 117
América:
    acusação à, 417
    alma da, 398-9
    consciência da, 313-4
    independência da, 143
    racismo na, 134-6
    sistema bipartidário na, 300-1
    ver também Estados Unidos
América do Sul, 168, 238, 401
América Latina, 306

amor:
    e Jesus Cristo, 39-40
    e justiça, 81-2
    e o mal, 41-3
    e poder, 381-3
Amós (profeta), 65, 239
Anderson, William G., 185, 187, 190, 191, 193, 196, 197, 202, 445
Aquino, são Tomás de, 233
Aristófanes, 422
Aristóteles, 31, 422
Arkansas, 138
Ásia, 135, 143, 151, 165, 168, 232, 238, 401
Atlanta Constitution, 28
Atlanta World, 33
Attucks, Crispus, 385

Baker, Wilson, 325, 333
Barnett, Ross, 341
Beckwith, Byron de la, 297
Beecher, Henry Ward, 45
Belafonte, Harry, 45
Bell, Roy C., 198
Bellamy, Edward, 54
bem, *versus* mal, 420-3
Bennett, L. Roy, 71, 76, 85
Bentham, Jeremy, 31, 40
Bethune, Mary McLeod, 275
Bevel, James, 248, 250, 323, 353
Bhave, Vinoba, 151, 154, 158
bhoodanitas, 154-5
Billingsley, Orzell, 225
Billups, Charles, 253
Birmingham (Alabama), 263, 264, 342, 353, 409, 425
    campanha de, 207-25
    comunidade empresarial de, 211-3, 228-9, 255-8
    "Cruzada das Crianças" em, 247, 248-51
    dessegregação em, 257-61
    Dia "D" em, 50
    poder não violento em, 251-4
    segregação em, 210-3, 228-9

Índice remissivo

tropas federais em, 247
violência em, 274-81
ver também Carta da cadeia de Birmingham
Birmingham News, 214
Black, Hugo, 120
boicote dos ônibus, Montgomery, 69-83, 84-106, 107-26, 210-1, 305-6
Bond, Horace Mann, 140
Bond, Julian, 392
Boston Globe, 48
Boutwell, Albert, 207, 212, 213, 214, 231
Bowles, Chester, 150
Boyle, Sarah Patton, 240
Braden, Anne, 240
brancos moderados, decepção com a falta de compreensão dos, 235-7, 239-41
bravura e Poder Negro, 383-4
Brightman, Edgar S., 44, 46, 47, 48
Brown, Theodore E., 190, 193
Bryant, C. Ferris, 286
Bryant, William Cullen, 49
Buber, Martin, 233
Bunche, Ralph, 140, 143
Bunyan, John, 239
Byrd, Robert, 302

Califórnia, 182, 183, 272, 349; *ver também* distúrbios em Watts
Câmara dos Deputados, 313
Camboja, 399, 400
campanha pelos pobres, 408-18
canções *ver* canções de liberdade; "We Shall Overcome"
canções de liberdade, 216-7, 256
Capital, O (Marx), 34, 414
capitalismo:
    declínio do, 54
    versus marxismo, 34-7
Caribe, 238
Carlyle, Thomas, 49
Carmichael, Stokely, 370, 371, 374, 381
Carolina do Sul, 270-1, 413
Carpenter, C.C.J., 226
Carta da cadeia de Birmingham (King), 227-46
Carter, Eugene, 112, 118, 119
Carver, George Washington, 385
castas, sistema indiano de, 159-64
Castro, Fidel, 399
Chalmers, Allan Knight, 46

Chaney, James, 298, 305
"Cheguei ao topo da montanha", discurso (King), 422
Chicago, 263
    adolescentes em, 368-9
    "As crianças do Vietnã" (artigo), 394
    campanha de, 359-69
    Conselho de Coordenação das Organizações Comunitárias, 351, 352, 363
    distúrbios em, 351, 358-60
    eliminação da discriminação residencial em, 360-3, 368-9
    favelas em, 356-7, 363-6
    Movimento pela Liberdade, 359, 360-1, 367
    órgãos públicos em, 367-8
    pobreza em, 353-6
    senhorios em, 365-6
China Vermelha, 393
Christianity and the Social Crisis (Rauschenbusch), 32
Clark, James G., Jr., 322, 324, 325, 326, 332, 342, 381
Clayton, Charles M., 179
Clement, Rufus E., 110
Coffin, William Sloane, 407
Collins, Addie Mae, 274
Collins, LeRoy, 324, 328, 332, 333
Comissão Interestadual de Comércio, 187
Comissão Nacional Consultiva sobre Desordem Pública, 411
Comitê de Ação Social e Política, 66-7
comunismo, 283, 402
    totalitarismo no, 34-7
comunistas, 317-8
Condenados da terra, Os (Fanon), 387
Conferência dos Líderes do Sul, 127, 128-30
    ver também SCLC
Confissões (santo Agostinho), 421
Congo, 306, 319
Congresso, 136, 262, 264, 285, 288, 291, 302, 313, 321, 323-6, 338, 341, 342, 344, 410-2
    ver também Câmara dos Deputados
Connor, Eugene (Bull), 136, 209, 210, 213-7, 219-21, 222-4, 229-30, 231, 245-6, 250-1, 253-6, 260, 380-1, 395-6, 424-5
Conselho de Relações Humanas do Alabama, 67-8
Conselhos dos Cidadãos Brancos, 72-3, 76, 86-7, 95, 235

Constituição (Estados Unidos), 80, 203, 220, 245, 263, 268, 322, 428
    preâmbulo da, 208
Core (Congress of Racial Equality, ou Congresso da Igualdade Racial), 297, 371, 372, 373, 379
Corpo da Paz, 298
Costa do Ouro, 139-40, 142-3
Cotton, Dorothy, 248
Crenshaw, Jack, 91
Cristandade:
    tragédia da, 414
cristãos, primeiros, 234-5, 241-3
Cristo ver Jesus Cristo
Crusader Without Violence (Reddick), 150
Cruzada da Cidadania, 137-8
Cuba, 200
Curry, Izola Ware, 146

Dabbs, James McBride, 240
Daley, Richard, 351
Davi, rei, 419
Davis, Jefferson, 60
Davis, Sammy, Jr., 325
Declaração de Direitos, 208, 263
Declaração de Independência, 134-5, 243, 245, 263, 268, 428
Delaney, Hubert, 172, 173
democracia *versus* segregação, 114-6, 135-6
desigualdade e igualdade, 115-7
"desobediência civil, A" (Thoreau), 27, 33
dessegregação, 107-8
    luta por, 257-61
Deus:
    como colega de cela, 225
    fé em, 49-50
    luz de, 155-6
    orientação de, 59-62
    poder de, 147-8
    ver, 48
DeWolf, L. Harold, 47, 48
Diáconos pela Defesa e Justiça, 373
Dickenson, Ed, 198
Diggs, Charles, 140
direito de voto, 135-8
    em Selma, 320, 321-9, 341-2, 353, 409
direitos civis:
    e divisão ideológica, 380-1
    e inércia legislativa, 135-8
    luta por, 293-6
    progresso nos, 288-90
discriminação *ver* segregação
dixiecratas, 276
Doar, John, 332
Dolan, Joseph F., 254
Douglas, Helen Gahagan, 182, 183
Drew, Charles, 385
Durden, A.N., 190, 191
Durick, Joseph A., 226

Eastland, James O., 202
Egito, 141, 144, 295, 422, 424
Eisenhower, Dwight D., 127, 128, 138, 175, 182, 405
Eliot, T.S., 245
Elkins, Henry, 194
Ellender, Allen, 392
Emancipação, Proclamação de, 263, 268, 290, 423
Escandinávia, 308
escravidão, *versus* liberdade, 244
Estados Unidos:
    destino dos, 152-3
    futuro dos, 293
    versus Índia, na integração de minorias, 162-4
    ver também América
Eurípides, 422
Europa do Norte, 306
Europa, 139, 143, 144, 306
"Eu tenho um sonho", discurso (King), 268-73
Evers, Medgar, 262, 263, 275, 281, 283, 297, 305

Face the Nation (TV), 392
Fanon, Frantz, 387, 388
Faubus, Orval, 138
Fauntroy, Walter, 324
favelas, em Chicago, 355-7, 363-4
FBI (Federal Bureau of Investigation), 313
Fenomenologia do espírito, A (Hegel), 48
Festa do Chá de Boston, 235
Filosofia da religião, A (A. Brightman), 44
Filosofia do direito, A (Hegel), 48
filosofia platônica, 420
fins e meios, 243-6
Flórida, 261, 286, 287, 362
    ver também luta em St. Augustine

França, 141
French, Edgar N., 75, 76
Freud, Sigmund, 420

Gana, 139-44, 150; *ver também* Costa do Ouro
Gandhi, Mohandas K., 31, 39-40, 42, 88-9, 149, 150, 154, 157-64, 206, 387, 419
gandhianos, 151-2, 154-5, 157-60, 250
Garvey, Marcus, 317
Gay, Ben, 196
Gayle, W.A., 118
Genealogia da moral (Nietzsche), 38
Geórgia, 218, 271, 272, 286, 362, 368, 413
    ver também Movimento em Albany; sit-ins em lanchonetes de Atlanta
Goethe, Johann Wolfgang von, 421
Goldberg, Arthur, 393
Golden, Harry, 240
Goldwater, Barry, 293, 294-5, 300, 302
Goodman, Andrew, 298, 305
Gorden, Earl, 198
Grã-Bretanha (Império Britânico), 140, 141, 142, 143, 159, 161, 307
Grafman, Milton L., 226
Grande Depressão, 13-5
Grande Sociedade, 312, 321
Gray, Fred, 118
Grécia (antiga), 422
Green, Sherman L., 110
Greensboro (NC), sit-in em, 165
Guatemala, 399, 400
Guerra Civil, 16, 165
Guerra do Vietnã, 392-407, 412

Hall, Peter, 118
Hamer, Fannie Lou, 301, 305
Hardin, Paul, 226
Harding, Vincent, 190, 193
Harmon, Nolan, 226
    ódio como fardo, 317-9, 391
    O ódio que o ódio produziu (TV), 317
Hayling, Robert, 285
Hegel, Georg Wilhelm, 48
Henry, Aaron, 295, 301
hinduísmo, 162-3, 420-1
Hitler, Adolf, 235, 389
Hobbes, Thomas, 31, 40
Hollowell, Donald L., 174, 199
Humphrey, Hubert H., 326, 328
Hungria, 235

igrejas brancas:
    decepção com as lideranças das, 240-1
    participação na Marcha sobre Washington, 266-7
igualdade e desigualdade, 115-7
Império Romano, 235, 422
Índia, 89, 161, 306, 387, 419
    resistência não violenta na, 149-64
    sistema de castas na, 159-64
individualidade e segregação, 24-5
injustiça:
    como ameaça à justiça, 228-9
    compensação pela, 162-4
    racial e econômica, 23-5
integração:
    abordagens da, 67-8
    em Little Rock, 127
    sem poder, 382-3
intocáveis, na Índia, 159-64
irlandeses, 378
italianos, 378

Jackson, Eddie, 191
Jackson, Jimmie Lee, 320, 334, 342, 381
Jackson, Mahalia, 275
Jefferson, Thomas, 208, 239, 243, 288
Jemison, Theodore, 85, 86
Jeremias (mártir), 38, 65
Jesus Cristo, 19, 23, 64-5, 80, 88, 99, 101, 130, 162, 228, 236, 242, 275, 281, 318, 399, 406, 407, 419
    amor ético de, 39-40, 239
    crucificação de, 361
    inspiração de, 414
    parábolas de, 417, 425-7
John Birch Society, 286
Johns, Vernon, 59
Johnson, Frank M., 117, 331
Johnson, Lyndon B., 274, 299, 300, 324, 326, 344, 350, 381, 388, 406
    e a guerra à pobreza, 290
    e a Guerra do Vietnã, 393-5
    e direitos civis, 288, 290-1, 412
    e Grande Sociedade, 312, 320-1
    e o direito de voto, 320-2, 327-8, 342
    liderança de, 290
    oportunidade de, 302
    sobre direitos humanos, 341-2
    sobre igualdade, 332-3
Johnson, Mordecai, 31, 39, 40

Jones, Clarence B., 225, 325
judaísmo, 420
judeus, 235, 365-7, 378, 389-90
justiça:
   ameaçada pela injustiça, 228-9
   e amor, 80-2

Katzenbach, Nicholas, 327, 328
Kelsey, George, 29
Kennedy, John F., 186, 198, 207, 224, 257, 266, 278-9, 290, 400
   assassinato de, 274, 281-4
   como estadista, 406-7
   coragem moral, 180-1
   e direitos civis, 175-6, 262, 288-9
   epitáfio de, 282-4
   personalidade de, 281-3
   telegramas para, 200-1, 204, 224-5
   transformação de, 183-4, 282-3
   versus Nixon, 181-4
Kennedy, Robert, 174, 180, 198, 224
Kent, duquesa de, 143
King, Alberta Williams (mãe), 13-7, 108-9
   carta a, 33-4
King, Alfred Daniel (irmão), 247, 251, 258
King, Bernice Albertine (filha), 56, 207
King, Chevene B., 193, 197, 198, 199
King, Coretta Scott (esposa), 63, 73-4, 79, 99, 100, 108, 110, 143, 150, 151, 156, 160, 174, 180, 190, 193, 197, 201, 207, 223-4, 315, 318, 426
   antecedentes de, 65
   apoio de, 78-9, 94-5, 113-4, 308-9
   avó adotiva de, 130-1
   cartas a, 53-4, 55-6, 178-9
   conselho de, 76
   telegrama para, 132
   tranquilidade durante a crise, 102-6
   ver também Scott, Coretta
King, Dexter Scott (filho), 56, 185, 201
King, (Michael) Martin Luther:
   a igreja como segundo lar de, 18-9
   aos grevistas de Memphis, 416-8
   assassinado, 419
   bomba explode na casa de, 84, 101-3
   cartas de, 25, 28, 33-4, 53-4, 55-6, 178-9, 181-2, 227-46, 279-80
   casa-se com Coretta Scott, 51-2
   "Cheguei ao topo da montanha", discurso, 422-9
   citado em jornais, 105, 134, 203
   como adolescente, 22-5
   condenado, 107, 111-2, 185
   diário da cadeia de, 190-5, 196-203
   discurso final em Memphis, 419-30
   discurso na Marcha sobre Washington, 262, 267-73
   discursos e declarações de, 13, 22-3, 32-4, 48-9, 79-83, 104, 113-7, 122-4, 136-7, 147-8, 152, 158, 171-2, 177-8, 220, 251-5, 261, 262, 268-73, 276-84, 300, 307-9, 314-7, 326, 333-9, 344, 358, 360-3, 368-9, 375-6, 377-8, 380-2, 390, 392, 397-407, 410-1, 414-30
   e a Campanha pelos Pobres, 408, 414-6
   e *Carta da cadeia de Birmingham*, 227-46
   e o boicote dos ônibus em Montgomery, 80-2, 104, 105-6, 122-4
   e o Dia de Penitência, 185, 195-6
   e o direito de voto em Selma, 326-7, 332-3, 334-6
   e o ministério da pregação, 32-4
   e o Movimento em Albany, 190-4, 195-203
   e os distúrbios em Watts, 344-5, 347
   e os sit-ins em Atlanta, 177, 178-80
   eleito presidente da MIA, 69, 76
   em confinamento solitário, 223-5
   esfaqueado, 145-7, 427-8
   "Eu tenho um sonho", discurso, 268-73
   instruções de, 324-5
   Kennedy encontra-se com, 274, 278-9
   mensagem da cadeia, 192
   na Igreja Batista da Avenida Dexter, 58-68
   na Peregrinação da Prece pela Liberdade, 127, 135-6
   nascimento de, 13, 14-5
   na Universidade de Boston, 43-4, 46-9
   no Morehouse College, 26-30
   no Seminário Teológico Crozer, 31-45
   pais, 14-8
   palestra na Universidade de Oslo, 309-10
   Prêmio Nobel da Paz para, 303-13, 323-4, 398-9
   preso, 84, 96-9, 145, 165, 174, 177-80, 185, 189-90, 207, 223-4, 256-7, 285, 320, 323-4
   primeiros anos de, 13-23
   reminiscências de, 45
   sermões de, 61-2, 64-5, 67, 141, 157, 160-1, 162-3, 201-2, 405-6, 415

sobre a guerra no Vietnã, 397-403, 406-7
sobre a morte, 277-8, 429-30
sobre Birmingham, dessegregação em, 257-8, 261
sobre Chicago, 368-9
sobre liberdade, 376-8
sobre Malcolm X, 315-7
sobre o assassinato de Kennedy, 282-4
sobre o Mississippi, 375-6
sobre o Partido Democrata da Liberdade do Mississippi, 299-300
sobre opressores, 390-1
sobre segregação temporária, 383
sobre segregação, 114-7, 336-9
sonhos irrealizados de, 419-30
telegramas de, 132, 201, 204, 224
tentativa de assassinar, 145-7, 427-8
trabalhos de curso de, 37, 44
viagens de, 139-44, 149-64
violência em Birmingham, 276-81
King, (Michael) Martin Luther, pai, 13, 14-8, 19-21, 29-30, 51, 58, 66, 106, 110-1, 182-3, 200
carta a, 25
sofrimento de, 108-9
King, Martin Luther III (filho), 56, 127, 179, 201
King, Slater, 196, 198
King, Tom, 212
King, Yolanda Denise (filha), 56, 58, 68, 73, 94, 103, 110, 114, 130, 179, 193, 201
Ku Klux Klan (KKK), 23-4, 120, 121, 235, 258, 286, 287, 294, 320
Kunstler, William, 202

Lafayette, Bernard, 325
Lawndale, pobreza em, 354-7
Lawson, James, 372
Lázaro (herói-mendigo), 417
Lee, Bernard, 248, 347
Lee, George, 281
Lee, Herbert, 305
Lei do Direito de Voto de 1965, 341-2, 353
Lei dos Direitos Civis de 1957, 136, 137-8, 327, 342
Lei dos Direitos Civis de 1960, 327, 342
Lei dos Direitos Civis de 1964, 285, 288, 289, 291-2, 324, 327, 342, 353
leis, justas e injustas, 233-5
Lênin, Vladimir, 34, 40
Lewis, Rufus, 67, 76

liberalismo, fracassos do, 40-1
liberdade:
    e Poder Negro, 376-7
    luta por, 271-3, 416-7
    versus escravidão, 244
liderança, e consenso, 389-91
Lincoln, Abraham, 162, 163, 208, 239, 265, 267, 290, 301, 423
Little Rock, Arkansas, integração das escolas secundárias em, 127, 138
Liuzzo, Viola Gregg, 320, 340, 342, 348
Locke, John, 31
Loeb, Henry, 416
Longfellow, Henry Wadsworth, 391
Looking Backward (Bellamy), 54
Los Angeles *ver* distúrbios em Watts
Louisiana, 86, 270, 322, 338
Lowell, James Russell, 49
Lowery, Joseph E., 324
Lumumba, Patrice, 319
Lutero, Martinho, 239, 423
Lutuli, Albert, 307

mal:
    e amor, 41-3
    versus bem, 420-3
Malcolm X, 315-9
Mandela, Nelson, 307
manifestações estudantis, 167-72; *ver também* sit-ins em lanchonetes
Manifesto comunista, 34, 414
Mao Tsé-Tung, 399
Marcha da Liberdade, no Mississippi, 369, 370, 372-80
Marcha sobre Washington, 262, 264-73, 288-9, 339
    e o discurso "Eu tenho um sonho", 268-73
Marshall, Burke, 198, 254, 255, 256, 257
Marshall, Thurgood, 111
Marx, Karl, 34, 36, 37, 40, 414
marxismo, 402
    versus capitalismo, 34-7
Matzeliger, Jan, 385
Maynard, Aubre, 146
Mays, Benjamin E., 29, 110
Mazo, Earl, 182
McCall, Walter, 28
McGill, Ralph, 240
McKissick, Floyd, 371, 378

McNair, Denise, 274
    carta à família de, 279-80
Meet the Press (TV), 197
meios e fins, 343-6
Memphis:
    discurso final de King em, 419-30
    marcha, 408, 425-6
    movimento em, 414-8
Meredith, James, 245, 370, 371, 372
México, 27, 306
MIA (Montgomery Improvement Association, ou Associação para o Progresso de Montgomery), 69, 76-7, 84-8, 90, 92, 95, 102, 107, 118, 131, 147-8
Middleton, Allen, 200
Mill, John Stuart, 31, 40
Miller, Orloff, 334
Ming, William, 172, 173
Mississippi, 175, 186, 218, 241, 270, 271, 272, 286, 306, 322, 338, 361, 362, 368, 371, 413
    assassinatos no, 281, 283-4, 294, 297-8, 305-6
    delegação na Câmara, 313-4
    Marcha da Liberdade em, 369, 370, 372-80
    militantes dos direitos civis em, 293, 297-8
    Novos Negros em, 295-7
        Partido Democrata da Liberdade, 293, 297-301
Mitchell, J. Oscar, 174
Moçambique, 399
Montgomery, Alabama, 133, 166-7, 342
    anarquia em, 131-2
    boicote dos ônibus, 69-83, 84-106, 107-26, 210-1, 251, 305-6
    marcha de Selma a 320-1, 329-34, 335-7, 338-42
    racismo em, 133-5
    sit-ins em lanchonetes em, 171-3
    terror em, 129-32
    ver também MIA
Montgomery Advertiser, 89, 125
Moore, Harriet, 281
Moore, Harry, 281
Moore, William, 275, 281
moradia *ver* eliminação da discriminação na moradia
Moral Man and Immoral Society (Niebuhr), 42
Morgan, Juliette, 89

Moses, Robert, 296
Motley, Constance Baker, 179
Mountbatten, lady, 154
Movimento Cristão do Alabama por Direitos Humanos, 207, 210, 211, 227, 229
Movimento em Albany (Geórgia), 185-206
movimento não violento:
    crise para o, 349-50
    orgulho e poder, 251-4
    questionamento, 372-4
    versus violência, 386-9
muçulmanos:
    na Índia, 161-2
    negros, 238
Muelder, Walter, 46
Muhammad, Elijah, 238
Murray, George M., 226
Muste, A., 37

NAACP (National Association for the Advancement of Colored People, ou Associação Nacional para o Progresso das Pessoas de Cor), 58, 66-8, 76, 111, 199, 209, 281, 297, 404
    Fundo de Defesa Jurídica e Educacional, 260, 261
Nabucodonosor, 235
nacionalismo negro, 238, 316, 319
Nações Unidas (ONU), 283, 293, 405
Narayan, Jayaprakash, 154
Nation, The, 290
negação, padrão de, 321-3
negro:
    antissemitismo, 366-7
    comunidade, forças opostas na, 237-8
    estereótipo do, 31-2, 272-3
    fé no, 265-6
    insultos ao, 72
    música do, 216-7
    na história americana, 383-5
    no Norte, 352-3
    novo, no Sul, 133-6
    "quem tem" e "quem não tem", 416-7
    religião, emocionalismo do, 29
    revolução, 125-6, 263-4, 280-1, 286-7, 289-90, 293-5
    sofrimento do, 186-90
    "velho" *versus* "novo", 113
"Negro e a Constituição, O" (King), 223
Nehru, Jawaharlal, 149, 150, 151, 154

Índice remissivo

New York Post, 134
New York Times, 105, 146, 427
Niebuhr, Reinhold, 41-3, 47, 231
Nietzsche, Friedrich Wilhelm, 38, 40
Nigéria, 139, 144
Nixon, E.D., 70-1, 75-6, 77, 105, 119, 123
Nixon, Richard, 176, 180, 181-4
Nkrumah, Kwame, 141-4
Nobel, Alfred, 310
Noruega, 303, 305-8
   rei, 323

Olson, Clark, 334
Operação Cesta de Pão, 364-5, 414
opressão, violência contra a, 358-60
Ovídio, 421

pacifismo, posição sobre, 42-3
Paquistão, 419
Parks, Rosa, 58, 69-70, 75-6, 80, 91, 187
Partido Democrata, 137, 293, 298-9, 302
Partido Republicano, 137, 182, 276, 293, 294, 301, 412-3
Paulo (apóstolo), 228, 239, 397, 419, 421
Peregrinação da Prece pela Liberdade, 127, 135
períodos de convocação e voluntários, 216-7
personalismo, importância do, 47-8
Peru, 399, 400
Platão, 31, 421, 422
Plessy *versus* Ferguson, 115
pobreza:
   em Chicago, 354-7
   guerra contra, 310, 311-2, 395-6
poder e amor, 381-3
Poder Negro, 370, 376-84, 386-8, 390-1
Powell, Adam Clayton, 140
Powell, Mary, 51
Primeira Emenda, 203, 204, 234, 322
Pritchett, Laurie, 194-201, 219, 244
Projeto C, 210, 211-3
protestos contra a discriminação habitacional em Chicago, 360-3

quacres, 182

Raby, Al, 352, 367
racismo:
   e o futuro, 413-4
   e o novo negro no Sul, 133-4

   e segregação, 133-6
   primeiras experiências com o, 19-20
Rainey, Lawrence, 322
Ramage, Edward V., 226
Randolph, A. Philip, 140, 264, 305, 383
Rauschenbusch, Walter, 32
Ray, Sandy F., 145
razão e liberalismo, 40-1
Reddick, Lawrence D., 149, 150, 163
Reeb, James, 320, 334, 342, 348, 381
Renascença, 422
resistência não violenta:
   boicote no ônibus de Montgomery, 89-90, 102-3, 125-6
   e Gandhi, 39-40
   etapas para, 228-31
   peregrinação, 149-64
Reuther, Walter, 136
Rich, Marvin, 198
Ricks, Willie, 376
Rillieux, Norbert, 385
Robertson, Carole, 274
Robinson, Jo Ann, 66-7, 87
Roosevelt, Franklin, 290, 302
Rousseau, Jean-Jacques, 31, 40
Royster, Gloria, 34
Russell, Richard, 302
Rustin, Bayard, 347

Satyagraha, 39
Schwerner, Michael, 298, 305
SCLC (Southern Christian Leadership Conference, ou Conferência da Liderança Cristã do Sul), 14, 127, 128, 166, 176, 192, 200, 207, 211-2, 247, 248, 285, 362, 370, 403, 404
   e a campanha de Birmingham, 211-2, 213-4, 218, 227-8
   e a campanha de Chicago, 351-3
   e a Cruzada pela Cidadania, 137
   e a luta em St. Augustine (Flórida), 285, 286-7
   e a Marcha pela Liberdade no Mississippi, 372, 375-6, 379-80
   e a Operação Cesta de Pão, 365
   em Selma, 341-2
   e o desafio do Mississippi, 295-7
   e o Movimento em Albany, 188, 190
   e os pobres, 408, 409
   no Norte, 311

no Sul, 310-2
   ver também Conferência dos Líderes do Sul
Scott, Bernice, 52, 54
Scott, C.A., 110
Scott, Coretta, 51-7
   cartas a, 53-4, 55-6
   casa-se com Martin Luther King, 51-3
   compreensão de, 56-7
   força de, 55
   ver também King, Coretta Scott
Scott, Fannie E. (avó adotiva de Coretta), carta a, 130-1
Scott, Obadiah (pai de Coretta), 53-4, 105-6
segregação:
   ataque à, 210-3
   brutalidade da, 228-9
   e a relação "eu-isso", 233-4
   e desigualdade, 114-7
   efeito traumatizante da, 186-8
   e individualidade, 24-5
   e racismo, 134-5
   impaciência com a, 231-2
   julgamento moral que não se faz sobre a, 163-4
   lanchonetes, 168-70
   nas escolas públicas, 135-6, 208-9, 233-4, 291-2
   no leito de morte, 336-9
   nos ônibus, 69, 75-6, 91-3, 107, 118-9, 122-3, 124-6
   primeiras experiências com a, 15-7, 19-24
   propósito básico da, 92-3
   quebrando a barreira da, 352-4
   temporária, 383
   versus democracia, 114-6, 134-6
Sellers, Cleveland, 371
Sellers, Clyde, 86, 118
Selma (Alabama):
   direito de voto em, 320, 321-9, 341-2, 353-4, 409-10
   marcha a, 320
   marcha a Montgomery, 320, 329-34, 335-7, 338-42
Sermão da Montanha, 88
Sherman, William, 336
Shores, Arthur, 111, 225
Shuttlesworth, Fred, 211, 214-7, 223, 229, 256
Simpson, Bryan, 286

Sit-ins em lanchonetes de Atlanta (Geórgia), 174, 177, 178-80
sit-ins em lanchonetes, 167-73
   Atlanta (Geórgia), 174, 177, 178-80
   Greensboro (Carolina do Norte), 165
   Montgomery, 171-3
sit-ins *ver* sit-ins em lanchonetes
Smiley, Glenn, 123
Smith, Lillian, 240
SNCC (Student Nonviolent Coordinating Committee, ou Comitê de Coordenação dos Estudantes Não Violentos), 165, 171-2, 200, 203-4, 297, 371-8, 379-80, 381
Sobukwé, Robert, 397
Sócrates, 230, 235, 236, 361, 422
Spivak, Lawrence, 197
Spock, Benjamin, 407
St. Augustine (Flórida), luta em, 285-9
Stallings, Earl, 226, 240
Stanton, Edwin, 163
Steele, C.K., 194
Still, Larry, 199
Stride Toward Freedom (King), 145, 150, 167
Sudeste Asiático, 397
Suécia, 308
Suprema Corte, 80, 117, 120, 126, 136, 283, 291, 326
   e Plessy *versus* Ferguson, 115
   sobre a segregação nas escolas públicas, 135, 208, 233-4, 291-2
   sobre a segregação nos ônibus, 107, 118-9, 122, 125-6, 127-9

Tailândia, 399
tempo, uso criativo do, 237
tensão, na resistência não violenta, 230-1
Thomas, Daniel H., 325
Thomas, Lillie, 96
Thomas, Rex, 118
Thoreau, Henry David, 27, 73
Thurmond, Strom, 295
Tillich, Paul, 48, 233
Time, revista, 132
Tolstoi, Leon, 387
Truman, Harry, 290
Turner, Nat, 388
Tuttle, Elbert P., 260

União Soviética, 158, 394

valores:
    perdidos e redescobertos, 49-50
Vandiver, S. Ernest, 174
Venezuela, 400
verdadeira revolução de, 400-2
Vesey, Denmark, 388
Viajantes da Liberdade, 185, 187, 195, 211, 305
vida, três dimensões da, 61-2
violência:
    como fardo, 317-9
    como resultado de frustração insuportável, 238-9, 278-9
    contra a opressão, 358-60
    crianças vítimas da, 274-8
    e grupos nacionalistas negros, 238
    provocação da, por meio de ações pacíficas, 235-7
    reação à, 348-9
    versus não violência, 386-9
Vivian, C.T., 325
Vontade de potência, A (Nietzsche), 98

Walden, A.T., 110, 111
Walker, Ann, 259
Walker, Solomon, 191
Walker, Wyatt Tee, 190, 193, 197, 198, 199, 202, 203, 212, 259
    esposa de, 202
Wallace, George, 210, 242, 259, 326, 330, 335, 336, 338, 341-2
Warren, Earl, 326

Watts, distúrbios, 343-50, 387-9
Wesley, Cynthia, 274
West, Irene, 87
"We Shall Overcome", 216, 222, 259, 321, 373, 425
Where Do We Go from Here: Chaos or Community? (King), 367
White, Lee, 324
Why We Can't Wait (King), 285
Wieman, Henry Nelson, 48
Wilkins, Roy, 305
Williams, A.D., 13, 15
Williams, Alberta, 13; *ver também* King, Alberta Williams
Williams, Daniel Hale, 385
Williams, Hosea, 335
Williams, Jennie Celeste, 13
Williams, Robert, 96
Wilson, Woodrow, 419
Wofford, Harris, 180, 181
Woods, Granville T., 385
Wright, Richard, 150, 377

Yates, C.R., 110
Yorty, Sam, 345
Young, Andrew, 190, 193, 194, 248, 249, 347
    esposa de, 202
Young, Whitney, 305

Zeitgeist, 133, 238
zoroastrismo, 420

1ª EDIÇÃO [2014] 15 reimpressões

ESTA OBRA FOI COMPOSTA POR MARI TABOADA EM DANTE PRO E IMPRESSA
EM OFSETE PELA GRÁFICA PAYM SOBRE PAPEL PÓLEN NATURAL DA
SUZANO S.A. PARA A EDITORA SCHWARCZ EM FEVEREIRO DE 2024

A marca FSC® é a garantia de que a madeira utilizada na fabricação do papel deste livro provém de florestas que foram gerenciadas de maneira ambientalmente correta, socialmente justa e economicamente viável, além de outras fontes de origem controlada.